LYON. — IMPRIMERIE ALF. LOUIS PERRIN & MARINET.

VOLTAIRE

GALERIE HISTORIQUE

DES COMÉDIENS FRANÇOIS

DE LA

TROUPE DE VOLTAIRE

Gravés à l'eau-forte, fur des documents authentiques

PAR HENRI LEFORT

Avec des détails biographiques inédits, recueillis fur chacun d'eux

PAR E.-D. DE MANNE

Confervateur-honoraire de la Bibliothèque nationale.

NOUVELLE ÉDITION CORRIGÉE ET AUGMENTÉE

Dediée à la Comédie-Françoife.

Memoria eorum periit cum fonitu.

LYON

N. SCHEURING, EDITEUR

M D CCC LXXVII

TROUPE DE VOLTAIRE

AVANT-PROPOS

NOUS devons au lecteur un mot d'explication à propos du titre que nous avons mis au livre que nous lui offrons aujourd'hui. En effet, ce titre se justifie peu en lui-même, parce qu'il ne présente pas suffisamment à l'esprit une idée qui corresponde à une donnée historique quelconque. Voltaire, dont nous réunissons ici la Troupe, ne fut pas comédien par métier; il ne dirigeoit même pas de sa personne l'exécution des poëmes qu'il mettoit au théâtre, & ce n'est le plus souvent que de loin, du fond des retraites où l'avoient relégué les orages de la polémique littéraire & de la politique, qu'il put, & seulement par ouï-dire, se figurer de quelle manière leur représentation avoit eu lieu sur la scène de la Comédie-Françoise. Sa cor-

respondance générale contient toute l'histoire de son théâtre.

On ne peut nier toutefois que le génie de Voltaire n'ait eu une influence décisive sur l'art dramatique dans la seconde moitié du dix-huitième siècle. Désirant réunir en un faisceau les détails biographiques, épars de tous côtés, sur les principaux acteurs qui ont illustré la scène durant cette période, il étoit naturel que nous missions ce travail sous l'invocation de celui auquel ils ont dû, pour la plupart, leurs plus belles inspirations.

L'art du comédien repose, d'ailleurs, sur une base si fragile, celui qui le pratique est tellement déshérité de la conscience de laisser après lui rien de visible, rien de palpable, qu'il y a peut-être quelque justice, quelque intérêt à ne pas laisser s'effacer dans l'indifférence & l'oubli des renommées qui ne peuvent se survivre à elles-mêmes que par la tradition & le culte du souvenir. « Dans tous les genres,
« *autres que celui du théâtre, a dit judicieusement Molé*
« *(dans son discours de clôture du 5 avril 1778), les*
« *découvertes heureuses d'un homme de génie sont autant*
« *de pas vers la plus grande perfection de l'art qu'il en-*
« *richit. Ici, tout n'est qu'un éclair... Le Kain joue Ven-*
« *dôme... Le Kain meurt, tout s'anéantit avec lui, & ses*
« *longs travaux, ses réflexions, ses talents seront ravis à*
« *vos plaisirs & perdus pour sa mémoire. »*

Memoria eorum periit cum sonitu.

Et cependant, à combien d'œuvres mal venues le comédien de talent n'a-t-il pas communiqué la vie ? Diderot a fait remarquer avec raison que, pour un passage où le poëte a senti plus fortement que l'acteur, il en est cent dans lesquels l'acteur sent plus vivement que le poëte ; & rien ne démontre mieux cette vérité que l'exclamation de Voltaire entendant Mlle Clairon dans une de ses pièces : « Est-ce bien moi qui ai fait cela ? »

En adoptant notre cadre, nous avons eu également en vue de donner un pendant à l'ouvrage précédemment publié sur la partie correspondante du siècle précédent, sous le titre de Troupe de Molière. Nous nous y sommes conformés autant que possible par le choix des caractères & par l'exécution typographique, & les amateurs qui ont bien voulu accueillir le premier essai, regarderont peut-être celui-ci comme son complément nécessaire.

Ces deux époques passées en revue laissent intacte la période qui s'est écoulée depuis la mort de Molière jusqu'à l'année 1729, ainsi que celle qui part depuis 1792 jusqu'à nos jours. Cette double lacune est à combler pour rendre complète l'histoire de la Comédie-Françoise depuis son origine ; elle offre encore bien des noms chers aux amis de l'art dramatique, tels que Champmeslé, Dancourt, les Poisson, Beaubourg, Baron dans la maturité de son talent & plus tard, de nos jours, Talma, Joanny, Lafon, Duchesnois, Mars, & enfin cette regrettable Rachel, qui est comme la limite posée entre les talents qui ne sont plus & ceux dont nous jouissons encore aujourd'hui (1).

(1) Nous avons publié depuis la Troupe de Talma et la Troupe des Comédiens français.

Les notices qui composent ce volume contiennent, à côté de faits déjà connus & nécessairement reproduits, des particularités inédites, puisées dans les papiers de famille ou dans les traditions locales, & dont nous pouvons garantir l'exactitude. Une autre considération qui sera appréciée des annalistes du théâtre, est le soin scrupuleux avec lequel les dates & les noms patronymiques ou autres ont été vérifiés. M. le baron Feuillet de Conches, dont la riche collection d'autographes est connue, ainsi que plusieurs autres personnes, ont bien voulu nous faciliter ces investigations, & nous leur offrons ici le tribut de notre reconnoissance. Nous n'avons rien négligé pour nous procurer, par des recherches dont la difficulté ne nous a point rebutés, l'état civil authentique de chacun des comédiens dont nous nous sommes occupés, afin de fixer d'une manière irréfragable l'époque de leur naissance, de leur décès & tout ce qui tient enfin à l'identité de leur personne. On ne sera pas étonné, dès lors, de trouver parfois des différences sensibles entre nos assertions & celles qui ont cours dans maint recueil qui a précédé notre publication.

Le précis des rôles créés par chacun a été également relevé aussi complètement que possible. Cela n'a pas été la partie la moins ingrate de la tâche que nous nous sommes imposée.

Puisse le lecteur nous sçavoir quelque gré des peines que nous nous sommes données pour mériter son approbation.

D. M.

VOLTAIRE

TOUS les comédiens ne font pas au théâtre, dit un vieil adage. Il eft certains hommes qui, fur la fcène du monde, ont trouvé dans des rôles divers un aliment à leur dévorante activité. Arouet de Voltaire eft un exemple fameux de cette difpofition multiple : prefque toutes les branches des connoiffances humaines lui ont été familières. Toutefois, le théâtre fut l'objet de fa prédilection : il n'y a qu'un pas du talent d'engendrer les beaux vers à celui de.les réciter, & nous voulons montrer que Voltaire fut doué de ce feu facré qui fait les grands comédiens.

C'eft cette difpofition particulière que, trente ans plus tard, la phrénologie a définie fous le nom de *perfonnalité*. En effet, la *perfonne* de Voltaire occupe autant de place que fes écrits dans l'hiftoire de fa vie; nous le voyons fucceffivement à la Baftille, en Hollande, en Angleterre, dans les cours de France, de Lorraine & de Pruffe, & enfin dans fon domaine de Ferney, chercher à attirer à foi l'attention publique.

Aimant & pourſuivant le bruit, l'éclat, la repréſentation, il ſaiſit avec empreſſement toutes les occaſions
de ſe mettre en relief, & il a à ſon ſervice une facilité prodigieuſe, une vaſte érudition & la faculté pré-
cieuſe d'allier conſtamment le travail du cabinet à
la fréquentation des ſalons. Chacun de ſes écrits
ſoulève une polémique dans laquelle, ſoit ſous ſon
nom, ſoit ſous le voile tranſparent de l'anonyme, il
careſſe ſes amis & harcèle ſes ennemis, &, quelle
que ſoit la logique des arguments qu'il puiſe dans
le fond même des choſes, il ne peut tellement
abdiquer ſon individualité, qu'elle ne ſe manifeſte
malgré lui.

Mu par un ſentiment d'admiration (quelque peu
conteſtable) pour le vieux Corneille, entreprend-il,
au bénéfice de la petite-nièce de ce grand homme, le
commentaire de ſes œuvres? c'eſt moins l'apologie
de l'auteur du *Cid*, qu'on y lit, que la ſienne propre,
& le *moi* ſe trahit, pour ainſi dire, à ſon inſu. Telle
expreſſion ſurannée ne ſe préſentera plus, affirme-t-il,
« maintenant que la langue eſt fixée » (ce qui ſigni-
fie, ſous ſa plume : « maintenant que *je l'ai fixée* »).
Mais Voltaire, quand il s'exprime ainſi, perd de vue
qu'il n'appartient à perſonne de *fixer* la langue : reflet
des mœurs & des beſoins d'une époque, elle ſuit les
viciſſitudes que le cours du temps amène néceſſaire-
ment à ſa ſuite, & le génie, quelque puiſſant qu'il ſoit,
peut à peine la retenir un moment ſur cette pente iné-
vitable. Nous ſommes déjà bien loin de Malherbe, &

Voltaire lui-même ne repréſente plus la langue qu'on parle aujourd'hui

Comme hiſtorien, Voltaire eſt le créateur de la nouvelle école, qui cherche dans la ſucceſſion des faits, moins une ſèche nomenclature que l'étude philoſophique des véritables cauſes des révolutions des empires. Cependant la gravité du chroniqueur le cède parfois au ſarcaſme du pamphlétaire, & on eſt ſurpris de rencontrer, au milieu de graves conſidérations hiſtoriques, des traits décochés à certaine adreſſe & qui ſeroient mieux à leur place dans le roman de *Candide* que dans un livre qui traite de l'eſprit & des mœurs des nations. Là encore, l'écrivain n'a pas pu ſe contenir, & c'eſt l'homme qui s'eſt mis en ſcène.

Comme auteur comique, il n'eſt point plaiſant, & ſes comédies ſont le plus ſouvent des ſatires dialoguées. Le perſonnage de Frélon, dans *l'Ecoſſoiſe*, eſt une attaque corps-à-corps contre un de ſes adverſaires les plus déterminés, & le caractère qu'il lui prête eſt tellement outré, qu'il ceſſe d'être pris au ſérieux.

Depuis le jour où, tout jeune encore, Voltaire figura ſur le théâtre en portant la queue de la robe du grand-prêtre, à une repréſentation d'*OEdipe* juſqu'au moment où, chargé d'ans & de lauriers, il aſſiſta à ſa propre apothéoſe dans une loge du Théâtre-François, il ne ceſſa de jouer la comédie. On comprend en effet que, doué d'une vivacité exceſſive & portant à l'excès l'expreſſion des ſentiments qui l'animoient, il n'ait pu ſe réſigner à aſſiſter en ſimple ſpectateur à l'étude de

fes ouvrages dramatiques. Dès 1748, il eut un théâtre
particulier dans fa maifon de la rue Traverfière (1),
& il y donna au jeune Le Kain les premières leçons
de déclamation. Ce célèbre acteur en conferva toujours une tendre reconnoiffance, dont il a configné le
témoignage dans fes mémoires : Voltaire le fit jouer
à cette époque avec fes nièces & le mena fouvent à
Sceaux, chez la ducheffe du Maine ; il y remplit lui-
même, dans fa tragédie de *Rome fauvée*, le rôle de
Cicéron, & cela avec un tel feu, qu'à certains paffages
l'émotion paralyfoit entièrement fa voix.

Il avoit déjà paffé quelque temps à la petite cour
du roy Staniflas, à Lunéville, & l'on y jouoit habi-
tuellement la comédie : la marquife du Chaftelet,
faifant trève à fes occupations fcientifiques, y repréfenta le perfonnage principal de la comédie de
Nanine. La mort la furprit inopinément, à la fuite
d'une imprudence commife, & fon cercueil, pour fortir du palais, dut traverfer le théâtre où elle avoit été
applaudie peu de jours auparavant.

Plus tard, nous voyons Voltaire jouer la tragédie
avec les princes & princeffes de la famille de Frédéric II (2) ; enfuite à Montrion près de Laufanne, en
dépit des rigoriftes de Genève ; & enfin à fa réfidence

(1) Aujourd'hui rue *Fontaine-
Molière*. On croit qne la maifon
habitée par Voltaire eft celle qui
porte le n° 41.

(2) « Nous avons joué *Zaïre*,

« (écrit-il de Berlin, le 12 janvier
« 1751, à Mme Denis). La princeffe
« Amélie étoit Zaïre & moi le
« bonhomme Lufignan.

de Ferney. C'eſt dans cette retraite que, viſité par tout
ce que l'Europe comptoit d'hommes éminents, il tint
ſa cour & fut plus roy que Frédéric à Potſdam. Le
théâtre étoit encore là une de ſes principales occupations : il étoit (raconte l'abbé Duvernet) très-aſſidu
aux répétitions, &, le jour où il devoit repréſenter, il
avoit coutume de ſe promener dès le matin dans ſes
jardins avec une longue barbe blanche, vêtu tantôt en
arabe, tantôt en chevalier, à la grecque ou en pontife,
& tour à tour montrant à ſes jardiniers étonnés Narbas, Zopire, Oroès ou Luſignan.

Le Kain, dans les notes curieuſes qu'il nous a laiſ-
ſées, nous montre Voltaire aux priſes avec quelques-
uns de ſes acteurs auxquels il cherche à inculquer ce
qu'il appeloit *le diable au corps*, ſans pouvoir toujours
obtenir d'eux ce qu'il ſentoit ſi bien lui-même. Un
jour, pouſſé à bout par la timidité d'une jeune perſonne qui récitoit devant lui le rôle de Palmyre dans
Mahomet, il lui dit : « Mademoiſelle, figurez-vous que
« Monſieur que voilà eſt un impoſteur, un fourbe,
« un ſcélérat, qui a fait poignarder votre père, qui
« vient d'empoiſonner votre frère, & qui, pour cou-
« ronner ſes bonnes œuvres, veut abſolument cou-
« cher avec vous. Si tout ce petit manége vous fait
« un certain plaiſir, ah ! vous avez raiſon de le ména-
« ger comme vous faites; mais, pour peu que cela
« vous répugne, voici, Mademoiſelle, comment il faut
« vous y prendre. » Et Voltaire, reprenant lui-même
la tirade, donna à cette jeune innocente, rouge de

honte & tremblante de peur, une leçon d'autant
meilleure qu'il joignoit l'exemple au précepte.

Le trait fuivant peint également l'homme. A l'iffue
de la première repréfentation de *Sémiramis* (1), il fe
cache dans la foule ; affublé d'une longue foutanc &
d'un petit manteau, le dos voûté & s'appuyant pe-
famment fur une canne ; la tête coiffée d'un ample
chapeau à ailes déployées & chargé d'une volumi-
neufe perruque qui enfevelit fes joues prefque en entier, il ne laiffe voir de tout fon vifage qu'un long
nez à tranche effilée.

C'eft ainfi que, travefti en vieux prêtre irlandois, il
fe gliffe dans le café de Procope où fes ennemis, après
la *Sémiramis* jouée, étoient venus tenir leurs affifes.
Là, une bavaroife devant lui, un gros bréviaire à la
main, placé au milieu d'eux & n'ayant nullement l'air
de prendre part à leur converfation, il écoute les critiques qui ne lui font pas épargnées & fçait en faire
fon profit.

Enfin, une particularité curieufe à noter, eft que
nous devons à Voltaire l'inftitution précieufe des *cla-
queurs*. Que faifoit-il, en effet, pour s'affurer, le jour
d'une première repréfentation, une victoire que la médiocrité & l'envie cherchoient à lui ravir ? Il diftribuoit
trois ou quatre cents billets d'entrée, &, lorfque les
fifflets commençoient à fe faire entendre, le bruit en
étoit auffitôt étouffé fous celui des battements redou-

(1) Le 29 avril 1748.

blés des mains vendues à l'auteur. Procédé qui s'eſt pieuſement conſervé par tradition juſqu'à nos jours.

Telle fut cette nature exceptionnelle, que nous n'avons obſervée que ſous une ſeule de ſes faces : le beſoin de ſe produire & de ſe manifeſter. Deux hommes, Rouſſeau & Voltaire, ont rempli le dix-huitième ſiècle : l'un, fuyant les humains, ſe diſſimule derrière l'inflexibilité de ſes principes, & ſe contente de les énoncer en les abandonnant à la logique de ſes adverſaires, qui ont pu rarement le combattre avec ſes propres armes ; l'autre, courtiſan des puiſſants du jour, qu'il raille & qu'il fronde, amoureux de la lutte & en définitive peu convaincu, faſcine ſes auditeurs & ſes lecteurs par l'éclat un peu ſuſpect de ſon coloris. Nous n'avons pas à rechercher quel eſt le rôle que le premier a prétendu jouer ſur la ſcène du monde ; mais à coup ſûr, Voltaire, s'il n'avoit pas été le premier des écrivains de ſon temps, en eût été le comédien le plus éminent.

dit QUINAULT-DUFRESNE

1712 — 1741

N voyoit autrefois quelques familles fe perpétuer au théâtre comme dans beaucoup d'autres carrières. Celle des Quinault eft un exemple qu'on pourroit citer après les Baron,

---

Extrait des regiftres de la paroiffe Saint-Médard, de Verdun-fur-Doubs (anc. Châlonnois) : « Le neufviefme jour du mois de feptembre feize cent quatre vingt treize, eft né & été baptifé *Abraham-Alexis*, fils de Jean Quinot (*fic*) & de Marie Sainctlette, fa femme. »

Malgré les recherches les plus minutieufes il nous a été impoffible de découvrir dans les anciens regiftres des paroiffes de Strasbourg une fuite d'actes qui puiffe établir la filiation de la famille Quinault, d'une manière irréfragable. Les feuls actes pouvant fe rapporter à cette famille & dont nous devons la révélation à l'obligeance de l'ancien maire de cette ex-ville françoife, M. Lippmann, font les trois fuivants :

1° Paroiffe catholique de Saint-Etienne : acte de baptéme du 11 mars 1694, d'un enfant du fexe féminin, infcrit fous les prénoms de *Marie-Catherine*, comme fille de Jean *Quinault*, comédien.

2° Acte de baptéme d'un fecond enfant du fexe féminin, baptifé à

QUINAULT-DUFRESNE

1713-1767

les La Thorillière. Fils & frère de comédiens, Abraham-Alexis Quinault, né à Verdun-fur-Doubs, le 9 feptembre 1693, débuta très-jeune, le 7 octobre 1712 (1), fous le nom de *Dufrefne* qu'il avoit ajouté

---

l'églife catholique de Saint-Louis, le 26 août 1695 & qui a été infcrit fous les prénoms de *Marie-Anne-Catherine*, comme fille de Marie-Anne époufe de Jean *Quinot*, fans autre défignation.

3° Un troifième acte fe trouve dans les regiftres de l'églife catholique de Saint-Laurent. Il s'agit d'un enfant du fexe mafculin, baptifé le 16 juin 1702, fous les prénoms de *Jean-Paul*, comme étant fils de *Jean Quinault*, originaire de Bourges en Berry, *actuellement comique à Strasbourg* & de *Marie-Anne Sainctlette*, fon époufe.

Ces trois actes font libellés en latin.

Ce dernier, au nombre des fignatures appofées au bas, porte celle de *Jean-Maurice Quinault*, l'aîné de tous les enfants, qui, ainfi que *Quinault-Dufrefne* le plus célèbre de la famille, naquit à Verdun, le 9 feptembre 1687.

Quant aux actes de naiffance des trois autres filles de *Jean Quinault*, aucune trace ne fubfifte qui puiffe mettre fur la voie.

La première, *Marie-Anne*, ne fut célèbre que par fa beauté. Elle quitta le théâtre en 1723.

Françoife Quinault Denefle ; morte prématurément, le 22 décembre 1713.

Enfin Jeanne-Françoife, dite Quinault la cadette, ou du *Bout du banc*, fut ainfi nommée à caufe des dîners gais & en forme de *pique-nique*, qu'elle donnoit. Retirée du théâtre en 1743, fon falon étoit devenu le centre de tous les hommes de lettres de fon temps. Elle étoit citée pour fon efprit. Elle eft morte, le 9 feptembre 1793, au Louvre, où elle étoit logée, à l'âge de quatre-vingt-feize ans. D'après l'acte de décès, elle feroit née à Zouapques, nom, fans doute défiguré.

---

(1) « Du vingt-trois feptembre mil fept cent douze, il eft ordonné aux comédiens du Roy de laiffer jouer fur le théâtre de « Paris le fieur Quinault-Dufrefne, « pour débuter & lui laiffer choifir « les rôles qu'il jugera à propos, « dans lefquelles pièces choifies

au fien, afin de fe diftinguer de fon frère aîné. Il avoit
choifi pour fon début le rôle d'Orefte, dans l'*Electre* de
Crébillon, & demanda à l'auteur de lui permettre de
rendre ce rôle comme il l'entendroit. — « Mais, mon
« garçon, lui dit le célèbre tragique, il faut l'en-
« tendre comme moi. — Oui, Monfieur, autant que
« je pourrai renoncer à moi pour devenir autre. »
Il y eut du fuccès, & fut reçu à la fin de la même
année. Le rôle du Cid, qu'il joua enfuite, le montra
fous un jour plus favorable encore. Le public, gâté
par l'exagération de Beaubourg, fut d'abord étonné
d'entendre un acteur débitant avec fimplicité, glif-
fant rapidement fur les paffages médiocres d'un ouvrage, faifant reffortir les plus beaux ; & effayant
enfin de ramener le goût à ces geftes fimples, à ces
inflexions juftes & naturelles, à ce jeu noble dont la
tradition, depuis Baron, fembloit s'être perdue.

Cependant, s'il faut ajouter foi à l'anecdote fuivante, Dufrefne nous paroît parfois avoir porté trop
loin l'amour du naturel. Ainfi lorfqu'il jouoit le rôle
de Pyrrhus, dans *Andromaque*, en rapportant les paroles
que cette princeffe adreffe à Aftyanax, fon fils, il imi-
toit la voix flûtée d'une femme :

« C'eft Hector, difoit-elle, en l'embraffant toujours ;
« Voilà fes yeux, fa bouche..... »

« les acteurs & actrices feront te-
« nus de jouer chacun leur rôle,
« à peine de privation de leur
« part pendant un mois, qui fera
« diftribuée aux pauvres de la pa-
« roiffe Saint-Sulpice. *Signé*, duc
« d'Aumont. »
(*Archives nationales.*)

Puis, reprenant son organe le plus mâle :

« Et quelle est sa pensée ? »

Ceci rentre peut-être quelque peu dans le domaine de l'excentricité.

L'éducation du parterre étoit alors entièrement à refaire, & sous ce rapport, on doit reconnoître que la persistance de Quinault-Dufresne à se maintenir dans la voie qu'il s'étoit tracée, contribua puissamment à ramener le bon goût dans la déclamation.

Ce jeune homme rencontra, & bien malgré lui pour ainsi dire, une heureuse occasion de développer d'une manière brillante ses moyens tragiques. Voltaire lui confia le rôle d'OEdipe dans sa tragédie représentée le 18 novembre 1718. Lors de la lecture aux comédiens, Quinault avoit été l'un des plus rudes adversaires de cette pièce. Il vouloit absolument que la scène capitale entre OEdipe & Jocaste, imitée de Sophocle (ce qui lui importoit peu, d'ailleurs), fût retranchée. Ayant enfin cédé devant la résistance du jeune auteur, à qui l'on ne put arracher cette concession, Dufresne dit que, pour le punir, il falloit jouer la pièce telle qu'elle étoit, *avec ce mauvais acte tiré du grec.*

Le tragédien sortit victorieusement de cette épreuve, &, depuis lors, marcha de succès en succès. Don Pèdre, dans *Inès de Castro* (1724), Pyrrhus, dans la tragédie, de ce nom (1726), Titus, dans *Brutus* (1730), Enée, dans *Didon* (1734), Vendôme, dans *le Duc de*

Foix (1734), Zamore, dans *Alzire* (1736) furent autant de triomphes pour lui.

A la retraite de Beaubourg, en 1718, il avoit hérité de ce tragédien bourfoufflé l'emploi en chef & fans partage des premiers rôles tragiques. Quant à ceux de la comédie, Quinault aîné fon frère, & lui fe les partagèrent. Il obtint dans le haut-comique les mêmes fuccès que dans la tragédie, & peut-être de plus grands encore. C'eft pour lui que Deftouches écrivit le *Glorieux*, que Dufrefne, qui n'apprécioit pas, fans doute, tout l'honneur que devoit lui faire ce rôle, abandonna pendant trois ans, fur le ciel de fon lit, aux rats & à la pouffière. Lorfqu'enfin il daigna condefcendre à le jouer, il déclara que ce ne feroit qu'autant que l'auteur auroit modifié le dénouement. Le Glorieux, dans l'origine, étoit, à la fin de la pièce, humilié, éconduit, & n'époufoit pas Ifabelle. Ce dénouement déplaifoit à l'acteur, dont il bleffoit l'orgueil, & qui en impofa le changement. Deftouches fe réfigna à fes exigences, & voilà pourquoi Tufère fe marie aujourd'hui avec fa coufine. Dufrefne s'acquitta merveilleufement de ce perfonnage : la vérité avec laquelle il le joua fit dire que l'auteur l'avoit eu en vue & que c'eft parce qu'il reftoit lui-même, que cet acteur reproduifit fi fidèlement fur la fcène un caractère tracé à fon image. Françoife Quinault, fa fœur (1), difoit

(1) Françoife Quinault, dite *la cadette*, actrice diftinguée & bel efprit du XVIIIe fiècle ; elle avoit débuté en 1718. Elle eft morte très-âgée, au commencement de 1793. (Voir la note, page 9.)

à ceux qui, plus tard, vantoient devant elle Belle-Cour dans le Glorieux, que, d'ailleurs, il interprétoit bien : « Si vous aviez vu jouer ce rôle par mon frère, « Belle-Cour ne vous paroîtroit plus qu'un beau valet « de chambre. »

Peu de mois après, Quinault-Dufrefne eut à établir le rôle d'Orofmane. Il lui étoit réfervé, il eft vrai, de s'y voir plus tard dépaffé par un acteur fublime, qui n'a pas eu de rivaux, par Le Kain ; mais il n'eft pas moins certain que fon fuccès dans ce rôle fut prodigieux. Peu d'acteurs étoient auffi propres à remplir ce perfonnage que Dufrefne, à caufe des qualités qu'il poffédoit & qui fe trouvent rarement raffemblées chez le même individu : une figure noble & majeftueufe, des geftes éloquents, un organe enchanteur & une ftature bien proportionnée, unis à tout ce qu'exige l'art fi difficile de la déclamation.

C'eft dans cette même année 1732, que fut dévolu à Quinault-Dufrefne l'honneur de porter la parole, lorfqu'une députation formée des fept principaux comédiens du Roy fe rendit, le 3 mars, auprès de l'Académie françoife pour lui offrir de prendre fes entrées à la Comédie. Il fe tira fort galamment du difcours qui fervoit d'invitation. L'offre fut acceptée, & le 3 mai fuivant, les comédiens du Roy furent invités, par réciprocité, à venir déformais prendre place aux féances de l'Académie.

Quinault-Dufrefne pouffoit jufqu'aux dernières limites la haute idée qu'il avoit de fon état & de lui-

même, & fouvent on l'entendit s'écrier : « Le vulgaire
« me croit très-heureux. Quelle erreur eft la fienne !
« J'aimerois mieux mille fois être un fimple gentil-
« homme, mangeant fes douze mille livres par an,
« que d'être ce que je fuis ! »

Ces mots, dans une autre bouche, pafferoient avec
raifon pour une pafquinade ; dans la fienne, c'étoit
l'expreffion naïve de fes fentiments de vanité. Elle
étoit pouffée chez lui à un point tel, qu'en parlant de
fes camarades, il ne les appela jamais que *ces gens-là !*
Auffi croira-t-on fans peine que les falons ne cher-
chèrent pas à l'attirer.

Cette exceffive vanité ne le mit pas toujours, malgré fon talent fupérieur, à l'abri des leçons du parterre, dont il eut à fubir quelques dégoûts. Un jour
que, dans le cours d'une fcène, on lui avoit crié :
plus haut ! Quinault-Dufrefne, tenant la demande
pour inopportune, regarda dédaigneufement le parterre & continua fon rôle fur le même ton. Injonction
itérative du public de parler plus haut : « Et vous,
Meffieurs, plus bas ! » répliqua arrogamment le héros
·tragique, fans fe déconcerter. Le parterre, plus cha-
touilleux en ce temps-là que de nos jours, prit mal
l'apoftrophe : un grand tumulte s'éleva, à la fuite duquel Dufrefne fut conduit au For-l'Evêque. Après
une courte détention, il fe vit obligé de venir faire
amende honorable fur la fcène.

On affure que cette mortification ne fut pas étrangère à fa retraite prématurée fix mois après cet évène-

ment (1), par le rôle d'Achille, dans *Iphigénie en Aulide* (2), emportant avec lui la célébrité qui s'attache au nom d'un acteur de très-grand mérite, fans doute ; mais, fuivant l'opinion de Mlle Clairon, plus éblouiffant que profond, & qui a été redevable de fes fuccès à fes dons extérieurs autant & plus peut-être qu'à fon talent.

Cette opinion, toute compétente qu'elle puiffe fembler, n'étoit pas commune à tous ceux qui avoient vu jouer cet acteur, à en juger fur le témoignage d'un de fes contemporains qui, en parlant de lui, s'exprime ainfi : « Quinault a été dans fon genre le plus grand « comédien qui ait jamais été. Ceux qui l'ont vu « jouer dans le rôle de *Cinna*, ne fe le rappelleront « jamais fans frémir, lorfqu'il difoit le vers fuivant :

« Et fa tête à la main, demandant fon falaire...

« fon bras droit caché fe découvroit & paroiffoit

(1) « Du 21 mars 1741, « nous..... Le fieur Dufrefne, l'un « des comédiens de Sa Majefté, « nous ayant demandé fa retraite « de la troupe, & trouvant à-pro- « pos de la lui accorder, avons, « fous le bon plaifir du Roy, per- « mis & permettons au fieur Du- « frefne d'en fortir à Pâques pro- « chain. Ordonnons auxdits comé- « diens de lui paffer un contrat de « mille livres de penfion viagère,

« à compter du jour de fa re- « traite, & ce, dans les formes « prefcrites par nos règlements. » *Signé:* duc d'Aumont.
(*Archives nationales*).
(2) Dans ce paffage du rôle :
« Un bruit affez étrange eft venu jufqu'à [moi.....
Le Kain mettait une force, une vé- rité, une grandeur remarquables ; cependant, dit la tradition, il n'y effaça pas le fouvenir de Dufrefne.

« démafquer la tête d'un malheureux profcrit. Cette
« image horrible, préfentée avec toute la force de
« l'illufion, caufoit une épouvantable horreur. Il falloit
« être pénétré de l'enthoufiafme de ce célèbre acteur,
« pour rendre de pareils endroits avec cette véri-
« té. » (1)

Mlle de Seine (2), que Voltaire appelle la *petite De
Seine,* parce qu'elle étoit d'une taille exiguë, devint,
dit-on (3), en 1724, la femme de Dufrefne. Cette

(1) Talma, de nos jours, s'étoit approprié ce jeu de fcène.

(2) Catherine-Jeanne Du Pré, fille de Claude Du Pré, écuyer de Mgr le comte de Gaffé, née le 5 feptembre 1694, morte à Paris en 1759. C'eft elle qui figna, *in articulo mortis,* un billet ainfi conçu !
« Je promets à Dieu & à M. le curé de Saint-Sulpice de ne jamais remonter fur le théâtre. »

(3) Nous employons à deffein la forme dubitative, puifque rien dans nos recherches n'eft venu conftater qu'il y auroit eu mariage entre Alexis Quinault & Catherine Du Pré, & que la qualification d'*époufe* ne lui eft pas même attribuée dans l'acte de mariage d'une fille commune à tous les deux, & que nous reproduifons ci-après. Il y auroit, au contraire, lieu de croire que la femme légitime de Quinault a été Jeanne Labat, actrice de la Comédie-Françoife, que nous trou-

vons mentionnée comme fon *époufe* dans un acte de naiffance de Jacques-Alexis, leur fils, en 1725.

Voici l'acte de mariage de cette fille qui époufa, en 1737, n'étant âgée que de douze ans, un fils de famille âgé de vingt-trois ans :
« Cedit jour dix-neuf octobre
« mil fept cent trente-fept, a été
« célébré le mariage de M. Fran-
« çois Alifand de Maux, avocat au
« Parlement, âgé de vingt-trois
« ans, fils de Meffire Jacques Ali-
« fand De Maux, lieutenant-géné-
« ral au bailliage-paierie de Nevers,
« & de dame Claude-Magde-
« leine Vaillant, confentants, de
« la paroiffe de Saint-Jean à Ne-
« vers, avec demoifelle Jeanne-
« Catherine Quinault-Dufrefne,
« âgée de douze ans, fille d'A-
« braham-Alexis Quinault-Du-
« frefne, officier du Roy, & de
« Catherine-Jeanne Dupré, con-
« fentants, de cette paroiffe, rue

actrice avoit débuté à Fontainebleau, devant la Cour, le 17 novembre 1724, & elle fut reçue dans le même mois. Le 5 janvier 1725, elle parut à Paris dans le rôle d'Hermione; &, après avoir une première fois quitté le théâtre, en mai 1733 (1), elle se retira définitivement au mois de mars 1736, avec la pension de mille livres.

Quinault-Dufresne, son mari, passa les dernières

« des Fossés-Saint-Germain. . . .
« . . . . . Fiançailles faites hier.
« Témoins : Gilbert Alisand, bour-
« geois de Paris; Maître Simon
« Alisand, ancien avocat au Par-
« lement, oncle de l'époux.

« Marie-Anne Quinault, tante
« de l'épouse; Jean-Etienne de
« Saint-Hilaire, receveur des tail-
« les du roy, conseiller du Parle-
« ment & intendant des affaires de
« M. le duc de Nevers, ami de
« l'épouse.

« Le présent mariage fait en
« présence de très-haut & très-
« puissant seigneur Jules-François
« Mazarini-Mancini, duc de Niver-
« nois & de Donziois, Pair de
« France, Grand d'Espagne du
« premier ordre, &c. »

« Ont signé :

« Mazarini-Mancini, Duc
« de Nivernois & de Don-
« ziois ;
« Le Prince Charles de
« Lorraine; De Saint-

« Hilaire, & les membres
« des deux familles. »

(Extrait des registres de la paroisse Saint-Sulpice.)

(1) Du 6 mai 1733.

« Nous. . . Etant informé que
« la santé de la demoiselle De
« Seine, femme du sieur Dufresne,
« est rétablie & qu'elle est en état
« de jouer la comédie, vu la néces-
« sité d'acteurs & d'actrices dont
« la troupe du roy a besoin pour
« contribuer aux plaisirs de Sa
« Majesté, ordonnons à ladite de-
« moiselle De Seine, suivant l'or-
« dre que nous en avons pris du
« Roy, de représenter à l'avenir
« les mêmes rôles qu'elle a joués
« avant sa maladie, suivant l'or-
« dre de sa réception à Fontaine-
« bleau; & ordonnons aux comé-
« diens de la faire jouir de la
« même part dont elle jouissoit
« avant sa maladie. »

Signé : Duc de Rochechouard.

(Archives nationales.)

2

années de fa vie dans la fouffrance, & mourut d'un coup de fang, à Paris, le jeudi 12 février 1767.

ROLES CRÉÉS PAR QUINAULT-DUFRESNE

1718	OEdipe	*OEdipe*, de Voltaire.
1721	Aman.	*Efther*, de Racine.
—	Valère.	*Le Mariage fait & rompu*, de Dufrefne.
—	Egyfthe.	*Agamemnon*, de Pralard & Séquineau.
1722	Le Roy.	*L'Oracle de Delphes*, de Moncrif.
—	Tatius.	*Romulus*, de La Motte-Houdard.
1723	Pfamménite.	*Nitétis*, de Danchet.
—	Don Quichotte. . . .	*Bafile & Quitterie*, de Gaulthier de Mondorge.
—	Apollon	*Le Divorce de l'Amour & de la Raifon*, de l'abbé Pellegrin.
—	Don Pèdre	*Inès de Caftro*, de La Motte-Houdard.
—	Varus.	*Hérode & Mariamne*, de Voltaire.
1725	Valère.	*Le Babillard*, de Boiffy.
1726	Pyrrhus	*Pyrrhus*, de Crébillon.
1727	Le Mis de Polainville.	*Le François à Londres*, de Boiffy.
—	Du Lauret.	*Le Philofophe marié*, de Deftouches.
1728	Le Marquis.	*Les Amants déguifés*, de l'abbé Aunillon.
—	Efquivas.	*Le Procureur arbitre*, de Poiffon.
1729	Pyrrhus.	*Polixène*, de Daigueberre.
—	Damis.	*Les Philofophes amoureux*, de Deftouches.
1730	Abfalon.	*Abfalon*, de Duché.
—	Le Prince.	*Le Prince de Noify*, de Daigueberre.
—	Titus	*Brutus*, de Voltaire.
1731	Valère.	*L'Ecole des Amants*, de Jolly.
—	Monfort	*Le Chevalier Bayard*, d'Autreau.
—	Attala.	*Erigone*, de Lagrange-Chancel.
1732	Tufière	*Le Glorieux*, de Deftouches.
—	Orofmane.	*Zaïre*, de Voltaire.

1732	Alcméon.	*Eryphile*, de Voltaire.
—	Le Marquis..	*Le Complaifant*, de Pont-de-Veyle.
1733	Guftave.	*Guftave*, de Piron.
—	Damon	*Le Pareffeux*, de Delaunay.
—	Valère	*Le Rendez-Vous*, de Fagan.
—	Thyefte.	*Pélopée*, de l'abbé Pellegrin.
—	Damon.	*La fauffe Antipathie*, de La Chauffée.
1734	Vendôme.	*Le Duc de Foix*, de Voltaire.
—	Norfolk	*Marie Stuart*, de Tronchin.
—	Enée	*Didon*, de L. de Pompignan.
—	Silvandre..	*Les Courfes de Tempé*, de Piron.
—	Sabinus	*Sabinus & Eponine*, de Richer.
—	Durval	*Le Préjugé à la mode*, de La Chauffée.
1735	Acante	*L'Amitié rivale*, de Fagan.
1736	Zamore.	*Alzire*, de Voltaire.
—	Clitandre	*Les Rufes d'Amour*, de Poiffon.
—	Pharamond	*Pharamond*, de Cahuzac.
—	Euphémon fils. . . .	*L'Enfant Prodigue*, de Voltaire.
—	Clovis.	*Childéric*, de Morand.
1737	Moncade	*L'Ecole des Amis*, de La Chauffée.
1738	Conftantin.	*Maximien*, du même.
—	Damis.	*La Métromanie*, de Piron.
—	Clitandre	*Le Pouvoir de la Sympathie*, de Boiffy.
1739	Médus.	*Médus*, de Defchamps.
—	Mahomet	*Mahomet II*, de La Noue.
—	Thélamire.	*Thélamire*, de Mlle Denife Lebrun.
—	Damon	*L'Impertinent malgré lui*, de Boiffy.
1740	Arondel.	*Edouard III*, de Greffet.
—	Le Baron.	*Les Dehors trompeurs*, de Boiffy.
—	Ramire	*Zulime*, de Voltaire.

ADRIENNE COUVREUR

dite MADEMOISELLE LE COUVREUR

1717 — 1730

ADRIENNE LE COUVREUR eſt née à Damerie, bourg ſitué près d'Epernay en Champagne, le 5 avril 1692. C'eſt à tort que les biographes ont fixé cette date à 1690 & l'ont fait naître à Fiſme; ce qui a pu accréditer cette erreur, c'eſt que le père d'Adrienne avoit véritablement exercé dans cette dernière localité, le métier de chapelier juſqu'au moment où il vint, en 1702, s'établir à Paris, dans le voiſinage de la Comédie-Françoiſe, eſpérant y trouver plus de reſſources pour vivre.

Dès l'âge le plus tendre, Adrienne avoit aimé à

Extrait des regiſtres de l'égliſe de Damerie : « Cejourd'hui, 5 avril 1692, a eſté née & baptiſée en cette égliſe, *Adrienne*, fille de Robert Couvreur, & de Marie Bouly, ſes père & mère mariés enſemble. *Signé :* Moreau, curé. »

MADEMOISELLE LE COUVREUR

1717 1730

réciter des vers, & fes parents l'encourageoient dans fes tentatives enfantines. Ce goût ne fit que fe dévelop- per avec le temps, & bientôt la jeune fille fongea férieufement à fe mettre au théâtre. Elle s'effaya d'a- bord dans des repréfentations particulières, chez la préfidente Le Jay qui avoit, rue Garancière, un hôtel où elle faifoit jouer la comédie. Les comédiens fran- çois ayant préfenté une requête à la fuite de laquelle Adrienne fut renfermée au Temple avec fes jeunes camarades, elle y fit la conquête du Grand-Prieur de Vendôme, & la prifon fe transforma bientôt en une falle de fpectacle. Le comédien Legrand père, qui eut occafion de l'entendre, reconnut, tout médiocre acteur qu'il fût, le germe de talent qu'il y avoit en elle, & il réfolut de lui donner des leçons d'un art que lui-même pratiquoit fort mal. Mlle Le Couvreur s'engagea peu de temps après au théâtre de Strasbourg, &, le 14 mai 1717 (1), elle débutoit avec un fuccès prodigieux à la Comédie-Françoife par le rôle d'Electre. Elle joua fucceffivement les rôles d'Electre & de Bérénice;

(1) Du 27 mars 1717. Ordre de débuts.

« Nous... &c., mandons aux « comédiens de Sa Majefté qu'ils « aient à faire jouer inceffamment « après l'ouverture de leur théâtre « la demoifelle Le Couvreur dans « la pièce qu'elle aura choifie. »

Du 18 juin fuivant :

« Nous... &c., mandons aux « comédiens de fa Majefté, fuivant « la volonté de Son Alteffe royale, « Monfeigneur le duc d'Orléans, « régent du royaume, de réunir « dans la troupe de Sa Majefté, la « demoifelle Le Couvreur, à la- « quelle il eft accordé une demie « (sic) part. »

(Archives nationales).

un mois à peine s'étoit écoulé qu'on la recevoit. Adrienne appliqua tous fes foins à faifir le ton naturel fans négliger « ce degré d'animation néceffaire pour « exprimer les grandes paffions & les faire fentir dans « toute leur force. » Sa voix étoit un peu voilée; mais poffédant l'art de varier les tons à l'infini & de leur donner les plus touchantes inflexions, elle fit bientôt juftice de cette déclamation exagérée & chantante adoptée, à l'exception de Baron, par tous les comédiens qui l'avoient précédée & que Mlle Duclos, en poffeffion de la faveur publique depuis vingt ans, avoit fi fort mife à la mode. Jamais actrice jufqu'alors & peut-être depuis (fi ce n'eft un exemple que nous pourrions citer de nos jours) (1), ne porta au même degré l'art d'écouter fon interlocuteur; fa pantomime, dans les fcènes muettes, étoit d'une expreffion fi bien fentie, que fa phyfionomie reflétoit les fentiments de l'acteur qui lui parloit. Sa taille n'avoit pas beaucoup d'élévation, mais il y avoit beaucoup de dignité dans fon maintien, & elle fçavoit donner à fa démarche l'allure la plus impofante.

La fupériorité qui plaça Mlle Le Couvreur au-deffus de fes camarades ne laiffa pas d'exciter leur jaloufie; car nous voyons dans un opufcule publié l'année même de fa mort, que l'un d'eux avoit trouvé dans fon nom l'anagramme de *couleuvre*. Ils auroient eu meilleure grâce & plus d'exactitude à reconnoître l'abné-

(1) Nous faifons allufion ici à Mlle Rachel, ravie fi tôt à l'admiration des amis de l'art dramatique.

gation avec laquelle, quoique minée par une maladie qui la mit prefque au tombeau, vers l'année 1726, elle fe dévoua néanmoins à l'intérêt commun, pour combler le vide que la retraite de Mlle Duclos avoit fait dans fon emploi.

On lui a reproché de ne pas défendre affez chaudement les intérêts des auteurs qui lui confioient des rôles, & de lâcher pied trop facilement lorfque la pièce ne réuffiffoit pas ; on a même été jufqu'à l'accufer de fe joindre aux improbateurs par une pantomime & des geftes fcandaleux.

Cette actrice étoit moins convenablement placée dans la comédie ; mais malgré cette infériorité relative, elle avoit une trop grande habitude de la fcène pour jouer mal dans un emploi quelconque. Seulement, il paroît avéré qu'elle n'avoit point la verve comique, indifpenfable en ce genre.

Adrienne Le Couvreur n'eût pas rendu fon nom célèbre comme actrice, que fa liaifon avec le maréchal de Saxe, qui exerça une fi grande influence fur fa vie, auroit fuffi pour le tirer de l'oubli (1). On fçait que

---

(1) Adrienne Le Couvreur étoit très-répandue & très-influente, s'il faut en croire ce paffage de l'*Actrice nouvelle*, de Poiffon, qui lui fait allufion :

... fe mêle du barreau, de la Cour, de la [guerre
Et rien n'eft fait, je crois, que par fon [miniftère,

Qu'un emploi foit vacant, elle le fait [avoir. . .
. . . .
Par elle, celui-là devient introducteur ;
Celui-ci, fecrétaire, & l'autre, ambaffa- [deur...

Adrienne ayant cru, à la lecture, fe reconnaître en ce portrait, eut affez de crédit pour empêcher que la pièce ne fût jouée. Elle tenta

lorſque Maurice fut nommé duc de Courlande, elle mit en gage ſon argenterie & ſes diamants pour une ſomme de 40,000 livres qu'elle lui fit accepter. Quoique toute ſon exiſtence fût conſacrée à cet auguſte amant, elle n'avoit cependant pas pris l'engagement de lui reſter fidèle. Accoutumée, dès ſa jeuneſſe, à recevoir les hommages d'une multitude d'adorateurs, elle compta auſſi Voltaire parmi les plus illuſtres; les beaux vers qu'elle lui inſpira ſont connus. Elle fut encore aimée à la folie du marquis d'Argental, jeune homme ſimple & ardent. Adrienne ne négligea pourtant rien afin de le guérir de cette paſſion: elle n'héſita même pas à aller trouver la marquiſe d'Argental, ſa mère, qui, effrayée des progrès de cet amour exalté, ſongeoit à faire partir ſon fils avec un des régiments envoyés à Saint-Domingue.

Le jeune marquis devint, à la mort d'Adrienne, ſon légataire univerſel.

Elle avoit eu deux filles: l'une, née à Strasbourg, avoit pour père M. Kinglin, premier magiſtrat de cette ville; l'autre, née à Paris, étoit enfant d'un officier de Mgr le duc de Lorraine. Cette dernière épouſa Francœur, ſurintendant de la muſique du Roy (1). Le ſavant mathématicien de ce nom, mort il y a quelques années, étoit iſſu de ce mariage.

auſſi d'en prévenir l'impreſſion; mais la précaution ayant été priſe de ſupprimer la date & le nom de l'imprimeur, elle fut vendue ſous le manteau quelques mois après. (*Hiſt. abrégée du théât. françois*).

(1) Nommé, en 1757, directeur de l'Opéra.

La fin d'Adrienne Le Couvreur fut fort trifte. On prétend que les infidélités du comte de Saxe la firent mourir de chagrin; felon une verfion plus vraifemblable, elle feroit morte empoifonnée & victime d'une vengeance féminine. On n'a pas craint d'accufer de ce crime une princeffe, fa rivale (1). Un myftère qui n'eft point encore éclairci, plane fur cette cataftrophe lamentable (2).

(1) On raconte qu'à une repréfentation de *Phèdre*, Mᵐᵉ de Bouillon fe trouvoit dans une loge fur le thâtre, lorfque la Le Couvreur en récitant ces vers :

... Je fais vos perfidies,
OEnone, & ne fuis point de ces femmes [hardies
Qui, goûtant dans le crime une profonde [paix,
Ont fu fe faire un front qui ne rougit [jamais.

fe retourna vers la ducheffe & fixa fur elle fon regard : ce dont toute la falle s'aperçut. Mᵐᵉ de Bouillon furieufe, voulut faire mettre la comédienne au For-l'Evêque ; on arrangea l'affaire. Mais la grande dame en garda un reffentiment auquel l'opinion publique attribua la fin de l'illuftre tragédienne.

(2) On lit dans l'*Intermédiaire* de juillet 1866, la lettre fuivante qu'écrivit, le 24 août 1730, au lieutenant de police Hérault, le jeune abbé Bouret, fils de M. Bouret, tréforier de France, à Metz, qui avoit été la caufe première de l'accufation portée contre la ducheffe de Bouillon :

A M. le lieutenant de police, en fon hôtel, à Paris.

« Monfeigneur,

« Comme vous m'avez fait l'honneur de m'ordonner de dire la vérité touchant Mᵐᵉ la ducheffe de Bouillon, je me rends à vos ordres, la voici :

« L'envie que j'avois de connaître la Le Couvreur m'a fait imaginer un moyen pour avoir entrée chez elle, le voici : J'ai feint d'avoir un fecret à lui découvrir lequel étoit de ce qu'on devoit lui jouer un tour qui ne lui feroit point avantageux. Elle me demanda avec tranfport lequel c'étoit, je ne voulus lui rien découvrir, n'ayant dans le fond rien à dire. Elle me dit qu'elle n'avoit rien à craindre, finon de l'hôtel de Bouillon ou de l'Opéra.

Quoi qu'il en foit, cette célèbre actrice fuccomba après trois jours de maladie, le 20 mars 1730. L'abbé Languet, curé de Saint-Sulpice, ayant refufé obftinément de lui accorder la fépulture en terre fainte, & le procureur du Roy ayant conclu à la ftricte obfervation des ordonnances pour que les reftes de la Le Couvreur *« fuffent jettés à la voirie, »* le corps fut enlevé de nuit, & deux portefaix, accompagnés par M. de L'Aubinière, ami d'Adrienne, l'inhumèrent à l'angle des rues de Bourgogne & de Grenelle, fur l'emplacement où fe trouve aujourd'hui la maifon qui porte le nº 119.

D'Argental avoit 86 ans, en 1786, lorfqu'on découvrit le lieu où le corps d'Adrienne avoit été dépofé. Ce vieillard s'y fit conduire & répandit des larmes fur

« Je la quittai là-deffus en lui difant que je lui donnois feulement un avis mais que je ne lui nommerois perfonne. Elle me répondit que ce n'étoit rien faire, fi je ne lui montrois les coups qu'elle avoit à redouter, & qu'elle ne craignoit que Mᵐᵉ la ducheffe de Bouillon. Je faifis ce mot pour m'en fervir, comme elle étoit frappée de ce côté-là, il m'étoit aifé de lui perfuader ce que je voulus fans toutefois lui dire que c'étoit Mᵐᵉ la ducheffe de Bouillon. J'inventai tout ce que j'ai mis dans mes dépofitions & m'ouvris une ample carrière là-deffus. Je dis oui à tort à travers. Je vous déclare, « Monfeigneur, que Mᵐᵉ la ducheffe eft innocente de tout ce que j'ai dit. Voilà la vérité, Monfeigneur. J'ai commis une grande imprudence en lui portant ce prétendu poifon qui n'eft rien, non plus que le page & les hommes mafqués. J'implore votre clémence, Monfeigneur, je me jette aux genoux de votre miféricorde ; pardonnez à un miférable qui n'a pour tout crime que la cervelle brouillée & beaucoup d'imprudence. Je demeure, Monfeigneur, avec un profond refpect, votre très-humble & très-obéiffant ferviteur.

« BOURET.

« Ce 24 août 1730. »

cette foffe qui renfermoit les reftes d'une femme qu'il avoit tant aimée. Une plaque de marbre (1), fcellée par fes foins dans la muraille voifine, confacra la mémoire de cet évènement (2).

(1) Cette table de marbre a figuré depuis dans la galerie de M. le comte de Bérenger, propriétaire de l'hôtel de Sommery, dans les terrains duquel Adrienne avoit été inhumée.

(2) Le 11 floréal an V (30 avril 1797). « Les comédiens françois « demandèrent à être autorifés à « faire la recherche des cendres « d'Adrienne Le Couvreur & à les « dépofer dans le local affecté par « la loi aux fépultures. »

Le 6 prairial (25 mai 1797). « Réponfe affirmative de l'autorité, « avec invitation aux membres du « bureau central du canton de « Paris, de feconder de tout leur « pouvoir l'exécution de ce projet. » (*Archives nationales*).

ROLES CRÉÉS PAR Mlle LE COUVREUR

1720 Artémire........ *Artémire*, de Voltaire.
1721 Antigone....... *Les Machabées*, de La Mothe-Houdard.
— Zarès......... *Efther*, de Racine.
— Pelopée....... *Egifthe*, de Pralard & Seguineau.
1723 Quitterie...... *Bafile & Quitterie*, de G. de Mondorge.
— Nitetis........ *Nitetis*, de Danchet.
— Conftance...... *Inès de Caftro*, de La Mothe-Houdard.
1724 Mariamne...... *Hérode & Mariamne*, de Voltaire.
1725 Hortenfe....... *L'Indifcret*, de Voltaire.
1726 Angélique...... *Le Talifman*, de La Mothe-Houdard.
— Ericie........ *Pyrrhus*, de Crébillon.
— Amarillis....... *Le Paftor Fido*, de l'abbé Pellegrin.
— Eliante........ *Le François à Londres*, de Boiffy.

1727 La Marquife. . . . . . *La Surprife de l'Amour*, de Marivaux.
1728 Angélique. . . . . . *Les Fils ingrats*, de Piron.
— La Comteffe. . . . . *Les Amants déguifés*, de l'abbé Aunillon.
1730 Ino . . . . *Ino & Mélicerte*, de La Grange Chancel.
— Léonide. . . . . . . *Callifthènes*, de Piron.

SARRAZIN

CLAUDE

SARRAZIN

1729 — 1759

ARRAZIN naquit à Nuits, près Dijon, le 19 juin 1689, dans une famille de bonne & riche bourgeoisie. Il fut destiné de bonne heure à l'état ecclésiastique, & porta pendant plusieurs années le petit collet. La rencontre fortuite qu'il fit d'une comédienne de campagne, changea ses disposi-

---

Extrait des registres de la paroisse Saint-Symphorien, à Nuys (sic) :
« Le dimanche dix-neufviesme de juin mil six cent quatre-vingt-neuf, sur le soir, a été baptisé *Claude*, fils de M. Claude Sarrazin, marchand à Nuys, & de demoiselle Anne Julbin, ses père & mère ; lequel vint au monde hier, sur une heure après minuit. Le parrain, honorable homme M. Claude Perruchot, apotiquaire. La marraine, demoiselle Jeanne Sarrazin, femme de M. André Laurent, procureur & notaire à Nuys. Tous ont signé avec moi, curé. »

tions, & jetant, comme on dit, le froc aux orties, Sarrazin réfolut de fe faire lui-même comédien. Il quitta fa province & fe rendit à Paris où il rechercha toutes les occafions de jouer la comédie. Il parvint à fe faire admettre dans la fociété à laquelle le duc de Gefvres ouvroit l'accès de fon château de Saint-Ouen. C'eft de là que Sarrazin, qui déjà n'appartenoit plus à la première jeuneffe, s'élança fur la fcène françoife, fans avoir paffé par l'épreuve préalable des fcènes de province. Il débuta, le 3 mars 1729, par le rôle d'OEdipe dans la tragédie de ce nom, de P. Corneille (1). Une belle voix, de l'intelligence & de la fenfibilité, telles étoient les qualités qu'on lui reconnut & qui le firent accueillir avec des applaudiffements. Il joua de nouveau le même rôle, le 10, avec plus de fuccès encore. Le 17, il repréfenta à Verfailles Agamemnon dans *Iphigénie en Aulide*, & fut définitivement jugé comme un acteur très-capable de tenir convenablement l'emploi des *Rois* & des *Pères*. Dix-neuf jours après fes débuts, il étoit reçu pour doubler Baron; celui-ci étant mort vers la fin de l'année, Sarrazin lui fuccéda & devint chef d'emploi.

(1) Du 22 mars 1729.

« Nous... &c., mandons & ordonnons aux comédiens françois ordinaires de Sa Majefté de recevoir dans la troupe du Roy le fieur Sarrazin, pour y jouer les rôles de roys dans la tragédie, & ceux de payfans dans la comédie; & comme il n'y a pas actuellement de parts vacantes, nous accordons au fieur Sarrazin une demie (*sic*) part fur la première qui viendra à vaquer. » Fait au Palais de Verfailles. *Signé:* DUC DE MORTEMART. (*Archives nationales*).

Ce comédien fut chargé d'un grand nombre de rôles importants dans les pièces nouvelles pendant le cours de sa carrière théâtrale, & il déploya, dans la plupart, les qualités distinctives de son talent, qui consistoient principalement dans l'âme & la sensibilité. « Lorsqu'il étoit bien placé, dit Grimm, il approchoit « du sublime : ce n'étoit plus un acteur qu'on voyoit. « Dans *Zaïre*, par exemple, c'étoit Lusignan lui- « même que vous entendiez; dans *la Métromanie*, « c'était l'oncle du métromane; dans *l'Andrienne*, c'é- « toit cet autre vieillard emporté, & cependant bon, « que vous croyiez voir en personne. Il étoit sublime « dans cette pièce. Quelle chaleur! quelle foule de « sentiments, & de sentiments toujours vrais, il sça- « voit mettre dans son jeu! »

En faisant dans cet éloge la part de l'emphase, on ne sçauroit élever de doute sur le talent de Sarrazin. Cependant, Voltaire ne se montra pas toujours à son égard disposé à l'indulgence : disons plus, il ne lui rendit pas assez de justice & le malmena quelquefois assez rudement. Il lui reprochoit « une façon misérable de « réciter les vers comme on lit la Gazette. » Mécontent de son jeu dans le rôle de Zamti, de *l'Orphelin de la Chine*, il le baptisa du sobriquet de *sacristain de pagode*. Sarrazin ne lui gardoit pas rancune : il recevoit avec humilité la critique & le blâme, & lorsque, parfois, c'étoient des éloges qui lui étoient adressés, il ne les entendoit qu'avec une extrême confusion.

Il est certain, d'après les témoignages contemporains, qu'on pouvoit reprocher à cet acteur de confondre affez fréquemment la familiarité avec le naturel, de manquer complètement d'énergie. Voici une anecdote qui le prouve : on répétoit une pièce de Voltaire, & la molleffe de Sarrazin, chargé du rôle de Brutus, dans fon invocation au dieu Mars, le peu de fermeté, de grandeur & de majefté qu'il y apportoit, impatientèrent l'auteur qui lui dit avec une ironie fanglante : « Monfieur, fongez donc que vous êtes Brutus, le « plus ferme de tous les confuls romains, & qu'il ne « faut pas parler au dieu Mars comme fi vous difiez : « Ah ! bonne Sainte-Vierge, faites-moi gagner un lot « de cent francs à la loterie ! »

Malgré cette dure plaifanterie, Sarrazin ne devint ni plus vigoureux ni plus mâle, parce que ni l'une ni l'autre de ces qualités n'étoient en lui, & qu'il n'étoit véritablement bon acteur que dans les fituations pathétiques. « On ne lui vit jamais, dit Le Kain dans fes « mémoires, l'âme de Mithridate, ni la nobleffe d'Au- « gufte. »

Il ne fut pas plus à l'abri des épigrammes de Piron, qui avoit eu à fe plaindre de fon jeu dans le rôle de Chriftiern, de la tragédie de *Guftave*. « Cet homme, « s'écria-t-il du milieu de l'amphithéâtre, qui n'a pas « été digne d'être facré à vingt-quatre ans, ne mérite « pas d'être excommunié à foixante. »

A la mort de Duchemin, arrivée en 1754, Sarrazin fut gratifié d'une penfion de mille livres. Atteint toutefois, dans l'année 1759, d'une forte extinction de voix (1), cet acteur, dont les moyens s'étoient affoiblis depuis plusieurs années, se trouva réduit à l'impossibilité de continuer l'exercice de sa profession. Pourtant, comme il conservoit l'espoir que le repos & le régime lui rendroient la plénitude de ses moyens, on le maintint sur les contrôles de la Comédie jusqu'à la fin de cette même année. Alors, toute probabilité de guérison s'étant évanouie, Sarrazin fut mis à la retraite sur sa propre demande, le 1er avril 1759, avec le brevet d'une pension de 1,500 livres, conformément à l'arrêt du Conseil du 18 juin 1757, enregistré au Parlement, &, dit l'arrêté du duc d'Aumont : « En vertu de l'ancienneté & de l'excellence de ses services. »

En dépit, ou peut-être à cause de ses infirmités, Sarrazin, qui étoit veuf depuis plusieurs années, se remaria à l'âge de 71 ans, le 23 février 1759, avec une veuve qui en avoit 60 & qui étoit la mère de l'acteur Dubois (2). Il languit encore pendant trois années, & mourut à Paris le lundi 15 novembre 1762, avec la réputation, sinon d'un grand comédien, selon l'opinion quelque peu enthousiaste de Grimm, du moins d'un acteur très-distingué, & que le public avoit

(1) Un jeune acteur, inquiet de sa mauvaise voix, demandoit des conseils à Sarrazin : « Venez chez « moi, lui dit sérieusement celui-« ci, je vous ferai cracher le sang « pendant quinze jours. »
Ne faudroit-il pas conclure de cette anecdote que Sarrazin *crioit* plutôt qu'il ne *déclamoit*, & que, dès lors, s'expliqueroit naturellement l'origine du mal qui l'a emporté ?

(2) Médiocre acteur qui fut l'occasion des scènes qui troublèrent, en 1765, les représentations du *Siége de Calais*.

toujours fort goûté dans les rôles appropriés à fes moyens (1).

(1) Ce comédien emporta les regrets du public dont il étoit très-aimé. Auffi, le comédien du nom de Blainville (*), qui le remplaça dans le rôle de Simon, de l'*Andrienne*, jugea-t-il prudent de s'affurer l'indulgence du parterre par une allocution préalable.

(*) D'abord maitre d'école à Goneffe, près de Saint-Denis.

ROLES CRÉÉS PAR SARRAZIN

1730	Callifthènes	*Callifthènes*, de Piron.
—	David.	*Abfalon*, de Duché.
—	Brutus.	*Brutus*, de Voltaire.
1731	Androclide.	*Erigonne*, de La Grange-Chancel.
1732	Hermogide..	*Eryphile*, de Voltaire.
—	Caffius..	*Caffius & Victorinus*, de La Gr.-Chancel.
—	Orgon.	*Le Complaifant*, de Pont-de-Veyle.
1733	Chriftiern.	*Guftave*, de Piron.
—	Atrée	*Pélopée*, de l'abbé Pellegrin.
1734	Cécil	*Marie Stuart*, de Tronchin.
—	Lufignan.	*Zaïre*, de Voltaire.
—	Achate	*Didon*, de L. de Pompignan.
—	Vefpafien	*Sabinus & Eponine*, de Richer.
—	Céfar.	*La Mort de Céfar*, de Voltaire.
—	Philinte	*Le Mariage par lettre de change*, de Poiffon.
—	Softhène.	*Teglis*, de Morand.
1736	Alvarès	*Alzire*, de Voltaire.
—	Vindorix.	*Pharamond*, de Cahuzac.
—	Euphémon, père. . .	*L'Enfant Prodigue*, de Voltaire.
—	Childéric..	*Childéric*, de Morand.
1737	Perdicus.	*Lyfimachus*, de De Caux.
—	Arifte	*L'Ecole des Amis*, de La Chauffée.

1738 Baliveau. . . . . . . *La Métromanie*, de Piron.
— Maximien. . . . . . *Maximien*, de La Chauffée.
— Le Comte . . . . *Le Pouvoir de la Sympathie*, du même.
1739 Perfès. . . . . *Médus*, de Defchamps.
— Théodore. . . . . . *Mahomet II*, de La Noue.
— Amintas. . . . . . . *Thélamire*, de Mlle Denife Lebrun.
— Bajazet. . . . . *Bajazet Ier*, de Pacarony.
1740 Vorcefter . . . . . . *Edouard III*, de Greffet.
— Bennaffar. . . . . . . *Zulime*, de Voltaire.
1741 D'Orvigny. . . . . . *Mélanide*, de La Chauffée.
— Arbace. . . . . *Zarès*, de Paliffot de Montenoy.
— Hérode. . . . . . . *Antoine & Cléopâtre*, de Boiftel.
— Cléon. . . . . *L'Embarras du Choix*, de Boiffy.
1742 Zopire. . . . . *Mahomet*, de Voltaire.
— Le Préfident. . . . . *La Gouvernante*, de La Chauffée.
1743 Narbas. . . . . *Mérope*, de Voltaire.
— Céfar. . . . . *La Mort de Céfar*, du même.
1744 Argant. . . . . *l'Ecole des Mères*, de La Chauffée.
1745 Zarès. . . . . *Alzaïde*, de Linant.
1746 Priuli . . . . *Venife fauvée*, de La Place.
— Philippe Humbert. . *Nanine*, de Voltaire.
1750 Ventidius . . . . . . *Cléopâtre*, de Marmontel.
— Pammène . . . . . . *Orefte*, de Voltaire.
— Dorimond. . . . . *Cénie*, de Mme de Graffigny.
— Sciolto. . . . . *Califte*, de Séran de La Tour.
1751 Varon. . . . . *Varon*, de Graves.
1752 Démophon. . . . . . *Les Héraclides*, de Marmontel.
1754 Apriès. . . . . *Paros*, de Mailhol.
1755 Theftor. . . . . . . *Les Troyennes*, de Châteaubrun.
— Cicéron. . . . . . . *Le Triumvirat*, de Crébillon.

RACOT DE GRANDVAL

1729 — 1768

GRANDVAL, né à Paris, le 23 octobre 1710, mort à Montmartre, le 23 septembre 1784, prit, à dix-sept ans, le parti de la comédie, & parcourut, pendant deux années, diverses villes de province, Metz, Rouen, Lille. Appelé & soutenu par les conseils de la célèbre Le Couvreur, il débuta à Paris le samedi, 18 novembre 1729 (1), par Andronic

---

Extrait des registres de la paroisse Saint-Sulpice : « Le vingt-cinq octobre mil sept cent dix, a été baptisé *François-Charles*, fils de Nicolas Racot de Grandval, maître joueur de clavecin, & de Marie Macé, son épouse. Le parrain, Pierre-Charles Racot; la marraine, Françoise Pilhel, sœur de Jean Raisin. »

(1) « Nous, duc de Morte-mare,... &c., mandons & ordonnons aux comédiens du Roy de recevoir dans leur troupe le sieur « de Grandval, suivant la volonté du Roy, pour y jouir d'une demie (*sic*) part sur la première qui viendra à vaquer. Voulons pa-

RACOT DE GRANDVAL

1710, 1758

& par Mélicerte, dans *Ino & Mélicerte* (1). Il avoit
paru d'abord fous le nom de Duval; mais après avoir
débuté à la Cour avec un très grand fuccès, il fut reçu
à demi-part fur un ordre du Roy, le 31 décembre, &
jugea à propos de reprendre fon véritable nom. Il
n'avoit encore paru que dans la tragédie, bien que
fon goût & fes talents le portaffent à jouer le haut-
comique, dans lequel il devoit exceller. Jufqu'à la
retraite de Quinault-Dufrefne, qui n'eut lieu qu'en
1741, il tint le fecond emploi, & il avoit au plus
trente ans, lorfqu'il prit en chef les *premiers rôles* tragiques & comiques, fans renoncer pourtant à ceux de
jeunes-premiers. Jamais acteur, avant lui, n'avoit faifi
avec tant de fineffe & d'efprit le ton & les manières
les plus délicates de ce qu'on nommoit alors les *petits-
maîtres* de bonne compagnie. Il apportoit, dans tous
fes rôles, difent les mémoires du temps, une élégance,
une nobleffe & une chaleur qui lui valurent, au plus
haut degré, la faveur publique, que Le Kain feul, à
fon apparition fur la fcène, en 1750, put lui difputer,
mais non lui enlever. Cependant, bien que Grandval
n'eût pas d'abord rendu juftice au mérite éminent de
fon rival dans la tragédie, il fut amené par la force

« reillement qu'il ait voix délibé-
« rative dans les affemblées &
« qu'il joue en fecond les rôles
« des fieurs Quinault frères.
« *Signé:* DUC DE MORTEMART.
(*Archives nationales.*)

(1) Cette tragédie de La Grange-
Chancel, qui avoit été repréfentée
le 10 mars 1713, fut reprife pour
les débuts de Grandval, & fort
applaudie.

des chofes à reconnoître fon erreur, & deux ans n'é-
toient pas écoulés depuis fes débuts, qu'il le mettoit
en poffeffion de tous les grands rôles tragiques, ne fe
réfervant que les rôles de *haut-comique*, dans lefquels
il n'avoit pas à redouter de concurrence.

Une autre anecdote prouveroit que Grandval uniffoit à fon grand talent une modeftie peu commune.
Molé, ayant fait remettre à la fcène, en 1763, *la
Réconciliation normande*, pièce de Dufrefny, repréfentée pour la première fois, le 7 mars 1719, Grandval,
à l'iffue de la repréfentation, où Molé avoit obtenu
un grand fuccès dans le rôle du chevalier, courut l'embraffer, & lui dit : « Mon jeune ami, j'ai paffé jadis
« pour bien jouer ce rôle, mais je vous affure que je
« n'approchois pas de vous, & votre jeu m'a fait dé-
« couvrir des fineffes que je n'ai jamais foupçon-
« nées. »

La figure de Grandval était expreffive; il avoit
beaucoup d'aifance & de grâce dans le maintien : fon
jeu étoit empreint d'une exquife délicateffe, & : « tout
« concouroit (dit La Harpe) à lui donner fur la fcène
« l'air de l'homme du monde. » Un feul défaut mit
un terme aux fuccès de Grandval, & le força de quitter l'exercice de fa profeffion à un âge où il auroit pu
rendre encore de grands fervices à l'art. Il *graffeyoit*
d'une manière affez fenfible, & ce défaut, « dont la
« jeuneffe & la beauté font dans le monde une grâce
« de plus, a dit judicieufement Mlle Clairon, eft
« intolérable au théâtre. »

Grandval prit fa retraite à la clôture d'avril 1762, jouiffant encore de toute fa renommée. Cette retraite prématurée fut l'effet du dépit violent que lui avoit caufé le jeune Fronfac, fils du maréchal de Richelieu, dont le defpotifme pefoit tant alors fur les comédiens. Il avoit reçu du Roy, dès 1745 (1), une penfion de mille livres, & touchoit quinze cents livres de la Comédie. Soit en raifon de la médiocrité de fa fortune qui avoit fouffert quelques atteintes ; foit, ce qui nous femble plus probable, que l'oifiveté lui fût pénible, Grandval, grâce au crédit de M. de Boulogne, qui le protégeoit, remonta fur la fcène le 6 février 1764, après être refté quelques mois dans la troupe de Lyon ; il reparut dans *le Mifanthrope*. Le 8, il joua le rôle du *Philofophe marié*, & reprit fucceffivement tous fes anciens rôles. Malgré, & peut-être à caufe du fuccès qu'il obtint, il ne retrouva plus chez fes camarades l'accueil fympathique auquel il avoit droit de s'attendre, & il put même reconnoître un changement dans les difpofitions du public à fon égard. Il s'en falloit, cependant, que ce refroidiffement provînt des caufes que lui affigne Grimm, qui prétend que « de charmant qu'il étoit parti, il étoit revenu déteftable. » Toujours eft-il que Grandval, quatre ans après cette rentrée, fe retira définitivement le 1er avril 1768. Il avoit époufé, en 1732, Marie-Geneviève Dupré, fille d'un

(1) 14 octobre 1745. — Brevet de mille livres de penfion à Grandval, comédien français, pour fes fervices depuis vingt ans.

(*Archives nationales, Secrétariat d'Etat.*)

horloger de la rue Dauphine, qui, depuis fon mariage, prit le théâtre & devint une actrice remarquable dans les *grandes coquettes* (1). Elle fe retira au bout de vingt-fix ans de fervice, laiffant après elle beaucoup de réputation & de regrets. Elle mena une vie édifiante jufqu'à fa mort, arrivée le 15 août 1783. Devenu veuf, Grandval qui, d'ailleurs, ne furvécut que d'un an à fa femme, alla habiter aux portes de Paris, barrière Blanche, à proximité de Mlle Du Mefnil, avec laquelle il étoit lié depuis de longues années.

C'eft là qu'il mourut, le 24 feptembre 1784. Il a été inhumé dans l'Églife paroiffiale de Montmartre.

Grandval eft auteur de plufieurs ouvrages en vers, auxquels il ne mit pas fon nom, probablement pour caufe : fa mufe étoit fouvent libre, pour ne pas dire plus. Au milieu des crudités dont elles foifonnent, fes comédies, fi l'on peut leur attribuer ce nom, montrent quelques plaifanteries piquantes, de l'efprit & beaucoup de gaîté. Le catalogue de la Bibliothèque dramatique de Soleinne, publié en 1844, donne la lifte de ces différentes productions, dont les titres laiffent fuffifamment comprendre les fujets qui y font traités.

---

(1) Selon A. Jal, elle étoit née le 25 octobre 1711.

ROLES CRÉÉS PAR GRANDVAL

1730	Lyſimaque.	*Calliſthènes*, de Piron.
—	Valerius Publicola. .	*Brutus*, de Voltaire.
1731	Eraſte.	*L'Ecole des Amants*, de Jolly.
—	Apollon	*La Réunion des Amours*, de Marivaux.
—	Sténélus.	*Erigone*, de La Grange-Chancel.
1732	Ergaſte	*Les Serments indiſcrets*, de Marivaux.
—	Néreſtan	*Zaïre*, de Voltaire.
—	Claudius.	*Caſſius & Victorinus*, de La Gr.-Chancel.
—	Eraſte.	*Le Complaiſant*, de Pont-de-Veyle.
1733	Frédéric.	*Guſtave Vaſa*, de Piron.
—	Le Génie de la Com.	*La fauſſe Antipathie*, de La Chauſſée.
—	Valère.	*Le Rendez-vous ſuppoſé*, de Fagan.
—	Egiſthe..	*Pélopée*, de l'abbé Pellegrin.
1734	Coucy.	*Adélaïde Du Gueſclin*, de Voltaire.
—	Cléante..	*La Grondeuſe*, de Fagan.
—	Dudley..	*Marie Stuart*, de Tronchin.
—	Jarbe.	*Didon*, de Lefranc de Pompignan.
—	Hylas	*Courſes de Tempé*, de Piron.
—	Le Marquis..	*La Pupille*, de Fagan.
—	Titus	*Sabinus & Eponine*, de Richer.
1735	Clitandre	*Le Préjugé à la mode*, de La Chauſſée.
—	Valère.	*Le triple Mariage*, de Deſtouches.
—	Cléon.	*Le Mariage par lettre de change*, de Poiſſon.
—	Pyrrhus.	*Téglis*, de Morand.
1736	Le Marquis	*Le Legs*, de Marivaux.
—	Maxime	*Pharamond*, de Cahuzac.
—	Sigidbert	*Childéric*, de Morand.
1737	Domane	*L'Ecole des Amis*, de La Chauſſée.
—	Lyſimachus	*Lyſimachus*, de De Caux.
1738	Aurèle.	*Maximien*, de La Chauſſée.
—	Dorilas	*Le Fat puni*, de Pont-de-Veyle.
—	Cléante.	*Le Conſentement forcé*, de G. de Merville.
—	Dorante.	*Le Pouvoir de la Sympathie*, de La Chauſſée.
1739	Valère.	*Le Somnambule*, de Pont-de-Veyle.

42

1739 L'Aga . . . . *Mahomet II*, de La Noue.
— Andronic . . . . . . *Bajazet I", de Pacarony.
— Le Chevalier. . . . . *Le Marié fans le fçavoir*, de Fagan.
1740 Edouard. . . . . . . *Edouard III*, de Greffet.
— Le Marquis.. . . . . *Les Dehors trompeurs*, de Boiffy.
— Alcindor. . . . . . . *L'Oracle*, de Saint-Foix.
1741 Erafte. . . . . *L'Amant auteur & valet*, de Cérou.
— Zarès. . . . . *Zarès*, de Paliffot.
— Darviane . . . . . . *Mélanide*, de La Chauffée.
— Deucalion. . . . . . *Deucalion & Pyrrha*, de Saint-Foix.
— Antoine. . . . . . . *Antoine & Cléopâtre*, de Boiftel.
— Dorgemont.. . . . . *L'Embarras du Choix*, de Boiffy.
1742 Azor. . . . . *Amour pour Amour*, de La Chauffée.
1743 Mahomet.. . . . . . *Mahomet*, de Voltaire.
— Egifthe.. . . . . . . *Mérope*, du même.
— Olinde. . . . . *Zénéïde*, de Cahuzac.
— Félix. . . . . *L'Ifle fauvage*, de Saint-Foix.
— Junius Brutus.. . . . *La Mort de Céfar*, de Voltaire.
1744 Belfort. . . . . *L'Epoux par fupercherie*, de Boiffy.
— Le Marquis.. . . . . *L'Ecole des Mères*, de La Chauffée.
— Damon.. . . . . . . *L'heureux Retour*, de Fagan & Panard.
1745 Montval. . . . . . . *Le Médecin par occafion*, de Boiffy.
— Léandre. . . . . . . *Le Sage étourdi*, du même.
1746 Pèdre. . . . . *Venife fauvée*, de La Place.
1747 Sainville fils. . . . . *La Gouvernante*, de La Chauffée.
— Cléon. . . . . *Le Méchant*, de Greffet.
— Cléon. . . . . *L'Ecole amoureufe*, de Bret.
1748 Denys le Jeune. . . *Denys le Tyran*, de Marmontel.
— Le Grand-Prêtre. . . *Sémiramis*, de Voltaire.
1749 Le chevalier d'Olban. *Nanine*, du même.
— Ariftomène.. . . . . *Ariftomène*, de Marmontel.
1750 Orefte. . . . . *Orefte*, de Voltaire.
— Antoine. . . . . . . *Cléopâtre*, de Marmontel.
— Clerval.. . . . . . . *Cénie*, de Mme de Graffigny.
— Damis. . . . . *L'Impertinent*, de Defmahis.
1754 Momus.. . . . . . . *Les Adieux du Goût*, de Patu & Portelance.
— Mercure. . . . . . . *Les Hommes*, de Saint-Foix.
— Cléon. . . . . *Le Diffipateur*, de Deftouches.
1756 Verville.. . . . . . . *Le Jaloux*, de Bret.

1756 Philoctète . . . . . . *Philoctète*, de Châteaubrun.
1757 Renaud de Bourbon. *Adèle de Ponthieu*, de La Place.
1758 Damis. . . . . *Le faux Généreux*, de Bret.
1760 Timur. . . . . *Zulica*, de Dorat.
— Valère. . . . . *Les Philosophes*, de Paliffot.
— Orbaffan. . . . . . *Tancrède*, de Voltaire.
1761 Le Chevalier. . . . . *Le Financier*, de Saint-Foix.
— Erafte. . . . . *Les fauffes Apparences*, de Belle-Cour
— Ducarrage. . . . . . *Le Droit du Seigneur*, de Voltaire.
— Le Baron. . . . . . . *Le Tambour nocturne*, de Deftouches.
— Don Frédéric. . . . *Le Rival fuppcfé*, de Saint-Foix.
1762 Le Màrquis. . . . . . *L'Ecueil du Sage*, de Voltaire.
1764 Damon . . . . *L'Amateur*, de Barthe.
1765 Le bar. d'Efparville . *Le Philofophe fans le fçavoir*, de Sedaine.
1767 Coverly. . . . . . . *Eugénie*, de Beaumarchais.

MARIE-ANNE BOTOT

dite MADEMOISELLE DANGEVILLE

1730-1763

ISSUE d'une famille de comédiens, Marie-Anne BOTOT, dite Dangeville, née le 29 décembre 1714, à Paris, où elle mourut le 1ᵉʳ mars 1796, fut destinée au théâtre dès sa plus tendre enfance, puisqu'à l'âge de trois ans elle figuroit déjà dans les ballets. Le 27 avril 1722, elle joua pour la première fois un rôle d'enfant, celui de la Jeunesse dans l'*Inconnu* (1); & successivement des rôles proportionnés à son âge, jusqu'au moment où,

---

Extrait des registres de la paroisse de Saint-Sulpice : « Le 31 décembre 1714, a été baptisée *Marie-Anne*, née le 29 du présent mois, fille de François-Antoine Botot, bourgeois de Paris, & de Anne-Catherine Desmares, son épouse, demeurant rue Fontaine-Saint-Germain (*). »

(1) Comédie en cinq actes & en vers, de Th. Corneille, jouée le 1ᵉʳ novembre 1640, pour la première fois.

(*) Aujourd'hui rue de Grenelle-Saint Germain.

MADEMOISELLE DANGEVILLE

1730-1763

formée par les leçons de la célèbre Defmares, fa tante, elle fit enfin fon premier début, le 30 janvier 1730, dans le perfonnage de Lisbeth, du *Médifant* de Deftouches. Son fuccès fut prodigieux, ce qui fit dire aux meilleurs juges : « Cette jeune actrice commence « comme les plus grands comédiens ont fini. »

La débutante fut reçue par ordre, le 6 mars fuivant pour doubler Mlle Quinault la cadette, dans les rôles de *foubrettes*. Elle débuta auffi dans la tragédie, conformément à la règle établie, &, s'il faut ajouter foi aux jugements contemporains, obtint un grand fuccès dans *Hermione*, qu'elle joua onze fois de fuite.

Voltaire, enthoufiafte comme un poëte, lui confia, dans fa tragédie de *Brutus*, le rôle de Tullie, que la modeftie de Mlle Dangeville lui fit d'abord refufer. Elle repréfenta à l'auteur que, nouvelle venue d'ailleurs, elle ne pouvoit de la forte aller fur les brifées de Mlle De Seine, fon ancienne ; mais Voltaire infifta fi vivement que l'actrice crut ne pouvoir plus longtemps fe refufer à fes inftances & accepta le rôle. Malheureufement cette pièce ne réuffit que médiocrement, au grand déplaifir de fon auteur, qui fut affez injufte *(genus irritabile vatum)* pour imputer fon infuccès à Mlle Dangeville, & lui retira le rôle de Tullie, fans y mettre plus de façon (1).

---

(1) *Brutus* fut repréfenté le 11 décembre 1730, pour la première fois. Le furlendemain 13, Voltaire adreffa à Mlle Dangeville la lettre (Ed. Beuchot, t. LI, n° 111), que cet éditeur a cru avoir été adreffée à Mlle Gauffin.

La lettre à Thiriot (Ed. Beu-

Piquée d'un procédé auſſi cavalier, celle-ci prit dès lors, en elle-même, la réſolution de renoncer à jamais à l'interprétation de la tragédie, & malgré l'inſiſtance réitérée de ſes ſupérieurs & de ſes camarades, rien ne put la faire revenir ſur cette détermination. On a prétendu que la tragédie avoit perdu en cette actrice une interprète qui eût donné plus tard aux Du Meſnil & aux Clairon une rivale redoutable : c'eſt là une queſtion qui, pour être réſolue affirmativement, auroit eu beſoin de s'appuyer ſur l'expérience du temps. Il n'en eſt pas moins certain que cet incident, s'il cauſa effectivement un préjudice à la muſe tragique, tourna, du moins, au plus grand avantage de la comédie en permettant à l'actrice d'élargir le cercle de ſes rôles, & d'aborder en même temps des emplois de nature oppoſée ; car un talent auſſi élevé que le ſien ne pouvoit demeurer circonſcrit.

Saiſiſſant avec une merveilleuſe aptitude les caractères les plus contraſtants, Mlle Dangeville jouoit avec une égale ſupériorité Colette, des *Trois Couſines*, & la baronne d'Olban, de *Nanine*; Mme Orgon, dans le

chot, t. LI, p. 198, n° 113), qui contient les vers adreſſés à Mlle Dangeville, eſt certainement du mercredi 13 décembre, au moment où alloit ſe donner la deuxième repréſentation de *Brutus*. Elle ne fut cloſe que dans la ſoirée.

Voltaire avoit eſquiſſé en proſe, en 1723, le premier acte de *Brutus*, à Wandſworth, petite ville à deux lieues de Londres. Il y travailla en 1729, de mai à octobre, aux environs de Paris & en Lorraine ; à Plombières, en juin & juillet 1729 ; à Nancy, en ſeptembre. Le 15 octobre ſuivant, il la lut aux comédiens ; mais il la retira pour ne la donner que le 11 décembre 1730.

Complaifant, & Martine, des *Femmes fçavantes;* la Comteffe, des *Mœurs du temps,* Angélique, dans la *Fauffe Agnès* (1), & beaucoup d'autres rôles qu'il deviendroit trop long d'énumérer. Nous ne parlerons pas de ceux que les auteurs contemporains lui donnèrent en grand nombre à établir dans les pièces nouvelles, & dont elle affura la réuffite. Douée d'une phyfionomie charmante & fine, de traits réguliers, vifs & pleins d'expreffion, d'une taille fvelte & gracieufe, Mlle Dangeville offroit dans fa perfonne l'enfemble le plus flatteur. Son jeu fpirituel, le tatillonnage propre à fon emploi, l'intérêt foutenu qu'elle apportoit à la fcène, firent dire d'elle à Garrick :

« Qu'elle avoit le vrai génie de fon art & qu'elle y « joignoit tout ce que l'efprit & le goût peuvent « ajouter au génie. » Voltaire lui-même, qui avoit oublié fes anciens griefs, fit, dans un difcours qui devoit d'abord être prononcé par Mlle d'Oligny (2), nouvellement admife, un éloge pompeux de Mlle Dangeville, dont il dit : « Qu'elle renfer-« moit en elle de quoi faire la réputation de cinq ou « fix actrices. »

Au milieu d'une carrière qui ne comptoit que des triomphes, Mlle Dangeville, qui étoit d'un commerce

___

(1) Repréfentée pour la première fois, le 10 mars 1759. Cette pièce avoit d'abord été refufée par les comédiens. Deftouches, froiffé de ce procédé, la fit imprimer dans la même année.

(2) Ce difcours, compofé pour la rentrée du 12 avril 1763, fut débité par Dauberval.

très-doux & d'humeur conciliante, ayant eu à fouffrir de quelques tracafferies de la part de l'altière Clairon, qui ne fupportoit qu'impatiemment toute gloire qui lui faifoit ombrage, réfolut de fe retirer, & le 14 mars 1763 (1), elle paroiffoit pour la dernière fois, jour de la clôture, fur cette fcène qu'elle avoit illuftrée, dans le rôle de la marquife de Floricourt, de l'*Anglois à Bordeaux* (2), & prenoit congé du public, emportant avec elle le furnom d'*inimitable* qui lui fut unanimement décerné. Elle approchoit alors de cinquante ans & en avoit paffé un peu plus de trente fur le théâtre.

La pièce de Favart ayant été reprife trois mois après, à l'occafion du rétabliffement de la paix, Mlle Dangeville, quoique retirée alors, confentit à reprendre fon rôle pendant quelques repréfentations (3). Vainement enfuite effaya-t-on de la retenir

(1) Du 19 mars 1763. Nous, duc de Duras, premier gentil-homme de la Chambre du Roi, avons accordé fous le bon plaifir de Sa Majefté, à la demoifelle Dangeville fon congé de retraite de la Comédie-Françoife, fur les vives inftances qu'elle nous a faites depuis long-temps fur le mauvais état de fa fanté, & lui avons accordé la penfion de retraite de quinze cents livres, également méritée par la longueur de fes fervices & la réalité de fes talents trop connus de la Cour & du public, pour ne pas exciter tous les regrets de la perte que va faire le théâtre françois.

Signé : DUC DE DURAS.

(2) Comédie en un acte & en vers libres, de Favart.

(3) Cette réapparition eut lieu le 27 juin. « Auffitôt que Mlle Dan-« geville, dont le rôle ouvre la « pièce, parut fur le théâtre, » dit le manufcrit (*), auquel nous

(*) Manufcrit de la Bibliothèque nationale.

en lui remontrant que fon talent n'avoit rien perdu de fa vérité & de fon éclat, & qu'il devoit longtemps encore faire l'ornement de la fcène, elle refta infenfible à toutes les féductions de l'amour-propre, & revint, après cette nouvelle épreuve, dans l'habitation modefte qu'elle poffédoit à Vaugirard. Jouiffant d'une penfion de 1,500 livres, faite par la Comédie, d'une autre de chiffre égal fur la caffette particulière du Roy, penfion qui fut fucceffivement élevée, en 1773 & en 1776, à 3,500 livres, elle y vécut heureufe ; & l'on peut dire que les regrets univerfels du public, que l'eftime des gens de lettres & l'affection de fes cama-

avons déjà emprunté plufieurs citations, « des applaudiffements « univerfels & continués pendant « longtemps, l'empêchèrent de « parler. On eut lieu de craindre « même, à l'état de trouble où « cette circonftance mettoit fa « modeftie, que cela ne lui occa-« fionnât une révolution qui mît « obftacle à fa bonne volonté. « Le filence ayant fuccédé à ce « tranfport, cette incomparable « actrice joua comme on l'a tou-« jours vu jouer, c'eft-à-dire au « plus haut degré de perfec-« tion. »

L'Anglois à Bordeaux fut repréfenté douze fois en préfence d'une grande affluence de fpectateurs. Sa dernière repréfentation

produifit une recette de 3,558 livres.

Le premier foir de cette rentrée paffagère, l'ouvrage de Favart avait été précédé du *Mifanthrope*.

A l'iffue de cette pièce, Molé s'avança comme pour les annonces ordinaires & s'exprima ainfi :

« Meffieurs, la fanté de Mlle « Dangeville ne lui a pas permis « de fuivre plus longtemps la car-« rière théâtrale ; mais elle y re-« paroit avec tranfport dès qu'il « s'agit de prendre part à la joie « publique. C'eft un tribut que « Mlle Dangeville paie au bonheur « général & à la reconnâiffance « qu'elle conferve des bontés dont « vous l'avez honorée (*). »

(*) Manufcrit de la Bibliothèque nationale, déjà cité.

50

rades la fuivirent dans fa retraite (1). Ceux-ci lui en donnèrent un témoignage bien évident en allant repréfenter, le 15 août, jour de fa fête, fur un théâtre dreffé dans fon jardin, la *Partie de chaffe d'Henry IV* (2), pièce de Collé, reçue à la Comédie-Françoife depuis plufieurs mois, & dont Louis XV refufa d'autorifer la repréfentation en public. Le *Mercure* donna, dans le temps, une defcription de cette fête qui attira tout ce que Paris renfermoit d'illuftre.

Des détracteurs (& il y en a toujours; Collé fut du nombre), ne reconnoiffoient pas de l'efprit à cette actrice. Mais, lors même que ce reproche auroit été fondé, & il ne l'étoit pas, qu'importe au public qu'en dehors de la fcène, l'acteur foit, fous ce rapport, plus ou moins libéralement doué, fi, comme Mlle Dangeville, il apporte à un degré fupérieur dans l'exercice de fon art le tact, l'intelligence & le jugement néceffaires pour bien jouer la comédie ? Or, parmi plufieurs faits qui réduiroient à néant l'imputation envieufe des adverfaires de cette comédienne juftement célèbre, ne

(1) On lit dans les *Maifons de Paris*, par Lefeuve, que Mlle Dangeville étoit propriétaire dans la rue Servandoni (*) d'une maifon fife entre celles du comte de Breteuil & de la famille Godonèche; cette dernière faifoit l'angle de la rue de Vaugirard. Bourdelin, docteur en médecine, l'avoit vendue, en 1740, à la famille Botot. Elle porte aujourd'hui le n° 26.

(2) Cette comédie fut fouvent repréfentée dans les réunions particulières par les comédiens françois. Ainfi, elle étoit jouée, le 13 avril 1769, à Chelles, chez la ducheffe de Mazarin devant Mefdames de France.

(*) Ancienne rue des Foffoyeurs.

suffit-il pas de rappeler que, confultée par Deftouches, qui vouloit fupprimer un monologue (1) fur
l'effet duquel il étoit inquiet, elle l'en diffuada en lui
garantiffant, au contraire, que ce paffage feroit un des
plus applaudis. Le poëte la crut, & ce monologue fut,
en effet, un des morceaux les plus goûtés de l'ouvrage.
Une autre anecdote nous apprend qu'à la première
repréfentation des *Mécontents* (2), Mlle Dangeville
ayant chanté dans le divertiffement final un couplet
dont le refrain étoit :

« Voilà comme
l'homme
N'eft jamais content. »

on lui cria : *bis !* Elle le répéta ; mais quelques fpectateurs infiftant pour l'entendre une troifième fois, l'actrice fe tourna de leur côté, & leur lançant un regard
malicieux, fe borna à la reprife du refrain : » Voilà
comme l'homme n'eft jamais content. » Cet à-propos,
qui n'eft pas d'un efprit vulgaire, n'en déplaife à
Collé, fut falué par des rires & des applaudiffements
prolongés.

Mlle Dangeville, à fes autres mérites, joignoit l'art
de lire avec un charme qui entraînoit fon auditoire.
Le comité des comédiens ayant refufé les *Mœurs du*

(1) Dans la *Force du Naturel*, comédie en cinq actes & en vers, jouée le 11 février 1750.

(2) Comédie en un acte & en vers, par La Bruère, repréfentée le 1er décembre 1734. Elle avoit d'abord été en trois actes.

temps, comédie ingénieuse & piquante qui lui avoit été présentée comme étant l'œuvre d'une femme, l'auteur anonyme en appela à la complaisance de notre actrice qui relut la pièce & enleva sa réception. Le stratagème réussit ; l'ouvrage fut représenté avec succès, le 22 décembre 1760, & Saurin, son auteur, se fit alors connoître.

Mlle Dangeville a été l'objet d'un grand nombre d'hommages en vers & en prose, sous forme de couplets, de madrigaux, de discours. Dorat a dit d'elle, dans son poëme de *La Déclamation :*

« Cette actrice adorée & trop tôt disparue,
« Qui par son enjouement sçavoit tout animer,
« Et que, pour son éloge, il suffit de nommer..... »

Molé prononça publiquement son éloge, le 6 septembre 1794, dans une séance du Lycée des Arts, à laquelle avoit été convoquée la célèbre Mlle Dangeville, octogénaire.

Ainsi que Voltaire, elle assista vivante à sa propre apothéose, puisque ce même jour son buste fut couronné de lauriers par la main d'Elisabeth Jolly, qui s'étoit montrée digne de lui succéder.

ROLES CRÉÉS PAR Mlle DANGEVILLE

1730 Le petit Poiſſon . . . *Le Prince de Noiſy*, de Daigueberre.
— Tullie. . . . . *Brutus*, de Voltaire.
1731 Cupidon. . . . . . . *La Réunion des Amours*, de Marivaux.
1732 Phénice. . . . . . . *Les Serments indiſcrets*, du même.
— Mme Orgon. . . . . . *Le Complaiſant*, de Pont-de-Veyle.
1733 L'Amour. . . . . . . *Le Procès des Sens*, de Fuſilier.
— Liſette. . . . . . . *Les Rendez-vous*, de Fagan.
1734 Léonor. . . . . *Les Mécontents*, de La Bruère.
1735 Dorine. . . . . *La Grondeuſe*, de Fagan.
— Florine. . . . . . . *Le Préjugé à la mode*, de La Chauſſée.
— Liſette. . . . . . . *La Mère confidente*, de Marivaux.
— Hortenſe. . . . . . *Le Mariage par lettre de change*, de Poiſſon.
— Lucas. . . . . . . *Les Acteurs déplacés*, de Laffichard & Panard.
1737 Marton. . . . . . . *L'Ecole des Amis*, de La Chauſſée.
— L'Heure du Berger. . *L'Ecole de l'Hymen*, de l'abbé Pellegrin.
— Liſette. . . . . . . *L'Accommodement imprévu*, de La Grange-Chancel.
1738 Liſette. . . . . . . *La Métromanie*, de Piron.
— Liſette. . . . . . . *Les Epoux réunis*, de Guyot de Merville.
1739 Cidaliſe. . . . . . *Eſope au Parnaſſe*, de Peſſelier.
— Liſette. . . . . . . *Les Dehors trompeurs*, de Boiſſy.
1740 Liſette. . . . . . . *L'Amour ſecret*, de Poiſſon.
— Angélique. . . . . . *L'heureux Échange*, de***.
— Suzon. . . . . . . *Joconde*, de Fagan.
1741 Liſette. . . . . . . *L'Amour auteur & valet*, de Cérou.
— L'Amour. . . . . . *Deucalion & Pyrrha*, de Saint-Foix.
— Finette. . . . . . . *L'Embarras du Choix*, de Boiſſy.
1742 Nadine . . . . . . *Amour pour Amour*, de La Chauſſée.
— Liſette. . . . . . . *L'Accommodement imprévu*, de La Grange-Chancel.
1743 Gnidie. . . . . . . *Zénaïde*, de Cahuzac.
1744 Roſette. . . . . . . *L'Ecole des Mères*, de La Chauſſée.
1745 Liſette. . . . . . . *Le Médecin par occaſion*, de Boiſſy.
— Marton. . . . . . . *Le Sage étourdi*, de Boiſſy.

1747	Lifette.	*Le Méchant*, de Greffet.
—	Juliette	*La Gouvernante*, de La Chauffée.
—	Julie.	*L'École amoureufe*, de Bret.
1749	Lifette.	*Le faux Sçavant*, de Duvaure.
1750	Babet.	*La Force du Naturel*, de Deftouches.
—	Marine.	*La double Extravagance*, de Bret.
1751	La Fée.	*La Métempfycofe*, de Saint-Yon.
1753	Lifette.	*Le Diffipateur*, de Deftouches, retouché par Belle-Cour.
1754	Finette.	*Les Méprifes*, de Pierre Rouffeau.
—	Marton	*Les Tuteurs*, de Paliffot de Montenoy.
1758	Marton.	*Le faux Généreux*, de Bret.
1759	Angélique.	*La fauffe Agnès*, de Deftouches, retouchée par Belle-Cour.
1760	Marton.	*Les Philofophes*, de Paliffot de Montenoy.
—	La Comteffe.	*Les Mœurs du temps*, de Saurin.
1761	Lifette.	*Les fauffes Apparences*, de Belle-Cour.
—	Mme Catheau.. . . .	*Le Tambour nocturne*, de Deftouches.
—	Florine..	*Le Rival fuppofé*, de Saint-Foix.
1762	Califte.	*L'Écueil du Sage*, de Voltaire.
—	Lifette	*Le Caprice*, de Renout.
—	Marton	*Heureufement*, de Rochon de Chabannes.
1763	La Marquife.	*L'Anglois à Bordeaux*, de Favart.

MADEMOISELLE GAUSSIN.

1731-1767

JEANNE-CATHERINE GAUSSEM

dite MADEMOISELLE GAUSSIN

1731 — 1763

ADEMOISELLE GAUSSIN, née à Paris,
le 25 décembre 1711, avoit pour père un
homme attaché au service de Baron, &
pour mère, une ouvreuse de la Comédie-Françoise.
Leur fille, dès l'âge le plus tendre, annonça pour le
théâtre un goût qui ne fit que se développer avec les
années. Elle s'essaya d'abord à jouer la comédie en
société, & notamment chez le duc de Gesvres, au
château de Saint-Ouen ; ensuite, elle se rendit à Lille,
où elle resta pendant deux ans. Le bruit de ses succès

Extrait des registres de la paroisse de Saint-Sulpice : « Le trente & un
décembre mil sept cent onze, a été baptisée *Jeanne-Catherine*, née le
vingt-cinq dudit mois, fille d'Antoine Gaussem, bourgeois de Paris, & de
Jeanne Collot, son épouse.

étant venu jufqu'à Paris, l'y fit appeler, & le 28 avril
1731, elle parut pour la première fois fur la fcène
françoife, dans le rôle de Junie, de *Britannicus*, qu'elle
joua trois fois de fuite. Chimène, Andromaque, Ari-
cie, Iphigénie confirmèrent l'opinion favorable qu'une
première épreuve avoit donnée de fes difpofitions. Le
rôle d'Agnès, dans *l'Ecole des Femmes*, qu'elle joua
auffi pour fes débuts, lui valut également. beaucoup
de fuccès ; mais le point de départ de fa grande réputation date réellement de la repréfentation de *Zaïre*
(13 août 1732). Sa fenfibilité touchante, le charme
qu'elle déploya, les grâces de fa perfonne excitèrent
l'enthoufiafme du public & la claffèrent définitivement
parmi les actrices de premier ordre. On connoît les
vers que Voltaire lui adreffa à cette occafion :

« Jeune Gauffin, reçois mon tendre hommage... »

Pendant les trente-deux années qu'elle paffa au
théâtre, Mlle Gauffin joua dans prefque toutes les
comédies nouvelles, &, fans y être précifément à la
même hauteur que dans le genre tragique, elle obtint
de beaux triomphes. Cependant, elle manquoit de variété dans fon jeu & elle eut la prudence de fe renfermer dans les rôles les plus conformes à fa nature,
abandonnant les autres à des interprètes plus propres
à en rendre l'efprit. Sa figure noble, régulière & touchante à la fois, ne fubit aucune altération pendant
toute fa carrière théâtrale, & elle jouit de l'heureux

privilége de renouveler à cinquante ans, dans le rôle de Lucinde de l'*Oracle*, l'illufion que Mlle de Brie produifit, dit-on, plus âgée encore, dans le rôle d'Agnès.

Après avoir joué Brifeïs, dont elle créa le rôle en 1759, cette actrice renonça à la tragédie. Celui de Marianne, dans *Dupuis & Defronais* (17 janvier 1763), fut le dernier qu'elle joua. Elle demanda alors fa retraite; mais il y a lieu de croire qu'en faifant cette demande, elle étoit guidée plutôt par le défir de fe faire valoir que par l'intention fincère de renoncer irrévocablement à la fcène; car ayant, contre fon attente, obtenu fans difficulté aucune l'autorifation de fe retirer, elle tenta plufieurs démarches dans le but de faire revenir fur cette décifion, alléguant fa bonne volonté, fon affection pour fes camarades, fon zèle pour les devoirs de fon état, & furtout le vide que fon départ allait faire dans fa compagnie. Comme le grand tort de cette comédienne étoit alors de n'être plus ni jeune, ni belle, le duc de Duras fit la fourde oreille à fes réclamations, & maintint fa mife à la retraite. Elle quitta donc la fcène, le 19 mars 1763, à la clôture de Pâques. Son éloge intervint dans le difcours de rentrée, prononcé par Dauberval, & qu'on a attribué à Voltaire.

Mlle Gauffin avoit le cœur tendre, & elle compta beaucoup d'attachements illuftres. Les mémoires du temps, en les fignalant, fignalent auffi fon défintéreffement & lui prêtent cette réponfe fi connue, faite

à une perfonne qui lui reprochoit avec juftice la facilité de fes mœurs : « Cela leur fait tant de plaifir &
« me coûte fi peu ! »

Elle avoit époufé, le 23 mai 1759, un obfcur danfeur, nommé François *Talaïgo* ou *Tavalaïgo* (1), car
on trouve fon nom écrit de ces deux façons, propriétaire de la terre de Labzenay en Berry. Cette union,
qui fut loin d'être heureufe, n'eut pas toutefois une
longue durée, fon mari étant mort en 1765. La pauvre Gauffin lui furvécut peu : retirée de la Comédie &
prefque du monde, furtout depuis fon veuvage, elle
vivoit, en quelque forte, obfcure, dans une maifon
qu'elle poffédoit à la Villette. C'eft là qu'elle mourut,
le 2 juin 1767 (2), étant à peine dans fa cinquante-
fixième année. Sa mort ne fit pas grande fenfation ;
& cependant, on lit dans un recueil du temps, « qu'un
« fermon qu'elle entendit prêcher par le prieur de la
« Villette la toucha fi vivement, qu'elle réfolut de ne
« plus vivre que pour le repentir de fes erreurs. Près
« de trois ans de fouffrances continuelles, caufées en
« grande partie par les mauvais traitements de fon
« mari, ont été terminés par la mort la plus réfignée
« & la plus courageufe. Elle voulut même (ajoute la
« feuille dans laquelle nous puifons ces renfeigne-
« ments), faire une confeffion publique. »

(1) Il figurait à cette époque dans le corps de ballets de la Co-médie-Françoife, il appartint plus tard à l'Opéra.

(2) 3 juin 1767, paroiffe de la Vilette (*sic*). Enterrement de Jeanne-Catherine Gauffem, veuve de Labzenay, penfionnaire du Roy.

ROLES CRÉÉS PAR Mlle GAUSSIN

1731	L'Amour	*La Réunion des Amours*, de Marivaux.
—	Nérée	*Erigone*, de Lagrange-Chancel.
1732	Louife	*Les Serments indifcrets*, de Marivaux.
—	Angélique	*Le Complaifant*, de Pont-de-Veyle.
—	Zaïre	*Zaïre*, de Voltaire.
1733	Adélaïde	*Guftave Vafa*, de Piron.
—	Lucile	*Les Rendez-Vous*, de Fagan.
—	Léonore	*La fauffe Antipathie*, de La Chauffée.
—	Cidalife	*Les Courfes de Tempé*, de Piron.
1734	Adélaïde	*Adélaïde Du Guefclin*, de Voltaire.
—	Lucile	*La Pupille*, de Fagan.
—	Doris	*Les Courfes de Tempé*, de Piron.
1735	Conftance	*Le Préjugé à la mode*, de La Chauffée.
—	Sophilette	*La Magie de l'Amour*, d'Autreau.
—	Une Inconnue	*Le Mariage par lettre de change*, de Poiffon.
—	Téglis	*Téglis*, de Morand.
—	Mélite	*L'Amitié rivale*, de Fagan.
1736	Alzire	*Alzire*, de Voltaire.
—	Albizinde	*Childéric*, de Morand.
1737	Hortenfe	*l'Ecole des Amis*, de La Chauffée.
1738	Faufta	*Maximien*, de La Chauffée.
—	Lucile	*La Métromanie*, de Piron.
—	Philis	*Le Fat puni*, de Pont-de-Veyle.
—	Julie	*Le Pouvoir de la Sympathie*, de Boiffy.
—	Clariffe	*Le Confentement forcé*, de G. de Merville.
1739	Idalife	*Médus*, de Defchamps.
—	Irène	*Mahomet II*, de La Noue.
—	Elimène	*Thélamire*, de Mlle Denife Lebrun.
—	Lucile	*Le Marié fans le fçavoir*, de Fagan.
1740	Eugénie	*Edouard III*, de Greffet.
—	Lucile	*Les Dehors trompeurs*, de Boiffy.
—	Lucinde	*L'Oracle*, de Saint-Foix.
—	Atide	*Zulime*, de Voltaire.
—	Lucinde	*L'Amant auteur & valet*, de Cérou.

1741 Pyrrha. . . . . *Deucalion & Pyrrha*, de Saint-Foix.
— Mélanide. . . . . . . *Mélanide*, de La Chauffée.
— Cléopâtre. . . . . . *Antoine & Cléopâtre*, de Boiftel.
— Lucile. . . . . *L'Embarras du Choix*, de Boiffy.
1742 Zémire. . . . . . . *Amour pour Amour*, de La Chauffée.
— Palmyre. . . . . . . *Mahomet*, de Voltaire.
1743 Zénéïde. . . . . . . *Zénéïde*, de Cahuzac.
1744 Emilie. . . . . *L'Epoux par fupercherie*, de Boiffy.
— Marianne. . . . . . . *L'Ecole des Méres*, de La Chauffée.
— Agathe. . . . . *L'Heureux Retour*, de Fagan & Panard.
1745 Lucile. . . . . *Le Médecin par occafion*, de Boiffy.
1746 Belvidera. . . . . . . *Venife Sauvée*, de La Place.
1747 Angélique. . . . . . *La Gouvernante*, de La Chauffée.
— Nérine. . . . . *L'Ecole amoureufe*, de Bret.
1749 Nanine. . . . . *Nanine*, de Voltaire.
— Eliante. . . . . *Le Sage étourdi*, de Boiffy.
1750 Cénie. . . . . *Cénie*, de Mme de Graffigny.
— Iphife. . . . . *Orefte*, de Voltaire.
— Julie. . . . . *La Force du Naturel*, de Deftouches.
— Califte. . . . . *Califte*, de l'abbé Séran de La Tour.
1753 Julie. . . . . *Le Diffipateur*, de Deftouches, retouché
        par Belle-Cour.
1754 Andromaque. . . . . *Les Troyennes*, de Châteaubrun.
1755 Zélide. . . . . *Zélide*, de Renous.
— Lucette. . . . . . . *Le Jaloux*, de Bret.
1756 Julie. . . . . *La Coquette corrigée*, de La Noue.
1758 Mélite. . . . . *Le faux Généreux*, de Bret.
— Leuxis. . . . . *Aftarbé*, de Colardeau.
1759 Brifeïs. . . . . *Brifeïs*, de P. de Sivry.
1760 Califte . . . . *Califte*, de Colardeau.
1761 Henriette. . . . . . *Le Financier*, de Saint-Foix.
— Angélique. . . . . . *Les fauffes Apparences*, de Belle-Cour.
1762 Acante. . . . . *L'Ecueil du Sage*, de Voltaire.
— La Baronne . . . . . *Le Tambour nocturne*, de Deftouches, retou-
        ché par de Belle-Cour.
— Marianne. . . . . . . *Dupuis & Defronais*, de Collé.

MADEMOISELLE DU MESNIL
1747-1776

MADEMOISELLE DU MESNIL

1737 — 1776

ÉE à Paris, le 6 octobre 1711, Mlle Du Mefnil étoit la feconde fille d'un gentil-homme
normand fans fortune, ancien exempt de
la connétablie des maréchaux de France. Elle fut
élevée dans le modefte manoir paternel, fitué à Fon-
tenay-les-Louvets, au milieu de la forêt d'Ecouves,
près d'Alençon (1). L'auftérité, pour ne pas dire la

Extrait des regiſtres de Saint-Gervais : « Le mercredy, fept octobre
mil fept cent onze, *Marie-Anne-Françoiſe,* fille de Pierre-Marie-Philippe
Du Mefnil, écuyer, exempt des gardes des maréchaux de France, & de
Marguerite-Anne Le François, fa femme, a été baptifée, étant née
d'hier. »

(1) Nous nous trouvons ici en
contradiction formelle avec un
érudit dont, plus que perfonne,
nous apprécions les laborieufes &
précieufes recherches faites pendant tant d'années dans les archi-

rudeſſe de ſon père, étoit ſi grande, qu'elle lui avoit valu dans le pays le ſurnom de *Tête de Bronʒe*. Bien qu'on ignore les circonſtances des premières années de Marie-Anne-Françoiſe, ainſi que les cauſes qui l'enlevèrent au foyer domeſtique, peut-être pourroit-on les trouver dans cette exceſſive ſévérité autant que dans le penchant très-prononcé qui, s'il faut en croire les traditions de famille, ſe manifeſta de bonne heure chez elle pour la lecture des auteurs tragiques. Toujours eſt-il que de 1733 à 1736, elle fit ſucceſſivement partie des troupes de comédiens attachées aux théâtres de Strasbourg (1) & de Compiègne, & que, le 6 août 1737, elle parut pour la première fois ſur la ſcène françoiſe, dans le rôle de Clytemneſtre *d'Iphigénie en Aulide*. Elle continua ſes débuts dans Phèdre, qu'elle

ves de l'Etat civil & auxquelles eſt due la révélation d'une multitude de particularités & de faits intéreſſants & curieux, la plupart inconnus de la génération actuelle. Mais tout en rendant hommage aux travaux ardus de A. JAL, nous n'adoptons pas l'origine roturière qu'il aſſigne à la tragédienne célèbre qui fait l'objet de cette notice biographiqne.

Outre que l'acte de naiſſance qu'il cite (*), ne concorde pas par la date avec l'âge que lui attribue l'acte mortuaire, il eſt de tradition dans la ville d'Alençon que Mᴵᴵᵉ Du

Meſnil tenoit par les liens de la parenté à l'une des branches de la famille ancienne & conſidérée de cette cité normande, qui portoit ce nom. Nous nous rappelons avoir maintes fois entendu confirmer ce fait par pluſieurs de ſes membres. Nous maintenons donc notre verſion, parce que nous la croyons la vraie.

(1) « Mᴵᴵᵉ Du Meſnil avait joué à « Strasbourg, & l'on prétend qu'elle « n'avoit pas réuſſi; mais elle a eu « du ſuccès ici. » (*Mémoires du duc de Luynes*, t. Iᵉʳ, p. 371.)

(*) Dictionnaire d'hiſtoire & de biographie générales.

joua cinq fois de fuite, & les termina par le rôle
d'Elifabeth dans *le Comte d'Effex*. Elle fe montra de prime
abord actrice d'un talent original & jufqu'alors fans
exemple. Le fuccès qu'elle obtint fut fi grand, que,
le 8 octobre fuivant, elle fut reçue en pied, contrairement à l'ufage qui exigeoit un certain temps d'épreuves
avant l'admiffion définitive (1).

Mˡˡᵉ Du Mefnil devoit plus à la nature qu'à l'étude.
Abandonnant les routes frayées, peu foucieufe de
prendre pour modèle les actrices célèbres qui l'avoient
précédée, elle fe livroit à fes infpirations, & c'eft par
là même qu'elle étoit fupérieure dans tous les rôles où
la paffion domine; mais il s'enfuivoit de l'inégalité
dans fon jeu, & parfois fa diction devenoit brufque,
heurtée. Dans les longues tirades, elle fembloit courir
vers un but, débitant avec trop de rapidité les paffages les moins intéreffants; puis tout à coup elle

(1) Du 8 octobre 1737.
« Nous, duc de Rochechouart...
« Ayant reconnu le mérite diftin-
« gué des talents de Mˡˡᵉ Du Mef-
« nil pour la déclamation & vou-
« lant pour la néceffité & le bien
« du fervice, lui donner les moyens
« de juftifier de plus en plus les
« applaudiffements qu'elle a reçus
« de la Cour & du public, de l'a-
« grément & fous le bon plaifir du
« Roy, l'avons reçue et recevons
« dans la troupe des comédiens
« françois de Sa Majefté, pour y

« jouer en fecond tous les rôles de
« *Reines*, que la demoifelle de
« Balicourt y joue en premier, —
« y jouer de plus en troifième
« les rôles de foubrettes, qui font
« actuellement remplis par les
« demoifelles Quinault & Dange-
« ville. Lui accordons cent livres
« par mois, fes feux, fes jetons à
« l'ordinaire, que nous ordonnons
« aux comédiens de lui payer fur
« la recette de la comédie, à par-
« tir du fix août dernier. »
(Archives nationales.)

s'animoit, & fon gefte, fa voix, fon regard devenoient éminemment tragiques; elle déchiroit l'âme par fes douleurs de mère ou fes fureurs jaloufes d'époufe & d'amante, entraînant alors les fuffrages de la falle entière. Telle elle fe montroit dans *Médée*, dans Cléopâtre de *Rodogune*, où elle produifit un foir un effet fi prodigieux, que le parterre recula d'effroi pendant la fcène des imprécations. C'eft à la même repréfentation que fe rattache l'anecdote du vieil officier placé fur une des banquettes dont le théâtre, à cette époque, étoit encore garni, qui, après ce vers :

Je maudirois les Dieux, s'ils me rendoient le jour !

fe fentant tranfporté d'indignation, frappa l'actrice d'un violent coup de poing, en s'écriant : « Va-t-en, « chienne, à tous les diables! » Loin de fe fâcher de cet étrange témoignage d'admiration fi brufquement exprimé, Mlle Du Mefnil remercia, comme elle eût fait du plus bel éloge.

Elle n'étoit pas moins remarquable dans Mérope, qui paffe même pour avoir été fon triomphe. C'eft dans ce rôle qu'elle rompit avec la tradition qui vouloit que les perfonnages en fcène ne marchaffent qu'en mefure & à pas compaffés. Elle s'élance au devant d'Egyfthe, en s'écriant :

Arrête..... c'eft mon fils !

L'élan étoit donné, & cette innovation fut dès-lors adoptée. Voltaire dit, en parlant de fon jeu : « Mlle Le « Couvreur avoit la grâce, la juftelfe, la fimplicité, « la vérité, la bienféance; mais pour le grand pathé- « tique de l'action, nous le vîmes pour la première « fois chez Mlle Du Mefnil (1). »

Fontenelle, ennemi de Voltaire, faifit cette occafion de dire partout que les repréfentations de la tragédie de *Mérope* faifoient le plus grand honneur au poëte & l'impreflion à l'actrice.

Lorfque Garrick, furnommé le *Rofcius* de l'Angle- terre, vint à Paris, il alla voir jouer Mlles Du Mefnil & Clairon. — « Eh bien! lui demanda-t-on, comment « avez-vous trouvé le jeu des deux rivales? — Il eft

(1) On lit dans une lettre de Voltaire (1748) : « Notre *Mérope* « n'eft pas encore imprimée; je « doute qu'elle réuflifle à la lec- « ture autant qu'à la repréfenta- « tion. *Ce n'eft pas moi qui ai fait* « *la pièce, c'eft Mlle Du Mefnil.* « Que dites-vous d'une actrice qui « fait pleurer le parterre pendant « deux actes de fuite? Le public a « pris un peu le change ; il a mis « fur mon compte une partie du. « plaifir extrême que lui ont fait « les acteurs, & la féduction a été « au point que je n'ai pu paroître « à la Comédie qu'on ne m'ait « battu des mains. »

La fcène qui ouvroit le deuxième acte de cette tragédie fut fupprimée le jour de la première repréfenta- tion par Voltaire lui-même, qui s'étoit obftiné à la conferver à toutes les répétitions, malgré les obfervations de Mlle Du Mefnil qui la jugeoit inutile.

Six années plus tard, Voltaire oublieux du tribut de louanges mérité qu'il avoit payé à cette ac- trice, écrivoit au comte d'Argental : « Vous ferez plus que prophète, fi « vous venez à bout de faire jouer « *Sémiramis* à Mlle Clairon. Les « filles qui aiment réufliflent bien « mieux que les *ivrognes*, & la Du « Mefnil n'eft plus bonne que « pour les Bacchantes. »

« impoſſible, répondit-il, de rencontrer une plus par-
« faite actrice que Mlle Clairon. — Et Mlle Du Meſnil,
« qu'en penſez-vous ? — En la voyant, je n'ai pas pu
« ſonger à l'actrice ; c'eſt Agrippine, c'eſt Sémiramis,
« c'eſt Athalie que j'ai vues ! »

Mme Vigée-Lebrun, dans ſes *Souvenirs*, prétend
qu'avant de paroître en ſcène, cette tragédienne buvoit
une bouteille de vin & qu'elle s'en faiſoit tenir une
autre en réſerve dans la couliſſe. Marmontel dit plus
crûment encore, dans ſes *Mémoires*, qu'elle aimoit le
vin. Ce témoignage, qui, ſous la plume de cet écrivain, pourroit paroître ſuſpect à cauſe de ſon attachement connu pour Mlle Clairon, a malheureuſement été
confirmé par des témoignages contemporains. Cependant les Mémoires de Fleury, en rapportant cette particularité, la modifient quelque peu : « A l'époque de
« ſon début (rapporte cet acteur), Mlle Du Meſnil
« voulant lui donner l'aſſurance qui lui manquoit, lui
« mit ſur les lèvres un flacon contenant un breuvage
« compoſé de bouillon de poulet, chaud, & de vin
« mélangés enſemble & dont elle-même faiſoit uſage
« quand elle jouoit. »

En 1753, Mlle Du Meſnil obtint la permiſſion de
faire une abſence de trois mois. Elle ſe rendit à Marſeille, où le duc de Villars, gouverneur de Provence,
jugea à propos d'augmenter le prix des places du
ſpectacle pendant le cours de ſes repréſentations.
Cette meſure fiſcale déplut fort aux bourgeois, qui
déclarèrent que pas un n'y mettroit les pieds. Le gou-

verneur perfifta; les bourgeois tinrent bon, & le duc de Villars ayant enfin cédé, la population courut en foule aux repréfentations de Mlle Du Mefnil, qui eut le plus grand fuccès.

Conformément aux ufages de la Comédie, cette actrice avoit auffi dû jouer l'emploi des *foubrettes;* plus tard elle prit les rôles de *mères* dans la comédie, & y fit preuve de beaucoup de talent. Un homme de lettres, profeffeur célèbre, fecrétaire de l'Académie françoife (1), qui, dans fa jeuneffe, avoit plufieurs fois vu Mlle Du Mefnil, racontoit que, rempliffant le rôle de Rhodope dans *Efope à la Cour,* rien n'égaloit fon jeu ni l'inflexion touchante de fa voix dans ce vers fi fimple :

> J'ai loué cet habit pour paroître un peu brave.

C'eft elle qui créa le rôle principal dans *la Gouvernante,* de La Chauffée [1747] (2).

Cette actrice étoit d'une taille au-deffus de la moyenne; elle avoit un caractère de tête impofant & des yeux dont l'expreffion devenoit terrible quand la fituation l'exigeoit. Elle ne pouffa pas auffi loin que Mlle Clairon l'obfervation du coftume.

Elle prit fa retraite le 7 avril 1776, âgée de foixante-

---

(1) M. Andrieux.

(2) Jamais aucun auteur n'eut à fouffrir des caprices ou du mauvais vouloir de cette actrice. Bons ou mauvais rôles furent toujours tenus par elle avec un foin égal & elle ne trouva jamais rien d'indigne de fon talent.

cinq ans. Peut-être, dans l'intérêt de fa renommée, au-
roit-elle dû l'avancer de quelques années; fon jeu s'étoit
affoibli, mais non au point que l'on pût avec juftice
lui appliquer ce vers :

Sémiramis n'eft plus que l'ombre d'elle-même...

ainfi que La Harpe, oublieux des éloges dont il avoit
été fi prodigue envers elle, quinze ans auparavant,
le déplore dans fa correfpondance. Elle fe retira avec
1,500 livres de penfion de la Comédie, à laquelle
le Roy en ajouta une autre également de 1,500 livres,
fur fa caffette; fans préjudice de celle de 2,000 livres dont la munificence royale l'avoit fucceffivement
gratifiée en 1761 & en 1773. « La retraite de Mlle Du
« Mefnil, dit Grimm, qui fut un de fes plus pro-
« fonds admirateurs, fit peu de fenfation. On ne l'a
« pas regrettée parce qu'on la regrettoit depuis long-
« temps, même en la voyant tous les jours. Mais le
« fouvenir de cette actrice vivra autant que la fcène
« françoife, &c. »

Le 28 février 1777, la Comédie donna à fon bénéfice une repréfentation compofée de *Tancrède* & des
fauffes Infidélités, à laquelle le public fe porta avec
empreffement.

Mlle Du Mefnil étoit, s'il faut en croire la chronique, plus que fimple en fes mœurs; car elle pouffoit,
dit-on, la léfinerie jufqu'à faire elle-même fa cuifine :
auffi fa vie privée fournit-elle peu d'épifodes. On ra-

conte, à ce propos, que l'ambaſſadeur d'une puiſſance étrangère, encore troublé de l'impreſſion que lui avoit cauſée cette tragédienne, alla curieuſement lui rendre viſite. Il la trouva, dit l'anecdote, occupée *à tricoter un bas*, & ne ſçut en quels termes exprimer ſon admiration, ſurtout en apercevant auprès d'elle une traduction de Tacite. Dans une lettre adreſſée par La Harpe, le 17 décembre 1798, au ſculpteur Antoine, à propos des *Mémoires de Clairon*, il dit qu'avec un très-grand talent Mlle Du Meſnil a peu d'eſprit : « Iné-« gale ou ſublime, ajoute-t-il, elle a un très-grand « mérite : celui de n'être comédienne qu'au théâtre. »

Les événements de la Révolution, en lui enlevant ſes reſſources, expoſèrent ſa vieilleſſe à toutes les horreurs de la miſère (1). Cependant, en 1794, la Convention lui accorda un ſecours de 3,000 fr., & quelques années plus tard (car Mlle Du Meſnil étoit deſtinée à dépaſſer de beaucoup le terme ordinaire de la vie humaine), Chaptal, alors miniſtre, lui vint en aide (2), mu, en cette circonſtance, plus peut-être par

(1) Elle écrivoit au commencement de ce ſiècle à ſes amis : « Bons & généreux amis, je ſuis « pénétrée de reconnoiſſance pour « les ſoins que vous prenez de me « procurer un aſile. Je le demande « au faubourg Saint-Germain pour « me rapprocher de mes amis, « près de qui je déſire finir ma « vie que l'âge & l'infortune me

« font trouver trop longue..... »
(2) Voici la lettre qu'écrivit le Miniſtre de l'intérieur à Mlle Du Meſnil :
« Après avoir illuſtré le théâtre « françois par trente années de « ſuccès, & laiſſé à la ſcène des « ſouvenirs qui ſont devenus des « leçons, vous avez voulu, Made-« moiſelle, profiter du repos de

un intérêt particulier que touché de l'exceſſive miſère dans laquelle languiſſoit l'actrice nonagénaire (1). Un logement lui fut aſſigné dans les galeries du Louvre (2); c'eſt là, du moins, qu'elle demeuroit lorſque, ſelon une anecdote plus ou moins apocryphe, Joſeph Chénier eut le déſir d'être conduit chez elle. Introduit près de cette femme célèbre, que les infirmités condamnaient à ne plus quitter le lit, il lui témoigna, après s'être nommé, combien il attacheroit de prix à lui entendre réciter quelques vers. Mlle Du Meſnil qui,

---

« votre retraite pour former un ſujet digne de vous & de l'art dramatique. Le public vous en marque chaque jour ſa reconnoiſſance par les applaudiſſements qu'il donne à votre digne élève, Mlle Bourgoin, & je me fais un plaiſir de vous témoigner, au nom du Gouvernement, qu'il n'a pas vu ſans intérêt que tous vos moments ſont employés à perfectionner votre art. C'eſt pourquoi je vous accorde une gratification de cinq mille francs & j'ai l'honneur d'être, &c. »

(1) Le 28 janvier 1797, Mlle de Raucourt, alors directrice du théâtre Louvois annonce, par une lettre inſérée dans le *Journal des Affiches* (pp. 2022 & 2172), ſon projet de donner une repréſentation au bénéfice d'une petite nièce de P. Corneille & de Mlle Du Meſnil.

(2) Coſte écrivoit à ſon ami Antoine, le 13 vendémiaire an ix (5 octobre 1800) : « Je reçois, mon cher monſieur, une lettre de Fréron, qui m'annonce que l'arrêté ſur Mlle Du Meſnil eſt pris : Un logement au Louvre & une gratification. Quelle ne ſoit pas alarmée de ce que celle-ci n'est que de cinquante louis. Le miniſtre ne s'en tiendra pas là; il aime mieux donner pluſieurs fois... Vous qui êtes dans cette bouteille à l'encre, écrivez tout ce qu'il faudra demander de réparations, s'il en eſt beſoin, pour en augmenter les commodités. Mlle Du Meſnil apprendra ſans doute, avec plaiſir, que le ſort de l'enfant (*) eſt irrévocablement fixé. »

(*) Mlle Bourgoin, ſon élève.

jufque-là, avoit gardé le filence, le regardant fixement, lui dit en défignant un fiége :

Affeyez-vous, Néron, & prenez votre place.

Ce vers, qui, adreffé à Chénier, devenoit une cruelle, & il faut le dire, une injufte allufion, n'étoit pas achevé, que le poëte, faififfant fon chapeau, abrégeoit fa vifite.

Malgré fon grand âge, elle avoit, dit-on, confervé toute fa mémoire & fa préfence d'efprit. C'eft ce qu'attefte une anecdote rapportée par Paliffot dans une lettre du 6 décembre 1802, rendue publique : « Ceux qui pourront s'étonner que, dans un âge fi « avancé, cette célèbre actrice foit encore capable « des foins qu'elle a pris pour former une élève de fon « choix, n'apprendront pas, fans une plus grande « furprife, qu'elle a confervé la mémoire la plus « brillante.

« Ayant eu l'honneur de dîner chez elle, il y a trois « mois, avec la comteffe de Cobentzel, qui avoit « voulu jouir de ce prodige, je l'entendis débiter, « fans faire une feule faute, la fcène entière d'*Agrip-* « *pine* avec *Néron*, le fonge d'*Athalie* & la fcène où « elle interroge le petit Joas. J'ofe affurer qu'elle y a « été admirable. »

Mlle Du Mefnil, felon certains biographes, feroit décédée à Boulogne-fur-Mer, le 20 février 1803. Il n'en eft rien. Elle eft morte à Paris, à la barrière

Blanche, commune de Montmartre, où elle avoit fixé fon domicile. Elle étoit alors âgée de quatre-vingt-onze ans & quatre mois.

Une publication improprement intitulée *Mémoires de Mlle Du Mefnil en réponfe aux Mémoires d'Hippolyte Clairon*, a paru en 1799 (1). Cet ouvrage a été rédigé par Cofte d'Arnobat; il ne renferme aucune particularité fur la vie de Mlle Du Mefnil.

(1) Ces mémoires font moins un livre qu'un prétexte pour leur auteur d'exhaler le fiel dont fon âme étoit remplie. Mlle Du Mefnil étoit bien loin de lui reffembler. Sophie Arnould, lui parlant un jour de ce livre où elle eft fi fort maltraitée : « Hélas ! lui répondit la grande « tragédienne, je favois bien qu'elle « me tourmenteroit jufqu'à la « mort. J'ai pris le parti d'oublier « mes ennemis; je n'ai jamais fait « de mal à perfonne. Cela me con- « fole de tout. »

Une perfonne de fes amis lui ayant fait demander des anecdotes contre la Clairon, voici ce qu'elle lui répondit : « Je fuis bien fenfi- « ble à l'intérêt que vous, & vos « refpeêtables amis, prenez aux « atrocités que la demoifelle Clai- « ron décoche contre moi. Il y a « quarante ans qu'elle s'exerce à ce « jeu qui quelquefois m'a fait ré- « pandre bien des larmes. N'étant « plus en rivalité, je m'étois flattée « qu'elle m'oublieroit comme j'ai « oublié tout ce qu'elle a fait « contre moi. Vous me demandez « des anecdotes contre elle ? Je « m'en garderai bien; cela fenti- « roit la vengeance; elle n'a jamais « trouvé place dans mon cœur. Je « ne veux m'occuper que d'avoir « des amis, auxquels je voue re- « connaiffance pour ma vie. »

(*Colleêtion d'autographes*).

ROLES CRÉÉS PAR Mlle DU MESNIL

1737 Arſinoé . . . . *Lyſimachus*, de De Caux.
1738 Faùſta. . . . . *Maximien*, de La Chauſſée.
1739 Médée. . . . . *Médus*, de Deſchamps.
— Aſtérie. . . . . . . *Bajaʒet Ier*, de Pacarony.
1740 Alzonde. . . . . . . *Edouard III*, de Greſſet.
— Zulime. . . . . *Zulime*, de Voltaire.
1741 Calliope. . . . . . . *Zarès*, de Paliſſot.
1742 Une Fée. . . . . . . *Amóur pour Amour*, de La Chauſſée.
1743 Mérope . . . . . . *Mérope*, de Voltaire.
1744 Mme Argant . . . . . *L'Ecole des Mères*.
1745 La Marquiſe. . . . . *Le Médecin par occaſion*, de Boiſſy.
1747 La Gouvernante. . . *La Gouvernante*, de La Chauſſée.
1748 Tullie. . . . . *Catilina*, de Crébillon.
— Sémiramis. . . . . . *Sémiramis*, de Voltaire.
1749 La Baronne.. . . . . *Nanine*, du même.
1750 Clytemneſtre.. . . . *Oreſte*, du même.
— Orphiſe. . . . . . . *Cénie*, de Mme de Graffigny.
— Nephté. . . . . . . *Aménophis*, de Saurin.
1751 Altazire. . . . . . . *Zarès*, de Paliſſot.
1752 Aurélie . . . . *Rome ſauvée*, de Voltaire.
— Déjanire. . . . . . . *Les Héraclides*, de Marmontel.
1754 Melpomène . . . . . *Les Adieux du Goût*, de Patu & Porlelance.
— Hécube. . . . . . . *Les Troyennes*, de Châteaubrun.
1757 Fatmé. . . . . *Adèle de Ponthieu*, de La Place.
1760 Cydaliſe. . . . . . . *Les Philoſophes*, de Paliſſot.
1763 Mme Forlis. . . . . . *La Manie des Arts*, de R. de Chabannes.
— Marguerite.. . . . . *Warwick*, de La Harpe.
1764 Statira . . . . *Olympie*, de Voltaire.
1765 Ildegonde. . . . . . *Pharamond*, de La Harpe.
— Mme Vanderk. . . . . *Le Philoſophe ſans le ſçavoir*, de Sédaine
— Mme de Fonroſe.. . . *La Bergère des Alpes*, de Desfontaines.
1766 Cléoſé. . . . . *Guillaume Tell*, de Lemierre,
1767 Ameſtris. . . . . . . *Coſroès*, de Le Fèvre.

1768 Amélife. . . . . *Amélife*, de Ducis

1769 Gertrude.. . . . . . . *Hamlet*, du même.

1771 Comteffe d'Auray. . *Les Amants fans le fçavoir*, de Mme Saint-Chamond.

1772 Emicène. . . . . . . *Les Druides*, de Le Blanc.

— Adelinde. . . . . . . *Les Chérufques*, de Bauvin.

1774 Margifte... . . . . . *Adélaïde de Hongrie*, de Dorat.

— Sophonisbe . . . . . *Sophonisbe*, de Mairet, arrangée par Voltaire.

1775 Mme Laurance. . . . *Albert Ier*, de Le Blanc.

— Volgéfie. . . . . . . *Les Arfacides*, de Bauffol.

PAULIN
1751-1770

LOUIS PAULIN

1741-1770

PAULIN, né à Paris, le 6 août 1711, étoit le fils d'un capitaine au régiment de Ponthieu ; son père n'étoit donc rien moins que maître maçon, ainsi que l'ont dit répété, en se copiant l'un sur l'autre, les biographes qui se sont succédé. Après avoir lui-même servi pendant plusieurs années dans un régiment de dragons, se trouvant fatigué d'un métier pour lequel il n'avoit pas un goût très-prononcé, il prit le parti de la comédie. Il se rendit d'abord à Lyon, & alla se proposer au directeur du théâtre pour jouer les *utilités*. Se voyant

---

Extrait des regiſtres de la paroiſſe Saint-André-des-Arts : « Le vendredi, ſeptieſme août, a été baptiſé à l'égliſe Saint-André-des-Arts, par M. Girard, vicaire, prêtre de ladite égliſe, ſouſſigné, *Louis*, né le jour précédent, fils de Claude Paulin, capitaine au régiment de Ponthieu, à préſent officier aux Invalides, & d'Anne-Chriſtine Conrardi, ſon épouſe, demeurant rue Payée. »

accepté il montra tant de zèle & d'ardeur dans son modeste emploi, que bientôt on ne craignit pas de le charger de quelques rôles de *seconds* & même de *premiers amoureux* dans la comédie, & des *premiers rôles* dans la tragédie. Il y obtint assez de succès pour concevoir l'ambition de venir débuter à Paris.

Paulin agit en conséquence, & grâce à des protections (1), il lui fut donné de paroître, pour la première fois sur la scène de la Comédie-Françoise, le 5 août 1741, dans le rôle de Pharasmane de la tragédie de *Rhadamiste*. Il y réussit & fut admis le 20 mai 1742.

Lorsque Voltaire songea, en 1743, à faire représenter *Mérope*, c'est à Paulin qu'il remit le rôle de Poliphonte, malgré les observations qui lui furent adressées à propos du peu de réputation qu'avoit cet acteur. « Laissez faire, répondoit-il, c'est un tyran que « j'élève à la brochette. »

C'est en faisant allusion à l'emploi tenu par Paulin, que, lui envoyant des corrections après la première représentation, il dit à son domestique, qui lui objectoit qu'il étoit minuit, heure indue pour déranger les gens : « Va, va, les tyrans ne dorment « jamais ! »

(1) Du trois juin mil sept cent quarante & un..... Sous le bon plaisir de Sa Majesté, ordonnons au sieur Paulin, comédien à Besançon, de se rendre incessamment à Paris, pour y débuter au théâtre françois, afin que nous puissions juger de ses talents. *Signé :*

Le Duc de Rochechouart.

Cependant, en dépit des prévisions favorables de Voltaire, & quoiqu'il se fût, d'ailleurs, bien acquitté du rôle de Poliphonte, Paulin ne dépassa point, dans le cours de sa carrière théâtrale, une honnête médiocrité ; & comme généralement, les rôles qu'il eut à jouer étoient assez sacrifiés, il ne fut jamais lui-même qu'un acteur médiocrement goûté du public.

Ce n'est qu'après la mort de Montménil (1) que Paulin recueillit, à son tour, un peu de cette faveur qui s'étoit attachée au défunt, en lui succédant dans les rôles de *paysans* (2), où sans valoir son prédécesseur, il sçut cependant se rendre agréable au parterre. Il créa d'origine (16 juillet 1749) le rôle de Blaise, dans *Nanine*.

Ce comédien avoit une taille avantageuse & une assez belle figure. Des sourcils très-prononcés prêtoient, il est vrai, à sa physionomie une expression de dureté que ne rachetoit pas la mobilité des traits. Sa voix étoit forte ; mais la mauvaise habitude qu'il avoit contractée en jouant les *tyrans*, d'en enfler le volume, ôtoit à son débit la souplesse & le liant nécessaires. Le Kain, qui s'y connoissoit, lui reproche (3) « de la roideur & lui conseille plus de mou-

(1) Louis-André Lesage, dit Montménil, fils de l'immortel auteur de *Gil Blas* & de *Turcaret*. Il mourut subitement le 8 septembre 1743.
(2) Ordre donné au sieur Paulin du 26 décembre 1743, d'appren-

dre & de jouer les rôles de *paysans*. (*Arch. de l'État*.)
(3) Dans son *Mémoire sur l'état actuel de la Comédie - Françoise*, adressé en 1770 au duc de Richelieu.

« vement & de chaleur dans le tragique ; & tout
« en rendant juſtice à la manière dont il jouoit les
« *payſans*, il l'engage encore à y apporter plus de
« gaîté & à mettre plus de ſévérité dans le coſtume. »

Il paroît qu'en effet, Paulin habilloit un payſan
à l'inſtar d'un ſeigneur de village, n'oubliant ni les
manchettes bien nettes, ni le catogan bien peigné &
poudré à blanc.

En réſumé, on peut conclure de ce qui précède que
Paulin a été un comédien peu ſaillant.

Atteint d'une maladie grave, à la fin de 1769, il
y ſuccomba, le 19 janvier 1770, à l'âge de cinquante-
huit ans & quelques mois. On regretta en lui un homme
d'une probité & de mœurs irréprochables.

Son convoi eut lieu à Saint-Sulpice, & ce ne fut
qu'après ſa mort, rapporte Bachaumont, « qu'on
« apprit que Paulin avoit été bas-officier des Invalides.
« En conſéquence, il a joui d'un honneur inuſité pour
« les comédiens, & a eu l'épée croiſée ſur ſon cer-
« cueil. »

ROLES CRÉÉS PAR PAULIN

1743 Caſſius. . . . . *La mort de Céſar*, de Voltaire.
— Poliphonte. . . . . . . *Mérope*, du même.
1744 Lucas. . . . . *L'heureux Retour*, de Fagan & Panard.
1746 Le Doge. . . . . *Veniſe ſauvée*, de La Place.
1748 Oroès. . . . . *Sémiramis*, de Voltaire.

1749 Dracon . . . . *Ariſtomène*, de Marmontel.
— Blaiſe. . . . . *Nanine*, de Voltaire.
1750 Egyſte. . . . . *Oreſte*, du même.
1752 Caton. . . . . *Rome ſauvée*, du même.
— Coprée . . . . *Les Héraclides*, de Marmontel.
1754 Paros. . . . . *Paros*, de Mailhol.
— Ulyſſe. . . . . *Les Troyennes*, de Châteaubrun.
1757 Ormaris. . . . . . . *Adèle de Ponthieu*, de La Place.
— Thoas. . . . . *Iphigénie en Tauride*, de G. de La Touche.
1758 Pygmalion. . . . . . *Aſtarbé*, de Colardeau.
1760 Montalde.. . . . . . *Caliſte*, du même.
— Craſſus . . . . *Spartacus*, de Saurin.
1762 Zorac. . . . . *Zarucma*, de Cordier.
— Mathurin.. . . . . . *L'Ecueil du Sage*, de Voltaire.
— Maître Nicolas. . . . *Le Tambour nocturne;* de Deſtouches, retouché par Belle-Cour.
1763 Clénard. . . . . . . *Dupuis & Deſronais*, de Collé.
— Tamzy . . . . *Manco-Capac*, de Le Blanc.
1764 Gorju. . . . . *L'Homme ſingulier*, de Deſtouches, retouché par Belle-Cour.
1765 Ambléteuſe. . . . . *Le Siége de Calais*, de De Belloy.
— Grégoire . . . . . . *Le Tuteur dupé*, de Cailhava.
1768 Un Militaire. . . . . *Les Valets maîtres*, de R. de Chabannes.
1769 Clément.. . . . . . . *Julie*, de Denon.
— Claudius.. . . . . . *Hamlet*, de Ducis.

JEAN SAUVÉ

dit DE LA NOUE

1742 — 1757

SAUVÉ, connu au théâtre & dans la littérature sous le nom de De La Noue, est né à
Meaux, le 20 octobre 1701, dans une famille
d'artisans. Le cardinal de Bissy, qui l'avoit pris sous sa protection, lui fit commencer ses études dans le collége des
chanoines réguliers de Sainte-Geneviève, & l'envoya plus
tard à Paris, pour les terminer, au collége d'Harcourt.
Est-ce, ainsi qu'on l'a dit, par dépit de s'être vu enlever une place de précepteur qui lui avoit été promise,
que le jeune Sauvé, qui se destinoit à l'enseignement,
se fit comédien ? Quelque invraisemblable que ce fait

Extrait des registres de la paroisse Saint-Christophe, de Meaux, pour l'année mil sept cent un : « Ce vingt-troisième jour d'octobre, a été baptisé
Jean, né le vingtième du présent mois, & fils de Louis Sauvé, chaudron-
nier, & de Louise-Angélique Bourjot, ses père & mère. »

DE LA NOUE
לַחֲנוּ בְּלָנוּ

paroiſſe, il eſt certain qu'étant à peine âgé de vingt ans, il débutoit à Lyon par les premiers rôles. Après avoir longtemps parcouru les provinces & dirigé pendant cinq années le théâtre de Rouen, aſſocié à Mlle Gauthier, qui avoit le privilége du ſpectacle de cette ville, La Noue, appelé par Frédéric II qui lui promettoit de grands avantages, partit pour la Pruſſe, emmenant avec lui une troupe de comédiens (1). Mais la guerre de 1741 ayant empêché le roy de tenir ſes engagements, De La Noue fut obligé de congédier & de payer de ſes propres deniers ſes acteurs éconduits. Il vint alors à Paris & débuta, le 14 mai 1742, à la Cour, alors à Fontainebleau, par le rôle du comte d'Eſſex, dans lequel il plut aſſez pour que la Reine

---

(1) On lit dans une lettre autographe, du 3 janvier 1741, les paſſages ſuivants : « ... Les préparatifs ſont tout faits, la troupe de Sa Majeſté eſt complète & j'enverrai à Berlin, quand on voudra, les engagements de tous les ſujets... En un mot, la troupe du Roi eſt formée; il ne s'agit plus que de ſavoir ce qu'elle deviendra. Mon état, au ſujet du contre-ordre que j'ai reçu, m'inquiète beaucoup moins que l'éclat horrible que va cauſer un tel incident. J'ai dit tout haut, j'ai écrit que Sa Majeſté avoit daigné me choiſir pour me mettre à la tête de ſes ſpectacles. Que répondrai-je à ceux qui me demanderont les ſuites de ma commiſſion? aux protecteurs qui voudront me retenir en France ? Ce n'eſt pas tout. Quinze comédiens ou comédiennes perdront, en quelque lieu qu'ils aillent, un engagement formé au ſervice de Sa Majeſté ; ces mêmes acteurs vont revenir ſur moi, me traduiront devant les magiſtrats pour ſe faire tenir leurs engagements : Je ferai contraint de produire mes ordres. Mes lettres & celles de M. de Voltaire ſont préciſes... »

(*Collection Laverdet. Cat.* 1861.)

exprimât le défir qu'il fût immédiatement reçu : ce qui eut lieu le lendemain même. Il ne réuffit pas moins à la ville, où il obtint toujours, depuis, un accueil favorable. Il faut toutefois attribuer cette bienveillance que lui témoignoit le public, moins à un talent fupérieur comme comédien, qu'à fa réputation d'homme d'efprit, connoiffant bien fon métier & montrant, d'ailleurs, de la fineffe & de l'intelligence dans fon jeu. J.-J. Rouffeau, avec qui il fut en rapport pour la repréfentation de *Narciffe* (1), dit : « que

(1) *Narciffe*, ou l'*Amant de lui-même*, comédie en un acte & en profe, jouée le 18 décembre 1752. Cette pièce ne fut jouée que deux fois. Au fortir de la repréfentation, Rouffeau entra dans le café Procope & dit tout haut : « La pièce nou- « velle m'a ennuyé ; elle eft de « Rouffeau de Genève, & c'eft moi « qui fuis Rouffeau. » Il avoit dû à La Noue la réception de cet ouvrage à La Comédie-Françoife. A cette occafion, il lui écrivit la lettre qui fuit : Ce mardy, 26 décembre 1752. « Nous brouillés, Monfieur, « que dites-vous ? Croyez que fi « mon eftime & mon amitié pour « vous peuvent augmenter, tous « vos bons procédés auroient pro- « duit cet effet. J'ai été malade, & « je le fuis encore, &, de plus, fort « occupé ; c'eft ce qui m'a empê- « ché de vous voir. Auffitôt que « j'aurai un moment à donner à « mon plaifir, j'irai manger votre « foupe & vous prier de me croire « moins de légèreté dans l'efprit « & de foibleffe dans le cœur que « vous ne m'en foupçonnez.

« A l'égard du petit pécule qui « me revient, je vous prie d'enga- « ger ces meffieurs à trouver bon « qu'il foit employé à quelques « petites réparations dont la falle « a befoin ; je ferois bien aife, « entr'autres, qu'il y eût quelque « lifière en gance aux portes de « l'orcheftre, pour y garantir du « froid ceux qui y vont. J'irois « avec plaifir admirer vos talents à « tous. Adieu, mon cher ami, je « n'appellerai jamais un mauvais « fuccès ce qui m'a procuré des « marques d'amitié de votre part. « Mille refpects, je vous prie, à « Madame. »

« c'étoit un homme de mérite. » Cependant les avantages phyſiques lui faiſoient défaut, car Grimm, dans ſa correſpondance, s'exprime ainſi ſur ſon compte : « Figure, voix, il avoit tout contre lui. » Et un paſ-ſage d'une lettre de Voltaire, adreſſée à M. de Cide-ville, vient à l'appui de ce témoignage : Ce La Noue, « écrit-il, paroît un très-honnête garçon. Mlle Gau- « thier (dont il eut les bonnes grâces) aura voulu ré- « compenſer en lui le mérite ; car ce n'eſt pas à la « figure qu'elle s'eſt donnée. » Et dans une autre let-tre : « La Noue, avec ſa phyſionomie de ſinge, a joué « Mahomet (1) bien mieux que ne l'eût joué Du-freſne. » Plus tard, il l'appeloit ironiquement le *Lettré chinois* ou le *Magot*.

Il diſoit auſſi, à propos de la froideur de cet acteur, qu'il faudroit le mettre en eſpalier, expoſé au plus ar-dent ſoleil. Malgré ſon extérieur ingrat, les rôles froids & qui n'exigeoient que de la fineſſe & du raiſonne-ment, tels que ceux du Diſtrait, d'Ariſte dans le *Phi-loſophe marié* & d'*Eſope à la Cour*, convenoient à ce comédien.

Les ſoins de ſon état ne l'empêchèrent pas de ſe livrer aux travaux du cabinet. En 1738, tandis qu'il étoit attaché au théâtre de Strasbourg, il compoſa la tragédie de *Mahomet II*, qui fut repréſentée à Paris le 23 février 1739. On a prétendu, mais bien injuſ-tement, qu'une collaboration anonyme ne fut pas

---

(1) *Mahomet ou le Fanatiſme*, repréſenté à Paris le 3 août 1742. Il avoit d'abord été joué à Lille en 1741.

étrangère à la compofition de cette œuvre. Déjà, en mars 1734, De La Noue avoit fait jouer pour fon coup d'effai, fur le théâtre de cette même ville, *Les Deux Bals*, comédie en un acte & en vers libres, où l'on trouve de l'efprit & de la gaîté. Le 20 décembre 1735, il donna avec beaucoup de fuccès, à la Comédie-Italienne, à l'occafion des fêtes célébrées pour le mariage du Dauphin, le *Retour de Mars*, pièce épifodique en un acte & en vers libres. *Zéliska*, comédie-ballet en trois actes, jouée à la Cour le 3 mars 1746, réuffit complètement & valut à fon auteur, à titre de récompenfe, la place de répétiteur des fpectacles des petits appartements avec mille livres de penfion (1). Le duc d'Orléans, qui honoroit auffi La Noue de fa protection, le chargea de la direction de fon fpectacle de Saint-Cloud.

La *Coquette corrigée*, comédie en cinq actes & en vers, jouée pour la première fois le 23 février 1756, ajouta encore à fa réputation, quoique cette pièce fort intéreffante n'ait, dans l'origine, obtenu que peu de fuccès (2), & feulement neuf repréfentations. Mais,

(1) La Noue, inftruit que l'on attribuoit dans le monde fa pièce à un autre que lui, fit répandre une lettre dans laquelle il avertit le public qu'il fe trouve dans ce divertiffement deux airs dont il n'a pas fait les paroles : le premier, *C'eft dans ces beaux lieux;* le fecond, placé dans le troifième intermède, *l'A-* mour *dans ces lieux.* Hors les endroits cités, il affirme que la pièce eft de lui en entier.

(2) « On a expliqué cet infuc-« cès par la mauvaife diftribution « du rôle de *Clitandre,* que La » Noue s'étoit attribué. On fait « combien peu étoit avantageux « le phyfique de cet acteur, dont

retouchée avec foin par l'auteur & reprife le 27 novembre fuivant, cette comédie fut reçue avec plus de faveur & eft toujours demeurée au théâtre.

Sans fe montrer auffi févère que La Harpe, qui qualifia de *fcandale* le fuccès que cette œuvre dramatique obtint, il faut reconnoître cependant qu'elle a joui d'une réputation fupérieure à fon mérite. Froide en elle-même, tant qu'elle n'eft pas foutenue par le jeu d'excellents acteurs, elle eft raifonnablement conduite & renferme quelques jolis vers, dont plufieurs font devenus proverbes, entre autres ceux-ci :

« Le bruit eft pour le fat, la plainte eft pour le fot ;
« L'honnête homme trompé s'éloigne & ne dit mot. » (1).

Quelques années après la mort de La Noue, Mme Denis, nièce de Voltaire, prétendit que la *Coquette corrigée* n'étoit qu'un compofé d'emprunts faits à une mauvaife comédie qu'elle n'avoit jamais pu faire repréfenter.

Cette production fut la dernière de fon auteur ; du moins il ne mit plus rien au théâtre, & fa fanté, fort affoiblie, l'obligea de quitter fa profeffion d'acteur. Il fit fes adieux au public le 28 mars 1757 (2), par le

« le public apprécioit, d'ailleurs,
« la haute intelligence ; mais qui
« avoit plus l'air d'un martyr que
« d'un amoureux. »
(*Grimm. Correfp. littéraire*).
(1) La Noue eft le premier au-

teur qui ait eu l'idée d'indiquer dans fes pièces imprimées la place des acteurs en fcène.
(2) C'eft lui qui étoit, cette année-là, chargé du compliment de clôture, qu'il termina ainfi :

rôle de Polyeucte qu'il avoit toujours bien rendu, quoi qu'en ait dit Collé, qui prétend qu'il y apportoit « une « vilaine effigie de martyr ou de roué. » Il se retira avec la pension de mille livres & passa dans la retraite le peu d'années qu'il vécut encore ; il est mort à Paris, le dimanche 15 novembre 1761.

« ... Une santé affoiblie & peu « capable des efforts qu'exige l'art « que j'exerçois sous vos yeux, me « réduit à une retraite précipitée... « Accoutumé à toutes les preuves « de votre bienveillance, j'en reçois « aujourd'hui les derniers témoi- « gnages. Permettez-moi de vous « en marquer la reconnoissance la « plus vive & la plus sincère. Mais « ce seroit abuser de cette bien-

« veillance généreuse que de vous « entretenir plus longtemps d'une « perte qui ne doit être sensible « que pour moi. »

La Noue put comprendre par la chaleur avec laquelle ce compliment fut accueilli combien le public le regrettoit.

(*Biblioth. nouv. Manuscrit déjà cité*).

ROLES CRÉÉS PAR DE LA NOUE

1742	Séïde.	*Mahomet*, de Voltaire.
1744	Dorville.	*L'Epoux par supercherie*, de Boissy.
—	Doligni fils.	*L'Ecole des Mères*, de La Chaussée.
1745	Le Baron.	*Le Médecin par occasion*, du même.
1746	Jaffier.	*Venise sauvée*, de La Place.
1747	Sainville fils.	*La Gouvernante*, de La Chaussée.
—	Ariste.	*Le Méchant*, de Gresset.
1750	Altamont.	*Caliste*, de Séran de La Tour.
—	Dorsainville.	*Cénie*, de Mme de Graffigny.
—	Amasis.	*Aménophis*, de Saurin.

1751 Panmès. . . . . . . *Zarès*, de Palissot de Montenoy.

1752 Caton. . . . . *Rome sauvée*, de Voltaire.

1753 Cléon. . . . . . . *Le Dissipateur*, de Destouches, retouché par Belle Cour.

1754 Le Goût. . . . . . *Les Adieux du Goût*, de Patu & Portelance.

— Damis. . . . . *Les Méprises*, de P. Rousseau.

— Iphis . . . . *Les Troyennes*, de Châteaubrun.

1756 Clitandre. . . . . . *La Coquette corrigée*, de De La Noue.

CLAIRE-JOSEPH LERIS, *dite* HIPPTE LEGRIS DE LATUDE

MADEMOISELLE CLAIRON

1743 — 1766

CLAIRE Léris naquit ſur la paroiſſe Saint-Wanon, à Condé, le 25 janvier 1723. Tous les noms pompeux dont s'étoit affublée la vanité exceſſive qui la dirigea toute ſa vie,

---

Extrait des regiſtres de l'Etat civil de la ville de Condé : « *Claire-Joſeph* Léris, fille illégitime de François-Joſeph Déſiré, ſergeant de la Meſtre de camp du régiment de Mally (Mailly), & de Marie-Claire Scana-Piecq (*), de cette Paroiſſe, laquelle a déclaré par ſerment à Marie Delierre, ſage-femme juré (*sic*), être des œuvres de François-Joſeph Déſidéré (pour Déſiré) Léris, née le 25 janvier mil ſept cent vingt-trois, à cinq heures du ſoir, fut baptiſée le même jour dudit mois. Le parrain, Jean-François Auvray, ſergeant des grenadiers au régiment de Mally ; la marraine, Marie-Eliſabeth Bury, de la paroiſſe ; leſquels ont ſigné avec nous. P.-J. Du Chaſteau, vicarius. »

(*) La famille PIECQ, n'eſt pas éteinte ; tous ſes membres ſont encore aujourd'hui *bateliers*, comme la tradition dit qu'ils l'étoient, lors de la naiſſance de Clairon. Quant au mot *Scana*, qui ne préſente aucun ſens, il ne peut être qu'un de ces ſobriquets que ſe donnoient entre eux les bateliers flamands.

MADEMOISELLE CLAIRON

1723-1783

tombent devant l'acte de naiffance qui lui donne pour père un fergent au régiment de Mailly, & pour mère, une femme de la plus baffe condition, vulgairement furnommée la *Clairon*, fobriquet que devoit plus tard illuftrer l'actrice qui l'adopta. Des defcendants de fa famille exiftent encore aujourd'hui à Condé, où ils exercent le métier de batelier. L'anecdote ridicule qu'elle rapporte dans fes prétendus *Mémoires*, à propos des circonftances de fon baptême, n'eft pas moins apocryphe que ne le font les détails qu'elle donne fur fon origine. Ce ne fut pas le curé, mais un vicaire de la paroiffe qui la baptifa (1).

On penfe bien que déshéritée des foins qu'on donne à l'enfance (c'eft elle-même qui nous l'apprend) ; que, n'ayant fous les yeux que de mauvais exemples, la jeune Claire ne reçut aucune inftruction ; c'eft à peine fi à onze ans elle fçavoit lire. Ayant en averfion tout travail manuel, elle ne voulut jamais toucher une aiguille, malgré les mauvais traitements de fa mère, dont l'ambition étoit d'en faire une couturière. Par quel concours de circonftances, celle-ci abandonna-t-elle fuceffivement Condé & Valenciennes, où elle avoit été demeurer pendant quelques mois, pour

(1) Informations prifes dans la localité, la tradition repréfente cet abbé Du Chafteau comme un homme trop férieux, comme un prêtre trop régulier, pour qu'il foit permis de le fuppofer capable d'avoir oublié le refpect dû à fon caractère & à fes devoirs, en s'affublant d'un traveftiffement

venir à Paris? Sans doute elle efpéroit y trouver pour vivre les refources qui lui avoient manqué jufqu'alors.

Le hafard l'inftallà dans une maifon fituée vis-à-vis de la demeure de la célèbre comédienne Dangeville. Renfermée dans fon galetas, Claire paffoit tout fon temps à la fenêtre, d'où fes regards avides plongeoient dans l'appartement de l'actrice. Un jour, elle la voyoit répétant une leçon de danfe; elle l'entendoit, un autre jour, déclamer une fcène de Molière. Ce fut affez pour que la jeune fille fentît naître en elle le défir de l'imiter. Ayant une fois été conduite à la Comédie, le bouleverfement qui s'opéra dans fon efprit fut fi extraordinaire, qu'elle a dit depuis qu'il ne lui auroit jamais été poffible de rendre ce qu'elle avoit éprouvé. Elle déclara au retour qu'elle ne prendroit pas d'autre état que celui de comédienne. Il fallut céder. De Heffe, acteur de la Comédie-Italienne, qui la vit, lui ayant reconnu des difpofitions, lui donna quelques leçons & la fit débuter à fon théâtre, le 8 janvier 1736, dans le rôle de la Suivante, de l'*Ifle des Efclaves*; elle n'avoit pas encore treize ans accomplis. Au bout d'un an environ, elle s'engagea au théâtre de Rouen, dirigé alors par La Noue & Mlle Gauthier; elle y refta quatre années. C'eft pendant fon féjour en cette ville que parut ce pamphlet dégoûtant, intitulé *Hiftoire de Mlle Cronel, dite Frétillon*, qu'on a injuftement attribué au comte de Caylus, tandis qu'il étoit l'œuvre de la baffe vengeance d'un foupirant dédaigné. Ce libelle fut pour la jeune actrice une fource de chagrins & ne fut pas étranger à fon départ de Rouen.

Elle fe rendit à Lille, puis à Gand, d'où elle s'échappa clandeftinement. Arrivée à Dunkerque, elle reçut, peu de temps après, de Paris, un ordre de début pour doubler à l'Opéra Mlle Lemaure. Son apparition fur cette fcène eut lieu en mars 1743. Quelques jours auparavant elle avoit été préfentée à fes nouvelles camarades; après les avoir gracieufement faluées, elle s'exprima en ces termes : « Mefde-« moifelles, je chercherai toutes les occafions de vous « être agréable ; mais quiconque m'appellera *Frétil-* « *lon,* je protefte que je lui f...lanquerai le meilleur « foufflet qu'elle ait reçu de fa vie. »

Malgré l'étendue de fa voix, comme elle avoit une profonde inexpérience en mufique, Mlle Clairon comprit que fa véritable place n'étoit pas à ce théâtre; elle follicita donc & obtint un ordre de début pour la Comédie-Françoife, où elle devoit doubler Mlle Dangeville. Les règlements impofant l'obligation de jouer les deux genres, elle déclara qu'elle s'y conformeroit, mais qu'elle entendoit commencer les épreuves par la tragédie, ce qui ne laiffa pas de paroître fingulier de la part d'une actrice qui jufqu'alors n'avoit joué que les rôles de *foubrettes.*

Mlle Clairon, voulant frapper un coup d'éclat, choifit pour fon premier début le rôle de Phèdre, qui étoit le triomphe de Mlle Du Mefnil. On fourit de fa prétention, mais quand elle parut fur la fcène (19 feptembre 1743), dès les premiers vers qu'elle prononça, on l'admira. Il fembloit qu'une transformation complète fe fût accomplie en elle ; fa petite taille avoit difparu : fa phyfionomie piquante avoit emprunté un caractère de majefté peu ordinaire. Elle fit entendre un organe plein, fonore, dirigé par une profonde intelligence ; enfin, la furprife fut générale & fe changea bientôt en enthoufiafme. Aux termes des règlements, elle joua alternativement Dorine, du *Tartuffe*, & le rôle de la Nouveauté, dans la pièce de ce nom (1) ; Zénobie, Cléanthis de *Démocrite*, Ariane, Céliante du *Philofophe marié*, & l'Electre de Crébillon. On la reçut le 22 octobre, à un quart de part, & le 26 décembre fuivant, elle avoit la demi-part.

Mlle Clairon comprit tout ce qui lui manquoit fous le rapport de l'inftruction, & à partir de ce moment, elle lut beaucoup, fréquenta les gens les plus propres à la façonner & fe livra à des études opiniâtres qui déceloient en elle du jugement, de la fagacité & une contention d'efprit peu commune.

Les auteurs venoient à l'envi lui offrir les plus beaux rôles, & Voltaire lui-même, oubliant ce qu'il devoit au talent de Mlle Du Mefnil, alloit difant partout : « Je fuis claironien. »

Le célèbre Garrick fe montra plus jufte appréciateur de cette tragédienne & de fa rivale. Dans le pre-

(1) Comédie en un acte & en profe, de Legrand, jouée le 13 janvier 1727.

mier voyage qu'il fit en France, il avoit vu Mlle Clairon au théâtre de Lille. Elle chantoit bien, danſoit agréablement, jouoit les *ſoubrettes* avec intelligence. Garrick, qui s'y connoiſſoit, proclama ce qu'elle deviendroit un jour. Dans un ſecond voyage, c'eſt à Paris qu'il la retrouva ; il fut quelque peu ſurpris de voir *Liſette* ou *Marton* métamorphoſée en *reine*. Quelqu'un lui ayant demandé quelles étoient, parmi les actrices, les femmes auxquelles il accordoit le plus de talent, il nomma Du Meſnil, Dangeville & Sophie Arnould. Étonné qu'il eût omis le nom de Clairon, ſon interlocuteur voulut en connoître la raiſon : « Elle « eſt *trop actrice*, répondit Garrick, & l'art d'un grand « acteur eſt de faire oublier juſqu'à ſon nom, quand « il paroît ſur la ſcène. »

En effet, Mlle Clairon ne joua jamais un rôle ſans l'avoir ſoumis à l'analyſe la plus minutieuſe. Elle ſe rendoit compte de l'intonation qu'elle devoit donner à chaque vers, à chaque phraſe, à chaque mot ; où & quand elle devoit s'aſſeoir, ſe lever, marcher. En un mot, ſon jeu étoit le réſultat du travail le plus ardu, le plus méticuleux ; mais elle gravoit ſur l'airain, & lorſqu'elle avoit définitivement adopté la marche & la phyſionomie particulière d'un rôle, elle ne varioit jamais dans l'exécution. Clairon & Du Meſnil n'étoient pas ſeulement rivales : c'étoient deux ſyſtèmes en préſence. La première ſe ſoumettoit toujours aux calculs de l'art ; la ſeconde s'abandonnoit excluſivement aux inſpirations de la nature.

Il eſt regrettable que dans l'ouvrage qu'elle a intitulé ſes *Mémoires*, Mlle Clairon n'ait pas mieux déguiſé
cette jalouſie dont elle ne put jamais ſe défendre contre l'actrice inimitable que Le Kain nommoit ſa *chère
reine*, & que Voltaire, qui avoit des flatteries pour tout
le monde, appeloit ſa *bonne Du Meſnil* (1).

Après avoir fourni une glorieuſe carrière de vingt-
deux ans, Mlle Clairon, encore dans ſa force & dans
tout l'éclat de ſa renommée, quitta tout-à-coup le
théâtre par un coup de tête dont la vanité étoit toujours le mobile. Un événement, aſſez mince en lui-
même, décida de ſa réſolution. Le duc de Richelieu,
qui avoit la haute main ſur la Comédie-Françoiſe,
n'ayant pas approuvé l'excluſion de la Société prononcée par les Comédiens françois contre un de leurs
camarades (2), convaincu d'avoir fait un faux ſerment
dans un procès aſſez ſcandaleux, intenté contre lui

(1) Dans ſa correſpondance que
nous avons eue ſous les yeux, on
voit conſtamment percer le ſentiment de haine qu'elle portoit non-
ſeulement à ſa rivale, mais auſſi à
Le Kain. Ainſi, dans une lettre,
adreſſée à La Rive, alors attaché
au théâtre de Bruxelles, on lit ce
paſſage : « On a rouvert le théâtre
« par *Alʒire*. Tout le monde a été
« confondu de la lenteur, de l'in-
« attention, de l'oubli de Le Kain.
« Jamais, à ce qu'on dit, il n'a
« montré moins de talent. » Dans

une autre, elle s'exprime ſur ſon
compte dans les termes ſuivants :
« *Ce beau monſieur* joue partout où
« il trouve une troupe. Je ne peux
« pas vous envoyer le compliment
« qu'il a fait à Arles ; il eſt trop
« long pour que je vous le tranf-
« crive ; mais c'eſt un chef-d'œu-
« vre d'abſurdité, de pathos & de
« platitude. »

(2) L'acteur Dubois, né en 1716,
mort en 1775. Il avoit débuté le
19 octobre 1736.

par un chirurgien qui réclamoit ſes honoraires, ceux-ci ſe refuſèrent à jouer avec lui. Le *Siége de Calais* (1), tragédie de De Belloy (2), qui avoit obtenu un ſuccès prodigieux à la clôture de l'année théâtrale, devoit être repréſenté le jour de la rentrée (lundi 15 avril 1765). Dubois rempliſſoit dans cet ouvrage le rôle du comte de Melun. Le Kain, Belle Cour, Brizard, Molé, apprenant que cet acteur y conſervoit ſon rôle, quittèrent inſtantanément le théâtre, & Mlle Clairon dit hautement : « qu'elle ne joueroit pas avec un homme déſhonoré. » Nous ne raconterons pas quelle irritation ce propos, répandu dans la ſalle, excita parmi le public ; les détails en ſont connus. Les tragédiens récalcitrants furent envoyés le ſoir même au For-l'Evêque. Mlle Clairon, dont le nom ne figuroit pas dans l'ordre de M. de Sartines, ſe crut d'abord épargnée ; mais le

---

(1) Cette tragédie, repréſentée pour la première fois à Paris, le mercredi 13 février, fut jouée à Verſailles, le 21 du même mois, en préſence du Roi & de la famille royale. Elle fut redemandée à la Cour, le 7 mars ſuivant, & cinq jours après, Louis XV ordonna que cette pièce patriotique fût donnée en ſpectacle gratis au peuple. Il avoit accepté la dédicace de cet ouvrage & fit don à ſon auteur d'une médaille d'or, frappée au grand coin & d'une gratification de mille écus.

(2) Pierre-Laurent Buirette, dit De Belloy, né à Saint-Four, en Picardie, le 17 novembre 1717, d'abord avocat, puis comédien en Ruſſie, membre de l'Académie françoiſe. Il eſt mort à Paris, dans un âge peu avancé. C'eſt dans la rue Princeſſe, où il habitoit, qu'il fut atteint de la maladie de langueur, à laquelle la miſère contribua autant que le chagrin cauſé par la chute de *Pierre-le-Cruel*. La Comédie-Françoiſe informée de ſa cruelle poſition, donna une repréſentation à ſon bénéfice & le Roy lui envoya une gratification de cinquante louis.

lendemain elle partagea le fort de fes camarades & alla
les rejoindre. Elle fortit au bout de cinq jours & dut
garder les arrêts chez elle pendant trois femaines. Elle
déclara qu'elle ne remonteroit plus fur la fcène, & elle
tint parole fans que rien ait pu la détourner de fa
réfolution, funefte à l'art. Elle n'avoit alors que quarante-deux ans. Par déférence pour le duc d'Aumont,
elle confentit feulement à ne fignifier fa retraite à fes
camarades qu'au commencement de l'année théâtrale
.1766. Le 3 avril de cette année, fon congé de retraite
lui fut accordé, avec la penfion de mille livres, conformément aux ftatuts. Deux jours auparavant, les Comédiens voulant s'affurer de l'irrévocabilité de fa réfolution, & tenter pour la retenir un dernier effort, lui
déléguèrent leurs camarades Belle Cour, Préville, Brizard, Molé & Dauberval; mais tous leurs raifonne-
ments échouèrent contre un parti pris. Son caractère
altier fut caufe qu'ils ne la regrettèrent point, &, chofe
étrange ! le public lui-même, aux plaifirs duquel elle
avoit tant contribué, ne parut prendre qu'une médiocre
part à fon éloignement définitif de la fcène qu'elle
illuftroit.

Mlle Clairon eut pour adverfaire Fréron, qui fut pour
elle un critique fans pitié. Lors de l'apparition de la
Bête du Gévaudan, il publia une lettre, & la malignité
publique crut reconnoître, à certaines allufions, la célèbre tragédienne dans la defcription de cette *bête*,
qui occupoit alors l'attention. Vainement Fréron pro-
tefta-t-il contre cette interprétation dans trois lettres

adreffées fucceffivement au maréchal de Richelieu. Celui-ci les envoya aux Comédiens qui les dépofèrent dans leurs archives. Ce renvoi étoit accompagné des quelques lignes fuivantes : « La rétractation du fieur « Fréron & les bontés de la Reine pour lui ne dimi- « nuent rien à l'exemple de la peine que le Roy avoit « prononcée, ni à l'exemple public, puifque le Roy « donne de fes bontés pour vous un témoignage dont « les preuves refteront dans vos archives. » Le maré- chal de Richelieu écrivit aux Comédiens françois « que « S. M. avoit ordonné la punition la plus févère du « fieur Fréron, que ne fauveroit pas la protection de la « Reine... » Néanmoins, celle-ci fut la plus forte, & grâce à elle, le Roy confentit que fon ordre n'eût pas de fuite.

Depuis cette époque, Mlle Clairon ne joua plus en public. Elle reparut feulement dans une repréfentation qui eut lieu fur le théâtre particulier du baron d'Ef- clapont, au bénéfice de Molé (février 1767), & en 1770, fur le théâtre de la Cour, où elle fe montra deux fois confécutives (19 & 20 novembre) dans *Hypermneftre*, de Lemierre, à l'occafion des fêtes célé- brées pour le mariage du Dauphin. Elle s'occupoit auffi, vers le même temps, de former deux élèves, Delarive & Mlle de Raucourt.

Au milieu de fes triomphes, la penfée inceffante de cette actrice avoit été de relever fa profeffion de l'état d'abaiffement où de vieilles coutumes la retenoient. Auffi fon premier foin, dès qu'elle fe vit libre, fut-il d'effayer de tous les moyens pour faire lever l'excommunication dont tous les Comédiens françois étoient frappés. C'eft dans ce but qu'elle fit préfenter au Roy, par l'intermédiaire du duc de Duras, une requête tendant à ce que la Comédie-Françoife fût autorifée à prendre le titre d'*Académie royale de déclamation* (1). Cette requête demeura fans réponfe. Déjà quelques années auparavant, elle avoit fait publier un Mémoire rédigé par un avocat, nommé Huerne de la Motte (2). Cette brochure, mal digérée & fort mal écrite, renfermoit d'ailleurs des recherches curieufes qu'on prétendit, au refte, avoir été fournies par un tiers; mais comme on y parloit, en termes au moins déplacés, de la févérité de l'Eglise envers les Comédiens, le Mémoire fouleva des réclamations & porta malheur à fon auteur; car il fut déféré à la Grand'Chambre & le nom d'Huerne rayé du tableau des avocats (3). M. de Choifeul, moins fcrupuleux, créa dans fon miniftère un bureau particulier, à la tête duquel il le plaça avec 3,800 livres d'appointements & un logement dans Verfailles. L'actrice, non découragée, tenta encore de lutter; mais tous fes efforts vinrent échouer contre la

(1) A la rentrée de 1766.

(2) En voici le titre : *Liberté de la France contre le pouvoir arbitraire de l'excommunication* (contre les Comédiens). Confultation fignée, HUERNE DE LA MOTTE, avocat au Parlement.

(3) Par arrêt du 22 avril 1761. Le lendemain, 23, l'écrit fut lacéré & brûlé devant la cour du Palais par la main du bourreau, fur la réquifition d'Etienne-Adrien Dains, bâtonnier de l'Ordre.

(*Archives nationales.*)

force des préjugés, & les chofes reftèrent au même point qu'avant cette échauffourée.

Mlle Clairon avoit mis à profit fes loifirs pour faire, au mois d'août 1765, le voyage de Ferney. Elle y paffa un mois, & Voltaire lui paya en flatteries, en petits vers élogieux, en encens, la complaifance qu'elle apporta pendant fon féjour auprès de lui, à jouer les rôles de fes tragédies. Il l'encouragea vivement à per-févérer dans la réfolution de ne plus fe montrer fur la fcène.

La fortune de notre actrice le lui permettoit d'ail-leurs, puifque, à l'époque de fa retraite, elle poffé-doit un revenu de dix-huit mille livres de rente qu'elle accrut encore par la vente de fon mobilier, qui, com-mencée, le 6 février 1767, dura pendant fix femaines & produifit cinquante mille livres, fomme énorme pour l'époque ; mais qui s'explique, d'ailleurs, par la popularité attachée au nom de l'actrice. Sa renommée étant très-répandue, les femmes les plus confidérables affectoient d'avoir pour elle une vive paffion. De ce nombre étoient la princeffe Galitzin, la ducheffe de Villeroy & cette Mme Berthier de Sauvigny, femme de l'intendant de la généralité de Paris, qui s'étoit gratuitement donné le ridicule de conduire, affife fur fes genoux, dans fa propre voiture, la tragédienne récalcitrante au For-l'Evêque, après la foirée tumul-tueufe du *Siége de Calais*.

Ce qui ne contribua pas peu à donner du relief à Mlle Clairon, c'eft ce vernis philofophique, fi fort à la

mode dans ce temps-là, dont elle s'étoit parée. « Clai-
« ron étoit philofophe (dit d'Alembert dans une de
« fes lettres), & elle a été la feule parmi fes camara-
« des qui fe foit déclarée ouvertement contre la pièce
« de Paliffot (1). »

Cette reine de théâtre, chez qui les orages du cœur
avoient plus d'une fois troublé l'exiftence, & qui s'étoit
rendue fameufe par la variété de fes attachements, inf-
pira au margrave d'Anfpach, beaucoup plus jeune
qu'elle, une paffion fi violente, qu'il devint impoffible à
ce prince de fe priver de fa fociété. Il l'emmena dans fa
principauté, où elle paffa dix-fept années, jouant auprès de lui le rôle qu'avoit joué à la cour de Louis XV
la marquife de Pompadour.

Elle revint en France aux approches de la Révolution & vécut très-obfcure, employant tous fes loifirs
à écrire un livre improprement appelé fes *Mémoires*,
dont la publication raviva contre elle de vieilles inimitiés. Il eft certain qu'elle s'y montra févère, injufte
même, pour des renommées confacrées par le temps ;
& cependant il faut reconnoître que, dans le cours de
fa carrière théâtrale, bien qu'il ait été de notoriété (ce
que confirme d'ailleurs la lecture de fon livre) que Le
Kain & elle ne s'aimoient pas, elle apporta néanmoins
en tout temps, de concert avec lui, un foin fcrupuleux
à la bonne exécution des fcènes où ils paroiffoient

---

(1) Lettre du 22 feptembre 1760, adreffée à Voltaire. La comédie des
Philofophes fut jouée le 2 mai de cette année.

enfemble, uniffant leurs efforts pour que la repréfentation atteignît tout le degré de perfection dont elle
étoit fufceptible. On fçait que d'accord en cela avec
ce grand tragédien, elle tenta d'introduire dans le
coftume une réforme indifpenfable. C'eft dans *l'Or-*
phelin de la Chine, repréfenté en 1755, qu'elle parut
pour la première fois fur la fcène fans paniers & en
coftume chinois. L'année fuivante, elle joua *Roxane* à
Verfailles, encore fans paniers, habillée en fultane &
les bras à demi-nuds. L'étonnement fut extrême parmi
l'augufte affiftance & l'on fe demandoit : *Où allons-*
nous? Enhardie par le fuccès, huit jours après, elle
joua l'*Electre,* de Crébillon, & s'y montra fous le fimple coftume d'une efclave, échevelée, & les mains
chargées de fers. Elle fut moins bien infpirée dans une
autre circonftance peu connue, où elle pouffa fi loin
l'exactitude, ou ce qu'on nomme de nos jours le réa-
lifme, qu'au cinquième acte de *Didon,* elle ne craignit pas de paroître

. . . . . dans le fimple appareil
D'une beauté qu'on vient d'arracher au fommeil,

en chemife en un mot, & cela, afin d'indiquer le dé-
fordre qu'avoit porté dans fes fens le fonge qui la
chaffoit de fon lit. Cette tentative, au refte, n'eut
pas de fuccès, & la *Reine de Carthage* ne fe rifqua
plus devant le public dans une toilette auffi légère.

On peut conclure de ce qui précède que Mlle Clairon étoit un efprit hardi & novateur.

Mlle Clairon ne fut point étrangère, non plus, à la réforme du parterre, que provoqua & paya en partie de fes deniers le comte de Lauraguais (1). Elle l'appuya de fon opinion perfonnelle. « Un parterre affis, « difoit-elle, eft plus utile à l'acteur qu'un parterre « debout. Il fait régner l'ordre, la décence, les lu-

---

(1) Ce changement eut lieu le lundi 23 mai 1759. M. le comte de Lauraguais, en y contribuant de fes deniers, s'étoit réfervé la propriété d'une petite loge.

Cette amélioration ne fut pas du goût de tout le monde. On lit dans le *Courrier des Spectacles*, des 6 & 7 novembre 1847, la lettre rétrofpective qu'un vieil amateur de la Comédie-Françoife écrivoit au dernier fiècle aux Comédiens, pour protefter contre cette réforme & réclamer le maintien du parterre debout.

Cette heureufe modification avoit été annoncée au public, trois femaines auparavant, dans le difcours de clôture prononcé par Brizard. Dans celui de rentrée, on rendit au comte de Lauraguais le tribut d'hommages qui lui étoit bien dû; & de plus la Comédie lui adreffa, le 23 avril 1761, la lettre fuivante :

« Monfieur le comte, remplis de « reconnaiffance pour tout ce que « vous avez bien voulu faire pour « nous, nous avons l'honneur de « vous affurer du fouvenir que « nous en garderons & de vous « prier de vouloir bien accepter « les preuves de notre gratitude. « Nous nous rappelons avec fatif- « faction que vous aviez projeté « d'avoir une petite loge en de- « hors de l'Amphithéâtre. Nous « avons l'honneur de vous en of- « frir à jamais la jouiffance. Nous « efpérons que vous ne dédaigne- « rez pas l'hommage que vous « fait & que vous doit faire la « Comédie-Françoife, à l'établiffe- « ment de laquelle vous avez eu « la bonté de contribuer. Rien ne « nous mortifieroit autant que le « refus de la feule chofe que nous « puiffions vous préfenter comme « le garant le plus fûr du profond « refpect avec lequel nous fom- « mes, &c. »

(*Bibl. nouv. Manufcrit déjà cité.*)

« mières. » En cela, elle ne partageoit pas l'opinion
de Le Kain. « Je ne jouerai jamais, difoit celui-ci,
« devant un parterre affis ; je ne veux pas voir dormir
« ni entendre ronfler mon auditoire. »

En 1798, Mlle Clairon, délaiffée, habitoit le village
d'Iffy (1), près Paris, & languiffoit dans un état voi-
fin de l'indigence, & cependant, elle confervoit encore ces formes théâtrales, folennelles, qui étoient
devenues pour elle une feconde nature. C'eft de ce
lieu qu'elle écrivoit, le 30 frimaire an VII, à Mérard
de Saint-Juft qui lui avoit envoyé des couplets dans
lefquels il faifoit le triple éloge de Le Kain, de Mlle Du
Mefnil & d'elle-même : « Le Kain eft mort, je fuis
« mourante, Mlle Du Mefnil a quatre-vingt-fix ans.
« Il eft vraifemblable, citoyen, que nous ne tarderons
« pas à nous réunir tous trois. Dès que je les verrai, je
« les prierai de fe joindre à moi pour vous rendre
« grâce de vos charmants couplets. En attendant, ci-
« toyen, je vous prie de recevoir mes remerciements
« pour nous trois. »

> « Age, mifère, infirmité
> « Abforbent efprit & courage ;
> « D'un inftant de tranquillité

---

(1) La maifon, alors réfidence
de la tragédienne prefque octogénaire, avoit été acquife par le baron de Staël, ambaffadeur, à Paris
qui, ému de fon état miférable, lui
en fit don. Il s'étoit engagé à l'entretenir à fes frais ; mais il n'en
fut rien, & le délabrement de cette
maifon étoit devenu tel, que le toit
percé à jour, laiffoit arriver l'eau
du ciel dans la pauvre demeure.

« Recevez mon fincère hommage,
« Qui fait ce qu'il peut,
« Jamais ce qu'il veut,
« Ne peut vous offrir davantage. »

On ne fçauroit fe défendre d'une certaine émotion à la lecture de ce billet.

Un autre bien plus navrant encore eft celui qu'elle adreffa, deux ans plus tard, pour folliciter un fecours pécuniaire (1). Le miniftre Chaptal y répondit par ces mots appofés au bas de la demande : « *Chez madame de Vandael, rue Faubourg-Poiffonnière, n° 33, maifon Titon. Bon pour la fomme de deux mille francs à payer de fuite.*

Mais ce fecours n'étoit que paffager ; l'âge, les infirmités & le fouvenir de ce qu'avoit été Mlle Clairon auroient exigé mieux. Tombée dans la dernière mifère, elle revint à Paris où elle trouva enfin un afile (2) chez

----

(1) Voici cette lettre (*), où nous laiffons fubfifter les fautes d'orthographe qui font dans l'original :

« Je cherche en vain depuis un
« mois un protecteur qui m'apro-
« che de vous; mais s'il eft vrai
« que l'humanité vous foit chère,
« c'eft à vous feul que je dois m'a-
« dreffer. Agée de 79 ans, acca-
« blée d'infirmités, prête à man-
« quer du néceffaire, célèbre

« autrefois par quelque talents,
« j'attens à votre porte que vous
« daignez m'acorder un inftant. »
Cette lettre eft fans date.

Toutes les lettres de Clairon fourmillent de fautes groffières d'orthographe. Une feule adreffée à Marmontel, à l'occafion de la fuppreffion du *Mercure*, en eft exempte. Quelqu'un l'aura, fans doute, corrigée.

(2) Rue de Lille, n° 73.

(*) Cabinet de M. Feuillet de Conches.

une dame de la Licanderie qui fe prétendoit fa fille. C'eft là que, à la fuite d'une chute faite de fon lit, ceffa de vivre le 9 pluviôfe an XI (29 janvier 1803) (1), dans l'obfcurité la plus complète, cette femme qui avoit jeté un fi grand éclat fur la fcène françoife, & qui, fidèle à cette vanité qui avoit été le principe de fa vie entière, légua par fon teftament fon bufte à la nation, qui n'a tenu compte du legs. Sa ville natale s'eft, du moins, montrée moins oublieufe de fa mémoire. La maifon où eft née Mlle Clairon eft reftée debout, grâce à la follicitude de l'édilité de Saint-Wanon, qui a fait placer fur la façade une plaque de marbre avec une infcription qui rappelle la date de la naiffance de la tragédienne qui fut une des illuftrations du dix-huitième fiècle (2).

Lors de la fuppreffion du cimetière de Vaugirard, il fut décidé que les cendres de Mlle Clairon feroient transférées au cimetière de l'Eft. Cette cérémonie a eu

(1) Quelque temps avant l'accident, caufe de fa mort, elle avoit récité une fcène de *Phèdre*, en préfence de John Kemble, célèbre acteur tragique anglais, qui fe montra fort étonné du talent qu'elle déploya.

(2) Voici quelle étoit cette infcription :

Le 25 janvier 1723.

Ici eft née Mademoifelle Clairon, célèbre actrice françoife.

Depuis la publication de notre livre, cette maifon a été démolie par fuite de fa vétufté.

Elle fe compofoit d'un rez-de-chauffée divifé en trois chambrettes, d'une manfarde & d'une cour de quatre mètres carrés. Elle étoit fituée dans la ruelle qui porte le nom de l'actrice, & qui, aujourd'hui, compte tout au plus une demi-douzaine de maifons.

(Note due à l'obligeance de M. Caille, de Condé.)

106

lieu le 29 août 1847, en préfence d'une députation de la Comédie-Françoife.

Cette tombe, négligée depuis la tranflation des cendres, a été reftaurée en 1862, fur l'initiative & par les foins de M. Édouard Thierry, alors adminiftrateur général de la Comédie-Françoife. Il eft regrettable que l'on n'ait pas rétabli fur le marbre tumulaire qui recouvre les reftes de cette grande tragédienne, fes noms authentiques & réels, aux termes d'un jugement du Tribunal de première inftance de la Seine, en date du 17 vendémiaire an XI (9 octobre 1802), qui a ordonné que dans l'acte de décès de Mme Léris, elle fera nommée : *Claire-Jofeph Léris*, au lieu de *Claire-Hippolyte-Léris de Latude Clairon* & que cette rectification fera tranfcrite fur les actes de l'État civil.

ROLES CRÉÉS PAR Mlle CLAIRON

1743	Ifménie.	*Mérope*, de Voltaire.
1745	Alzaïde	*Alzaïde*, de Linant.
1746	Belvidera	*Venife fauvée*, de La Place.
1747	Vanda	*Vanda*, de Linant.
—	Ameftris	*Ameftris*, de Mauger.
1748	Arétie.	*Denys le Tyran*, de Marmontel.
—	Fulvie.	*Catilina*, de Crébillon.
—	Azéma.	*Sémiramis*, de Voltaire.
1749	Léonide.	*Ariftomène*, de Marmontel.
1750	Electre	*Orefte*, de Voltaire.
—	Cléopâtre.	*Cléopâtre*, de Marmontel.

1750	Arthéfis.	Aménophis, de Saurin.
1751	Calciope.	Zarès, de Paliſſot.
—	Zoraïde.	Varon, de Grave.
1752	Olympie.	Les Héraclides, de Marmontel.
—	Amélie	Rome ſauvée, de Voltaire.
1754	Caſſandre	Les Troyennes, de Châteaubrun.
—	Amalazonte.	Amalazonte, de Ximénès.
—	Tullie.	Le Triumvirat, de Crébillon.
1755	Idamé.	L'Orphelin de la Chine, de Voltaire.
—	Sophie.	Philoctète, de Châteaubrun.
1757	Adèle.	Adèle de Ponthieu, de La Place.
—	Iphigénie	Iphigénie en Tauride, de G. de La Touche.
1758	Aſtarbé.	Aſtarbé, de Colardeau.
—	Hypermneſtre.	Hypermneſtre, de Lemierre.
1759	Caſſandre.	Venceſlas, de Rotrou, retouché par Marmontel.
1760	Amétis.	Zulica, de Dorat.
—	Emilie.	Spartacus, de Saurin.
—	Aménaïde.	Tancrède, de Voltaire.
—	Califte.	Califte, de Colardeau.
1761	Progné	Térée, de Lemierre.
—	Zulime.	Zulime, de Voltaire.
1762	Zaruchma	Zaruchma, de Cordier.
—	Zelmire.	Zelmire, de De Belloy.
—	Irène.	Irène, de Boiſtel.
—	Eponine.	Eponine, de Chabanon.
1763	Cariclée.	Théagène & Cariclée, de Dorat.
—	Blanche.	Blanche & Guiſcard, de Saurin.
1764	Erigone.	Idoménée, de Lemierre.
—	Olympie.	Olympie, de Voltaire.
—	Sophie	Cromwell, de Du Clairon.
—	Eroxime.	Timoléon, de La Harpe.
1765	Aliénor	Le Siége de Calais, de De Belloy.

ROSE-PERRINE LE ROY DE LA CORBINAIS

dite MADEMOISELLE BEAUMENARD

Femme de G. COLLESON

dite MADAME DE BELLE COUR

1749 — 1791

PERRINE de La Corbinais, fi connue au théâtre fous le nom de Mme de Belle Cour, eſt née à Lamballe, diocèſe de Rennes, le 20 décembre 1730. Comme on le voit par l'acte au-

---

Extrait des regiſtres de la paroiſſe Saint-Jean, à Lamballe : « Roʒe-Perrine (*), fille légitime de noble homme (**) François-Michel Le Roy,

(*) L'acte mortuaire énonce *Pétronille*, au lieu de *Perrine;* mais c'eſt indubitablement une faute de copie.

(**) La qualification de *noble homme* ne ſuffiroit pas pour établir la *nobleſſe* de ſa famille, car, à cette époque, les gentilshommes bretons prenoient tous le titre de *Meſſire;* mais il réſulte de nos recherches que ces Le Roy de La Corbinais ſortoient d'une branche cadette *noble,* qui s'eſt éteinte depuis.

MADAME DE BELLE CŒUR

thentique de fa naiffance, rapporté ci-deffous, & qui
énonce la profeffion de fon père en même temps que
les titres ariftocratiques de fa famille, Mme de Belle
Cour n'étoit pas, ainfi qu'on l'a prétendu, la fille des
comédiens de campagne en fociété defquels elle fe
trouvoit, lorfque J. Monnet, directeur de l'Opéra-
Comique de la Foire-Saint-Germain, en 1743, les attacha à fon théâtre, le père comme acteur, & la mère
en qualité de receveufe de billets. Comment la petite
Beauménard (c'eft le nom qu'elle portoit alors) fe
trouva-t-elle, à l'âge de treize ans, féparée des fiens
& livrée à des mains étrangères? C'eft là un myftère
des deftinées humaines, que nous n'avons pu appro-
fondir, malgré les recherches auxquelles nous nous
fommes livrés à cet égard.

Quoi qu'il en foit, fa mine éveillée, fa jeuneffe,
fon naturel piquant, notamment dans le rôle de Gogo
(du *Coq de Village*), dont le furnom lui refta pendant
longtemps, lui valurent un fuccès complet & mérité.
Cependant, elle quitta ce fpectacle en 1744, pour
fuivre dans les provinces fon prétendu père, que Monnet avoit jugé trop mauvais comédien pour pouvoir
le conferver. Mlle Beauménard revint à Paris au bout

---

ancien capitaine d'artillerie, & de damoizelle Roze-Françoife Bouillard de
Bois-David, fieur & dame de La Corbinais, née le vingtiefme décembre
préfent mois & an mille fept cent trente, & baptifée ce jour lendemain
en l'églife paroiffiale de Saint-Jan, par le fouffignant recteur, a eu pour
parrain Meffire Pierre Guillemet, chevallier, fieur de Vauvert, & damoizelle Françoife Labe de Grand Pré pour marrainne.

de cinq années, vers le commencement de 1749, &
parut à l'Opéra, où elle ne réuſſit pas. Le 11 mars,
elle débutoit à la Cour par le rôle de Finette, dans
les *Ménechmes*, & celui de Claudine, dans le *Colin-
Maillard;* le 17 avril ſuivant, à Paris, dans le *Tartuffe*
& dans le *Galant Jardinier*, par les rôles de Dorine &
de Marton.

Reçue le 14 octobre de la même année, elle fut
très-appréciée du parterre, même à côté de Mlle Dangeville; & pourtant c'eſt au milieu même de ſes ſuccès qu'elle diſparut, à la clôture de 1757, ſans
qu'aucun motif connu expliquât la bruſquerie de ſon
départ, & ſans que rien vînt révéler le lieu de ſa retraite. Peut-être auroit-il fallu en rechercher la cauſe
dans les goûts émancipés de cette actrice, à qui la
chronique galante a prêté plus d'une aventure & qui
fut, dit-on, une des nombreuſes maîtreſſes que le maréchal de Saxe menoit à ſa ſuite ſur les champs de
bataille.

Clément, dans ſes *Nouvelles littéraires*, s'exprime
ainſi ſur ſon compte : « On lui reproche de porter
« une main un peu groſſe au bout d'un bras aſſez
« long; mais ſa taille eſt déliée : de petits yeux
« ronds, un nez carré, une lèvre relevée & une mine
« charmante, voilà ce qui fait les grandes paſ-
« ſions. »

Auſſi, Mlle Beauménard en inſpira-t-elle! Et le fer-
mier-général Daugny, entre autres, qui l'avoit pour
maîtreſſe, lui ſacrifia-t-il une partie de ſa fortune. C'eſt

pour elle qu'il fit conftruire un magnifique hôtel (1) dont il voulut faire une demeure fplendide, quafi royale. Elle ne fçut pas conferver ce que la fortune lui avoit donné, & les infidélités de paffage, dont le financier ne prenoit pas d'abord fouci, devinrent fi nombreufes qu'il fe fépara d'elle avec éclat.

C'eft vers cette époque qu'elle s'éprit de de Belle Cour, qu'elle époufa le 26 janvier 1761, & qui eut foin de dévorer les dernières épaves qu'elle avoit fauvées de fon naufrage.

Enfin, après une éclipfe de quatre années, le 31 mars 1761, on vit tout-à-coup Mme de Belle Cour rentrer à la Comédie-Françoife. La Comédie avoit été avifée de cette rentrée par l'ordre du maréchal de Richelieu, du 12 novembre précédent (2).

Le rôle de Lifette, dans le *Légataire univerfel*, & celui de la fauffe Comteffe, dans l'*Epreuve réciproque*, furent ceux qu'elle choifit pour reparoître. On la revit avec plaifir, & les vrais connoiffeurs fe réjouirent de

(1) Cet hôtel eft celui dans le-quel eft inftallée aujourd'hui la mairie du 9ᵉ arrondiffement, à l'angle des rues Drouot & Roffini.
(2) « La demoifelle de Belle Cour, « ayant été obligée de quitter la « Comédie pour raifons de fanté, « en 1757, & nous ayant repré-« fenté qu'elle étoit aujourd'hui « en état de remplir fes devoirs, « Nous....., &c., fous le bon plaifir « du Roy, avons rétabli la demoi-« felle de Belle Cour dans la place « qu'elle occupoit à la Comédie-« Françoife & dans la jouiffance de « la demie (*sic*) part qui lui avoit « été accordée par mon ordre, du « feize octobre mil fept cent qua-« rante-neuf.

« *Signé:*
« Maréchal DE RICHELIEU.
(*Archives nationales.*)

retrouver en elle la même fineſſe, mais mieux réglée, la même gaîté, mais avec moins de bruſquerie.

Un rôle dans lequel elle fut très-goûtée, eſt celui de Zerbinette, dans les *Fourberies de Scapin*.

Le 8 juin ſuivant, on remit le *Bourgeois gentilhomme*. Chargée de repréſenter Nicole, elle s'acquitta de ce perſonnage avec un naturel parfait & une façon de rire ſi vraie, que cette hilarité ſe communiqua inſ-tinctivement à toute la ſalle. Perſonne, au reſte, n'a poſſédé au même degré que cette actrice le don d'une gaîté expanſive & perſonne mieux qu'elle n'a joué ce rôle de Nicole, qui n'eſt qu'un éclat de rire d'un bout à l'autre.

Dans ſa carrière théâtrale de quarante-deux années, Mᵐᵉ de Belle Cour ne compta que des ſuccès. Elle étoit fort aimée du public, parce qu'à une figure char-mante, à une phyſionomie expreſſive, elle joignoit un jeu ſpirituel, animé & plein de franchiſe. Auſſi étoit-elle plus favorablement placée dans les *ſervantes* de Molière que dans les *ſoubrettes* muſquées du réper-toire de Marivaux.

Un mérite qui fut propre à cette actrice, eſt d'avoir ſçu s'habiller conformément à l'eſprit du rôle qu'elle avoit à remplir. Elle fit en ſorte, ſous ce rapport, d'ar-river autant que poſſible à l'imitation complète de la nature ; & l'on doit lui tenir compte, ainſi qu'à ceux de ſes camarades, en très-petit nombre, il eſt vrai, qui tentèrent de la ſuivre dans cette voie, des efforts qu'elle fit pour atteindre à la vérité.

Elle avoit eu (d'après Grimm) une grande part à la pièce intitulée *Zulima*, repréfentée à la Comédie-Italienne le 9 mai 1778, & qui étoit tirée d'une pièce de La Noue, ayant pour titre *Zéliska, ou l'Art & la Nature*. Le famedi 19 juin 1790, on joua fur le même théâtre *Ferdinand, ou la Suite des Deux Pages*, comédie mêlée d'ariettes, paroles & mufique de Dezède, à laquelle cette actrice ne fut point étrangère. Elle paffa pour avoir également pris part, avec fon camarade Dugazon, à la pièce d'ouverture (*Molière à la nouvelle falle, ou les Audiences de Thalie*) de la falle du faubourg Saint-Germain, depuis l'*Odéon*, quoique cette pièce ne porte que le nom de La Harpe.

Aucun nuage n'avoit troublé fon union avec de Belle Cour jufqu'en 1769; l'ayant, à cette époque, furpris en trop bonne intelligence avec une fille de campagne, affez ruftique, qui lui tenoit lieu de compagne & même de femme de chambre, elle fe fépara de fon mari. « Celui-ci (rapporte Bachaumont), fut fi « honteux de fa méfaventure, dont le bruit fe répan- « dit, que pendant longtemps il n'ofa plus reparoître « en public, ce qui n'a pas peu contribué à ébruiter « ce qui n'étoit jufqu'alors connu que dans les foyers « de la Comédie (1). »

Mme de Belle Cour fe retira à la clôture de 1791, avec une penfion de 3,700 livres, qui, jointe à une

---

(1) Bachaumont fe trompe quand il dit qu'il s'agiffoit, en cette occurence, d'une fœur de Mme Belle-Cour. Celle-ci a eu feulement deux frères, nés, l'un le 8 mars 1727; l'autre, le 22 août 1728.

autre de 2,000 livres qu'elle devoit à la munificence
royale, lui auroit permis de vivre heureufe dans fa retraite ; mais la Révolution furvint, & l'ancienne comédienne, à qui elle enleva fes penfions & qui n'avoit
pas fçu s'affurer, par des économies, des reffources
pour l'avenir, fe trouva tout-à-coup dans une mifère
affreufe (1). Auffi, eft-ce avec joie & empreffement
qu'elle accepta la propofition qui lui fut faite de remonter fur la fcène ; le 18 décembre 1798, elle reparut au théâtre Feydeau, où l'entrepreneur Sageret
avoit raffemblé une notable fraction des membres de
l'ancienne Comédie-Françoife. Elle y joua ce même
rôle de Nicole, qui, vingt ans auparavant, lui conci-
lioit tous les fuffrages. Attirée par le nom juftement
célèbre de l'actrice, l'affluence fut énorme & fe renouvela pendant quelques repréfentations. Mais com-

(1) Mme de Belle Cour avoit obtenu, fur la demande des comédiens
françois, une penfion de l'admi-
niftration Portarieu. Lorfque Sageret prit le théâtre Feydeau où il
réunit, comme on fait, les débris
épars de l'ancienne Comédie-Françoife, il fut accufé de fe refuler à
faire les frais de cette libéralité &
d'avoir par cela même contraint
l'ex-comédienne, feptuagénaire &
prefque aveugle, à compromettre
fa vieilleffe & fa réputation en
reparoiffant fur la fcène, afin de ne
pas mourir de faim. Sageret re-

pouffa cette accufation, en alléguant que Mme de Belle Cour avoit
touché le tiers dans chacune des
repréfentations du *Bourgeois Gentilhomme*. Savoir : le 28 frimaire,
1,752 fr. — Le 6 nivofe, 1,158 fr.
— Le 18 nivofe, 880 fr. 18 fols.
— En tout, 3,821 fr.

Les comédiens françois proteftè-
rent de nouveau contre cette allé-
gation menfongère de Sageret,
dans une note inférée le 7 octobre
1800 au journal des *Petites-Affi-
ches*.

(*Archives nationales.*)

bien fut grande la déception ! L'âge & les infirmités avoient paralyfé la verve de la comédienne émérite & n'avoient pas épargné fa figure ; auffi ces repréfentations n'eurent-elles pas de fuite.

Soit que le chagrin caufé par cette déconvenue, foit que le dénuement abfolu dans lequel elle retomba bientôt, aient abrégé fes jours, Mme de Belle Cour, déchue de fes fplendeurs paffées, dont le rêve fantaftique dut plus d'une fois faire le défefpoir de fa vieilleffe, & n'ayant pour fubfifter que les modiques fecours qu'elle recevoit d'un de fes frères, qui ne l'abandonna point à fon lit de mort, fuccomba dans une chétive manfarde de la rue Barbette, à Paris, le 5 août 1799.

Le portrait de cette actrice a été donné à la Comédie-Françoife, le 26 février 1818, par Mlle Adèle Pourrier, petite-nièce de M. de Cormeille, caiffier du théâtre.

ROLES CRÉÉS PAR Mme DE BELLE COUR

1762	Nérine	Le Caprice, de J.-J.-C. Renou.
—	Iras	Cléopâtre, de Marmontel.
1764	Marine	L'Epreuve indifcrète, de Bret.
—	Lifette	Le Cercle, de Poinfinet.
1765	Marton	Le Tuteur dupé, de Cailhava.
1768	Martine	Les Valets maîtres, de R. de Chabannes.
—	Julie	La Gageure imprévue, de Sedaine.
—	Laurette	Les Deux Frères, de Moiffy.

1771 Marton . . . . *Le Bourru bienfaisant*, de Goldoni.

1773 Thalie. . . . . *L'Assemblée*, de Schofue.

— Thalie. . . . . *La Centenaire*, d'Artaud.

1777 Marton . . . . *L'Egoïsme*, de Cailhava.

— Mᵐᵉ de Martigues. . . *L'Amant bourru*, de Monvel.

— Lisette. . . . . *L'Inconséquent*, de Laujon.

1778 Lisette. . . . . *L'Aveugle par crédulité*, de Fournel.

1779 Thalie. . . . . *Les Muses rivales*, de La Harpe.

1780 La Comtesse. . . . . *Le Bon Ami*, de*** (Legrand).

1782 Nicole. . . . . *Les Journalistes anglois*, de Cailhava.

— Marton . . . . *L'Homme dangereux*, de Palissot.

— Cidalise. . . . . . . *Les Journalistes anglois*, de Cailhava.

— Marton . . . . *Les Courtisanes*, de Palissot.

— Lisette. . . . . *Les Rivaux amis*, de Forgeot.

— Mᵐᵉ Armand. . . . . *Le Vieux Garçon*, de Du Buisson.

1783 Lisette. . . . . . . *Les Aveux difficiles*, de Vigée.

1784 Marceline. . . . . . *Le Mariage de Figaro*, de Beaumarchais.

— Lisette. . . . . *La Fausse Coquette*, de Vigée.

1785 La Comtesse. . . . . *L'Oncle & les Tantes*, de La Salle.

1787 La Forest . . . . . . *La Maison de Molière*, de Mercier.

1788 Lisette. . . . . *La Belle-Mère*, de Vigée.

— Lisette. . . . . *L'Entrevue*, du même.

1789 Lisbeth . . . . *Les Deux Pages*, de Dezède.

1790 Sœur Bonaventure. . *Le Couvent*, de Laujon.

VICTOIRE-MELONE GEAYANT

dite MADEMOISELLE GUEANT

1749 — 1758

MADEMOISELLE GUEANT, née à Paris, le 20 août 1733, étoit nièce de Mlle de Seine, depuis Mme Quinault-Dufrefne, actrice renommée de la Comédie-Françoife. Elevée pour le théâtre, elle parut, encore enfant, en février 1746, dans le rôle de la petite fille, du *Moulin de Javelle*. Trois ans plus tard, le 25 ou le 27 feptembre 1749, elle débuta en forme par le rôle de Junie, dans *Britannicus*, & de Julie, dans *la Pupille*. Elle poffédoit le double avantage de la jeuneffe & d'une très-jolie

---

Extrait des regiftres de la paroiffe Saint-Sulpice, à Paris : « Le vingt août mil fept cent trente trois, a été baptifée *Victoire-Melone*, fille de Jean Geayant, officier de bouche de M. de Moras, & de Françoife du Pré, fa femme, demeurant rue Mazarine. »

figure, & il n'eſt pas douteux que c'eſt à cela qu'elle dut la bienveillance avec laquelle on l'accueillit; car il lui étoit difficile de réuſſir dans un emploi que tenoit en chef & d'une manière ſi brillante, Mlle Gauſſin. C'eſt ce que Mlle Guéant eut le bon eſprit de comprendre, & elle diſcontinua ſes débuts, afin de ſe livrer à de nouvelles études. Le lundi 31 mai 1751, deuxième tentative de ſa part, qui ne réuſſit pas mieux que la précédente. Malgré cet échec itératif, cette actrice perſévéra, &, le ſamedi 16 novembre 1754, elle reparoiſſoit dans les rôles de la *Pupille* & de Mélite du *Philoſophe marié*, où elle réuſſit beaucoup. Elle fut reçue à la demi-part, le 16 décembre ſuivant.

Sans avoir un talent tranſcendant, Mlle Guéant s'étoit rendue néceſſaire par un travail aſſidu & une grande envie de bien faire, qui, ainſi que l'a dit Grimm à propos d'elle : « réuſſiſſent toujours aux perſonnes « qui ont de la grâce & de la beauté ».

Elle mourut de la petite vérole, le lundi 30 octobre 1758, à l'âge de vingt-cinq ans & deux mois. Comme elle n'avoit pas reçu les ſacrements, le curé de Saint-André fit quelque difficulté de lui donner la ſépulture; mais les grands-vicaires de l'archevêché décidèrent de l'enterrer à l'ordinaire : tolérance que déſapprouvèrent les janſéniſtes, prétendant que l'excluſion de la ſépulture eſt preſcrite dans ce cas par les canons, quand les comédiens n'ont pas promis de renoncer au théâtre.

Sa mort fut regrettée des amateurs de comédie, qui tenoient cette actrice plus capable que Mlle Hus de remplacer un jour Mlle Gauſlin. Dorat a déploré ſa perte dans ſon poëme la *Déclamation*, en des termes qui donnent à entendre que Mlle Guéant auroit pu devenir, même pour cette dernière actrice, une rivale dangereuſe.

Le peu de temps qu'elle paſſa au théâtre ne lui permit pas d'établir beaucoup de rôles nouveaux.

ROLES CRÉÉS PAR Mlle GUÉANT

1753 Arſinoë . . . . *Le Diſſipateur*, de Deſtouches, retouché par de Belle Cour.
1755 Orphiſe. . . . . . . *Le Jaloux*, de Bret.
1758 Julie . . . . *Le faux Généreux*, du même.
— Silvie . . . . *L'Iſle déſerte*, de Collet.

dit LE KAIN

1750 — 1778

AIN, ſi célèbre dans les faſtes de l'art théâ-tral ſous le nom de Le Kain (1), eſt né à Paris, le jeudi 31 mars 1729; il eſt mort dans la même ville, le 8 février 1778. Son père, iſſu

---

Extrait des regiſtres de la paroiſſe Saint-Euſtache : « Henry-Louis, bap-tiſé le dimanche 3 avril 1729, né de jeudy dernier. Fils de Henry Caïn, marchand orfèvre, & d'Anne-Louiſe Letellier, ſa femme, rue de la Froma-gerie.

(1) Il eſt à remarquer que le grand-père s'appeloit *Kaïn*; que les enfants de celui-ci ajoutèrent la particule à leur nom, & que plus tard le frère & les ſœurs de notre acteur retranchèrent cette parti-cule & ſubſtituèrent un C au K, comme le prouvent les actes au-thentiques. Quant à lui, il écrivit toujours *Le Kaïn*, ainſi qu'il réſulte des ſignatures autographes que nous avons eues ſous les yeux : nous avons préféré toutefois laiſ-ſer ſubſiſter, dans cette notice, le nom tel qu'il eſt univerſellement connu, & tel que la prononciation en dicte l'orthographe.

LE KAIN

Sans date

d'une famille angloife, qui profeffoit la religion catholique & qui vint s'établir à Paris vers l'année 1693,
étoit fabricant diftingué en orfévrerie, & le deftinoit
à lui fuccéder dans fon induftrie; mais tenant en même
temps à cultiver fon efprit, il le fit étudier au collége
Mazarin : c'eft là qu'il prit le goût de la déclamation.
Il étoit alors d'ufage, dans les colléges, de faire pré-
céder la diftribution des prix par la repréfentation
d'une pièce de théâtre. Le jeune Le Kain, dont le père
n'étoit pas affez riche pour le défrayer de fes coftumes,
ne pouvoit prendre part à cette folennité qu'en qualité de fouffleur; mais déjà l'inftinct tragique qui fe
révéloit en lui, à fon infçu, lui infpiroit des réflexions
& des confeils fur la manière de fentir & d'interpréter
les divers rôles, que fes condifciples recherchoient &
s'approprioient avec avidité. Revenu à l'atelier de fon
père, dont il fecondoit les travaux dans la mefure de
fes forces, avec autant d'intelligence que de zèle, l'apprenti orfèvre n'ambitionnoit pas de plus douce récompenfe, à la fin d'une femaine de labeurs, que
d'aller au parterre de la Comédie-Françoife pour
applaudir aux chefs-d'œuvre de la fcène. Bientôt cette
diftraction lui devint infuffifante, &, jaloux de donner
l'effor à ce penchant impérieux qui l'entraînoit vers la
déclamation, il s'affocia pour jouer la comédie *en
bourgeoifie*, felon fa propre expreffion, à plufieurs
jeunes gens de fon âge. Cette fociété, dont Le Kain
fit partie depuis le 27 décembre 1747 jufqu'au 21
février 1750, donnoit fes repréfentations tantôt fur le

théàtre de la rue Beaubourg (1), tantôt à l'hôtel Ja-
bach, tantôt & plus fréquemment encore, à l'hôtel de
Clermont-Tonnerre. Le fuccès de cette petite troupe
d'amateurs prit bientôt de telles proportions, que la
Comédie-Françoife s'en effaroucha au point de demander la fuppreffion de ces repréfentations : ce qu'elle
obtint. Voltaire avoit eu occafion d'y entendre Le Kain,
& il avoit deviné en lui le germe de fon talent futur.
Il voulut fe le faire préfenter, &, à partir de ce jour, il
fe déclara fon protecteur. Il tenta d'abord de le détourner du deffein de fe faire comédien; mais, l'y
voyant bien réfolu, il fe chargea de le défrayer de tout
& l'aida de fes confeils pendant plus de fix mois; en
forte que l'on peut dire que c'eft de Voltaire lui-même
que Le Kain reçut les premières leçons de l'art qu'il
devoit illuftrer (2).

En attendant que fon protégé pût paroître fur la
fcène françoife, il le fit jouer fur un petit théàtre qu'il
avoit fait conftruire dans fa maifon, & fur celui de la
ducheffe du Maine, à Sceaux (3). Enfin, le 14 feptembre 1750, Le Kain fut admis à débuter, dans la

(1) Dans la chambre même où
mourut, le 1er décembre 1751,
Nicolas Boindin, procureur du Roy
au bureau des finances de la généralité de Paris, auteur de trois
pièces repréfentées.

(2) Longchamps, qui fut longtemps fecrétaire de Voltaire, fe
vante à tort dans fes *Mémoires fur*

Voltaire (tome II*, p. 289), d'avoir
procuré à Le Kain la connoiffance
de ce grand homme & de les avoir
mis en rapport. Trop de confiance
en fa mémoire, ou de complaifance
pour fon amour-propre, l'a égaré
dans fon récit.

(3) Dans l'une de ces repréfentations, donnée le 29 juin 1750,

tragédie de *Brutus*, par le rôle de Titus. On fçait que fes commencements furent auffi pénibles que brillants : fes débuts fe prolongèrent pendant dix-fept mois, le laiffant ainfi dans l'incertitude la plus cruelle de fon fort; car jamais acteur n'excita plus de diffentiments. « Comment, s'écrioient fes détracteurs, & ils étoient nombreux, comment auroit-il du talent avec une figure comme la fienne? Comment pourroit-il être comédien du Roi, avec des dehors fi peu foignés? » Ses adverfaires, parmi lefquels figuroit en première ligne la Comédie-Françoife prefque entière, qui, mettant tout en œuvre pour le décourager, avoit fait venir exprès de Bordeaux, de Belle Cour, afin de le lui oppofer; fes adverfaires, difons-nous, lui refufoient la chaleur, la voix & jufqu'à l'intelligence. Ses partifans, mieux infpirés, faifant la part de l'inexpérience, excufoient fes défauts & proclamoient en lui l'homme de génie qui feroit oublier les Baron, les Dufrefne, fes prédéceffeurs.

Mlle Clairon, à force de menacer la Cour & la Ville de fa retraite, fi on ne le congédioit, réuffit, par fes intrigues, à faire interdire l'entrée du théàtre à Le Kain depuis le 11 novembre 1750 jufqu'au 21 février 1751 (1). Fatigué de tant de perfécutions, il avoit

on joua la tragédie de *Rome fauvée*. Voltaire y remplit le rôle de Cicéron; celui de Céfar étoit joué par le marquis d'Adhémar; celui de Caton par M. de Vallier, & Le Kain étoit chargé du petit rôle du conjuré Statilius.

(1) Journal manufcrit de Le Kain.
(*Bibliothèque nationale.*)

renoncé à l'efpoir d'être reçu, & étoit fur le point de
fe rendre à l'invitation du roy de Pruffe ; cependant, la
princeffe de Robecq, qui l'aimoit & le protégeoit, s'u-
nit à Voltaire pour le détourner de fon deffein. Secondée
par quelques femmes puiffantes, *quoique honnêtes* (1),
elle prit tellement en pitié le malheureux fort de Le
Kain, que, malgré la cabale indigne & les diatribes
injurieufes de fon irafcible adverfaire, le duc de Gefvres lui donna un ordre pour débuter une feconde fois
à la Ville & à la Cour.

Le Kain dut céder devant des inftances auffi honorables pour lui ; mais ce fut feulement après avoir
obtenu de Grandval, & non fans peine, de jouer le
rôle d'Orofmane, à Fontainebleau, qu'il eut enfin fon
ordre de réception, dont il fut redevable au fuffrage
du roy Louis XV. On s'étoit efforcé de prévenir contre
lui ce prince, dont heureufement le goût étoit jufte
& naturel. Après cette repréfentation, qui fut donnée le jeudi 11 octobre 1751, il parut étonné qu'on
parlàt fi mal de l'acteur qu'on venoit d'entendre :
« Il m'a fait pleurer, dit-il, moi qui ne pleure guères.
« Je le reçois. » Tous les obftacles devoient tomber
devant cette parole augufte ; & pourtant Le Kain ne
fut admis que le 24 février 1752, quoique fon ordre
de réception fût figné depuis le mois de novembre
1751. On lui attribua un quart & demi de part ; le

(1) Journal manufcrit de Le Kain.
(Bibliothèque nationale.)

moins poſſible! Juſque-là, il n'avoit reçu que douze cents livres par an.

Les ennuis multipliés, les obſtacles inceſſants qu'il avoit rencontrés ſur ſa route, n'avoient fait qu'irriter ſon ardeur, & il appliqua déſormais tous ſes ſoins, toute ſa vigilance à ſe corriger de ſes défauts. On lui reprochoit les imperfections de ſon viſage & de ſa voix; il voulut que le travail & l'art vinſſent à ſon aide pour les réformer. Il s'accoutuma à donner à ſa phyſionomie une expreſſion vive & marquée qui en fit diſparoître les déſagrémens; il ſçut dompter ſon organe & l'aſſouplir au point que les critiques les plus éclairés de ſon temps déclarent n'avoir jamais entendu voix humaine dont les inflexions fuſſent plus ſûres & plus variées, d'un pathétique plus touchant & plus terrible à la fois. Enfin, il atteignit au point de produire une illuſion telle que, dans les moments de paſſion, il n'étoit pas rare d'entendre les femmes s'écrier, auſſitôt qu'il avoit parlé : « Ah ! qu'il eſt beau ! »

Idolâtre de ſon art, Le Kain y conſacroit tout ſon temps, toutes ſes penſées, toutes ſes reſſources. Non moins familiariſé avec la pratique du deſſin qu'avec l'étude de l'hiſtoire, il entreprit, ſecondé dans cette tentative par Mlle Clairon, de réformer le coſtume qui, juſqu'alors, offroit l'image d'une friperie burleſque. S'il n'y réuſſit pas complètement, il faut toujours lui tenir compte de ſes efforts & des améliorations qu'il introduiſit. C'eſt par le rôle d'Oreſte, dans *Andromaque*, qu'il voulut commencer ſes réformes. Il ſe deſſina un

coſtume grec, qui, tout imparfait qu'il fût encore, laiſſoit déjà bien loin le tonnelet, les gants blancs & la
culotte bouclée. Cette innovation fit événement dans
les couliſſes, parmi ſes camarades, & Dauberval (1),
l'un d'entre eux, ne pouvant contenir ſon admiration,
s'écria en l'apercevant : « Ah ! que ce coſtume eſt beau !
« la première fois que je jouerai un *Romain*, je m'ha-
« billerai *à la grecque.* »

C'eſt Le Kain encore qui provoqua la ſuppreſſion
des banquettes dont la ſcène étoit encombrée. Il eſt
vrai que la libéralité du duc de Lauraguais contribua
puiſſamment à trancher favorablement la queſtion.
D'un autre côté, on peut lui reprocher d'avoir, le premier, donné l'exemple regrettable, ſi fort uſité depuis
chez les comédiens, d'aller donner des repréſentations
en province (2). Sa fortune y gagna, ſans doute, mais

(1) Etienne-Dominique Berchèr,
dit *Dauberval*, avoit été reçu le
19 mai 1760, & ſe retira le 30
juin 1780, avec une penſion de
500 livres. Il rempliſſoit les *troi-
ſièmes* rôles, les *Raiſonneurs* & les
Confidents. Il étoit très-aimé du public, à cauſe du ſoin conſciencieux
qu'il apportoit dans l'accompliſſe-
ment de ſon devoir. Dauberval,
dont nous ignorons le lieu de naiſſance, mourut le 5 août 1800, à
Poinchy, près de Chablis, chez ſon
fils, danſeur de l'Opéra.

(2) Le Kain, traverſant Aix en
Provence, y donna, le 16 ſeptembre 1775, une repréſentation (qui
fut la ſeule) de *Tancrède*. C'eſt
pendant cette repréſentation que
ſurvint un orage tel, que de mémoire d'homme, on n'en avoit pas vu
à Aix. Il en réſulta les plus grands
déſaſtres, & pourtant on ne ſe douta
de rien dans la ſalle. Durant de
longues années, le ſouvenir de cet
événement fut conſervé, parmi les
bonnes gens, ſous le nom du *Déluge
de Le Kain.*
    (*Hiſtoire des rues d'Aix, par
    Roux-Alphérand.*)
Nous donnerons un autre exemple de la faſcination qu'exerçoit Le

les jouiſſances du public ſe reſſentirent de ſes abſences, devenues trop fréquentes dans les dernières années de ſa vie, & que ne juſtifioit pas ſuffiſamment l'état de ſa ſanté.

Dans les ſituations les plus exaltées, cet acteur ſu-

Kain ſur le public. A cette époque, le parterre de la Comédie, à Paris, étoit debout, comme il l'eſt encore dans la plupart des villes de province. On rapporte qu'à certains moments, la terreur produite par l'acteur tragique étoit telle, que le flot des ſpectateurs, ondoyant dans tous les ſens, cherchoit les iſſues pour ſe précipiter hors de la ſalle.

Une autre anecdote également peu connue, eſt plus concluante encore. Dans un voyage que Le Kain fit à Nancy, en 1776, il vouloit débuter par le rôle de Bayard. Il fit demander à l'officier ſupérieur qui commandoit le régiment du Roy, douze hommes d'un extérieur impoſant. L'officier choiſit lui-même parmi ſes ſoldats douze hommes de cinq pieds dix pouces, qui tous avoient vu l'ennemi de près. Le Kain les amena au théâtre, trois heures avant le ſpectacle & les rangea ſur la ſcène dans la poſition qu'ils devoient occuper. Son regard, ſa voix, ſa taille même, tout avoit pris en lui des proportions giganteſques. « Mes amis, leur dit-il, le « fort des armes nous a renfermés

« dans une place forte : la faim « nous y preſſe ; de nombreux bataillons nous y entourent. Leurs « chefs viennent à moi, Bayard, « qui vous commande, me propoſer une baſſeſſe : Vos fortificaſtions ſont ruinées, me diſent-ils. « Rendez-vous, ou, dans un mo« ment, vous n'aurez plus de remparts ; & moi, je me retourne « vers vous, camarades » (& en « diſant ces mots, il ſaiſiſſoit la « main de l'un d'eux,) & je m'écrie :

« Voici d'autres remparts dont vous ne
[parlez pas!
« Voyez ces vieux guerriers, fiers de
[leurs cicatrices,
« De vingt aſſauts bravés, mémorables
[indices,
« Ils ne veulent ſortir de ces foſſés ſan[glants
« Que par un pont formé d'ennemis expi[rants. »

« Oui... Tous ! tous ! » s'écrièrent ces ſoldats, en appuyant leur mouvement d'enthouſiaſme d'un mot énergique que nous ne répéterons pas.

(Souvenirs inédits de Deſprez.)

blime fçut toujours contenir les élans de fa voix. Dans les *Fureurs d'Orefle*, il ne parloit qu'avec une voix concentrée qui exprimoit une horrible oppreffion, & il ne pouffoit que deux cris en difant :

Tiens! tiens! voilà le coup que je t'ai réfervé!

& ces deux cris faifoient frémir la falle.

Le Kain poffédoit au plus haut degré le fentiment des convenances. Pendant une leçon qu'il donnoit à un jeune acteur, celui-ci porta la main fur la robe de fon interlocutrice : « Monfieur, lui dit Le Kain, vou- « lez-vous avoir l'air paffionné? ayez l'air de craindre « de toucher la robe de celle que vous aimez. » Auffi, la princeffe d'Hénin difoit-elle « qu'il n'étoit que deux « hommes fachant parler aux femmes : M. de Vau- « dreuil & Le Kain. »

Une autre anecdote vient encore à l'appui. Mlle Du Mefnil jouoit Agrippine ; dans la grande fcène du fauteuil, elle arrive au vers :

Vous êtes un ingrat, vous le fûtes toujours!

En prononçant ces paroles, la célèbre tragédienne s'oublia au point de frapper fur l'épaule de Néron. Mais Le Kain, toujours maître de lui-même, fe leva foudain & lança à Agrippine un regard indigné qui la pétrifia. Le public faifit avec intelligence l'intention du tragédien & manifefta fon enthoufiafme par les plus vifs tranfports. N'oublions pas que ce rôle de Néron n'avoit été, jufqu'à lui, qu'un rôle fecondaire, & que, grâce à fa pantomime, auffi puiffante que fa déclamation, il fçut préfenter « la vive & frappante « image de la jeuneffe d'un tyran échappant, pour « la première fois, aux liens de la contrainte & de « l'habitude. »

Dans les deux dernières années de fa vie, auffitôt que le public l'apercevoit, d'immenfes applaudiffe-ments éclatoient dans toutes les parties de la falle. Cet acteur, que la faveur du public enivroit, mais qui n'aimoit pas qu'on fe fouvînt de Le Kain quand il repréfentoit le perfonnage, fe tenoit alors dans le fond de la fcène pour y jouir pleinement de l'hommage adreffé à fa perfonne; & ce n'eft que lorfque les ap-plaudiffements alloient en s'appaifant, qu'il s'avançoit fur le devant du théâtre.

C'eft dans le rôle de Vendôme, qu'il affectionnoit, que ce tragédien fublime fe montra pour la dernière fois, le famedi 24 janvier 1778 (1). Il y fut générale-

(1) Cette année théâtrale 1777-1778, fut l'année de la Comédie la plus longue & la plus fructueufe qu'il y ait eue depuis longtemps. Elle donna 342 repréfentations & produifit 764,219 livres de recettes. Il eft vrai que c'eft dans le cours de cette année que l'empereur Jofeph II & Voltaire étoient à Pa-ris, & que l'on avoit la paix.

Les repréfentations tragiques do-minent dans ce nombre. C'étoit alors un genre fort goûté, & l'on étoit bien loin de ce temps où un ordre du Roy, du 27 octobre 1742, s'exprimoit ainfi : S. M. étant in-formée que les comédiens fe dif-penfent, autant qu'ils le peuvent, de jouer des tragédies & ne jouent que des pièces comiques, ce qui eft contraire à l'ufage ordinaire & au plaifir du public, nous orment trouvé fupérieur à lui-même. A la fuite de cette repréfentation, il fe déclara chez lui une violente inflammation d'entrailles, qui fe compliqua bientôt de la gangrène, & contre laquelle, dès lors, toute la fcience de Tronchin fut impuiffante. Depuis le début de fa maladie jufqu'au jour de fa mort, le parterre ne ceffa de demander de fes nouvelles au commencement du fpectacle; &, lorfque, le 8 février au foir, il lui fut répondu par Monvel ces deux mots : « Il eft mort! » une ftupeur générale fuccéda, & tous les fpectateurs fortirent à l'inftant même de la falle en répétant : « Il eft mort! »

Le Kaïn n'étoit pas dépourvu d'inftruction (1); il avoit beaucoup étudié fur fon art & n'avoit rien négligé pour acquérir toutes les connoiffances relatives au but qu'il pourfuivoit. Il étoit pénétré de l'impor-

donnons à nos dits comédiens de jouer alternativement une pièce férieufe & une pièce comique, à peine de 300 livres d'amende.

(*Arch. nation. Com. Franç.*)

On peut auffi conftater fes fentiments religieux, fruit de l'éducation chrétienne qu'il avoit reçue dans fa famille, & qu'il conferva toute fa vie. Mais, loin de vouloir, comme Mlle Clairon, faire de l'éclat à propos de l'excommunication des comédiens, Le Kaïn fe contentoit, à l'époque de la clôture annuelle, de fe rendre par le coche à Avignon, domaine du Saint-Siége,

y faifoit fes Pâques & revenoit *en France* reprendre l'exercice de fa profeffion.

(1) Quand Le Kaïn mourut, ce fut Boutet, premier femainier de la Comédie-Françoife, qu'elle chargea d'aller porter en fon nom cette trifte nouvelle au premier gentilhomme de la Chambre. Celui-ci en rendit compte auffitôt au Roy qui voulut bien témoigner un grand regret de la perte de ce grand tragédien; la Reyne même témoigna de fa mort une vive affliction; rien enfin ne manqua à fa gloire.

tance de fonder un établiffement où l'on pût diriger les études fpéciales à ceux qui fe deftinoient à la carrière théâtrale. Le 4 feptembre 1756, il préfenta aux premiers Gentilshommes de la chambre un Mémoire tendant à conftater *la néceffité d'établir une école pour y faire des élèves qui puffent exercer l'art de la déclamation dans le tragique & s'inftruire des moyens qui forment le bon aĉteur comique* (1).

Dévoué à fon art, il y avoit peu de pièces où Le Kain ne fut prêt à remplir au befoin deux ou trois rôles. Ainfi, dans fa jeuneffe, on l'a vu repréfenter Châtillon dans *Zaïre*, Théramène dans *Phèdre*, Pyrithoüs dans *Ariane*, & toujours difpofé, pour affurer la bonne exécution d'un ouvrage, à accepter un rôle en dehors de fon emploi. C'eft ainfi que dans le *Brutus* de Voltaire il jouoit Arons, tandis que La Rive jouoit Titus, & l'on ne s'apercevoit pas, dit le *Mercure*, qu'Arons fut un fecond rôle.

Son jugement étoit droit & fain ; mais il avoit befoin de méditer longuement & profondément. Sa converfation annonçoit un efprit fage & réfléchi, mais elle n'offroit rien de faillant. Cependant il avoit, à l'occafion, l'efprit d'à-propos, & fans reproduire ici fa

(1) Les conclufions de ce Mémoire ne furent pas adoptées, mais un arrêt du Roy attribua une penfion de 500 livres à ceux de fes comédiens qui, par un enfeignement particulier, auroient formé pour la fcène quelque bon élève.

C'eft ainfi que Le Kaïn reçut une penfion de 500 livres pour avoir mis au théâtre Mme Veftris ; quelques années plus tard, Mme Préville fut l'objet de la même récompenfe, au fujet de Mlle Contat.

réponfe, pleine d'une énergique fierté, à certain chevalier de Saint-Louis, nous rappellerons celle qu'il fit
à la Reine, qui lui ayant un jour demandé : « Com-
« ment, monfieur Le Kain, la Comédie s'y prend-elle
« pour recevoir tant de mauvaifes pièces ? — Madame,
« lui répondit-il, c'eft le fecret de la Comédie. » Nous
citerons encore une répartie moins connue, mais plus
concluante peut-être. Un auteur, qui avoit éprouvé
des revers, au temps des repréfentations du *Siége de
Calais*, critiquoit vivement cette pièce au foyer des
comédiens, & foutenoit qu'il n'y avoit pas un paffage
à citer. Le Kain lui repréfenta modeftement fon injuftice en lui difant que cette tragédie renfermoit de très-
beaux vers. « Citez-m'en un feul, reprit l'auteur
« tombé, & je paffe condamnation. » Alors Le Kain
s'avança de fon côté en lui difant ce vers :

Vous fûtes malheureux, & vous êtes cruel !

(Acte V, fcène x.)

Ce vers, qui rappeloit à l'auteur envieux la chute de
fa tragédie, le força de fe retirer au milieu des rires, &
la préfence d'efprit de Le Kain lui valut des applaudiffements de toutes les perfonnes préfentes.

On connoît auffi le bon tour qu'il joua à Marmontel, à propos du *Venceflas* retouché par celui-ci. Ne
tenant compte de fes corrections, lors de la repréfentation de cette pièce à la Cour, où elle avoit été
demandée, il rétablit le rôle original du poëte, & plus
l'augufte affiftance redoubloit de compliments pour

Le Kain, croyant applaudir en même temps le rôle de Ladiflas retouché par Marmontel, plus celui-ci, déconcerté, concentroit son dépit & sa rage.

Le Kain eut, dans le cours de sa carrière, quelques déboires à subir, dont son inconteftable supériorité ne le préferva pas. Une de fes mortifications les plus fenfibles fut fon emprifonnement pendant quinze jours au For-Lévêque, à la fuite de l'incident orageux qui fignala, en 1765, une des repréfentations de la pièce de De Belloy.

Par une fatalité bien étrange, Voltaire, qui fut pour ainfi dire fon maître, ne l'a jamais vu jouer depuis fes débuts fur la fcène de la Comédie-Françoife. C'eft le jour même de l'inhumation de Le Kain que fon illuftre Mécène rentra dans Paris, après tant d'années d'abfence.

Le Kain avoit été marié. Avant de débuter, étant à peine âgé de vingt ans, il avoit époufé par inclination une jeune fille (1), qui débuta à la Comédie-Françoife, le 3 mars 1757, par le rôle de Cléanthis, dans *Démocrite*, & celui de Lifette, dans *les Folies amoureufes*. Devenue fociétaire en 1761, elle fe retira en 1767 & mourut en 1775.

Deux fils naquirent de ce mariage (2). L'aîné a

(1) *Chriftine-Charlotte-Georgette Sirot*, fille mineure (elle n'avoit que feize ans), de Charles Sirot & de Mariette Pion.

(2) *Bernardin*, l'aîné des deux fils, naquit le 12 mai 1752; *Louis-Théodore*, le 3 avril 1754.

(*Dictionnaire critique de biographie & d'hiftoire, par A. Jal.*)

publié les *Mémoires* de fon père, fuivis d'une correfpondance (inédite) de Voltaire, Garrick, Colardeau, &c. Paris, Colnet, an IX, 1 vol. in-8°. — Une
autre édition, précédée de *Réflexions fur cet Acteur &*
fur l'Art théâtral, par *F. Talma*, a paru chez Ponthieu,
en 1825, 1 vol. in-8°. Elle fait auffi partie de la *Collection des Mémoires fur l'Art dramatique*. Ces Mémoires ont été reproduits dans *la Bibliothèque des
Mémoires relatifs à l'Hiftoire de France*, t. VI, par
F. Barrière. Paris, Didot, 1846-49, in-12. — Il a paru,
en 1816, une brochure intitulée : *Le Kain dans fa jeuneffe, ou Détails hiftoriques fur fes premières années, écrits
par lui-même*. Brochure in-8°. — Journal [manufcrit
autographe (1)] des *Repréfentations de Le Kain*, & la
copie, certifiée authentique par fon fils aîné, d'une
Defcription de toutes les villes qu'il avoit parcourues
dans fes voyages, foit en France, foit à l'étranger, in-4°
de 355 pages.

(1) Le manufcrit original que poffède la Bibliothèque nationale, n'eft qu'un fragment. Nous en avons vu paraître une fuite dans une vente publique, où elle fut adjugée au prix de 250 fr., bien qu'il y manquât une cinquantaine de pages.

ROLES CRÉÉS PAR LE KAIN

1750 Aménophis.. . . . . . *Aménophis*, de Saurin.
1751 Antipater . . . . *Antipater*, de Portelance.
— Softrate. . . . . . . *Varon*, de Grave.
1752 Catilina. . . . . . . *Rome fauvée*, de Voltaire.
— Sthelenus. . . . . . *Les Héraclides*, de Marmontel.
1753 Drufus . . . . *La Mort de Néron*, de Ximenès.
— Abderis. . . . . . . *Egyptus*, de Marmontel.
1754 Orofès. . . . . *Paros*, de Mailhol.
— Amalfred . . . . . . *Amalazonte*, de Ximenès.
1755 Octave . . . . *Le Triumvirat*, de Crébillon.
— Pyrrhus. . . . . . . *Philoctète*, de Châteaubrun.
— Gengis-Kan. . . . . *L'Orphelin de la Chine*, de Voltaire.
1756 Telegone . . . . . . *Aſtianax*, de Châteaubrun.
1757 Meledin. . . . . . . *Adèle de Ponthieu*, de La Place.
— Orefte. . . . . *Iphigénie en Tauride*, de G. de La Touche.
1758 Bacazar. . . . . . . *Aſtarbé*, de Colardeau.
— Lyncée . . . . *Hypermneſtre*, de Lemierre.
1759 Achille. . . . . *Briféis*, de P. de Sivry.
— Namir. . . . . *Namir*, de Thibouville.
1760 Zulica. . . . . *Zulica*, de Dorat.
— Spartacus . . . . . . *Spartacus*, de Saurin.
— Un Interlocuteur . . *L'Ecoſſaiſe*, de Voltaire.
— Tancrède. . . . . . . *Tancrède*, du même.
— Lothario. . . . . . . *Califte*, de Colardeau.
1761 Agathyfe . . . . . . *Térée*, de Lemierre.
— Antenor. . . . . . . *Zelmire*, de De Belloy.
— Comnène. . . . . . *Irène*, de Boiftel.
— Mucien . . . . *Eponine*, de Chabanon.
1762 Siamek . . . . *Zaruchma*, de Cordier.
— Ajax. . . . . *Ajax*, de Poinſinet de Sivry.
1763 Thyamis . . . . . . *Théagène*, de Dorat.
— Criton. . . . . *La Mort de Socrate*, de B. de Sauvigny.

1763	Huafcar.	*Munco-Capac*, de Le Blanc.
—	Guifcard	*Blanche & Guifcard*, de Saurin.
—	Warwick	*Le Comte de Warwich*, de La Harpe.
1764	Idamante.	*Idoménée*, de Lemierre.
—	Caffandre.	*Olympie*, de Voltaire.
—	Montrofe	*Cromwell*, de Du Clairon.
—	Octave	*Le Triumvirat*, de Voltaire.
—	Timophane.	*Timoléon*, de La Harpe.
1765	Edouard.	*Le Siége de Calais*, de De Belloy.
—	Valamir.	*Pharamond*, de La Harpe.
—	Vendôme.	*Adélaïde Du Guefclin*, de Voltaire.
—	D'Efparville fils. . .	*Le Philofophe fans le fçavoir*, de Sedaine.
1766	Guftave.	*Guftave Vafa*, de La Harpe.
—	Arbace	*Artaxerce*, de Lemierre.
—	Guillaume Tell . . .	*Guillaume Tell*, du même.
1767	Athanafe	*Les Scythes*, de Voltaire.
—	Hyafcar	*Hirza*, de B. de Sauvigny.
—	Cofroès	*Cofroès*, de Le Fèvre.
1771	Bayard	*Gafton & Bayard*, de De Belloy.
1772	Ennon	*Les Druides*, de Le Blanc.
—	Edouard.	*Pierre le Cruel*, du même.
1773	Le Génér. de Melp.	*La Centenaire*, d'Artaud.
—	Térée.	*Térée & Philomèle*, de Renou.
1774	Maffiniffa	*Sophonisbe*, de Mairet, arr. par Voltaire.
1775	Le Connétable. . . .	*Le Connétable de Bourbon*, de Guibert.
1776	Lorédan.	*Lorédan*, de Fontanelle.
—	Menzikoff	*Menzikoff*, de La Harpe.
1777	Fayel	*Gabrielle de Vergy*, de De Belloy.

DE VILLE CO R

JEAN-CLAUDE GILLES-COLLESON

dit DE BELLE COUR

1750 — 1773

GILLES-COLLESON, dit de Belle Cour, né à Paris, le 16 janvier 1725, eſt mort dans la même ville, le 19 novembre 1778. Fils d'un peintre en miniatures, il ſembloit deſtiné à la même profeſſion. Après avoir étudié pendant pluſieurs années, chez les Pères de l'Oratoire, il entra dans l'atelier du célèbre Carle Van Loo, où il montra, dès le principe, d'heureuſes diſpoſitions, & ſes progrès furent aſſez rapides pour donner à croire qu'il auroit

---

Extrait des regiſlres de la Paroiſſe Saint-Etienne-du-Mont : « Le mardy ſeizième janvier mil ſept cent vingt-cinq, ſut baptiſé par moy, preſtre ſouſſigné, *Jean-Claude,* fils de Jean-Baptiſte Gilles-Colleſon, peintre en miniatures, & de Marie Duchange, ſa femme. »

quelque jour du talent en peinture (1). Mais le hafard, qui déjoue tant de projets, avoit décidé que l'é-
lève peintre deviendroit comédien. Entraîné par fon
goût pour la comédie, qu'il jouoit quelquefois par
délaffement, il prit tout-à-coup congé des pinceaux &
de la peinture, & malgré les fages repréfentations de
fon maître, malgré les confeils de fes amis, malgré
l'oppofition de fon père, qui ne voulut plus le revoir,
il perfifta dans fon deffein & partit pour la province,
n'emportant pour toute garde-robe qu'une culotte en
foie noire & une bourfe à cheveux, qu'il tenoit,
l'une de Mlle Clairon, l'autre de Grandval. Après
avoir parcouru maintes bourgades en compagnie de
comédiens nomades, & avoir connu cette vie précaire
dans tout ce qu'elle avoit alors de plus aventureux,
Collefon qui, en changeant d'état, avoit emprunté le
nom de de Belle Cour, feule conceffion qu'il eût faite à
fa famille, trouva enfin un engagement pour le théâtre de Bordeaux. C'eft dans cette ville que la cabale

---

(1) Un de fes frères, Jean-François Gilles-Collefon, né à Dijon, le
2 mars 1733, fut d'abord peintre
comme fon père, & peintre de talent. Dans la fuite, le duc de
Bouillon, auquel il avoit été préfenté, fe l'attacha en qualité de
directeur-ordonnateur de fes bâti-
ments. Il étudia l'architecture & la
fculpture & exécuta dans ces deux
genres différents travaux pour em-

bellir la propriété de Navarre.
Jean-François eft mort à Paris, le
22 mars 1803.

Un troifième frère, Nicolas
Gilles-Collefon, qui porta auffi le
nom de de Belle Cour, né à Lyon, eft
mort à Paris, le 3 juin 1805, à l'âge
de 74 ans & 10 mois, à l'inftitution
de Sainte-Perrine de Chaillot, où
il s'étoit retiré.

qui combattoit les débuts de Le Kain, alla le chercher afin de l'oppofer aux fuccès de cet acteur, dont le génie perçoit à travers les obftacles fous lefquels un parti puiffant, que dirigeoit le maréchal de Richelieu, cherchoit à l'étouffer. Le 21 décembre 1750, de Belle Cour débuta dans *Iphigénie en Aulide*, par le rôle d'Achille, & par celui de Léandre, dans le *Babillard*. Cette première épreuve fuffit pour démontrer jufqu'à l'évidence toute la diftance qui le féparoit, dans la tragédie, de l'acteur auquel on vouloit l'impofer comme rival. De Belle Cour, il faut lui rendre cette juftice, eut la fageffe de le reconnoître, & fi bien, qu'il refufa de continuer fes débuts & annonça, dès le lendemain, fon intention de retourner à Bordeaux. Ce ne fut qu'à grand'peine qu'on le retint ; mais, comprenant la fupériorité de Le Kain, dont il devint lui-même un des plus fervents admirateurs, il déclara qu'il ne vouloit à aucun prix être le complice & l'inftrument d'une lutte inégale & qui préfentoit, d'ailleurs, le caractère de la perfécution. Ce procédé prouvoit chez de Belle Cour une certaine générofité de fentiments qui pendant le cours de fa carrière théâtrale fembla, du refte, toujours le diriger. On rapporte qu'en effet, loin de chercher à briller aux dépens des acteurs qui étoient en fcène avec lui, il fe faifoit, au contraire, une étude & un devoir de les faire valoir : abnégation bien rare au théâtre, & dont on citeroit peu d'exemples à côté du fien.

De Belle Cour fut reçu à demi-part le 2 novembre

1751 (1). Il se consacra presque exclusivement à la comédie, ne jouant plus dans la tragédie que le second emploi. Les rôles de l'*Homme à bonnes fortunes*, du *Joueur*, du *Somnambule*, du Marquis entre deux vins, dans *Turcaret*, & dans le *Retour imprévu*, & du *Dissipateur*, où il saisissoit parfaitement le ton & l'air d'un mauvais sujet de bonne compagnie, furent joués par cet acteur avec un talent des plus distingués ; &, sans faire oublier Grandval, dont il ne possédoit pas les grandes qualités, il sçut occuper une place fort honorable auprès de lui. Il n'avoit pas de naturel, mais le travail & une longue expérience du théâtre lui en avoient donné l'équivalent ; il entendoit merveilleusement le persifflage & la raillerie ; il avoit beaucoup de noblesse dans la tenue, & sa figure, qui étoit fort belle, sa taille avantageuse, ajoutoient encore au plaisir qu'on prenoit à le voir dans les rôles que nous venons de citer. Les défauts qui lui ont été reprochés par les critiques contemporains, entre autres La Harpe & Grimm, consistoient dans un organe ingrat & une

(1) « Du deuxième de novembre, mil sept cent cinquante & un... Nous..., avons reçu sous le bon plaisir de Sa Majesté, dans la troupe des comédiens françois du Roy, le sieur de Belle Cour, pour jouer, tant dans le tragique que dans le comique, les différents rôles auxquels il pourra être propre, & nommé-ment, pour doubler dans le comique les sieurs Grandval & Lanoue, dans les rôles qui leur sont attribués, jusqu'à ce qu'il en soit ordonné autrement, & nous avons accordé au sieur de Belle Cour la demi-part.

« *Signe* : Le Duc de Gesvres. »
(*Archives génér. de l'État.*)

certaine féchereffe dans la voix. Sa prononciation, quoique nette & bien articulée, offroit parfois de la monotonie dans les inflexions. Dans le drame, ces défauts devenoient plus faillants encore, parce que fes moyens ne convenoient pas au genre expanfif & fe prêtoient mal à l'expreffion des fentiments violents. Il avoit encore le défaut de gefticuler plus du bras droit que du gauche; ce qui lui arrivoit dans les moments d'abandon qui étoient ceux qui lui convenoient le moins (1).

Bien qu'il y ait eu du vrai dans ces obfervations, il faut dire que Grimm & La Harpe n'étoient pas favorables à cet acteur & lui ont peu épargné les critiques malveillantes. Voltaire ne l'aimoit pas non plus. Dans une de fes lettres (10 avril 1754), voici en quels termes il s'exprime fur fon compte : « Je n'ai point reçu de « nouvelles de M. le maréchal de Richelieu, touchant « fon *bellâtre* de de Belle Cour.» Et dans une autre, du 11 mai fuivant : « J'écris directement à M. le maréchal « de Richelieu au fujet de ce comte d'Olban (rôle que « de Belle Cour vouloit jouer dans *Nanine*); je ne con- « çois pas cette rage de paroître en public quand on « déplaît au public. »

(1) Ce défaut pouvoit provenir d'une paralyfie qu'il avoit eue à l'âge de quatorze ans & qui avoit affecté tout le côté gauche. Cet accident fut alors attribué à un excès de travail & d'application, ayant été chargé de compofer & de débiter un compliment de bienvenue devant l'Evêque de Montpellier qui devoit paffer à Pézenas, où il étoit en penfion chez les Oratoriens.

Ce fut pourtant ce même acteur qui, après la mort de Le Kain (qui lui fit une profonde impreſſion à cauſe de l'attachement qu'il avoit toujours eu pour lui), ſe vit chargé de préſenter ſes camarades à Voltaire, rentré en France, comme on ſçait, le jour même qu'on inhumoit le célèbre tragédien : « Voilà, dit-il, en les lui mon-« trant, tout ce qui reſte de la Comédie-Françoiſe. »

De Belle Cour eut la velléité d'écrire pour le théâtre. Il fit jouer avec ſuccès, le 17 août 1761, les *Fauſſes Apparences*, comédie en un acte & en proſe qui n'eut que ſix repréſentations. Les tracaſſeries qui lui furent ſuſcitées à cette occaſion par de baſſes inimitiés, le détournèrent de donner ſuite à ſes tentatives littéraires, ainſi que le prouveroient le plan inachevé & quelques fragments d'une comédie qui devoit s'intituler l'*Ecole des Pères* (1). Il ſe borna à retoucher les dénouements de *la Coquette* de Baron, & du *Muet* de Palaprat, & à dégager le *Tambour nocturne* (2), le *Double Veuvage* & la *Fauſſe Agnès* d'une foule de détails qui en rendoient la repréſentation fatigante, & que ces modifications, opérées avec diſcernement, permettoient de remettre au courant du répertoire.

C'eſt ce que conſtate une lettre que Préville écrivit au *Mercure* (3) après la mort de de Belle Cour, lettre

(1) Il l'avoit lue à l'aſſemblée des comédiens, le lundi 19 janvier 1756.

(2) Quoique compriſe dans les œuvres de Deſtouches, publiées

de ſon vivant, cette comédie ne fut jouée à Paris que le 18 octobre 1762.

(3) 18 janvier 1779.

dans laquelle il apprécie avec une remarquable sagacité le talent & les qualités de son camarade défunt, sur le compte duquel il trouve que le journaliste n'a été « ni impartial, ni juste (1). »

C'est de Belle Cour qui fut chargé, par ses camarades, de faire, *article par article*, une réponse au Mémoire par lequel les auteurs dramatiques réclamoient des comédiens une plus forte répartition de leurs droits. Sa réplique, en la dégageant de ce qu'elle avoit peut-être de trop amer, ne laisse rien à désirer par sa clarté & la force des arguments. Il y démontre péremptoirement l'impossibilité d'accepter le nouveau règlement proposé par les auteurs, & les sources de tracasseries qui naîtroient de son application (2).

De Belle Cour, bien qu'il ne fût plus jeune, s'étoit vivement épris de Mlle Vadé (3), fille du poète de ce nom. « Avant de lui sacrifier sa vie, dit Grimm, il lui « avoit sacrifié sa fortune & ne laissa pas même de « quoi se faire enterrer. »

---

(1) De Belle Cour avoit voulu se retirer dès 1769; mais le maréchal de Richelieu s'y refusa. « Le service de la Cour & du public « exige que le sieur de Belle Cour « continue de leur consacrer ses talents, en qualité de comédien du « Roi. Nous n'avons pu lui accorder le congé de retraite qu'il « nous a demandé; mais nous lui « avons accordé un congé de trois « mois dans le cours de l'été prochain, pour son rétablissement. « Versailles, 19 février 1769. » (*Biblioth. nation.*, *Ms. déjà cité.*)

(2) Mémoire Ms. du sieur de Belle Cour en réponse au Mémoire des auteurs. (*Arch. de l'État.*)

(3) Louise-Zizine, née à Paris, vers 1758. Elle avoit débuté à la Comédie-Françoise, le 3 mars 1776, dans *Iphigénie en Aulide*. Elle mourut, le 17 janvier 1780, à l'âge de 22 ans.

ROLES CRÉÉS PAR DE BELLE COUR

1749 Le Comte d'Olban. . . *Nanine*, de Voltaire.
1751 Sardanapale. . . . . *Zarès*, de Paliſſot.
1753 Florimond. . . . . . *Le Diſſipateur*, de Deſtouches.
— Mercure. . . . . . . *Les Hommes*, de Saint-Foix.
1754 Dainval. . . . . . . *Les Méprifes*, de P. Rouſſeau.
1755 Mécène. . . . . . . *Le Triumvirat*, de Crébillon.
1756 Dormainville . . . . *La Gageure du Village*, de Seillans.
1757 Montalban. . . . . . *A. de Ponthieu*, de La Place.
— Pylade . . . . *Iphigénie en Tauride*, de Guim. de la Touche.
1758 Zopire . . . . *Aſtarbé*, de Colardeau.
— Ariſte. . . . . *Le faux Généreux*, de Bret.
— Saint-Albin . . . . *Le Père de Famille*, de Diderot.
— Léandre. . . . . . . *La fauſſe Agnès*, de Deſtouches.
— Ferdinand. . . . . . *L'Iſle déferte*, de Collet.
1759 Patrocle. . . . . . . *Briféis*, de Poinſinet de Sivry.
1760 Damis. . . . . *Les Philofophes*, de Paliſſot.
— Lorédan. . . . . . . *Tancrède*, de Voltaire.
— Nauticus. . . . . . . *Spartacus*, de Saurin.
— Altamont . . . . . . *Califte*, de Colardeau.
— Le Marquis. . . . . . *Les Mœurs du temps*, de Saurin.
— Saint-Albin . . . . . *Le Père de Famille*, de Diderot.
1761 Le Marquis . . . . . *Le Financier*, de Saint-Foix.
— Le Roi. . . . . *Le Rival fuppofé*, du même.
1762 Le Baron . . . . . . *Le Tambour nocturne*, de Deſtouches.
— Verville. . . . . . . *Le Bienfait rendu*, de Dampierre.
— Servigny. . . . . . . *Le Caprice*, de Renou.
1763 Brumton. . . . . . . *L'Anglois à Bordeaux*, de Favart.
— Verville. . . . . . . *Le Bienfait rendu*, de Dampierre.
— Forlife. . . . . *La Manie des Arts*, de Rochon de Chabannes.
1764 Antigone . . . . . . *Olympie*, de Voltaire.
— Monck. . . . . *Cromwell*, de Du Clairon.

1764 Sans-Pair . . . . . . *L'Homme singulier*, de Destouches.
— Clarendon. . . . . . *Eugénie*, de Beaumarchais.
— A. Melchtal . . . . . *Guillaume Tell*, de Lemierre.
1768 Valsain . . . . *Les fausses Infidélités*, de Barthe.
— Genicourt. . . . . . *Les Valets maîtres de la maison*, de R. de Chabannes.
— Leuson . . . . *Béverley*, de Saurin.
— D'Etieulette . . . . . *La Gageure imprévue*, de Sedaine.
— Le Marquis . . . . . *Les Deux Frères*, de Moissy.
1770 Saint-Alban . . . . . *Les Deux Amis*, de Beaumarchais.
1771 Dorval . . . . *Le Bourru bienfaisant*, de Goldoni.
— Vilmon . . . . *La Mère jalouse*, de Barthe.
1773 Alceste. . . . . *La Centenaire*, d'Artaud.
1774 Sully . . . . *La Partie de chasse*, de Collé.
1775 Almaviva . . . . . . *Le Barbier de Séville*, de Beaumarchais.
1776 Dépermont . . . . . *Le Malheureux imaginaire*, de Dorat.
1777 Defalouais. . . . . . *L'Inconséquent*, de Laujon.
— Philémon. . . . . . *L'Égoïsine*, de Cailhava.

MADEMOISELLE HUS

1753 — 1780

ADEMOISELLE HUS, plus célèbre par fes attraits que par fes talents, étoit née à Rennes, le 31 mars 1734. Son bifaïeul étoit bourgmeftre de la ville de Francfort. Des affaires de religion l'obligèrent de s'expatrier & il vint fe réfugier en France. François Hus, fon fils, devint intendant de la princeffe de Rohan-Guéménée. Après la

---

Extrait des regiftres de la paroiffe Saint-Etienne : « *Adélaïde-Louife-Pauline*, fille de N. H. (noble homme) François Hus & de damoifelle Françoife-Nicole Du Haufay, fon époufe, née ce jour, a été baptifée par le reûeur & tenue fur les SS. fonts par haut et puiffant Meffire Chriftophe Pons de Robin, chevalier, feigneur dudit lieu, baron de Lormanguer, vicomte de Keramberg, &c., confeiller du Roy, préfident à mortier au Parlement de Bretagne, & haute & puiffante dame Louife-Jeanne de Robin, fon époufe, &c. »

MADEMOISELLE HUS

1755-1780

mort de celle-ci, fe trouvant fans fortune, ce qui faifoit honneur à fa probité d'intendant, & fans aucune
reffource, il fe fit comédien. Sa fille embraffa plus tard
la même profeffion & débuta à la Comédie-Françoife,
le 26 juillet 1751, par le rôle de *Zaïre*, dans lequel
elle fe montra d'une foibleffe extrême, quoique elle
eût reçu les leçons de Mlle Clairon. Elle ne fut pas
admife. Deux années plus tard, elle fe préfenta, &, le
22 janvier 1753, débutoit de nouveau dans Hermione,
d'*Andromaque*. Elle joua fucceffivement les rôles de
Monime (27 janvier), de Chimène, d'Agnès & celui
d'Agathe dans les *Folies amoureufes* (31 janvier). Après
quatre mois d'épreuves, elle fut définitivement reçue,
le 21 mai de la même année. Entourée d'actrices émi-
nentes au milieu defquelles elle reftoit prefque ina-
perçue, Mlle Hus, jugeant avec raifon que les auteurs
ne viendroient point à elle, s'adreffa à un pauvre
diable nommé Mailhol (1), qui avoit écrit une tragédie
intitulée *Paros*, &, difpofant à fon gré de la caiffe d'un
financier opulent (2), elle propofa au poëte de payer

(1) Gabriel Mailhol, né à Carcaf-
fonne, le 25 juillet 1725; député
aux Etats-Généraux de Languedoc.
Mort à Saint-Papoul, le 4 juin 1793.

(2) M. Bertin, fermier général,
receveur des parties cafuelles. Ce
qui n'empêchoit pas que Mlle Hus
n'eût encore de nombreux *figisbés*
qui remplaçoient le financier, que
fes affaires retenoient chez lui. Il
feroit trop long de raconter les

fcènes amufantes qui fe paffèrent
dans la petite maifon de Bertin, à
Paffy. Il naquit de leurs relations
un fils qui porta le nom de *Bertin
d'Antilly* & cultiva les lettres. Il fe
nommoit Léveillard, & devint par
la fuite directeur des eaux de
Paffy.

La liaifon de Mlle Hus, avec le
financier Bertin fut brufquement
rompue au moment où Mlle Hus fe

le fuccès de fa tragédie, s'il confentoit à lui en vendre le rôle principal. C'eft ainfi que cette actrice put jouer le rôle d'Aphife (21 janvier 1754), dans lequel il feroit fuperflu de dire qu'elle fut très-applaudie; car il lui étoit tout auffi facile, grâce à la libéralité de fon traitant, de falarier des applaudiffeurs que d'acquérir, à beaux deniers comptants, l'œuvre d'un poëte famélique. Cet ouvrage, très-médiocre, n'atteignit que huit repréfentations.

Nous devons ajouter, pour l'honneur des lettres,

croyoit plus en pied que jamais. Voici ce qu'on lit à ce fujet dans un livre intitulé : *Les Mémoires d'un Infpecteur de police,* publiés à Bruxelles en 1863 :

« M. Bertin, tréforier des parties « cafuelles, foupçonnant depuis « quelque temps Mlle Huffe (*sic*), « de lui manquer avec différents « particuliers, & voulant abfolu- « ment s'en éclaircir, prétexta « avec un air de vérité, il y a « mercredi huit jours, d'être obligé « d'aller en campagne. Cette de- « moifelle qui défiroit une femblab- « ble abfence, *donna toute entière* « *dans la boffe.* Effectivement, « après le fouper, M. Bertin partit « pour Paris, afin de difpofer tout, « à ce qu'il lui dit, pour le voyage « du lendemain; mais non pas « fans avoir pris l'attention de « donner des ordres à un domef- « tique affidé de l'obferver fcru-

« puleufement. A deux heures du « matin, il apprit qu'elle était cou- « chée avec le fils du maître des « eaux de Paffy.

« Il s'y rendit fur les cinq heu- « de la matinée, avec un de fes « amis & plufieurs domeftiques. « Ayant frappé à la porte, on ne « voulut pas lui ouvrir. Il envoya « chercher un ferrurier & ordonna « de jeter la porte au dedans ; « cet ouvrier fit fon devoir. Un « jeune homme fortit l'épée à la « main. M. Bertin monta à l'ap- « partement de la demoifelle « Huffe & lui dit avec beaucoup « de fang-froid : « Mademoifelle, « après la preuve que je viens « d'acquérir, vous penfez bien que « votre préfence eft ici de trop. « Habillez-vous, faites des paquets « de votre garde-robe, de vos « bijoux & de tout ce qui « vous appartient. Vous trouverez

que Mlle Hus ne rencontra pas la même condefcen-
dance chez tous les auteurs, & Clairefontaine (1)
entre autres, à qui le fuccès apparent d'Aphife n'avoit
point impofé, aima mieux renoncer à l'emploi qu'il
occupoit dans les bureaux de Bertin, que de faire la
cour au protecteur de l'actrice, en offrant à celle-ci le
rôle principal dans la tragédie d'*Hector*, aux dépens de
la pièce.

Mlle Hus, malgré les mécomptes de fon amour-
propre, ne continua pas moins à jouer la tragédie
jufqu'au moment où, voulant traiter d'égale à égale
avec Mlle Clairon, elle reçut de cette dernière une
leçon dont elle eut la fageffe de profiter. En l'année
1762, les comédiens fe propofant de reprendre le
Comte d'Effex, le rôle de Marguerite d'Anjou fut re-
vendiqué par Mlle Clairon. — « Non pas ! s'écria
« Mlle Hus, le rôle m'appartient & je ne le cède pas.

« à huit heures à la porte une
« charrette pour les emporter &
« pour vous un fiacre, ma voiture
« n'étant plus faite pour vous con-
« duire. »

« La demoifelle Huffe a beau-
« coup larmoyé; mais il lui a
« tourné le dos, & a été fe pro-
« mener dans le jardin fort tran-
« quillement. Sur les neuf heures
« cette demoifelle s'eft retirée; en
« traverfant le village, elle a été
« huée par tous les payfans. »

11 feptembre 1761.

Dans un rapport fubféquent,
l'infpecteur de M. de Sartines
ajoute :

« La demoifelle *Huffe* (fic), fe
« confole de cet échec avec le duc
« de Bedford, qui a pour elle *des*
« *bontés très-avantageufes.* »

(1) Pelou de Clairefontaine avoit
d'abord été fecrétaire du duc de
Villars. Indépendamment d'*Hector*,
dont les intrigues de Mlle Hus, ir-
ritée de fon refus, empêchèrent la
repréfentation, il eft auteur de
deux tragédies, *Bufiris* & *les Adieux
d'Hector* & *d'Andromaque.*

« — Soit, répliqua la célèbre tragédienne; je jouerai
« la confidente, c'eſt mon fait. » Le jour de la repréſentation, elle tint parole, au grand étonnement
de ſa compétitrice, qui fut toute décontenancée &
n'en joua que plus mal. A partir de cette méſaventure,
elle renonça à la tragédie & s'en tint excluſivement à
la comédie.

Cette actrice a, de tout temps, été conſidérée comme
médiocre. Voltaire, parlant d'elle dans une lettre
adreſſée à M. d'Argental, s'écrie : « Pauvres Pariſiens,
vous n'avez que des Hus ! »

Sa charmante figure lui tenoit lieu de talent, & durant les vingt-ſept années qu'elle paſſa au théâtre, elle
lui dut d'y être vue ſans déplaiſir. Aucune actrice n'a
joué ſi peu de rôles nouveaux dans un ſi long eſpace
de temps. Rochon de Chabannes fut un des rares auteurs qui recoururent à ſes ſervices; il lui confia le rôle
de Mᵐᵉ de Lisban, dans *Heureuſement*, & elle s'y dif-
tingua, moins il eſt vrai, par ſon jeu, que par l'eſprit
d'à-propos dont elle fit preuve un ſoir que le prince de
Condé aſſiſtoit à la repréſentation de cette petite pièce,
& que, ſe tournant gracieuſement vers lui, elle lui
adreſſa ces mots deſtinés à Lindor : « Je vais donc
« boire à Mars. »

Malgré la doſe de vanité dont elle étoit pourvue,
Mˡˡᵉ Hus eut la pudeur de ſe refuſer à laiſſer inſcrire
ſon nom en tête d'un roman (1) que Reſtif de la Bre-

_____

(1) Intitulé *Lucile*.

tonne vouloit lui dédier. Elle le remercia en ces termes :
« Monfieur, foyez perfuadé que j'ai trouvé votre ou-
« vrage fort agréable & je fuis très-fenfible à l'honneur
« que vous me voulez faire; mais vous ne devez pas
« trouver étonnant que je ne l'accepte pas. Quoique
« très-joli, votre roman eft d'un genre un peu licen-
« cieux, ce qui ne permet pas à quelqu'un de connu
« que fon nom foit en tête. Je vous prie de ne pas
« l'exiger & de me croire, &c. »

Mais la vie fi diffipée de Mlle Hus devoit avoir un
terme. Après avoir longtemps ébloui par fon fafte &
fes prodigalités (1), cette actrice entreprit de réformer
fa conduite &, abjurant fes vieilles erreurs, de fe réha-
biliter par le mariage. Le 8 octobre 1774, elle époufa,
à Saint-Léonard, commune dépendant du diftrict de
Senlis, un fieur Lelièvre (2), perfonnage affez mauf-
fade, qui la rendit fort malheureufe & avec lequel elle

(1) En 1762, on évaluoit fon mobilier à plus de 500,000 livres. Lorfqu'elle fe retira en 1780, on vendit chez elle publíquement, aux enchères, 4,000 paires de fouliers & 800 robes.

On voit que Bertin-Turcaret n'avoit rien épargné pour plaire à fa belle.

(2) Diftillateur & fils de l'inventeur du baume qui porta fon nom. Cet original, qui avoit fes entrées à la Comédie-Françoife, étoit tous les foirs placé au balcon de gau-che, où il avoit un fiége réfervé. Il applaudiffoit rarement &, au dire d'un contemporain, lorfqu'il y étoit porté, il fe bornoit, afin de fe moins déranger, à tirer une de fes mains enfouie dans fa vefte & en frappoit une certaine partie de fon individu que fon attitude nonchalante laif-foit à moitié à découvert, & fur la-quelle une claque n'eft pas un foufflet.

Il n'a jamais applaudi Mlle Con-tat qu'une feule fois, & de cette manière, ce qu'elle ne pouvoit lui pardonner.

eut hâte de divorcer, auſſitôt que la loi de ſeptembre 1793 le lui permit.

Elle s'étoit retirée à la clôture de 1780, avec 1,500 livres de penſion, &, voulant, ſans doute, faire oublier les égarements de ſa vie paſſée, elle ſe conſacra tout entière à des œuvres de bienfaiſance, pouſſant même ſi loin l'exercice de cette vertu que, ſur la fin de ſa vie, elle s'étoit dépouillée en faveur des pauvres de tout ce qu'elle poſſédoit. Ces ſentiments de charité n'étoient pas, du reſte, nouveaux chez Mlle Hus qui déjà, dans l'hiver rigoureux de 1776, avoit fait diſtribuer aux indigents ſix cents livres de pain par ſemaine.

La voyant tombée dans un dénuement preſque ab- ſolu (1), ſes anciens camarades lui vinrent en aide en donnant, le 25 floréal an VII (14 mai 1799), une repré- ſentation à ſon bénéfice ſur le théâtre du Marais. Elle mourut le 18 octobre 1805, âgée de 74 ans. La Ro- chelle fut le ſeul membre de la Comédie qui aſſiſtât à ſon miſérable convoi.

La mère de Mlle Hus, d'origine noble, étoit devenue, on ne ſçait par quel concours de circonſtances, comé- dienne de campagne. En janvier 1760, elle avoit

(1) Le 6 vendémiaire an VI (26 ſeptembre 1795), le miniſtre fit demander à la Comédie-Françoiſe des renſeignements ſur le mérite & le talent de la demoiſelle Hus, dont la poſition eſt des plus lamentables, afin de le mettre en état de déter- miner le droit qu'elle peut avoir aux récompenſes que la loi accorde aux artiſtes qui ſe font diſtingués dans l'exercice de leur profeſſion.

Le 16 octobre ſuivant, a lieu l'envoi des renſeignements deman- dés, avec les preuves à l'appui.

(*Archives nationales.*)

débuté à la Comédie-Françoife, dans les rôles *à ca-ra&ère* & ne fut pas reçue. Elle eft l'auteur d'une comédie intitulée *Plutus, rival de l'Amour*, jouée avec fuccès à la Comédie-Italienne, le 2 feptembre 1756.

Mˡˡᵉ Hus a eu un frère, danfeur à l'Opéra pendant quelques années, puis fucceffivement maître de ballet en province & dans plufieurs Cours de l'Europe.

Augufte Hus, littérateur, chanfonnier, publicifte connu de nos jours, & qui avoit commencé par être lui-même danfeur & profeffeur de danfe, étoit un neveu de l'actrice qui fait l'objet de cette notice.

ROLES CRÉÉS PAR Mˡˡᵉ HUS

1753 La Folie . . . . *Les Hommes*, de Saint-Foix.
1754 Aphife . . . . *Paros*, de Mailhol.
— Polixène . . . . *Les Troyennes*, de Châteaubrun.
— Célie . . . . *Les Méprifes*, de P. Rouffeau.
1755 Sophie . . . . *Philoctète*, de Châteaubrun.
1756 Colette . . . . *La Gageure de Village*, de Seillans.
1760 Rofalie . . . . *Les Philofophes*, de Paliffot.
— Léonor . . . . *Le Rival fuppofé*, de Saint-Foix.
— Julie . . . . *Les Mœurs du temps*, de Saurin.
1762 Mᵐᵉ de Lisban . . . *Heureufement*, de R. de Chabannes.
— Sophie . . . . *Le Caprice*, de Renou.
1763 Clariffe . . . . *L'Anglois à Bordeaux*, de Favart.
— Angélique . . . . . . *Le Bienfait rendu*, de Dampierre.
— Une Comteffe . . . . *La Manie des Arts*, de R. de Chabannes.
1764 Lucile . . . . *Le Cercle*, de Poinfinet.
— Julie . . . . *L'Homme fingulier*, de Deftouches.
1768 L'Amour . . . . . . *Hylas & Silvie*, de R. de Chabannes.

1769 La Comteffe. . . . . . *Les Etrennes de l'Amour*, de Cailhava.

1770 Amélie . . . . *Le Marchand de Smyrne*, de Chamfort.

1771 Lucile. . . . . *Le Perfiffleur*, de B. de Sauvigny.

1773 Angélique. . . . . . *La Centenaire*, d'Artaud.

— Phalaë . . . . *L'Amour à Tempé*, de Mme Falconnet.

1774 Agathe . . . . *La Partie de Chaffe*, de Collé.

1777 Fanchette. . . . . . *L'Inconféquent*, de Laujon.

DUBUS-PRÉVILLE
1735-1786

PIERRE-LOUIS DUBUS

dit PRÉVILLE

1753 — 1786

DUBUS, fi célèbre fous le nom de Préville, eſt né à Paris, le 19 feptembre 1721, & eſt mort à Beauvais, le 18 décembre 1799, à l'âge de foixante-dix-huit ans & trois mois.

Son père, à l'époque de fa naiſſance, étoit marchand & maître tapiſſier, rue des Mauvais-Garçons. Ce n'eſt que beaucoup plus tard qu'il devint contrôleur de la princeſſe de Bourbon-Condé, abbeſſe du Petit-Saint-

---

Extrait des regiſtres de la paroiſſe Saint-Sulpice : « Le dimanche, vingt & un feptembre mil fept cent vingt & un, a été baptifé *Pierre-Louis,* né d'avant-hier, fils de Pierre Dubus, marchand tapiſſier, & de Magdeleine Lechaume, fon époufe, de cette paroiſſe. »

Antoine. Chargé d'une nombreuse famille (1), il éle-voit avec peine ses enfants, dont celui qui fait l'objet de cette notice étoit le plus jeune, & la gêne dans laquelle il vivoit, aigrissant encore son caractère natu-rellement peu indulgent, il se montroit vis-à-vis d'eux dur & rigoureux. Il advint de cette façon d'agir que, dès que ceux-ci se sentirent assez forts pour conquérir leur liberté, ils s'enfuirent d'un commun accord de la maison paternelle. Le petit Louis voulut imiter l'exem-ple de ses frères ; mais vingt-quatre heures ne s'étoient pas écoulées, que ces jeunes étourdis, qui s'étoient d'abord réfugiés dans le jardin du Luxembourg, com-mencèrent à sentir les atteintes de la faim & résolu-rent de retourner au logis paternel : seul, le plus jeune déclara qu'il ne les suivroit pas.

Séparé de ses frères, le petit bonhomme erra dans le Jardin & arriva du côté du couvent des PP. Char-treux où travailloient des maçons. Leur ayant demandé s'il vouloient l'employer à leur service, ceux-ci y con-sentirent, & voilà notre futur comédien gâchant & portant l'auge comme s'il n'avoit jamais fait que ce métier-là. Le P. Dom Népomucène, procureur du couvent, ayant eu occasion de l'apercevoir tandis qu'il venoit inspecter les travaux, s'intéressa à la figure du

---

(1) Il eut sept enfants, deux filles & cinq garçons : Deux des frères de Préville prirent à son exemple, la carrière du théâtre : Gabriel Dubus, qui fut attaché à la Comé-die-Italienne, de 1719 à 1769, & Nicolas-François-Hyacinthe, dan-seur figurant à l'Opéra, de 1754 à 1767.

jeune manœuvre & le prit en affection. Inftruit par
lui de fon efcapade enfantine, il le retira des mains
des ouvriers & voulut l'engager à retourner chez fon
père, que le bon religieux avoit informé du lieu de fa
retraite ; mais il rencontra, fur ce dernier point, une
fi grande réfiftance chez fon protégé, qu'il n'infifta
pas davantage (1). Dom Népomucène avoit un frère,
M. de Vaumorin, qui jouiſſoit d'une honnête aifance
& dont tous les inftants étaient confacrés à la lecture
& à l'étude : il lui confia le jeune Dubus. M. de Vaumorin entreprit de refaire fon éducation, qui avoit été
fort négligée. Il prit plaifir à lui donner des leçons
d'écriture, de grammaire françoife & même de latin ;
puis il l'envoya, comme externe, dans une penfion du
quartier de l'Eftrapade. Lorfqu'il eut atteint fa dix-
feptième année, fes protecteurs le placèrent chez
Me Bidault, procureur au Châtelet, & plus tard chez
un notaire nommé Macquer. Il y rempliſſoit fes devoirs avec zèle & exactitude ; mais la nature fe plaît
fouvent à déjouer les plans les plus fages, les combi-
naifons les mieux arrêtées : il étoit écrit que Dubus
feroit comédien ! Et cependant, M. de Vaumorin qui,
de temps à autre permettoit qu'il allât à la Comédie-

(1) Le père de Préville mourut le 28 mai 1738, & fut inhumé le même jour en l'églife Saint-Pierre, fituée dans l'enclos extérieur de l'abbaye Saint-Antoine, en préfence de Jean Du Bus, fon fils aîné, de Pierre-Louis Du Bus ; (Jal. Dictionnaire critique d'hiftoire & de biographie), ce qui donneroit lieu de penfer qu'il y avait eu rapprochement entre le père & les fils.

Françoife, ayant remarqué en lui un penchant prononcé pour l'imitation, n'avoit rien négligé pour combattre ce goût, qu'il blâmoit fort, & avoit même fini
par lui interdire tout à fait le fpectacle. Il mourut, &
fon protégé, religieux obfervateur des volontés de
celui qu'il avoit regardé comme un fecond père, n'ofa
pas les tranfgreffer. Plus d'une année s'étoit écoulée
depuis qu'il l'avoit perdu, lorfque quelques camarades
l'entraînèrent malgré lui voir le *Légataire univerfel*,
dans lequel Poiffon, l'acteur alors en vogue, rempliffoit le rôle de Crifpin. Le lendemain, Dubus le reproduifit avec tant de fidélité, que fon patron lui-même
ne put réfifter au défir de l'entendre. Dès ce moment,
la vocation du jeune homme étoit décidée : vainement
le prudent praticien tenta de le détourner de fa réfolution. Au bout de fix mois qu'il avoit employés à
prendre fecrètement des leçons de Deheffe (1), il
quittoit fon notaire, après l'avoir remercié de fes bontés, &, adoptant le nom de *Préville*, il s'engageoit
dans une troupe de campagne, tellement miférable,
qu'elle faifoit payer le prix des places en légumes &
autres denrées alimentaires. Il joua enfuite à Straf-
bourg, à Dijon, à Rouen & fut partout très-goûté.
C'eft dans cette dernière ville que furvint un incident
qui ne laiffa pas d'exercer une falutaire influence fur
fon avenir. Seul, parmi les fpectateurs qui l'applau-

(1) Acteur affez médiocre de la Comédie-Italienne, où il jouoit les
Valets; réputé bon profeffeur.

diffaient, un petit boffu, très-affidu aux repréfentations, donnoit des fignes d'improbation à l'adreffe de
Préville. Celui-ci, que cette critique inquiétoit, voulut
en avoir le cœur net & pria le boffu de s'expliquer :
« Vous avez fans doute du talent, lui répondit fon
« cenfeur ; mais vous faites fauffe route : vous jouez
« la farce & non la comédie. »

Monnet, fur le bruit de fa réputation, alla le voir à
Rouen & il l'engagea pour la Foire Saint-Laurent, où
Préville débuta, le 8 juin 1743, dans le rôle de Colin
dans la *Servante juftifiée*. Il ne fit, d'ailleurs, qu'un féjour paffager fur cette fcène & la quitta pour aller
diriger le théâtre de Lyon. Arnould Poiffon étant mort
le 25 août 1753, Préville fut appelé à la Comédie-
Françoife pour le remplacer. A cette époque, cet
acteur étoit déjà bien près de la perfection ; il s'effor-
çoit furtout de faifir le naturel fimple, la vérité dans
le débit & s'appliquoit à n'être la copie de perfonne.
Auffi n'eut-il pas de peine à faire oublier celui auquel
il fuccédoit, acteur plaifant fans contredit, mais toujours uniforme.

Ses rôles de débuts furent Crifpin dans le *Légataire
univerfel* (20 feptembre 1753), où il dépaffa toutes les
efpérances, & Saint-Germain, de la *Famille extravagante*. Il parut fucceffivement dans un grand nombre
d'ouvrages & fon fuccès alla toujours en augmentant.
Cependant, felon le *Mercure de France*, trois rôles
auroient fait exception : le Marquis, du *Joueur*, & les
Valets, dans la *Surprife de l'Amour* & dans cette même

Famille extravagante qu'il avoit choisie pour son début ;
il y fut jugé médiocre. Mais la pièce de Boursault, le
Mercure galant, remise par lui au courant du répertoire, lui fournit l'occasion de se relever de ce petit
échec par un coup d'éclat. Le succès qu'il y obtint
dans les cinq rôles, particulièrement dans ceux de
l'abbé Beaugénie & de La Rissole fut prodigieux. Dans
ce dernier personnage, où l'état d'ivresse & le ton libre
de la soldatesque auroient pu offrir l'écueil d'une imitation trop basse, Préville sçut le contenir dans des
limites dont n'eut point à gémir le bon goût. La prononciation, le geste, le regard, jusqu'au silence même,
tout étoit vrai & pris sur le fait. Louis XV l'ayant vu
dans cette pièce, qu'il joua à Fontainebleau le 20 octobre, & dans Sosie d'*Amphytrion*, rôle qu'il affectionnoit, dit au maréchal de Richelieu : « Jusqu'ici j'ai reçu
« les comédiens pour vous ; je reçois celui-ci pour
« moi. Vous pouvez le lui annoncer. »

Préville reprit, peu de temps après, le rôle de Germon dans *Nanine* ; rôle presque effacé dans les mains
de Deschamps (1), qui l'avoit établi, il devint dans
les siennes le plus important de cette comédie.

Il joua d'origine le rôle de Freeport dans l'*Ecossoise*
(1761), loin des yeux de Voltaire & sans ses conseils ;
mais son jugement étoit si sûr, qu'il ne craignit pas
de soumettre à l'illustre auteur quelques observa-

(1) Acteur qui avoit débuté en 1742 & qui mourut en 1754. Il n'étoit
pas sans quelque talent.

tions que celui-ci accueillit & dont il fit fon profit.

Bientôt le talent de Préville ne connut plus de bornes & il fe montra l'acteur le plus varié, tant dans l'ancien répertoire que dans le nouveau. Figaro, du *Barbier de Séville*, M. Jourdain, Crifpin, Hartley d'*Eugénie*, où il portoit le pathétique au plus haut degré ; Michaud, de la *Partie de chaffe*, le *Bourru bienfaifant*, *Turcaret*, M. Pincé, M. de Clainville, Antoine, du *Philofophe fans le fçavoir ;* tous ces rôles de caractères fi oppofés atteftèrent la flexibilité du jeu de ce comédien, qui mérita fi bien d'occuper le premier rang parmi ceux qui honorèrent la fcène françoife. Les étrangers ne peuvent lui oppofer que Garrick (1) dans l'art fi difficile & fi rare de plier fon talent à tous les genres & de faifir tous les tons. Cette univerfalité eft le triomphe de l'art : elle tient au fentiment jufte & à l'étude approfondie du cœur humain. C'eft là que Préville puifoit cette étonnante vérité d'action, ce naturel exquis, cette force d'illufion qui trompoit les yeux les moins complaifants. On connoît l'anecdote du factionnaire placé dans les couliffes, qui, le voyant un foir fous l'habit de La Riffole, la pipe à la bouche & dans l'attitude d'un homme ivre, s'oppofoit à fon entrée fur la fcène en lui difant : « Camarade, ne « paffez pas ! vous me ferez mettre aux arrêts (2). »

(1) Garrick, qui fut l'ami de Préville, appeloit celui-ci l'*Enfant de la nature.*

(2) « La perfection de fon jeu « étoit telle, a dit D'Azincourt, « dans fon *Eloge de Préville*, qu'il « étoit impoffible de lui faire rai- « fonnablement la moindre obfer-

Préville pouſſoit ſi loin l'amour de ſon art, qu'en 1777, les ſifflets ayant été interdits par ordre, il eut le courage de le regretter hautement « pour les oc-« caſions, diſoit-il, où il lui arrivoit de commettre « des fautes. »

Au profond ſentiment de ſes rôles, ce grand co-médien joignoit le talent de bien couper, de bien parler les vers ; il en faiſoit ſentir le nombre, ſans pe-ſer ſur les ſyllabes. Cet art fut pouſſé par lui juſqu'à la perfection.

Après une carrière ſi bien remplie, de trente-trois années, Préville qui, depuis quelque temps déjà, ſon-geoit à ſe repoſer, ſe retira le 11 mars 1786 (1). Lui & ſa femme allèrent habiter Senlis où ils jouiſſoient d'une honorable aiſance, due aux penſions qu'ils te-

« vation... Jamais il ne ceſſa d'ê-« tre aux yeux des ſpectateurs le « perſonnage qu'il repréſentoit. « Préville ne dédaignoit pas un « petit rôle; il l'embelliſſoit & le « faiſoit déſirer par les premiers « comiques. »

Lu à la ſéance du Lycée, le 19 ventôſe, an VIII (10 mars 1800).

(1) Préville, fut à cette occaſion, l'objet d'une diſtinction bien flat-teuſe de la part de ſes ſupérieurs :

« .....Avons accordé au ſieur « Préville, conformément aux rè-« glements, la penſion de 2,475 « livres, à raiſon de trente-trois « années de ſervice, & lui avons

« accordé la permiſſion de ceſſer « ſon ſervice à la Cour & à la « ville.

« Satisfait, autant qu'on peut « l'être, de ſa conduite & de ſon « zèle, & voulant lui donner des « preuves de notre contentement, « & ajouter à ſon congé des grâces « & des faveurs qu'il a méritées, « nous le conſervons ſur les états « de la Maiſon du Roy, comme « attaché particulièrement à ſon « ſervice.

« Maréchal DE RICHELIEU, « DUC DE DURAS. »

(Archives nationales.)

noient de la Comédie & de la munificence royale (1).

Dès la première année de fa réfidence dans cette ville, Préville prit à cœur d'y fonder la Société philanthropique, chargée de fecourir les indigents. Telle étoit l'eftime qui l'entouroit, qu'il fut nommé, en 1788, officier de l'élection : qu'en 1789, il fit partie du Comité permanent, inftitué pour la fûreté de Senlis, & qu'en 1790 & 1791, il devint membre de la Municipalité.

Il avoit acquis aux portes de la ville, du fruit de fes économies, une belle propriété où il menoit avec fa femme une exiftence heureufe & confidérée, étant à l'envi, l'un & l'autre, recherchés dans les meilleures maifons de la ville & des environs, & honorés des bontés particulières du prince de Condé. Rien ne devoit donc faire préfumer que Préville remontât jamais fur le théâtre. Cependant, en 1791, cinq ans après fa retraite, il confentit, fur les follicitations des Comédiens françois, qui ne jugèrent pas de moyen plus propre à conjurer leur mauvaife fortune, à donner plufieurs repréfentations qui attirèrent, en effet, l'affluence. Mais fa mémoire lui faifant complètement défaut, Préville retourna à Senlis. Peu de temps après, il eut la douleur de perdre un fils & une fille (2). Il

(1) Il faut croire que l'union de Préville & de fa femme n'avoit pas été exempte de nuages ; car, nous voyons dans l'*Almanach des Spectacles*, que, pendant l'efpace de cinq années, de 1765 à 1770, ils n'habitoient plus fous le même toit.

(2) Cette fille avoit époufé Levacher de Charnois, littérateur, que fes opinions royaliftes firent maffacrer au 2 feptembre.

ne lui refta plus de fes enfants que fa fille aínée qui
avoit époufé le payeur général du département de
l'Oife (1). C'eft auprès d'elle, à Beauvais, qu'il fe retira
après la mort de fa femme, à qui il avoit toujours été
tendrement attaché, & c'eft dans cette ville qu'il finit
fes jours.

Malgré l'affoibliffement de fes organes, Préville
avoit voulu s'affocier à la joie de fes anciens camarades que le 9 thermidor rendoit à la liberté, & il
accourut de nouveau fe joindre à eux dans la belle
falle du faubourg Saint-Germain. Il y refta depuis le
20 août 1794 jufqu'au 11 février 1795 ; mais c'eft
tout ce qui lui fut permis de tenter. Depuis affez longtemps déjà, fa raifon, troublée par les chagrins, par
l'appréhenfion des événements, par les malheurs privés,
l'abandonnoit fréquemment. On raconte qu'à une des
repréfentations du *Mercure galant*, lorfque la falle re-
tentiffoit encore du bruit des applaudiffements qu'il y
avoit mérités, il dit à fon neveu Champville (2) : « Il
« eft tard... nous voici dans la forêt; vois comme elle
« eft noire... Nous aurons de la peine à nous en tirer.
« — Hé ! mon oncle, lui répondit celui-ci, c'eft une
« toile peinte qui vous trompe. Vous venez de jouer

(1) De ce mariage eft iffu un homme de lettres, romancier, Alexandre-Furcy Guefdon, connu dans la première moitié de ce fiè-cle fous le pfeudonyme de *Mor-tonval*.

(2) Ce Champville étoit Etienne, fils de Jean Dubus. Il débuta à la Comédie-Françoife, le 7 mai 1783 & ne fut reçu qu'en 1792. Ce comédien, dont l'emploi étoit moins brillant qu'utile, ne s'éleva jamais au-deffus de la médiocrité. Il eft mort le 5 avril 1802.

« La Riffole ; vous traverfez le théâtre pour aller vous
« habiller en procureur & en abbé. — Tu as raifon,
« reprit Préville, revenant à lui-même. Ne me quitte
« pas. C'en eft fait ! je ne jouerai plus la comédie. »
Il acheva la pièce & ne reparut plus déformais fur la
fcène.

Incapable de jaloufie, placé trop haut, d'ailleurs,
pour être acceffible à ce fentiment, ce grand comédien ne fe montra jamais avare de fes confeils : il aimoit à encourager, à développer les talents. Il forma
trois élèves qui, toutes, ont laiffé un nom dans les
faftes de la Comédie-Françoife : Mlles Luzy, Jolly &
Louife Contat. Dans fa vieilleffe, tous les acteurs de
fon théâtre l'appeloient *papa*. Il voyoit dans cette expreffion le témoignage de leur affection & de leur refpect. Chaque fois qu'un d'eux alloit lui dire : « Papa,
« j'ai un rôle nouveau à étudier... Voulez-vous me
« donner une leçon ? — Volontiers, répondoit-il ;
« mets-toi là & caufons-en. »

C'eft à Préville que l'on auroit pu appliquer ces
vers de la *Métromanie :*

« C'eft un fort galant homme, excellent caractère,
« Bon ami, bon mari, bon citoyen, bon père. »

Ainfi que quelques-uns de fes collègues, Préville
avoit été nommé, à la formation de l'Inftitut, membre de la 3e claffe.

ROLES CRÉÉS PAR PRÉVILLE

1753	Pafquin.	*Le Diffipateur*, de Deſtouches.
1754	Un Muſicien.	*Les Adieux du Goût*, de Palu & Portelance.
—	Crifpin	*Les Tuteurs*, de Paliſſot.
1756	Blaiſe	*La Gageure de Village*, de Seillans.
1758	Le Fermier	*Le faux Généreux*, de Bret.
—	Verner	*Les Amants généreux*, de R. de Chabannes.
1759	Defmazures.	*La fauffe Agnès*, de Deſtouches, retouché par de Belle Cour.
1760	Crifpin	*Les Philofophes*, de Paliſſot.
—	Freeport	*L'Ecoffaife*, de Voltaire.
—	Géronte.	*Les Mœurs du temps*, de Saurin.
1761	Alcimon.	*Le Financier*, de Saint-Foix.
—	Crifpin	*Les fauffes Apparences*, de de Belle Cour.
1762	Le Bailli	*L'Ecueil du Sage*, de Voltaire.
—	Dafmana	*Le Caprice*, de Renou.
—	Pincé.	*Le Tambour nocturne*, de Deſtouches.
—	Lisban.	*Heureufement*, de R. de Chabannes.
1763	Sudmer.	*L'Anglois à Bordeaux*, de Favart.
—	Orgon	*Le Bienfait rendu*, de Dampierre.
—	Dumont.	*La Manie des Arts*, de R. de Chabannes.
1764	Lépine	*L'Epreuve indifcrète*, de Bret.
—	Pafquin	*L'Amateur*, de Barthe.
—	Mowbrai	*La Jeune Indienne*, de Chamfort.
—	Le Médecin.	*Le Cercle*, de Poinfinet.
—	Pafquin	*L'Homme fingulier*, de Barthe.
1765	Merlin.	*Le Tuteur dupé*, de Cailhava.
—	Erafte.	*L'Orpheline léguée*, de Saurin.
—	Antoine.	*Le Philofophe fans le fçavoir*, de Sedaine.
—	Germon.	*La Bergère des Alpes*, de Desfontaines.
1767	Hartey	*Eugénie*, de Beaumarchais.
1768	Mondor.	*Les fauffes Infidélités*, de Barthe.
—	Rigaudon.	*Les Valets maîtres*, de R. de Chabannes.
—	Stukely	*Beverley*, de Saurin.

1768 Clainville . . . . . . *La Gageure imprévue*, de Sedaine.
— Frontin . . . . *Les Deux Fréres*, de Moiſſy.
1769 L'Abbé & le Financier *Les Etrennes de l'Amour*, de Cailhava.
— Franck . . . . *L'Orphelin anglois*, de Bongal.
— Frontin . . . . *Le Mariage interrompu*, de Cailhava.
1770 Aurelly . . . . *Les Deux Amis*, de Beaumarchais.
— Kaled. . . . . *Le Marchand de Smyrne*, de Chamfort.
1771 David. . . . . *Le Fabricant de Londres*, de F. de Falbaire.
— Un vieux Payſan. . *L'Heureuſe Rencontre*, de Mmes Chaum. &
   Rozet.
— Géronte. . . . . . . *Le Bourru bienfaiſant*, de Goldoni.
1772 Eraſte. . . . . *L'Anglomane*, de Saurin.
1773 Soſie. . . . . *La Centenaire*, d'Artaud.
— Dave. . . . . *Alcidonis*, de La Sauſſaye.
— Saint-Alban. . . . . *Le Vindicatif*, de Dudoyer.
— Michau . . . . *La Partie de Chaſſe*, de Collé.
1775 Tezèle . . . . *Albert Ier*, de Le Blanc.
— Figaro. . . . . *Le Barbier de Séville*, de Beaumarchais.
— Saint-Géran. . . . . *Le Célibataire*, de Dorat.
1776 Saint-Brice. . . . . . *Le Malheureux imaginaire*, du même.
1777 Polidor . . . . *L'Egoïſme*, de Cailhava.
— Saint-Germain. . . . *L'Amant bourru*, de Monvel.
— Le Mis des Alluëts. . *L'Inconſéquent*, de Laujon.
— Gercour. . . . . . . *L'Homme perſonnel*, de Barthe.
1778 Borchamp. . . . . . *L'Impatient*, de Lantier.
— Lord Arlington . . . *Le Chevalier françois à Londres*, de Dorat.
— Le Baron . . . . . . *L'Amour françois*, de Rochon de Chabannes.
1779 Momus . . . . *Les Muſes rivales*, de La Harpe.
1782 Molière . . . . *Molière à la nouvelle ſalle*, du même.
— Paſquin. . . . . . . *L'Homme dangereux*, de Paliſſot.
— Un Cocher . . . . . *Les Courtiſanes*, du même.
1783 Frontin . . . . *Les Aveux difficiles*, de Vigée.
1784 Brid'oiſon. . . . . . *Le Mariage de Figaro*, de Beaumarchais.

MAGDELEINE-MICHELLE-ANGÉLIQUE DROUIN

Femme de P.-L. DUBUS

dite MADAME PRÉVILLE

1753 — 1786

ADEMOISELLE DROUIN, née au Mans, le 17 mars 1731, étoit comédienne au théâtre de Lyon, où elle eut pour camarade Préville. Celui-ci étoit joli homme & fon jeu annonçoit un acteur de talent. Il lui plut & elle s'attacha à lui. Leur liaifon fut légitimée quelques mois après par leur mariage qui eut lieu le 31 octobre 1750, à Saint-Laurent, pendant un voyage qu'y fit Préville pour voir à Paris, fa mère, reftée veuve. Ils retournèrent enfuite

---

Extrait des regiftres de la paroiffe Saint-Benoît, au Mans : « Le dix-fept mars mil fept cent trente & un naquit, &, ce même jour, fut baptifée *Magdeleine-Michelle-Angélique* Drouin, du légitime mariage de Jacques Drouin & de Michelle Salle. »

MADAME PRÉVILLE
1725 1786

à Lyon. Préville ayant été appelé à la Comédie-Françoife à la mort de Poiffon, elle vint le rejoindre trois mois après, &, le 28 décembre 1753, elle débuta par le rôle principal d'*Inès de Caftro*. Elle joua enfuite Henriette dans *les Femmes fçavantes*, Julie dans *la Pupille*, Agnès dans *l'Ecole des Femmes*, Rofalie dans *Mélanide*, & termina fes débuts, le 12 janvier 1754, par le rôle de Zaïre.

On reconnut chez cette actrice de la décence & un grand ufage de la fcène; mais on la jugea froide & elle ne fut pas admife (1). Cependant, le rang élevé que déjà Préville avoit conquis dans fa Société, l'autorité que lui donnoient fon talent & fa fupériorité, aplanirent les obftacles devant fa femme qui, à la clôture de 1756, fut reçue à l'effai. Elle reparut par le rôle de la confidente Stratonice dans *Polyeucte* (le lundi 5 juillet). Moins d'une année après, le 8 mars 1757, elle reçut fon ordre de réception, & toujours grâce à l'influence qu'exerçoit fon mari, avec un quart de part. Mme Préville s'efforça de juftifier par un zèle foutenu la faveur dont elle avoit été l'objet, & fe réfigna aux humbles rôles de confidentes, qu'elle ne ceffa de remplir avec tout le foin & l'application dont elle étoit fufceptible. Bien qu'en agiffant de la forte, elle ne fît qu'accomplir un devoir, il n'en eft pas moins

(1) On lit dans une lettre inédite du chevalier de Mouhy adreffée à Cizeron-Rival, libraire à Lyon, le 16 novembre 1754, le paffage fuivant : « Préville demande à fe retirer à caufe des refus conftants qu'on « fait de fa femme. »

certain qu'elle rendit, par son abnégation d'amour-propre, un réel service à l'art; car ceux qui connoissent le théâtre, n'ignorent pas combien un bon *confident* sert un premier rôle; combien il contribue à l'effet de la représentation. Outre cet emploi secondaire, Mme Préville jouoit encore en double les *petites amoureuses*. Plus tard, après la retraite de Mlle Gaussin, elle aborda avec succès les *grandes coquettes*. Elle succéda ensuite à Mlle Du Mesnil dans l'emploi des *mères nobles*, & c'est de cette époque surtout, que date sa réputation.

Dans l'ancien répertoire, elle joua le rôle de la Baronne dans *Nanine*, de manière à y laisser des souvenirs; il en fut ainsi de celui d'Elmire dans le *Tartufe*. Cette actrice eut également toutes les qualités nécessaires pour bien jouer le rôle de Célimène, auquel elle renonça trop tôt; mais elle fut guidée, en prenant cette résolution, par un sentiment de modestie peu commun. Elle craignit, dit-on, d'être trop marquée pour un rôle qui exige, il est vrai, une figure jeune, mais bien plus encore un talent consommé. En 1760, lorsque Mme Grandval se retira, Mme Préville s'empara du rôle de la Marquise, que la première jouoit si bien dans *la Surprise de l'Amour*, & elle s'en acquitta avec aplomb, esprit & finesse. Elle se montra parfaite dans la Comtesse, du *Legs* (1), même après Mlle Dangeville, & il ne falloit rien moins que l'appui de son

_____
(1) Représenté le 11 juin 1736.

talent, uni à celui de fon mari dans le rôle du Marquis, pour rendre attachante la repréfentation d'un ouvrage qui demande, pour être fupportable, à être joué avec perfection. Un de fes bons rôles fut encore celui de la Baronne dans *Turcaret*, qui n'eft au fond que celui d'une courtifane adroite, & dont elle fçavoit adoucir les teintes, un peu forcées, avec une habileté & un tact remarquables.

La Comédie-Françoife offrit, le 22 mars 1781, deux fingularités qui amufèrent beaucoup le public & qui avoient été motivées par la néceffité d'empêcher ce foir là le relâche dont la Comédie fe trouvoit menacée par l'indifpofition de quelques acteurs & le fervice de la Cour. Mme Préville, après avoir joué dans *Nanine* le rôle de la marquife d'Olban, où elle étoit fi remarquable, fe montra fous la robe de bure de Martine, la femme de Sganarelle; & Mlle de Raucourt qui avoit joué le rôle de la vieille Baronne, dans la première pièce, remplit celui de la Nourrice dans la feconde.

Mme Préville étoit très-aimée & très-eftimée du public. Dans le printemps de 1766, une maladie grave la tint longtemps éloignée du théâtre. Lorfqu'elle y fit fa rentrée, le 9 juillet, dans *l'Écoffoife* & dans *le Legs*, les applaudiffements qui l'accueillirent l'empêchèrent de parler. Ce témoignage de la fympathie des fpectateurs s'adreffoit moins encore au talent de l'artifte qu'à la perfonne elle-même. Son émotion fut fi vive qu'elle ne put retenir fes larmes, & refta quelque temps avant de pouvoir commencer fon rôle. Auffi peut-on affirmer, fans exagération, que fa retraite, qui eut lieu en 1786, le même jour que fon mari, excita des regrets univerfels. Tous deux s'établirent à Senlis.

Entourés de leur famille & jouiffant d'une honorable aifance, due à leurs travaux, ils y auroient coulé des jours heureux, fi les malheurs publics n'étoient auffi venus les atteindre dans leur exiftence & rendre pénibles leurs dernières années.

Abreuvée de chagrins par la perte fucceffive de deux de fes enfants, par celle d'une partie de fa fortune & par l'altération des facultés mentales de fon mari, Mme Préville mourut à Senlis, le 7 mai 1794, laiffant après elle la mémoire d'une actrice « qui fut « un modèle de décence, de dignité, de nobleffe, « d'efprit & d'intelligence (1), » &, ce qui eft mieux encore, la réputation d'une femme de bien.

(1) Difcours de clôture, prononcé par Saint-Phal, le 1er avril 1786.

ROLES CRÉÉS PAR Mme PRÉVILLE

1754	Céliane	*Le Jaloux*, de Bret.
—	Clio	*Les Adieux du Goût*, de Patu & Portelance.
1759	La Baronne	*La fauffe Agnès*, de Deftouches.
1760	Fanie	*Tancrède*, de Voltaire.
—	Cidalife	*Les Mœurs du temps*, de Saurin.
—	Sérame	*Zulime*, de Voltaire.
1762	Fauftine	*Irène*, de Boiftel.

1762 Dorimène . . . . . *L'Ecueil du Sage*, de Voltaire.

— Ema. . . . . *Zémire*, de De Belloy.

— La Bar^{nr} de Folmont. *Le Caprice*, de Renou.

1763 Julie . . . . *Le Bienfait rendu*, de Dampierre.

— Mme Forlife . . . . . *La Manie des Arts*, de R. de Chabannes.

— Laure. . . . . *Blanche & Guifcard*, de Saurin.

1764 Céliante. . . . . . . *L'Amateur*, de Barthe.

— Araminte . . . . . . *Le Cercle*, de Poinfinet.

1765 Bélife . . . . *L'Orpheline léguée*, de Saurin.

— Germaine. . . . . . *La Bergère des Alpes*, de Desfontaines.

1767 Mme Murer . . . . . *Eugénie*, de Beaumarchais.

— Zélide . . . . *Les Deux Sœurs*, de Bret.

1768 Dorimène. . . . . . *Les fauffes Infidélités*, de Barthe.

— Mme Verneuil. . . . *Les Valets maîtres*, de R. de Chabannes.

— Mme Béverley . . . . *Béverley*, de Saurin.

— Mme de Clainville. . *La Gageure imprévue*, de Sedaine.

— Mme Dorigny . . . . *Les Deux Frères*, de Moiffy.

1771 Mme Sonbrige . . . . *Le Fabricant de Londres*, de F. de Quingey.

— Mme Daunay. . . . . *Les Amants fans le fçavoir*, de Mme de . . . . .
(Saint-Chamont.)

— La Marquife. . . . . *Le Perfiffleur*, de B. de Sauvigny.

— Mme d'Alancourt. . . *Le Bourru bienfaifant*, de Goldoni.

— Mme de Melcour. . . *La Mère jaloufe*, de Barthe.

1773 Eupofie. . . . . . . *Alcydonis*, de La Sauffaye.

1774 Margot. . . . . . . *La Partie de Chaffe*, de Collé.

1775 La Marquife. . . . . *Le Célibataire*, de Dorat.

1778 Mme de Melfon. . . . *L'Homme perfonnel*, de Barthe.

— La Comteffe. . . . . *Le Chevalier françois à Turin*, de Dorat.

— La Préfidente . . . . *L'Amour françois*, de R. de Chabannes.

1779 Calliope . . . . . . *Les Mufes rivales*, de La Harpe.

1780 Julie . . . . *Clémentine & Déformes*, de Monvel.

1782 Mme Melcour . . . . *Le Flatteur*, de Lantier.

MOLÉ

1754 — 1802

FRANÇOIS-RENÉ MOLÉ eſt né à Paris, le 24 novembre 1734, & eſt mort dans la même ville, le 11 décembre 1802. Quelques biographes, entre autres Le Mazurier, ont cru que ſon nom propre s'écrivoit *Molet :* c'eſt une erreur, dont il eſt facile de ſe convaincre par la vérification des actes civils.

On a dit également que ſon père étoit graveur, ce qui n'eſt pas plus exact ; il exerçait la double profeſſion de peintre & de ſculpteur. Atteint d'une malaladie de poitrine qui l'enleva jeune encore, ſon talent

---

Extrait des regiſtres de Saint-Barthélemy : « *François-René,* né le 24 novembre 1734, baptiſé le lendemain 25, fils de François Molé, maître peintre-ſculpteur, & de Louiſe Sciot, ſa femme, de cette paroiſſe. »

MOLÉ

1734.-1802

étoit d'ailleurs peu productif. Molé n'avoit que quatorze ans lorfqu'il le perdit : auffi fon éducation avoit-elle été fort négligée. Cependant, M. Blondel de Gagny, intendant des finances, s'intéreffant à lui, l'admit dans fes bureaux avec des appointements modeftes, il eft vrai, mais bien fuffifants pour rémunérer le travail à peu près négatif de fon commis. En effet, Molé, dont c'étoit la moindre préoccupation, préludant à fes fuccès futurs, employoit prefque tout fon temps à réciter des fragments de tragédie & de comédie, après avoir rangé autour de fon bureau les chaifes deftinées à remplacer les fpectateurs abfents, au lieu de faire les écritures dont on le chargeoit. C'eft au milieu d'un femblable exercice que M. Blondel de Gagny le furprit un jour; mais loin de fe fâcher, ayant, au contraire, crut reconnoître en Molé des difpofitions particulières, il fe plut à les encourager &, à partir de ce moment, lui laiffa toute liberté de s'abandonner à fes goûts favoris, pouffant même la bonté jufqu'à lui conferver fon traitement.

Molé ne manqua pas d'ufer de cette facilité, &, chaque foir, le parterre de la Comédie-Françoife le comptoit au nombre de fes plus fidèles habitués. Bientôt cela ne lui fuffit plus & il brûla du défir d'effayer fes propres forces. S'étant affilié à une fociété d'amateurs qui jouoient la comédie au Temple, il y montra des difpofitions fi brillantes, que les Gentilshommes de la chambre crurent devoir lui accorder un ordre de débuts, quoiqu'il n'eût pas atteint fa vingtième année

& n'eût jamais joué fur un théâtre de province : ce qui étoit contraire à tous les ufages.

Le 7 octobre 1754, il débutoit donc à la Comédie-Françoife par les rôles de Britannicus & d'Olinde dans *Zénéide* (1). Il joua enfuite ceux de Séïde & de Néreftan. On lui trouva une jolie figure & de la grâce ; mais fa voix parut foible & fa déclamation ampoulée, défauts que l'expérience & l'âge pourroient corriger. Le parterre avoit alors le droit d'être difficile ; auffi fes arrêts étoient-ils refpectés. Le débutant fut encouragé, mais ne fut point reçu.

Six ans plus tard, le lundi 28 janvier 1760, Molé, qui avoit paffé tout ce temps fur les fcènes de province, tenta une feconde épreuve dans le rôle d'Andronic. On jugea qu'il avoit acquis, &, en 1761, il fut reçu pour les troifièmes rôles tragiques & comiques. Une fois entré dans la place, Molé n'eut plus qu'une ambition : celle de conquérir le titre de *fociétaire de la Comédie-Françoife* que, dès fon enfance, il tenoit pour l'apogée de la gloire humaine. Il fe livra à un travail inceffant & fes progrès devinrent fi rapides, en moins de fept années écoulées depuis fon admiffion, qu'il étoit regardé comme un des membres les plus diftingués de fa Société. Moins d'un an après fa réception, il avoit obtenu la part entière. Bien que Grandval & Belle Cour lui laiffaffent rarement l'occafion de les remplacer, il trouva dans fon emploi des

(1) Comédie en un acte & en vers, de Cahuzac, jouée le 13 mai 1743.

rôles qui le mirent à même de prouver fon aptitude, &, dès lors, les auteurs n'héfitèrent plus à l'employer dans les pièces nouvelles. La première dans laquelle il excita une impreffion très-vive, fut *Heureufement*, comédie en un acte, de Rochon de Chabannes, repréfentée le 29 novembre 1762. Il s'y chargea du rôle de Lindor, que l'auteur vouloit d'abord donner à une femme; &, grâce à la perfection de fon jeu, cet ouvrage, affez infignifiant par lui-même, obtint un fuccès de vogue. Il en fut de même du *Cercle* (1) qui, au moins, avoit le mérite de peindre fidèlement les mœurs de l'époque. Molé y rempliffoit le rôle du colonel qui fait de la tapifferie, & il fut reproduire avec une vérité fi piquante les ridicules des jeunes nobles, que ceux-ci, au lieu de fe corriger, accoururent en foule pour l'étudier & fe perfectionner d'après lui.

Il feroit trop long d'entrer dans le détail des rôles établis par cet acteur éminent pendant le cours d'une carrière théâtrale de quarante-deux années. Rappelons feulement les principaux : Defronais (1763); Wanderk fils du *Philofophe fans le fçavoir* (1765); Dormilly des *fauffes Infidélités* (1768), rôle qu'il affectionnoit particulièrement; Béverley (1768), compofition amphibie, dans laquelle il produifit des effets fi déchirants, que Mlle Clairon, qui n'étoit pas prodigue d'éloges, ne put s'empêcher de lui rendre un témoignage

(1) Comédie en un acte & en profe, de Poinfinet, jouée le 7 feptembre 1764.

éclatant ; Saint-Albin du *Père de famille* (1761) ;
Morinzer de l'*Amant bourru* (1777), dont le fuccès
opéra, fur la fcène même, une réconciliation entre lui &
Monvel, divifés depuis lontemps pour des raifons qui
font reftées inconnues.

Après la mort de de Belle Cour, furvenue en 1778,
Molé hérita de fa fucceffion & fe trouva en chef dans le
grand emploi de la comédie ; & afin de répondre par
un coup d'éclat aux alarmes, vraies ou fauffes, mifes
en avant par fes partifans & fes envieux, il s'attaqua
au rôle coloffal du *Mifanthrope*, &, dès le premier
jour, il y excella. Il n'avoit pas encore tout à fait renoncé à la tragédie ; mais à la reprife, en 1781, du
Nicomède de Corneille, & du *Pyrrhus* de Crébillon,
il refta au-deffous de Le Kain (1) & de Dufrefne, &
ces deux tentatives, également infructueufes, le con-
vainquirent qu'il devoit fe renfermer dans le genre
comique où il avoit égalé Grandval & furpaffé de
Belle Cour.

Nous allions omettre un épifode de la vie de Molé
qui fert peut-être autant à peindre les mœurs du temps
qu'à conftater à quel degré de faveur il étoit monté
dans les fympathies du public. Ayant été atteint, au
mois d'octobre 1766, d'une fluxion de poitrine, tout

---

(1) « Le Kain mettoit dans le rôle de *Nicomède* cette ironie amère d'une grande âme, profondément bleffée d'être méconnue : Molé y apportoit un perfiflage piquant qui fe rapprochoit plus du ton de la comédie que de la nobleffe de la tragédie. »

(*Lettre autographe de Cofte à Antoine.*)

Paris fut en peine ; il fembla qu'une calamité publique étoit imminente. Chaque foir le parterre demandoit des nouvelles de fon acteur chéri ; & tous les matins, une longue file de voitures les attendoient à fa porte ; lors de fa convalefcence, fur le bruit qui fe répandit que fon médecin lui avoit prefcrit l'ufage de vins généreux, plus de deux mille bouteilles lui furent envoyées par des perfonnages de la plus haute condition. Bien plus, afin de l'indemnifer des frais caufés par fa maladie, on organifa une repréfentation à fon bénéfice (1) & le prix du billet fut fixé à un louis. On raconte, à ce fujet, que fi l'impatience étoit grande chez le public de revoir Molé, celui-ci n'étoit pas moins impatient de reparoître fur la fcène. « Il ne fera jamais affez tôt « pour ma gloire ! » difoit-il au docteur Bouvard, fon médecin. — « Prenez garde, lui répondit celui-ci ; « on a blâmé Louis XIV d'avoir abufé de ce mot... « ma gloire ! (2). »

(1) Cette repréfentation eut lieu, le 18 février 1767, fur le théâtre particulier du baron d'Efclapon, à la barrière de Vaugirard. Elle produifit 24,000 livres. Elle étoit compofée de la tragédie de Zelmire & de l'Epoux par fupercherie. Les forces de Molé ne lui permettant pas de jouer le rôle d'Ilus, dans la tragédie, il y fut remplacé par Le Kain. Clairon, quoique retirée du théâtre, tint à y jouer le rôle de Zulime.

(2) Il reprit fon fervice, le mardi 10 janvier 1767, dans le rôle de Sainville fils, de la Gouvernante ; les applaudiffements l'accueillirent avec la dernière vivacité. Il s'arrêta d'abord un inftant dans le fond du théâtre & vint enfuite fur le devant de la fcène, où après avoir demandé la permiffion à Mᵐᵉ la comteffe de La Marche & à Mᵐᵉ la princeffe de Lamballe, qui étoient dans la même loge, il dit d'une voix baffe & pénétrée :

Comme il eſt un revers aux plus belles médailles, les épigrammes ne ſe firent pas faute de châtier la ſuperbe du comédien, & les Mémoires de Bachaumont n'ont eu garde d'omettre une chanſon ſatirique, attribuée au chevalier de Boufflers, qui courut le monde à propos du grand ſinge de Nicolet, tombé malade à la même époque, & dans laquelle les alluſions mordantes ne ſont pas épargnées. Nous citerons ce couplet :

« L'animal, un peu libertin,
« Tombe malade un beau matin ;
« Voilà tout Paris dans la peine...
« On crut voir la mort de Turenne ;
« Ce n'étoit pourtant que Molet,
« Ou le ſinge de Nicolet (1). »

Molé étoit naturellement d'un caractère affable & enjoué ; mais on croira facilement que des ſuccès auſſi prolongés que les ſiens aient fini par lui inſpirer une

« Meſſieurs, je dois à vos lumières « mes progrès, ma ſanté à vos « ſoins empreſſés. Il eſt des moments heureux où l'expreſſion « manque ; je ne puis que ſentir. »
(*Manuſcrit de la Bibliothèque nationale.*)

(1) « Inſtruit de la facilité avec « laquelle les comédiens chargés « de l'examen des pièces du Bou- « levard, les laiſſent paſſer, nous « autoriſons le choix fait, par le « comité, des ſieurs Molé & Monvel, en leur enjoignant d'être « plus ſtricts à ne laiſſer paſſer aucune pièce qui puiſſe reſſembler « à une comédie.

« 6 août 1781.
« Maréchal DE DURAS. »
(*Arch. nation.*)

Comme on voit, Molé avoit là un moyen de vengeance bien commode ! On ne dit pas qu'il en ait uſé.

certaine dofe de fatuité. On connoît l'anecdote du rouleau de papier blanc, prétendu manufcrit, que lui avoit remis un auteur qui défiroit avoir fon avis, & que le comédien lui reftitua, de guerre laffe, & après d'interminables délais, en exprimant fon opinion fur l'ouvrage qui n'exiftoit pas. Ce fait, qui n'eft peut-être qu'un conte inventé à plaifir, a donné lieu à un proverbe intitulé : *La Matinée du Comédien de Perfépolis* (1). Cafimir Delavigne a tiré un affez heureux parti de cette hiftoriette dans fa pièce des *Comédiens*.

Cependant le talent de Molé mûriffoit avec l'âge, &, fans avoir rien perdu de fa grâce, gagnoit en profondeur (2). L'*Optimifte*, les *Châteaux en Efpagne*, Alcefte du *Philinte de Molière*, qu'il jouoit d'une manière fupérieure, & Dubriage du *Vieux Célibataire*, mirent le fceau à fa réputation. Ce rôle fut le dernier qu'il établit jufqu'à l'incarcération des Comédiens françois, dont il eut le tort impardonnable de ne pas partager le fort.

Molé, dès 1789, avoit adopté les idées révolutionnaires (fans toutefois les mettre par lui-même en pratique), & ce fut à caufe de fon *civifme* bien connu qu'il échappa à la captivité de fes camarades, quoiqu'à

(1) Par Audriette, 1783.

(2) Il avoit, malgré les années, confervé une figure aimable, une phyfionomie douce & riante, un organe net, un fon de voix qui alloit au cœur. Sa figure & fon talent avoient furvécu à fon âge, & il auroit pu dire ce que Moncrif répondit à Louis XV qui lui donnoit quatre-vingts ans :

« C'eft mon baptiftaire qui « les a. »

cette époque, il fe foit répandu dans le public, pour expliquer cette exception, certains bruits dont nous ne voulons pas réveiller le fouvenir. Du refte, ce n'étoit pas un méchant homme que Molé, & il eft permis de croire que la peur entroit pour beaucoup dans fon jacobinifme (1).

Son état de fortune n'étoit pas ce qu'il auroit dû être à la fuite d'une carrière auffi brillante (2) ; auffi

(1) Ce qui le prouveroit, c'eft le foin qu'il prit alors d'infcrire fur fon logis (rue du Sépulcre, aujourd'hui rue du Dragon) : « C'eft « ici que demeure le républicain « Molé. »

(2) « Le citoyen Molé a des « dettes occafionnées par la perte « de fon privilége du fpectacle de « Rouen, acquis en mai 1789, « pour fauver à fon frère aîné (*) « l'horreur d'une banqueroute.

« Il a fervi quarante ans le pu-« blic françois ; il a perdu fes « places de profeffeur & fes pen-« fions, faifant 11,400 livres par « an.

« Il a une maifon lourde & ne « peut l'alléger, parce qu'elle eft « ancienne & compofée de braves « frères & de fœurs qui font chez « lui depuis 15, 20 & 26 ans, fa « fille, l'enfant de fa fille, fon frère « & les indigents qui s'offrent à lui.

« Il a pour 34,000 livres d'enga-« gements faits, et 8,000 livres « par an, & 25,000 livres de det-« tes éparfes.

« Il vient de figner pour le théâ-« tre du faubourg Germain une « foufcription de 6,000 livres par « an d'appointements ; il l'auroit fi-« gnée à moins, tant il eft confiant « dans la juftice du Comité de

(*) Molé d'Alainville débuta à la Comédie-Françoife en 1758 ; il n'y fit qu'un féjour paffager. En 1770, d'Alainville reparut fur cette fcène, mais malgré la protection de fon frère, il fut obligé, une feconde fois, de retourner en province où il ne ceffa de végéter jufqu'à fa mort, arrivée en 1818.

Calixte-Auguftin, fon jeune frère, qui avoit également embraffé la carrière théâtrale, où il ne fut qu'un très-médiocre comédien, y renonça & trouva un petit emploi aux Invalides de Verfailles. Cette reffource étant venue à lui manquer, il tomba dans la mifère & mit fin à fes jours en fe jetant dans la Seine, le 4 feptembre 1818.

La Comédie-Françoife faifoit à Mme Raymond, fille du célèbre Molé, une penfion de 1,200 fr. dont en 1817, elle confentit à abandonner le tiers à fon oncle Calixte.

fe vit-il contraint par la néceffité, en pleine Terreur, d'accepter un engagement peu rétribué dans la troupe formée par la demoifelle Montanfier. Ce fut fur cette nouvelle fcène qu'il ne rougit pas de proftituer fon beau talent dans l'ignoble rôle de Marat (1), tandis que prefque tous fes anciens camarades gémiffoient en prifon.

Après le 9 thermidor, il rejoignit ceux d'entre eux qui s'étoient réfugiés au théâtre Feydeau. C'eft là qu'il établit fon dernier rôle, celui du Père, dans le *Confident par hafard* (2), où le public faififfoit avec emprеffement l'application que lui offroit ce vers :

« Mon acte de naiffance eft vieux... & non pas moi. »

pour couvrir de fes applaudiffements ce grand comédien.

« Salut public, qui ne voudra ni « fon déshonneur, ni qu'il trahiffe « les devoirs facrés de la probité. « Le citoyen Molé a foixante « ans. »

(*Archives nationales. Mémoire du citoyen Molé, artifte du théâtre, au Comité de Salut public. Ecrit vers la fin de l'an II.*)

(1) Dans *les Catilinas modernes*, par Féru fils, 1793. Ce Féru fut réduit par la fuite à fe faire écrivain public & mourut dans la dernière mifère.

Il convient, cependant, d'ajouter que Molé eut honte de fon aviliffement, & qu'il prétexta une indifpofition pour n'y plus reparoître. L'auteur défefpéré de l'interruption de fa pièce, adreffa à l'acteur une épître élégiaque, que terminoit ce vers :

« Reffufcite Marat, tu me rends à la [vie ! »

(2) Peu de mois avant fa mort, en l'an x, Molé, s'étant arrangé pour paffer deux mois de congé à Touloufe & à Lyon, avoit folli-

Lorſque la réunion du 11 prairial an VII (30 mai 1799) fut définitive, Molé devint le doyen de la Compagnie, &, malgré ſon âge avancé, il déploya tout le zèle & toute l'ardeur d'un jeune débutant. C'eſt de lui que Mlle Contat diſoit : « Il a ſoixante-« cinq ans, & il n'exiſte pas un jeune homme qui ſe « jette ſi bien aux genoux d'une femme. » Molé conçut, en 1801, la fantaiſie de reparoître dans le répertoire tragique auquel il avoit renoncé depuis longtemps. Il joua Auguſte de *Cinna*. Mais ſon jeu ſe reſſentit du défaut d'habitude & il ne reprit ſes avantages qu'au cinquième aéte, où il ſe montra acteur conſommé.

C'eſt à peu près vers cette époque que ſe paſſa un incident aſſez ſingulier & qui témoigne de la haute eſtime où le public tenoit le talent de Molé. Nous empruntons la relation de ce fait au *Courrier des Spectacles*, de Lepan :

« Le 6 février 1801, on donnoit au Théâtre-François la première repréſentation de l'*Aimable Vieillard*, comédie en cinq aétes. Le public fatigué demandoit

cité l'autoriſation du miniſtre de l'intérieur. Celui-ci répondit en ces termes :

« J'ai reçu votre lettre, citoyen, « & je n'ai garde d'acquieſcer à la « demande que vous faites ; l'ar-« tiſte qui, comme vous, eſt par-« venu au plus haut degré de ſon « art, doit reſter au milieu de ceux « qui s'honorent de le compter « parmi leurs camarades. — Je « préfère donc pour l'art en lui-« même, vous indemniſer des per-« tes que je vous occaſionne & « vous conſerver à Paris pour la « jouiſſance du public & les pro-« grès de l'art. »

Signé : CHAPTAL.

le rideau à partir du troifième acte. On n'en tint compte. Au cinquième, les cris redoublèrent, & Molé qui étoit alors en fcène, prit une attitude impofante, qu'il conferva pendant plus de dix minutes, fans que les clameurs de la falle parvinffent à le décontenancer. Alors, il fe lève ; on crut que c'étoit pour fortir : point du tout! Il s'avance vers les fpectateurs ; on refufe de le laiffer parler. Vingt fois il effaye de calmer l'orage, mais inutilement. Enfin, de guerre laffe, le public s'apaife & Molé en profite pour s'exprimer en ces termes : « Citoyens (le mot étoit encore à l'or-
« dre du jour), j'ai mal rempli ma miffion, fi dans
« mon *à parte* avec Volicour, je n'ai pas fait fuffifam-
« ment fentir que la propofition que je lui adreffois
« & qui a foulevé votre mécontentement, n'étoit
« qu'une feinte ; je vais recommencer. » Molé retourne à fon fauteuil & veut, en effet, reprendre la fcène ; mais ici le public ne voulut point céder & fe prononça d'une manière fi accentuée, que le comédien fe lève & fe retire aux cris de : *Bravo pour l'acteur ! A bas la pièce!*

« Certes, il ne falloit rien moins que l'eftime
« & la bienveillance que le public porte à Molé
« pour lui donner la patience étonnante dont il fit
« preuve. »
Molé avoit toujours beaucoup aimé le fafte ; il étoit généreux & poffédoit même des inclinations charitables ; mais il avoit peu d'économie & encore moins d'ordre ; les dernières années de fon exiftence fe ref-

fentirent de cette incurie. La Comédie-Françoife lui
accorda une repréfentation à bénéfice qui produifit
trente mille francs. Quelques jours après, il éprouva
pendant la nuit une foibleffe qui fe prolongea, &
bientôt fon état s'aggrava au point qu'on jugea urgent
de le faire tranfporter d'Antony, fa réfidence habituelle, à Paris. La gangrène s'étant déclarée, tout
efpoir de guérifon s'évanouit : il demanda & reçut à
fon lit de mort les fecours de la religion (1). A l'iffue
d'un fervice religieux, célébré avec pompe à Saint-
Sulpice, fes dépouilles mortelles, efcortées de tout le
perfonnel de la Comédie-Françoife, furent ramenées
dans fa maifon des champs, par les foins de l'abbé
Chaifneau, curé d'Antony & ami du défunt. Une
quête fut faite, à la fuite de l'inhumation, pour les
pauvres du village.

Molé avoit été marié, le 10 janvier 1769, à

(1) Il fuccomba le 11 décembre
1802. Entre autres écrits auxquels
donna lieu fa dernière maladie, il
parut une brochure en vers, intitulée : *Epitre à Maloet, médecin de
Molé*, par A. R***, qui fe termine
ainfi :

Et fi la mort ne veut qu'un comédien
[fifflé,
Livre lui Dugazon & laiffe-nous Molé.

Lorfqu'il eut fuccombé, Grimod
de la Reynière propofa publiquement « qu'il fût donné fur le
« théâtre de la nation une repré-

« fentation folennelle d'un de nos
« chefs-d'œuvre, & que ce jour,
« tous les fpectateurs, fans diftinc-
« tion d'âge, de rang, ni de fexe,
« paruffent dans la falle avec un
« crêpe au bras. »

Il n'eft pas befoin d'ajouter que
cette propofition, émanée d'un cer-
veau exalté, ne fut point entendue.
Le 2 juin 1804, on donna fur le
théâtre de la Porte Saint-Martin
une repréfentation au bénéfice de
fa fucceffion, qui n'atteignit pas le
but qu'on s'étoit propofé.

Mlle d'Epinay (1), jeune actrice du Théâtre-François :
il la perdit en 1782. On a dit, à tort, qu'il s'étoit
remarié depuis à une jeune femme, devenue fort éprife
de lui, quoiqu'il fût fexagénaire.

Il avoit formé plufieurs élèves, parmi lefquelles
Mlle d'Oligny fut une des plus remarquables.

Molé voulut auffi s'effayer dans les lettres. Il donna,
le 26 feptembre 1781, le *Quiproquo*, comédie en un
acte & en profe. Cette pièce n'a pas été imprimée ;
malgré quelques traits heureux & un ftyle affez facile,
& bien qu'elle eût été jouée par l'élite des acteurs, le
peu de fuccès qu'elle obtint fit comprendre à fon auteur que là n'étoit pas fa voie & il eut le bon efprit de
retirer fa pièce après la troifième repréfentation.

Il a compofé, en outre, quelques difcours de clôture
& de rentrée où, felon l'opinion de La Harpe, « beau-
« coup de verbiage s'allie à beaucoup d'efprit » ; un
éloge de Préville ; celui de Mlle Dangeville, qu'il prononça dans une féance publique du *Lycée des Arts*,
dont il faifoit partie depuis plufieurs années, & qui
renferment, le premier furtout, des obfervations judi-
cieufes fur l'art du comédien. Sa Notice fur Le Kain
eft également bonne à confulter. Il eft encore auteur
d'un *Éloge de Mlles Du Mefnil & Clairon*, dans lefquels il donne des détails fur leur vie privée ; mais où

(1) Pierrette-Hélène Pinet, qui
avoit débuté le 21 janvier 1761 ;
elle étoit fille de Claude-André
Pinet, perruquier, & de Catherine
Wey, rue de la Grande-Truande-
rie. Née le 14 juin 1740, elle eft
morte le 17 feptembre 1782.

188

il fe garde bien de fe prononcer fur la prééminence de l'une ou de l'autre.

Molière ne fut point de l'Académie françoife ; Molé, plus heureux, fut nommé, le 6 décembre 1795, membre de la 3ᵉ claffe de l'Inftitut (1).

Nous terminons cette notice fur François-René Molé par les vers que Vigée avoit confacrés à la perfection inimitable de fon jeu :

> Tour à tour fublime & charmant,
> Des cœurs il a trouvé la route la plus fûre ;
> On eft tenté de croire, en le voyant,
> Que l'Art, en formant fon talent,
> Avoit donné le mot à la Nature.

(1) Il écrivoit *modeftement* à Chaptal, en lui recommandant un fien protégé : « Si vous ne pouvez, « mon cher confrère, faire pour « lui ce que je vous demande, « veuillez le recommander à notre « collègue, le premier Conful. »

ROLES CRÉÉS PAR MOLÉ

1760	Noricus	*Spartacus*, de Saurin.
—	Dorante.	*Les Mœurs du temps*, du même.
1761	Valère	*Les fauffes Apparences*, de de Belle Cour.
1762	Ilus	*Zelmire*, de De Belloy.
—	Germance.	*L'Ecueil du Sage*, de Voltaire.
—	Conftantin.	*Irène*, de Boiftel.
—	Le Marquis	*Le Tambour nocturne*, de Deftouches.
—	Lindor	*Heureufement*, de R. de Chabannes.

1763	Defronais	Dupuis & Defronais, de Collé.
—	Darmont	L'Anglois à Bordeaux, de Favart.
—	Verville	Le Bienfait rendu, de Dampierre.
—	Dorilas	La Manie des Arts, de R. de Chabannes.
—	Ofmont	Blanche & Guifcard, de Saurin.
—	Edouard	Warwick, de La Harpe.
1764	Ergafte	L'Epreuve indifcrète, de Bret.
—	Valère	L'Amateur, de Barthe.
—	Belton	La Jeune Indienne, de Chamfort.
—	Richard	Cromwell, de Du Clairon.
—	Le Colonel	Le Cercle, de Poinfinet.
1765	Harcourt	Le Siége de Calais, de De Belloy.
—	Damis	Le Tuteur dupé, de Cailhava.
—	Fonrofe	La Bergère des Alpes, de Desfontaines.
—	Damis	L'Orpheline léguée, de Saurin.
—	Nemours	Adélaïde Du Guefclin, de Voltaire.
1766	Vanderk fils	Le Philofophe fans le fçavoir, de Sedaine.
—	Artaxerce	Artaxerce, de Lemierre.
1767	Monréal fils	Hirza, de B. de Sauvigny.
—	Melcourt	Les Deux Sœurs, de Bret.
—	Mirzanès	Cofroës, de Le Fèvre.
1768	Dormilly	Les fauffes Infidélités, de Barthe.
—	Orobaze	Amélife, de Ducis.
—	Génicourt	Les Valets maîtres, de R. de Chabannes.
—	Béverley	Béverley, de Saurin.
—	Le Chevalier	Les Deux Frères, de Moiffy.
—	Hylas	Hylas & Sylvie, de R. de Chabannes.
1769	Th. Spencer	L'Orphelin anglois, de Bongal.
—	Damis	Le Mariage impromptu, de Cailhava.
—	Damis	Julie, de Defnon.
—	Hamlet	Hamlet, de Ducis.
1770	Mélac fils	Les Deux Amis, de Beaumarchais.
—	Haffan	Le Marchand de Smyrne, de Chamfort.
—	Montalban	La Veuve du Malabar, de Lemierre.
—	Rodrigue	Florinde, de Le Fèvre.
1771	Vilfon	Le Fabricant de Londres, de F. de Falbaire.
—	Vilfain	Le Perfiffleur, de B. de Sauvigny.
—	Valentin	L'heureufe Rencontre, de Mmes Rofet & Chaum.

1771	Gaſton	*Gaſton & Bayard*, de De Belloy.
--	Sainville.	*Les Amants ſans le ſçavoir*, de Mme Saint-Chamond.
—	Terville.	*La Mère jalouſe*, de Barthe.
1772	Clodomir	*Les Druides*, de Le Blanc.
—	Dom Pèdre	*Pierre le Cruel*, de De Belloy.
—	Roméo	*Roméo & Juliette*, de Ducis.
—	Arminius	*Les Chéruſques*, de Bauvin.
—	Damis.	*L'Anglomane*, de Saurin.
1773	Lélie	*La Centenaire*, d'Artaud.
—	Alcidonis	*Alcidonis*, de L. de La Sauſſaye.
—	Licinius.	*Régulus*, de Dorat.
—	Damis.	*La Feinte par amour*, du même.
—	Arcès	*Orphanis*, de Blin de Sainmore.
1774	Scipion..	*Sophonisbe*, de Voltaire.
—	Sir James.	*Le Vindicatif*, de Dudoyer.
—	Pepin.	*Adélaïde de Hongrie*, de Dorat.
—	Teleim	*Les Amants généreux*, de R de Chabannes.
—	Richard.	*La Partie de Chaſſe*, de Collé.
1775	Wilkin	*Albert Ier*, de Le Blanc.
—	Terville.	*Le Célibataire*, de Dorat.
1776	Abdolonyme.	*Abdolonyme*, de Collet.
—	M. Coriolan.	*Coriolan*, de Gudin.
—	Sémours.	*Le Malheureux imaginaire*, de Dorat.
1777	Zeliſcar.	*Zuma*, de Le Fèvre.
—	Philémon	*L'Egoïſme*, de Cailhava.
—	Coucy	*Gabrielle de Vergy*, de De Belloy.
—	Morinzer	*L'Amant bourru*, de Monvel.
—	Saint-Phar.	*L'Inconſéquent*, de Laujon.
—	Zéangir.	*Muſtapha & Zéangir*, de Chamfort.
1778	Soligni.	*L'Homme perſonnel*, de Barthe.
—	Damon	*L'Impatient*, de Lantier.
—	Le Chevalier	*Le Chevalier françois à Turin*, de Dorat.
—	Le Chevalier	*Le Chevalier françois à Londres*, du même.
1779	Apollon	*Les Muſes rivales*, de La Harpe.
—	Damis.	*L'Amour françois*, de R. de Chabannes.
—	Argide	*Agathocle*, de Voltaire.
—	Luzi.	*Laurette*, de D'Oiſemont.
—	Verville.	*Roſeïde*, de Dorat.

191

1779	Menzikoff	*Pierre le Grand,* du même.
1780	Deformes.	*Clémentine & Deformes,* de Monvel.
—	Lifimon	*Le Bon Ami,* de Legrand.
—	Ferville	*Antipathie pour l'Amour,* de Dudoyer.
1781	Le Comte d'Orfon. .	*Le Jaloux fans amour,* d'Imbert.
1782	Damis	*Les Epreuves,* par Forgeot
—	Dolcy.	*Le Flatteur,* de Lantier.
—	Henri IV.	*La Réduction de Paris,* de Desfontaines.
—	Sophanis	*L'Ecueil des Mœurs,* du même.
—	Vibius.	*Tibère,* de Fallet.
1783	Edgar.	*Le Roi Lear,* de Ducis.
—	Cléante.	*Les Aveux difficiles,* de Vigée.
—	Damis.	*Le Déjeûner interrompu,* de Mᵐᵉ de Montenclos.
—	Le Marquis.	*Le Séducteur,* de Bièvre.
1784	Le Chevalier	*Le Jaloux,* de R. de Chabannes.
—	Saint-Robert.	*Le Bienfait anonyme,* de Pilhes.
—	Almaviva	*Le Mariage de Figaro,* de Beaumarchais.
—	Florval	*La fauffe Coquette,* de Vigée.
—	Merval	*Le Mariage fecret,* de Desfaucherets.
1785	Florville.	*L'Oncle & les Tantes,* de Lafalle.
1786	Florimond.	*L'Inconftant,* de C. Harleville.
—	Merval.	*Le Mariage fecret,* de Desfaucherets.
—	Bayard	*Les Amours de Bayard,* de Monvel.
1788	Plinville.	*L'Optimifte,* de C. Harleville.
—	Terval . . . . , . .	*La Jeune Epoufe,* de Cubières.
—	Le Marquis	*L'Entrevue,* de Vigée.
1789	Valère	*Le Précepteur,* de Fabre d'Eglantine.
—	Dorlanges.	*Les Châteaux en Efpagne,* d'E. d'Harleville.
1790	André.	*L'Honnête Criminel,* de Fenouillot de Falbaire
—	Alcefte	*Le Philinte de Molière,* de F. d'Eglantine.
—	Valère.	*Le Préfomptueux,* du même.
1792	Dubriage	*Le Vieux Célibataire,* de C. Harleville.
—	Almaviva	*La Mère coupable,* de Beaumarchais.
—	Le Baron	*Le Retour du Mari,* de Ségur.
1793	Marat.	*Les Catilinas modernes,* de Féru fils.
1795	J. Andrews.	*Paméla,* de F. de Neufchâteau.
—	Morin.	*Le bon Fermier,* de Ségur.

1795 Dorimond père. . . *Le Tolérant*, de Demouſtier

1798 Falkland. . . . . . . *Falkland*, de Laya.

— Orphémon . . . . . *Les Dangers de la Préſomption*, de Desfaucherets.

1799 Michel Montaigne. . *Michel Montaigne*, de Gray.

1801 Blainville . . . . . . *Le Confident par haſard*, de Faur.

BRIZARD
1757 1704

JEAN-BAPTISTE BRITARD

dit BRIZARD

1757 — 1786

BRITARD, dit Brizard, né à Orléans, le 7 avril 1721, dans une honorable famille bourgeoife, fut d'abord deftiné à la peinture. On l'envoya fort jeune à Paris, auprès d'une parente de fa mère, qui le fit admettre comme élève de Carle Vanloo, premier peintre du Roy. Il apporta tant d'ardeur dans fes études & y fit des progrès fi rapides, que fon illuftre maître le jugea en état, malgré fa jeuneffe, de concourir pour le grand prix. Tel fembloit être l'avenir qui s'ouvroit devant lui lorfque le hafard

---

Extrait des regiftres de la paroiffe Saint-Victor : « Le feptiefme d'avril, mille fept cent vingt & un, a été par moi, curé de cette paroiffe, baptifé *Jean-Baptifte,* né d'aujourd'hui, du légitime mariage d'honnête perfonne François Britard, bourgeois d'Orléans, & d'Elifabeth Hulot. Signé Lenormant. »

13

le jeta dans une carrière où l'attendoient des fuccès plus certains encore. Brizard, dans l'intention de fe divertir, étoit allé à Valence en Dauphiné, où l'on avoit formé un camp de plaifance. Une repréfentation théâtrale faillit manquer par le fait d'un des acteurs, trop gravement indifpofé pour remplir fon rôle dans une tragédie dont l'Infant d'Efpagne défiroit avoir le fpectacle. Brizard ayant, en maintes occafions déjà, manifefté fon goût pour le théâtre, Mlle Deftouche, directrice de fpectacle, qui l'avoit connu à Paris, l'engagea vivement à remplacer l'acteur abfent. Son talent, plus encore que fa complaifance, lui ayant valu de grands applaudiffements, cette circonftance décida de fon fort : il ne retourna plus à l'atelier de Vanloo.

Engagé dans la troupe de Lyon, il joua enfuite fur diverfes autres fcènes de province pendant plufieurs années. Ce n'eft qu'en 1757, qu'il confentit, à la follicitation de Mlles Du Mefnil & Clairon, à venir débuter à la Comédie-Françoife pour y tenir l'emploi des *rois* & des *pères-nobles*, que la retraite prochaine de Sarrazin alloit laiffer vacant.

C'eft le 1er août 1757, qu'il parut pour la première fois devant un auditoire éclairé & févère, dans le rôle d'Alphonfe, d'*Inès de Caftro*, rôle peu favorable & dans lequel il obtint pourtant une réuffite complète. Il le rejoua le 3 ; puis fucceffivement Titus, dans *Brutus* (les 8 & 10 août), Mithridate (le 13 & le 17), &, le 24 novembre fuivant, pour fon début à la Cour, il joua le vieil Horace. Le 13 mars 1758, Brizard fut reçu au nombre des comédiens du Roy.

Pendant vingt-neuf années que cet acteur éminent fit partie de leur Société, il contribua au succès de la plupart des tragédies nouvelles représentées dans cet espace de temps. Il jouoit la comédie avec non moins de supériorité : *le Père de Famille*, *le Philosophe sans le sçavoir*, Henri IV, de *la Partie de Chasse*, sont les rôles dans lesquels il se fit le plus remarquer en ce genre. C'est dans le dernier de ces ouvrages qu'il prit, le 1ᵉʳ avril 1786, congé définitif du public dont les regrets le suivirent dans sa retraite ; avant de paroître dans cette comédie, il avoit rempli le rôle d'Horace père, qui étoit un de ses plus beaux triomphes. Jamais peut-être il n'y déploya plus d'énergie, & cependant, cette énergie l'abandonna un moment, à ce passage :

> Moi-même, en vous quittant, j'ai les larmes aux yeux.

L'émotion le gagna tellement, qu'il dut s'arrêter pendant quelques minutes afin de s'en rendre maître.

Dans les morceaux de raisonnement, il étoit souvent froid ; mais quand cet acteur étoit emporté par la situation, il lui devenoit impossible de s'arrêter. Lorsque, dans *Mérope*, apprenant à la reine que Poliphonte avoit fait périr Cresphonte, son époux, il s'écrioit :

> . . . . Il en est l'assassin !

il ſe faiſoit dans la ſalle une telle exploſion, que jamais on n'a pu entendre les trois vers ſuivants, parce que Brizard n'a jamais attendu, pour les dire, que le public fût redevenu calme, tant la paſſion l'entraînoit!

Ainſi que Préville, Brizard devoit au naturel de ſon jeu les grands effets qu'il produiſoit, principalement dans la tragédie. Sarrazin, à qui il avoit ſuccédé, étoit, dit-on, plus pathétique, poſſédoit plus d'entrailles; mais Brizard eut plus de véritable grandeur. Doué d'une figure impoſante & vénérable, d'une taille élevée & majeſtueuſe, on ne pouvoit imaginer un plus beau vieillard; &, dès qu'il avoit ouvert la bouche, ce vieillard devenoit le plus énergique, ou le plus tendre, ou le plus terrible des pères, ſoit qu'il repréſentât Mithridate, Argyre (1), Luſignan ou le vieil Horace.

La ſimplicité de ſon débit étoit telle qu'il n'avoit jamais l'air de jouer devant le public, & qu'il paroiſſoit être toujours le perſonnage de ſon rôle.

Tel eſt le jugement porté ſur lui par les critiques

(1) Voltaire aimoit, comme on fait, à jouer la tragédie; il ſe croyoit ſupérieur à Brizard dans les rôles de *Pères :* « On m'écrit, « diſoit-il, de Paris, que Brizard « eſt un cheval de carroſſe; moi, « je ſuis un fiacre, mais je fais « pleurer. » Dans une lettre à Thiriot, il diſoit en parlant du rôle d'*Argyre*, qu'il avoit joué à Ferney :

« Je vous ferai plus d'impreſſion « que Brizard; je ſuis un excel « lent *bonhomme de père*. » Il eſt avéré, au contraire, qu'il étoit outré & ridicule. C'eſt Voltaire qui diſoit encore en parlant de Brizard, que « c'étoit un acteur très-froid, « des yeux duquel il ne pouvoit « couler que de la neige. »

de fon temps, à l'exception toutefois de La Harpe, qui, tout en reconnoiffant fon naturel précieux, dit dans fa correfpondance : « qu'il a toujours été foible « d'intelligence & que fes cheveux blancs font la « moitié de fon talent. » L'effroi caufé par un danger imminent auquel il s'étoit trouvé expofé dans fa jeuneffe, avoit blanchi la chevelure de Brizard, & il eft certain que fon front empreint de grandeur, & ainfi ombragé, ajoutoit encore à l'illufion qu'il produifoit dans fes rôles, & qui auroit été complète fi fon organe n'eût été parfois un peu voilé.

Quant au reproche adreffé à fon intelligence, rien ne paroît avoir été moins fondé. Brizard, homme du goût le plus éclairé, fut un de ceux qui fe montrèrent les plus ardents à feconder la réforme du coftume, entreprife par Le Kain & Mlle Clairon. Il refufa de jouer *OEdipe chez Admète* (1), dont la première repréfentation avoit eu lieu à la Cour, avec un coftume en foie bleu célefte, dont le Roy lui avoit fait cadeau (2), & il revêtit la robe de laine deftinée à un figurant.

Cet acteur étoit doué d'une rare préfence d'efprit & de non moins de fang-froid ; voici deux anecdotes

----

(1) Tragédie de Ducis, jouée le 26 novembre 1778, dans les appartements de Monfieur, frère du Roy, & le 4 décembre fuivant à la ville.

(2) L'ufage de la Cour, qui fe prolongea fort avant dans le dernier fiècle & qui trouva même quelques imitateurs au commencement de celui-ci, étoit de donner aux principaux comédiens l'habit de leurs rôles.

qui le prouvent. Un foir, tandis qu'il étoit en fcène, le feu prit à fon panache; averti par les cris du parterre, il retira fon cafque avec nobleffe, fans s'interrompre, & le remit à fon confident qui, moins maître de lui & peu foucieux de fe brûler les doigts, le laiffa profaïquement tomber. Dans une autre circonftance, il fut bleffé à la main avec une arme tranchante, par la maladreffe d'un acteur. Son fang couloit, &, tout à fon rôle, il ne s'en apercevoit pas. Il fallut que la clameur du public l'obligeât à laiffer là le perfonnage de Danaüs & à fe retirer.

C'eft Brizard qui, à la fixième repréfentation d'*Irène* (1), la dernière compofition tragique de Voltaire, couronna de lauriers le bufte de ce grand homme, en fa préfence même.

Comme Le Kain, comme Préville, Brizard emporta dans la retraite l'eftime générale, due à la régularité de fes mœurs.

Il recevoit 2,175 livres de penfion de la Comédie;

(1) Le 30 mars 1778. Lors des repréfentations de cette tragédie, la lettre fuivante, fignée par Augé, en ce moment premier femainier, fut inférée dans les feuilles publiques : « La Comédie, informée que « plufieurs perfonnes, à la pre- « mière repréfentation d'*Irène*, ont, « pour être placées, donné à fes « employés, outre les fix livres de « leur billet, feul prix que la « Comédie reçoive & entende re- « cevoir, quelques gratifications « généreufes, fupplie le public de « s'en tenir à cette feule rétribu- « tion, le furplus étant fufceptible « de mille inconvénients. Elle vient « de faire à fes poftes & à fes ga- « giftes les défenfes les plus févè- « res de ne rien prendre, la déli- « cateffe de la Comédie étant « intéreffée à ouvrir toutes fes « places aux prix fixés. »

2,000 livres du Roy, dont moitié lui avoit été accordée en 1770 & l'autre le fut en 1783 (1); plus 500 livres comme profeffeur de déclamation. Il ne jouit pas longtemps du fruit de fes travaux; car, cinq ans après s'être retiré, il fut atteint de la maladie à laquelle il fuccomba, le 30 janvier 1791, à l'âge de foixante & dix ans environ, laiffant après lui la mémoire d'un homme de bien.

Ducis, qui fut fon ami, a tracé l'épitaphe qui figure fur la tombe de Brizard.

(1) « Penfion de mille livres eft accordée par le Roy aux fieurs Brizard, Préville & Molé, en confidération de leurs longs fervices, & comme récompenfe devant les encourager à les continuer encore pendant plufieurs années. » 8 mai 1783.

(*Arch. nation.*)

ROLES CRÉÉS PAR BRIZARD

1758	Narbal	*Aftarbé*, de Colardeau.
—	Danaüs	*Hypermneftre*, de Lemierre.
1760	Zéangir	*Zulica*, de Dorat.
—	Sciolto	*Califte*, de Colardeau.
—	Argyre	*Tancrède*, de Voltaire.
—	Bénaffar	*Zulime*, de Lemierre.
—	Théophrafte	*Les Philofophes*, de Paliffot.
1761	D'Orbeffon	*Le Père de Famille*, de Diderot.
—	Géronte	*Le Financier*, de Saint-Foix.
1762	Polidore	*Zelmire*, de De Belloy.
—	Vodemar	*Irène*, de Boiftel.

1763 Dupuis . . . . *Dupuis & Defronais*, de Collé.
— Un Philofophe . . . *La Manie des Arts*, de R. de Chabannes.
— Manco-Capac. . . . *Manco-Capac*, de Le Blanc.
— Bruzancourt. . . . . *Le Bienfait rendu*, de Dampierre.
— Siffredi . . . . *Blanche & Guifcard*, de Saurin.
1764 Idoménée. . . . . . *Idoménée*, de Lemierre.
— L'Hiérophante. . . . *Olympie*, de Voltaire.
— Cromwell. . . . . . *Cromwell*, de Du Clairon.
1765 E. de Saint-Pierre. . *Le Siége de Calais*, de De Belloy.
. — Vanderk père. . . . *Le Philofophe fans le fçavoir*, de Sedaine.
1766 Artaban. . . . . . . *Artaxerce*, de Lemierre.
— Pharamond . . . . . *Pharamond*, de*** (La Harpe.)
1767 Phaleffar . . . . . . *Cofroés*, de Le Fèvre.
— Monréal père. . . . *Hirʒa*, de B. de Sauvigny.
1768 Brillant . . . . *Les Valets maîtres*, de R. de Chabannes.
— Jarvis. . . . . *Béverley*, de Saurin.
— Oronte . . . . *Les Deux Frères*, de Moiffy.
1769 Frick . . . . *L'Orphelin anglois*, de Bongal.
— Lifimont. . . . . . . *Julie*, de Denon.
— Forlix . . . . *Le Mariage interrompu*, de Cailhava.
— Claudius . . . . . . *Hamlet*, de Ducis.
1770 Mélac père . . . . . . *Les Deux Amis*, de Beaumarchais.
— Julien. . . . . *Florinde*, de Le Fèvre.
1771 Avogare. . . . . . . *Gaflon & Bayard*, de De Belloy.
— Falkland. . . . . . . *Le Fabricant de Londres*, de F. de Falbaire.
— Melcour. . . . . . . *La Mère jaloufe*, de Barthe.
— Le comte d'Aurai. . *Les Amants fans le fçavoir*, de Mme de S. Ch.
(Chamont.)
1772 Du Guefclin. . . . . *Pierre le Cruel*, de De Belloy.
— Syndonax . . . . . . *Les Druides*, de Le Blanc.
— Montaigu . . . . . . *Roméo & Juliette*, de Ducis.
— Lifimon. . . . . . . *L'Anglomane*, de Saurin.
1773 Séfoftris. . . . . . . *Orphanis*, de Blin de Sainmore.
— Fronton . . . . *Alcidonis*, de L. de La Sauffaye.
— Régulus. . . . . . . *Régulus*, de Dorat.
— Lélie . . . . *Sophonisbe*, de Mairet, arrangé p. Voltaire.
1774 Ricomer. . . . . . . *Adélaïde de Hongrie*, de Dorat.
— Le Juge. . . . . . . *Le Vindicatif*, de Dudoyer.
— Henri IV . . . . . . *La Partie de Chaffe*, de Collé.

1775 Monbrifon. . . . . . *Le Célibataire*, de Dorat.

1776 Ottobon. . . . . . . *Loredan*, de Fontanelle.

1777 Saint-Cène . . . . . *L'Inconféquent*, de Laujon.

— Soliman. . . . . . . *Muftapha & Zéungir*, de Chamfort.

1778 Barmécide . . . . . *Les Barmécides*, de La Harpe.

— Léonce . . . . *Irène*, de Voltaire.

— OEdipe. . . . . . . *OEdipe chez Admète*, de Ducis.

1779 Ydafan . . . . *Agathocle*, de Voltaire.

— Nelmours. . . . . . *Roféïde*, de Dorat.

— Pierre. . . . . *Pierre le Grand*, du même.

1781 Montefcal . . . . . . *Jeanne de Naples*, de La Harpe.

1782 Corneille . . . . . . *L'Inauguration du Th. françois*, d'Imbert.

— Lyfander . . . . . . *Agis*, de Laignelot.

1783 Léar . . . . *Le Roi Léar*, de Ducis.

MAGDELEINE-CÉLESTE FIEUZAL

dite MADEMOISELLE DURANCY

1759 — 1767

ADEMOISELLE DURANCY, née à Paris
le 21 mai 1746, étoit fille de comédiens
de province (1) &, dès son enfance, fut
destinée à la profession de ses parents. N'étant à peine

Extrait des registres de la paroisse Saint-Laurent : « Le vingt-trois
may mille sept cent quarante-six, fut baptisée *Magdeleine-Céleste,* née
le vingt & un du courant, fille de Jean-François Fieuzal, bourgeois de
Paris, & de Françoise-Marine Dessuslefour, sa femme. »

(1) Sa mère étoit connue en
province sous le nom de Darimat,
comme une des meilleures actrices
dans les rôles de *caractère.* Son
père jouoit les valets & dans l'année même des débuts de sa fille, le
15 novembre 1759, il débuta avec
quelque succès, le 1er avril 1760,
à la Comédie-Françoise; il y fut
reçu, mais il n'y fit qu'un séjour
passager. C'est à tort que Lema-
zurier donne à cette actrice le nom
de Frossac.

MADEMOISELLE DURANCY

» 1735-1769

âgée que de treize ans, elle débuta à la Comédie-Françoife, le 19 juillet 1759, par le rôle de Dorine dans le *Tartuffe*, & celui de Marinette, dans le *Florentin*. Elle s'y montra vive, aifée, naturelle, furtout dans ce dernier rôle, dont elle fit reffortir les détails avec beaucoup d'intelligence. Le dimanche fuivant, elle continua fes débuts dans le *Muet* & les *Folies amoureufes* ; & le lendemain, par le rôle de Gnydie, dans *Zénéïde*. Le 29, elle joua Babet dans le *Jaloux défabufé*. Le 5 août, Marinette, du *Dépit amoureux* & Lifette, des *Dehors trompeurs* ; & le 9, Cléanthis dans *Démocrite*. Quoique ayant été fort applaudie, on ne jugea pas, cependant, qu'elle annonçât des qualités de nature à faire efpérer qu'elle pourroit un jour prétendre à remplir l'emploi que la célèbre Dangeville tenoit encore d'une manière fi brillante. Cette jeune actrice tourna donc fes vues vers l'Opéra, &, le 19 juin 1762, elle paroiffoit fur cette nouvelle fcène ; les feuilles du temps s'accordent à reconnoître que ce fut avec un grand fuccès. « Sa voix, fuivant « le *Mercure*, étoit très-bien timbrée, d'une qualité « de fon agréable & d'une fingulière étendue, & elle « faifoit preuve dans fon jeu d'intelligence & d'ex- « preffion. »

Malgré ces jugements favorables, Mlle Durancy, foit en raifon des obftacles qui lui étoient fufcités par des rivalités jaloufes, foit que fa véritable vocation l'appelât à interpréter les chefs-d'œuvre claffiques, revint à la Comédie-Françoife, lors de la retraite de Mlle Clairon. Elle y reparut par le rôle de Pulchérie dans *Héraclius*, le 13 & le 15 octobre 1766; le 18, le 20 & le 22, dans Aménaïde de *Tancrède*. Le 25, le 27 & le 29, elle jouoit l'*Electre*, de Voltaire; le 1er décembre, Idamé; & Camille, le 13 du même mois. Le fuccès qu'elle obtint, & principalement dans la tragédie d'*Oreste*, engagea Voltaire, qui toujours étoit à l'affût des talents nés ou à naître, à la placer fous fon patronage. Il prit plaifir à la nommer fon élève, parce que, l'ayant vue enfant à Genève, il lui avoit promis de lui donner un rôle, fi jamais elle entroit à la Comédie-Françoife. Lorfque par la fuite cet événement fe réalifa, preffentant combien le départ de Clairon alloit nuire à la repréfentation de fes ouvrages, il jugea utile à fes intérêts d'auteur de tenir férieufement l'engagement qu'il avoit pris, figné même un jour en fe jouant, & il confia à Mlle Durancy le rôle d'Obéïde dans la tragédie des *Scythes* (1). Il paroît qu'elle s'y montra foible à la première repréfentation; mais on ajoute qu'à la troifième & à la quatrième, elle prit une revanche éclatante. On lui confeilla feulement d'adoucir fes inflexions de voix, qui ne furent pas trouvées toutes heureufes.

Si les débuts de cette actrice eurent de nombreux partifans, ils rencontrèrent auffi des adverfaires obftinés, & du choc de ces opinions divergentes naquirent

(1) Repréfentée pour la première fois le 26 mars 1767.

souvent des repréſentations tumultueuſes (1). Mlle Dubois, qui, depuis la retraite de Mlle Clairon, avoit été
miſe en poſſeſſion des premiers rôles, ne reſta point
étrangère à ces tracaſſeries. Elle l'emportoit de beaucoup, ſans doute, par la figure, ſur Mlle Durancy ;
mais elle ſe montra exceſſivement jalouſe d'un talent
qui étoit ſupérieur au ſien, & ſuſcita à ſa rivale tous
les ennuis poſſibles. Auſſi, rebutée par tant de con-
trariétés & ſe voyant ſacrifiée, celle-ci prit-elle le parti
regrettable de renoncer à la ſcène françoiſe à laquelle
elle ceſſa d'appartenir, le 5 octobre 1767 ; elle reparut
le 23 du même mois à l'Académie royale de muſique, dont elle devint un des meilleurs ſoutiens : ce qui ne
prouve, en aucune façon, qu'elle n'auroit pas réaliſé,
au Théâtre-François, les eſpérances que ſes précédents
débuts dans la tragédie avoient fait naître chez les amateurs de ce genre & chez les hommes de l'art. Nous
citerons parmi ces derniers, Le Kain, partiſan très-dé-
claré de Mlle Durancy, & juge qu'on ne peut récuſer,
qui aſſure « qu'aucune actrice ne lui parut plus capa-
« ble de remplacer Mlle Clairon. » Ces querelles inteſtines donnèrent lieu à des négociations & à une
correſpondance aſſez curieuſes par la part qu'y ont
priſe ce grand tragédien & Voltaire.

(1) Les opinions furent diviſées
fur ſon compte ; les uns la trou-
voient admirable, les autres, déteſ-
table. Monſeigneur (*) qui l'avoit

vue, la mettoit à deux cents mille
piques au-deſſus de Mlle Clairon.

(*Journal de Collé.*)

(*) Le duc d'Orléans.

Le jeu de Mlle Durancy réuniſſoit au même degré l'énergie, l'intelligence & la vérité; mais il lui manquoit la beauté du viſage, & peut-être eſt-ce là qu'il faut chercher les motifs de cet excès de ſévérité dont on la rendit victime. Les critiques contemporains, à l'exception du *Mercure,* dont nous avons rapporté l'opinion, lui ont auſſi reproché une voix dure & ſèche. Quoi qu'il en ſoit, Mlle Durancy a été regardée, de ſon temps, comme une des actrices les plus remarquables de la ſcène lyrique, qu'elle ne quitta plus juſqu'à ſa mort, arrivée le 28 décembre 1780, dans la trente-quatrième année de ſon âge.

Les Mémoires de Bachaumont donnent ſur ſa fin prématurée des détails qui ne ſont pas de nature à être reproduits ici. Dans le public, on l'attribua aux efforts incroyables qu'elle fit en chantant le rôle de Médée dans l'opéra de *Perſée,* au ſortir d'une criſe qui lui commandoit le repos.

ROLE CRÉÉ PAR Mlle DURANCY

1767 Obéïde. . . . . *Les Scythes,* de Voltaire.

BOURET.
1764 1763.

ANTOINE-CLAUDE BOURRE

dit BOURET

1762 — 1783

BOURET naquit à Paris, le 6 décembre 1732. Une circonftance particulière fit un comédien de ce jeune homme qui ne paroiffoit pas deftiné au théâtre. Ayant été chargé par fon père de porter à Vadé, auteur grivois de l'opéra comique, une gaîne d'épée qu'il lui avoit vendue, celui-ci, qui travailloit alors à fa pièce de *Nicaife* (1), fut frappé de la phyfionomie grotefque & de la voix nafillarde du meffager, & s'écria : « Voilà mon Ni-

---

Extrait des regiftres de la paroiffe Saint-Sulpice, à Paris : « Cejourd'hui, fept décembre mille fept cent trente-deux, a été baptifé *Antoine-Claude*, né hier, fils de Claude Bourré, marchand, & de Marie Gueffard, fon époufe, demeurant rue des Foffés-Saint-Germain-des-Prés. »

(1) Opéra comique en un acte, repréfenté à la foire Saint-Laurent, le 7 février 1756.

« caife tout trouvé! » Sans doute Vadé ne rencontra pas beaucoup de réfiftance chez le jeune Bouret, non plus que dans fa famille, puifque très-peu de temps après, il le faifoit recevoir dans la troupe qui devoit repréfenter fon ouvrage.

Bouret refta pendant plufieurs années attaché aux théâtres de la Foire, où il obtenoit un très-grand fuccès dans les rôles de *niais*. La qualité diftinctive de fon talent étoit la naïveté. La réputation qu'il s'y étoit acquife lui valut, le 12 novembre 1762, un ordre de début pour la Comédie-Françoife. Il y parut pour la première fois, le 2 décembre, dans les rôles princi-paux de *Turcaret* & de *Crifpin rival de fon maître*. Déjà connu du public, il fut accueilli avec faveur, quoique la timidité dont il ne put fe défendre, paralyfât la gaîté habituelle qui étoit le caractère diftinctif de fon jeu. Il y fut reçu à l'effai, le 11 du même mois. Le 15 janvier 1763, on l'admit aux grands appointe-ments de 2,000 livres; & enfin, il fut reçu focié-taire, le 10 août 1764. L'emploi de cet acteur étoit celui qu'au théâtre on appelle les *bas-comiques*.

On ne s'accorde pas fur fon talent; les uns le dé-clarent inimitable dans les rôles d'ivrognes, dans les Crifpin, les La Branche; les autres, & La Harpe eft du nombre (mais on fçait que La Harpe étoit toujours mécontent), le tenoient pour affez mauvais comédien. Il faut raifonnablement conclure, de ces jugements contradictoires, que cet acteur n'a mérité :

« Ni cet excès d'honneur, ni cette indignité. »

Dans les dernières années de fa vie, le nafillement qu'on lui avoit toujours reproché, étoit devenu déplaifant à l'excès & rendoit fouvent fon débit inintelligible. Toutefois, ce défaut même tournoit au profit de certains rôles, tels que celui d'Agnelet, dans l'*Avocat Patelin*, de Flamand, dans *Turcaret*. Sa phyfionomie épaiffe & fes fourcils noirs & fournis donnoient au rôle de Pourceaugnac un cachet particulier : auffi aimoit-on à l'y voir. On dit qu'il étoit encore excellent dans le rôle de Mirobolan, de *Crifpin, médecin*.

Bouret n'étoit pas fans efprit. Mlle Luzy, qui avoit été fa camarade à l'Opéra-Comique, avant d'arriver, comme lui, à la Comédie-Françoife, tout en rendant juftice à fon talent, faifoit un jour quelques reftrictions, prétendant qu'il ne jouoit réellement bien que les *bêtes*. Celui-ci qui l'entendit, lui ripofta vivement : « Je fuis bien flatté de votre fuffrage, Mademoifelle. « Vous devez vous connoître en *bêtes*..... M. votre « père en faifoit. » On penfe bien que les rieurs ne furent pas du côté de Mlle Luzy.

Bouret eft mort à Paris, le 16 feptembre 1783.(1),

(1) Cet acteur étoit fort aimé de fes camarades qui fe cotifèrent pour donner à fa veuve une fomme de mille livres & convinrent de penfionner fes enfants jufqu'à leur vingtième année.

« De mémoire d'homme, lit-on dans les *Mémoires fecrets*, on « n'a point vu d'enterrement pareil à celui de Bouret, non à raifon de la magnificence de la pompe, mais par l'affliction qui régnoit fur tous les vifages. Tous fes camarades y ont affifté, fauf le fieur Molé qui faifoit faire ce jour-là un fervice pour fa femme, le fieur de la Rive & Préville. Tous les divers officiers, fuppôts,

14

à la fuite d'une longue maladie & dans un âge peu avancé.

« valets du théâtre de la Comédie
« s'étoient fait un devoir de s'y
« rendre, &, tous pleuroient &
« sanglottoient auffi.
   « Le fieur Des Effarts s'eft fi-

« gnalé par deffus les autres & a
« été tellement fuffoqué de fa dou-
« leur, qu'il s'eft trouvé mal. »
(*Bachaumont*, t. XXIII, p. 212.)

ROLES CRÉÉS PAR BOURET

1758	La Brie	*Le Père de Famille*, de Diderot.
1762	Maître-Pierre , . . .	*Le Tambour nocturne*, de Deftouches.
1763	La Violette	*Dupuis & Defronais*, de Collé.
—	Allegro	*La Manie des Arts*, de R. de Chabannes.
—	Jafmin	*Le Bienfait rendu*, de Dampierre.
1764	Dumon	*Le Cercle*, de Poinfinet.
—	La Fleur	*L'Homme fingulier*, de Deftouches.
1765	Un Clerc.	*Le Tuteur dupé*, de Cailhava.
—	Un Valet.	*Le Philofophe fans le fçavoir*, de Sedaine.
1768	Un Provincial. . . .	*Les Valets maîtres de la maifon*, de R. de Chabannes.
—	Un Notaire.	*La jeune Indienne*, de Chamfort.
—	Dubois	*La Gageure imprévue*, de Sedaine.
—	André.	*Le Marchand de Smyrne*, de Chamfort.
1771	Un Laquais.	*Le Fabricant de Londres*, de F. de Quingey.
1773	G. Dandin	*La Centenaire*, d'Artaud.
1774	Un Valet	*Les Amants fans le fçavoir*, de la M** de S. C.
—	Un Bûcheron	*La Partie de chaffe de Henri IV*, de Collé.
—	Juftin.	*Les Amants généreux*, de R. de Chabannes.
1775	Un Notaire	*Le Barbier de Séville*, de Beaumarchais.
1778	Dorlis.	*L'Impatient*, de Defmahis.
—	Dumont.	*Le Jaloux fans amour*, d'Imbert.
1782	La Brie.	*Le Flatteur*, de Lantier.
—	Martin	*Le Vieux Garçon*, de Du Buiffon.
—	Un Garçon de café.	*Molière à la nouvelle falle*, de La Harpe.

AUGE
1765 1784

FRANÇOIS AUGÉ

1763 — 1782

AUGÉ commença de bonne heure à jouer la comédie, puifque, dès l'année 1750, il parcouroit déjà les provinces en compagnie d'acteurs ambulants. Quelques années plus tard, il étoit attaché à une troupe de comédiens fédentaires, établis à Vienne en Autriche. Il revint enfuite en France, fit partie de la troupe du théâtre de Lyon, & c'eft pendant fon féjour dans cette ville, où la comédie florifloit, qu'Augé, qui y tenoit avec fuccès l'emploi de la *grande cafaque*, reçut, le 18 janvier 1763, un ordre de début de la Comédie-Françoife,

---

Extrait des regiftres de l'églife paroiffiale Saint-Etienne, à la Ferté-fous-Jouarre : « *François, fils de Jofeph Augé, & de Marie-Louife Mouffeau, fes père & mère, eft né le dernier du mois paffé & a été baptifé le deux janvier mil fept cent trente-quatre, lequel a eu pour parrain, Louis-François Salmont, & pour marraine, Ifabelle Belloi, qui a déclaré ne fçavoir figner.* »

à laquelle Armand (1) l'avoit signalé comme le seul comédien propre à lui succéder : témoignage que venoit encore appuyer celui de Mlle de Champmeslé.

Sa première apparition à Paris eut lieu, le 14 avril 1763, à la rentrée de Pâques, par les rôles de Dave dans l'*Andrienne*, & de Labranche dans *Crispin rival de son maître*. Un masque excellent prévint tout d'abord le public en sa faveur. Sa voix bien timbrée, son geste prompt & sa répartie vive déterminèrent, dès le premier soir, une réussite que confirmèrent successivement les rôles de Mascarille dans l'*Etourdi;* de Merlin dans les *Trois Frères rivaux*, qu'il joua le 15 & le 17 avril, & enfin de Frontin, du *Muet*, par lequel il termina ses débuts le 21 du même mois. Aussi, les Gentilshommes de la Chambre l'admirent-ils aux grands appointements de 2,000 livres, qu'ils portèrent le mois suivant à la demi-part. Un quart en sus (2) lui fut attribué le 4 avril 1767.

Augé justifia la faveur particulière dont il étoit l'objet & se fit une place honorable dans une Société qui comptoit alors tant de célébrités. Il étoit loin pourtant d'être sans défauts; on lui reprochoit surtout de s'af-

---

(1) François - Armand Huguet, né à Richelieu en Touraine, en 1699, débuta en 1723. Il se retira le 7 mars 1765 & mourut le 26 novembre de la même année.

(2) « A la charge par lui de jouer l'emploi des *paysans* & de « se prêter à toutes les choses d'u- « tilité où nous jugerons à propos « de l'employer, dans l'intérêt du « service. »

Signé : Maréchal de RICHELIEU & DUC DE DURAS.

(*Archives nationales.*)

franchir trop facilement des règles d'un goût sévère &
de la bienséance, & de s'adonner à la charge. Ainsi,
dans le *Festin de Pierre*, où il remplissoit le rôle de
Sganarelle, il ne manquoit pas, en parodiant son maître, de demander à son tour à M. Dimanche « si le
« petit Colin mordoit toujours aux jambes, & si le
« petit chien Brusquet faisoit toujours bien du bruit
« avec son tambour. » Dans le *Tartuffe*, on blâmoit
les regards effrontés qu'il jetoit sur Dorine, ainsi que
les allusions d'une crudité choquante qu'il se permettoit dans la scène principale du quatrième acte.
Comme ces inconvenances excitoient, sinon l'approbation, tout au moins la gaîté du parterre, Augé ne
tenoit nul compte de la critique des gens éclairés, &
persistoit ; il faut dire toutefois qu'à part ces quelques
taches, il étoit parvenu à rendre d'une manière supé-
rieure ce rôle difficile.

On a prétendu en outre qu'Augé étoit complètement dépourvu d'instruction, & le témoignage de Le
Kain sembleroit le confirmer, dans un mémoire
adressé au duc de Duras : « Il fait, disoit-il, des fau-
« tes terribles contre la langue françoise, dont il mé-
« connoît les principes, la prosodie & la prononcia-
« tion. » Dans le même écrit il s'exprime ainsi :
« M. le Maréchal rendroit service à la Comédie s'il
« daignoit faire dire au sieur Augé qu'il faut savoir
« ses rôles pour les réciter. »

Or, faut-il conclure de ceci que ces imperfections
devoient être attribuées à son jugement ou à sa distrac-

tion, lorfque, par exemple, dans le rôle de l'Intimé des *Plaideurs*, il difoit, fans fourciller :

« . . . . & fi, dans la province,
« Il fe donnoit en tout vingt coups de nerf de bœuf,
« Mon père pour fa part en embourfoit *dix-huit.* »

ou bien lorfque, jouant Hector dans le *Joueur*, il s'é-crioit :

« . . . . il eft, parbleu, grand jour. »

les yeux baiffés vers la terre, & levant enfuite le nez en l'air, comme pour s'affurer de l'exactitude de fa remarque ?

Quoi qu'il en foit, cet acteur ne ceffa pas d'être goûté du public, pendant les dix-neuf années qu'il paffa à la Comédie-Françoife. Il plaifoit principale-ment dans les *Crifpin* & les *Frontin*, & bien qu'étant le plus honnête homme du monde, il favoit fe don-ner au théâtre l'air auffi fourbe, auffi rufé que le comportoient la plupart des rôles dont il étoit chargé.

Il joua excellemment Bafile dans le *Mariage de Figaro*, le Commandeur dans le *Père de famille*, lors de la reprife de ce drame, & montra de la naïveté dans les payfans, tels que Lucas, de la *Partie de chaffe de Henri IV*. En général, fon jeu accufoit plutôt la franchife & le naturel que la fineffe d'intention.

Augé, felon l'ufage du temps, avoit également débuté dans la tragédie. Le 19 février 1768, il avoit paru dans le rôle de Hiafcar des *Illinois*; puis, fuc-ceffivement dans *Warwick* & dans *Rhadamifte*. Mais il n'obtint pas de fuccès & cette tentative lui prouva qu'il feroit fage à lui de s'en tenir à la comédie.

Augé ne s'étoit point marié. Comme il menoit une exiftence régulière, & étoit naturellement fort éco-nome, il avoit amaffé une certaine fortune. C'eft ce qui l'engagea, fans doute, bien que peu avancé en âge, à prendre prématurément fa retraite, afin de jouir d'un repos qui étoit l'objet de fes vœux les plus chers. Il quitta le théâtre en 1782, avec une penfion de 2,500 livres, qui formoit la moindre partie de fon revenu. Une année s'étoit à peine écoulée depuis qu'il fe livroit aux douceurs du *far niente* dans une habitation qu'il avoit acquife rue de Valois, au Roule, lorfque la ruine du prince de Guéménée, chez qui il avoit placé la plus grande partie de fon avoir, l'entraîna dans le même défaftre. Il lui reftoit néanmoins encore des reffources fuffifantes pour vivre à l'abri du befoin ; mais le chagrin que lui avoit caufé cette cataftrophe imprévue avoit été fi violent, qu'il y fuccomba, le 26 février 1783, après quelques jours feulement de maladie (1). Une vieille tante, qui avoit ceffé de le voir depuis qu'il avoit embraffé la profeffion de co-médien, hérita de 50,000 écus qu'Augé poffédoit

---

(1) Grimm, à propos de cette mort, fait la réflexion fuivante : « Un « Crifpin n'eft pas tenu d'avoir plus de courage qu'un philofophe. »

encore & qu'il lui laiffa par teftament, en réfervant toutefois une rente viagère de 3,000 livres à une amie qui l'avoit affifté de fes foins pendant fa dernière maladie.

ROLES CRÉÉS PAR AUGÉ

1763 Un Gafcon . . . . . *La Manie des Arts*, de Rochon de Chabannes.

— Le Commandeur . . *Le Père de Famille*, de Diderot.

1764 La Fleur . . . . . . *L'Epreuve indifcrète*, de Bret.

1765 L'Olive. . . . . . . *L'Orpheline léguée*, de Saurin.

— Un Valet. . . . . . *Le Philofophe fans le fçavoir*, de Sedaine.

— Pafquin. . . . . . . *La Bergère des Alpes*, de Desfontaines.

1767 Drinck . . . . *Eugénie*, de Beaumarchais.

1768 La Fleur. . . . . . . *Les Valets maîtres*, de Rochon de Chabannes.

— Dubois . . . . *La Gageure imprévue*, de Sedaine.

1769 Un Menuifier. . . . *L'Orphelin anglois*, de Longueil.

1771 Gerfac . . . . *La Mère jaloufe*, de Barthe.

1774 L'Hôte . . . . *Les Amants généreux*, de Rochon de Chabannes.

1775 Bafile. . . . . *Le Barbier de Séville*, de Beaumarchais.

1778 Un Valet. . . . . . *L'Impatient*, de Lantier.

1780 Saint-Germain . . . *Clémentine & Déformes*, de Monvel.

MADEMOISELLE D OLIGNY
1763 1783

LOUISE-ADELAÏDE BERTHON DE MAISONNEUVE

dite MADEMOISELLE D'OLIGNY

1763 — 1783

ADÉLAIDE DE MAISONNEUVE, née à Paris le 30 octobre 1746, étoit fille d'un joaillier-orfèvre de la Reine, & fes parents, dans l'aifance, jouiffoient de la confidération qui s'attache au commerce honorablement exercé. On pourroit donc fe demander avec furprife, furtout fi l'on veut fe reporter aux mœurs de la bourgeoifie dans le fiècle dernier, par quel concours de circonftances une jeune fille, élevée au fein de fa famille, foigneufement écartée de la vie extérieure, a pu devenir comédienne? On trouveroit peut-être l'explication d'une carrière fi fort oppofée à fa condition, dans les rapports qui

---

Extrait des regiftres de la paroiffe Saint-Germain-L'Auxerrois : « Du mardy, premier novembre mil fept cent quarante-fix, fut baptifée *Louife-Adélaïde*, fille de Pierre Berthon de Maisonneuve, marchand orfèvre-joaillier, & de Louife-Marguerite Mielle, fa femme, place du Vieux-Louvre. L'enfant eft né de dimanche dernier, trente octobre.

s'étoient formés entre fes parents & la célèbre Mlle Gauffin, marraine de la petite Adélaïde, dont la mère, au dire de Bachaumont, auroit été femme de chambre de cette actrice. Au furplus, rien n'établit l'exactitude de ce renfeignement. Dans fon enfance, la jeune Maifonneuve avoit quelquefois paru fous ce nom à la Comédie-Françoife dans des rôles appropriés à fon âge. De là, fans doute, le germe d'un goût qui ne fit que fe développer fur les théâtres de fociété. Plus tard, elle alla jouer pendant quelque temps à Rouen, où elle fut vue avec plaifir. De retour à Paris, ce fuccès l'avoit fait engager dans la troupe de Manheim, lorfque l'abbé de Voifenon, qui avoit eu occafion de la voir & d'apprécier tout fon mérite, enchanté de fes grâces, obtint pour elle, par le crédit de la marquife de Pompadour, la nullité de cet engagement, & de plus, un ordre de début pour la Comédie-Françoife. Elle y parut le 3 mai 1763, ayant à peine atteint fa dix-feptième année, dans les rôles d'Angélique de la *Gouvernante,* & de Zénéïde dans la pièce de ce nom qu'elle rejoua le 5 ; Molé lui avoit donné des leçons pendant deux mois. Dès le premier jour, fon fuccès fe deffina d'une manière très-prononcée, & elle fut reçue à l'effai aux appointements de 2,000 livres (1). Ses débuts fe prolongèrent jufqu'au 20 du même mois.

(1) Collé qui, généra'ement, ne faifoit pas profeffion d'indulgence, dit dans fon *Journal,* en parlant de cette actrice : « .... En un mot, il « m'a paru qu'elle avoit tous les « dons que l'on ne peut tenir que

Mlle D'Oligny (c'eft le nom qu'elle avoit alors
adopté), étoit de moyenne ftature, d'une taille élégante & bien prife ; fon extérieur étoit des plus gra-
cieux, &, fans être précifément jolie, fa figure étoit
fort agréable & offroit l'expreffion d'une grande modeftie. Elle avoit furtout dans la voix des accents de
fenfibilité d'un charme extrême : en un mot, cette
actrice poffédoit un don qui ne s'acquiert pas,

« Cette grâce, plus belle encor que la beauté. »

On lit dans le *Mercure* du temps : « La fimplicité
« qui fait le caractère dominant de fon jeu n'eft ja-
« mais *niaiferie* ni *ftupidité :* c'eft la primeur de la na-
« ture, ornée de toutes les grâces qu'elle donne. »
Ainfi s'exprime fur le compte de Mlle D'Oligny le
bonhomme La Place, & fi fon ftyle n'eft pas d'un excellent goût, au moins fon jugement s'accorde-t-il
avec celui de tous les critiques contemporains.

Un incident qui eut bien fon côté comique, fignala
fa première apparition fur la fcène. Au moment de
rentrer dans la couliffe, Mlle D'Oligny fit un faux pas
& tomba de telle façon qu'il fallut toute la prefteffe
de Mme Belle Cour pour la dérober aux regards de
l'affemblée. Il n'y eut perfonne de bleffé, néanmoins,

« de la nature & qu'il ne lui man-
« quoit que les agréments & les
« perfections que l'art & l'expé-
« rience peuvent & doivent faire

« acquérir... Je n'ai point vu de
« début auffi brillant depuis que
« je vais au théâtre. »

& tout fe paffa le plus gaiement du monde (1).

Le fuccès de cette débutante fe foutint fi brillamment, que la jaloufie commença à s'agiter autour d'elle : auffi, rebutée de toutes les tracafferies qu'elle effuyoit, Mlle D'Oligny avoit-elle réfolu de ne pas pourfuivre & elle étoit fur le point de partir pour Bruxelles ; mais le duc de Duras, frappé de fon mérite inconteftable, la fit admettre, le 13 mai fuivant, comme penfionnaire, aux grands appointements de 2,000 livres. Le 10 avril 1764, on la reçut fociétaire à demi-part, & le 28 avril 1769, elle toucha part entière. Pendant vingt ans que Mlle D'Oligny paffa au théâtre, elle conferva, au même degré, la faveur du public; livrée exclufivement au genre comique, elle rendoit avec une intelligence égale les caractères de fille dévouée, d'amante ingénue, d'époufe tendre, de femme aimable. Victorine, Eugénie (2) Rofine qu'elle

(1) Voici les premiers vers de la fcène qui fuivit cet incident :

— « Allons, il faut un peu faire tête à l'orage.
— « Non! trop de confufion a glacé mon courage.
— « L'amour eft cependant fait pour en infpirer.
— « Je ne puis que rougir, me taire & foupirer ;
. . . . « Et quoi que je dife,
« Je ne puis revenir d'avoir été furprife. »

On juge fi tous ces vers en fituation donnèrent lieu à de gaies allufions de la part du public !

(2) Relevons, à propos de cette pièce, une erreur qui fubfifte dans toutes les éditions des *OEuvres de Beaumarchais*. On y affigne la

date du 25 juin 1767, comme étant celle de la repréfentation de ce drame, qui avoit été joué le 29 janvier précédent.

« Le jeu diftingué, décent & « émouvant de cette jeune & « aimable Doligny, ne contribua

joua d'origine, prouvèrent la foupleffe & l'étendue de fon talent; mais le rôle où elle étoit incomparable, c'eft celui de Lifette du *Glorieux*, dans lequel elle fçavoit allier les nuances les plus oppofées & arracher de douces larmes aux fpectateurs, après avoir excité leur gaîté. Ce qui ne s'accorde guère avec le reproche que lui fait La Harpe « d'avoir un jeu mo-
« notone. »

Cette actrice eft une des premières qui rompirent avec la routine, en quittant l'éventail & les gants blancs qui, jufqu'à elle, avoient été l'apanage de rigueur dans tous les rôles d'*amoureufes*, parce que l'on croyoit que, privé de ce maintien, le perfonnage feroit embarraffé de fes mains, « d'où il fuit (lit-on dans un « recueil du temps) que cette innovation ne pouvoit « être tentée que par une actrice confommée. »

Beaumarchais, enchanté de fes talents, lui réfervoit le rôle de la comteffe Almaviva, dans le *Mariage de Figaro*, ainfi que le prouve le paffage fuivant d'un billet à lui adreffé par cette actrice, & conçu en ces termes : « C'eft votre Rofine, c'eft votre Pauline, « c'eft votre *Comteffe Almaviva* qui vous follicitent.

« pas peu à fauver ce drame & à « le faire triompher avec éclat du « danger qui l'avoit menacé lors « de la première repréfentation. « Huit ans plus tard, elle créa « avec un très-grand fuccès le « rôle de Rofine. »
Le *Barbier de Séville*, compofé en 1772, repréfenté en 1775, avoit d'abord été mis en comédie à ariettes, que Beaumarchais deftinoit à la Comédie-Italienne. La première repréfentation produifit 3,367 livres de recette.

(*Mémoires de Beaumarchais*, publiés par Louis de Loménie.)

« J'ofe efpérer que vous aurez égard à leur recom-
« mandation... » Ce billet, écrit en 1779, attefte
que déjà, à cette époque, Beaumarchais avoit au
moins tracé le plan de fon *Mariage de Figaro*, & que
Mlle D'Oligny devoit établir le rôle de la *Comteffe*.
Mais fa retraite, qu'elle prit le 25 avril 1783, mit obftacle à ce deffein (1). Elle fe retira avec une penfion
de 1,500 livres de la Comédie & une autre de 500
livres fur la caffette particulière du Roy, qui, au bout
de deux ans, la porta à 1,000 livres.

On effaya de faire revenir cette regrettable actrice
fur fa réfolution. Les Gentilshommes de la Chambre,
par exception cette fois, uniquement préoccupés de
l'art, tentèrent, mais en vain, de la retenir ; elle perfifta dans fa détermination &, le 23 avril 1783, elle
parut pour la dernière fois dans le rôle de Betty, de
la *Jeune Indienne*.

Au mérite d'un talent fupérieur, Mlle D'Oligny en
joignit un autre bien plus honorable encore : celui
d'une réputation irréprochable. On fçait la réponfe
qu'elle fit au marquis de Gouffier, qui éperduement
amoureux d'elle, lui fit faire les propofitions les plus brillantes & qui, ayant échoué de ce côté-là, & voulant
la poffeder à tout prix, la demanda en mariage & lui
envoya le contrat prêt à figner. Plus prudente que
lui, Mlle D'Oligny lui répondit qu'elle étoit pénétrée
de reconnaiffance, mais « qu'elle s'eftimoit trop pour

---

(1) Le rôle fut joué par Mlle de Saint-Val, cadette.

« être fa maîtreffe, & trop peu pour être fa femme. »

A ce titre feul, le nom de cette comédienne auroit été digne de prendre place dans les recueils biographiques, &, chofe étrange, il ne fe trouve dans aucun (1).

« Elle s'eft retirée affez riche, dit La Harpe dans fa
« *Correfpondance littéraire*, & fa fortune eft venue,
« non feulement de fes épargnes & de fon économie
« modefte, qui contraftoient avec le luxe de fes com-
« pagnes ; mais encore, des préfents confidérables
« qu'elle recevoit des femmes de la Cour qui, pour
« récompenfer fa fageffe, lui donnoient des habits
« pour fes rôles (2). »

A l'époque de la Révolution, Mlle D'Oligny perdit la plus grande partie de fa fortune ; fa penfion même fe trouva fufpendue fous le régime de la Terreur. Lors de la diffolution de la Société des Comédiens françois & après le rétabliffement de l'ordre, elle ne la toucha que jufqu'au 13 meffidor an XIII (2 juillet 1805) (3).

---

(1) La *Biographie générale* publiée chez Didot, a réparé récemment cette omiffion par un article de l'auteur de cette notice.

(2) Mlle D'Oligny quitta le théâtre en y laiffant le fouvenir d'un talent plein de charme & d'une moralité irréprochable, confirmé par tous les témoignages contemporains. On fait que Fréron fut envoyé au For-l'Evêque pour avoir

oppofé un peu la fageffe très-connue de Mlle D'Oligny aux légèretés de Mlle Clairon.

(*Mémoires de Beaumarchais*, par Loménie, t. 1er, p. 215.)

(3) Vers la fin de 1815, Mmes D'Oligny & Faniez, réclamèrent collectivement la réintégration de la penfion de mille francs qui leur avoit été accordée par Louis XVI. Leur demande fut prife en confidération.

Le marquis Dudoyer de Gaftels (1) avoit conçu pour cette charmante femme une paffion des plus vives. Il lui adreffoit fes hommages en vers & en profe : il avoit même compofé, à fon intention, une comédie intitulée : *Adélaïde, ou l'Antipathie pour l'amour* (2). Depuis plufieurs années, il la preffoit d'accepter fa fortune & fon nom ; Mlle D'Oligny s'y étoit toujours refufée. Toute dévouée à fa mère, elle avoit déclaré que tant que celle-ci vivroit, elle ne fe marieroit pas (3). Cette union ne fut effectivement contractée qu'en 1795, quelques mois après fon décès. Dudoyer mourut lui-même le 21 germinal an VI (10 avril 1798), &, en l'an XIII (1805), fa veuve, alors âgée de plus de cinquante-huit ans, époufa en fecondes noces un fieur Leverrier, chef de bataillon.

Au bout de quelques années, Mlle D'Oligny, étant devenue veuve de nouveau, vécut loin du monde, refferrant chaque jour le cercle de fes relations. Bientôt

(1) Gérard Dudoyer, né à Champhol, dans le pays Chartrain, le 29 avril 1732, fils de Henry-Fr. Dudoyer, feigneur de Champhol, confeiller du Roy, &c. Il eft auteur de trois pièces de théâtre & de plufieurs morceaux de poéfie, inférés dans l'*Almanach des Mufes*.

(2) Comédie en deux actes & en vers de dix fyllabes, repréfentée le 10 juillet 1780. Le rôle principal, que jouoit notre actrice, fut pour elle l'objet d'applications qui durent la flatter autant & plus encore que les applaudiffements donnés à fon talent dramatique.

(3) Mlle D'Oligny habitoit alors une jolie maifon de campagne à Picpus, avec fon père & fa mère. A la mort de celle-ci, la maifon fut vendue ; fon père alla fe fixer à Hefdin, en Flandre, & Mlle D'Oligny vint demeurer rue du Jardinet. C'eft pendant le féjour qu'elle y fit, que fon mariage avec Dudoyer eut lieu, le 3 février 1795.

elle fe féqueftra dans une retraite profonde, & dans les derniers temps de fa vie, elle n'étoit plus guères connue que de fon curé & des pauvres de fa paroiffe, dont elle foulageoit la mifère par d'abondantes aumônes. Elle eft morte à Paris le 10 mai 1823.

Dorat, dans fon poëme de la *Déclamation théâtrale*, rend un double hommage au talent & à la vertu de cette actrice, dans ce diftique qui termine le paffage qui lui eft confacré :

« L'Amour, ce Dieu léger qui brigue tes faveurs,
« Séduit par tes attraits, eft fixé par tes mœurs. »

Il exifte un très-beau portrait de Mlle D'Oligny, d'après Vanloo, au bas duquel on lit un quatrain compofé par Dudoyer (1). C'eft le portrait que nous avons effayé de reproduire dans cet ouvrage.

(1) Voici ce quatrain :

« Pour rendre plus touchants l'amour & la nature,
« D'Oligny leur prêta fes accents enchanteurs ;
« Elle fut toujours vraie, intéreffante & pure,
« Et mérita l'eftime en gagnant tous les cœurs. »

ROLES CRÉÉS PAR Mlle D'OLIGNY

1764 Julie . . . . *L'Epreuve indifcrète*, de Bret.
— Conftance. . . . . . *L'Amateur*, de Barthe.
— Betty . . . . *La Jeune Indienne*, de Chamfort.
— Lucile. . . . . *Le Cercle*, de Poinfinet.

1765 Emilie. . . . . *Le Tuteur dupé*, de Cailhava.
— Victorine . . . . . . *Le Philosophe sans le sçavoir*, de Sedaine.
1766 Adélaïde . . . . . . *La Bergère des Alpes*, de Desfontaines.
— Sophie . . . . *L'Orpheline léguée*, de Saurin.
1767 Eugénie. . . . . . . *Eugénie*, de Beaumarchais.
— Lucile. . . . . *Les Deux Sœurs*, de Bret.
1768 Angélique. . . . . . *Les Fausses Infidélités*, de Barthe.
— Henriette. . . . . . *Béverley*, de Saurin.
— Angélique. . . . . . *La Gageure imprévue*, de Sedaine.
— Silvie . . . . *Hylas & Silvie*, de R. de Chabannes
1769 Julie . . . . *Le Mariage fait & rompu*, de Boissy.
— Zirphé . . . . *Les Etrennes de l'Amour*, de Cailhava
— Molly. . . . . *L'Orphelin anglois*, de Bongal.
— Julie . . . . *Julie*, de Denon.
1770 Pauline . . . . *Les Deux Amis*, de Beaumarchais.
— Zaïde. . . . . *Le Marchand de Smyrne*, de Chamfort.
1771 Fanni. . . . . *Le Fabricant de Londres*, de F. de Quingey.
— Sophie . . . . *Le Persiffleur*, de B. de Sauvigny.
— Laurence . . . . . . *L'Heureuse Rencontre*, de Mmes Chaumont
                        & Rozet.
— Angélique. . . . . . *Le Bourru bienfaisant*, de Goldoni.
— Julie . . . . *La Mère jalouse*, de Barthe.
1772 Sophie . . . . *L'Anglomane*, de Saurin.
1773 Glycéris. . . . . . . *Alcydonis*, de La Sauffaye.
— Mélite. . . . . *La Feinte par amour*, de Dorat.
1774 Miss Worthy . . . . *Le Vindicatif*, de Dudoyer.
— Henriette. . . . . . *Les Amants sans le sçavoir*, de Mme S.-Ch.
                        (Saint-Chamont.)
— Minna. . . . . *Les Amants généreux*, de R. de Chabannes.
— Catau. . . . . *La Partie de chasse*, de Collé.
1775 Adeline . . . . *Albert Ier*, de Le Blanc.
— Rosine . . . . *Le Barbier de Séville*, de Beaumarchais.
— Julie . . . . *Le Célibataire*, de Dorat.
1776 Mysis . . . . *Abdolonyme*, de Collet.
— Henriette. . . . . . *L'Ecole des Mœurs*, de F. de Quingey.
— Mme de Thémine. . . *Le Malheureux imaginaire*, de Dorat.
1777 Constance. . . . . . *L'Egoïsme*, de Cailhava.
— Amélie . . . . *Le Veuvage trompeur*, de La Place.
— Mme de Sancerre . . *L'Amant bourru*, de Monvel.

1777	Mlle de Sainte-Cène.	*L'Inconféquent*, de Laujon.
1778	Julie	*L'Homme perfonnel*, de Barthe.
—	Julie	*L'Impatient*, de Lantier.
—	Miss Adelfon.	*Le Chevalier françois à Londres*, de Dorat.
1779	Euphrofine	*Les Mufes rivales*, de La Harpe.
—	La Mme de Sernente.	*L'Amour françois*, de R. de Chabannes.
—	La Mme d'Olnifme . .	*Le Chevalier françois à Turin*, de Dorat.
—	Laurette.	*Laurette*, de d'Oifemont.
—	Roféïde.	*Roféïde*, de Dorat.
1780	Adélaïde.	*L'Antipathie pour l'Amour*, de Dudoyer.
—	La comteffe d'Orfon.	*Le Jaloux fans amour*, d'Imbert.
—	Lucile.	*Le Bon Ami*, de Legrand.
—	Clémentine	*Clémentine & Deformes*, de Monvel.
1782	Julie	*L'Homme dangereux*, de Paliffot.
1783	Mélite.	*Les Aveux difficiles*, de Vigée.

DOROTHÉE

MADEMOISELLE LUZY

1763 — 1781

ÉE à Lyon, le 6 juin 1747, Mlle Luzy étoit
issue d'une famille d'artistes. Elle fut destinée, dès son enfance, à la profession de ses
parents, & n'avoit tout au plus que dix ans, lorsqu'elle
fut admise à l'Opéra-Comique comme élève danseuse ;
on lui confia même quelques petits rôles en rapport avec
son âge. A la suppression de ce spectacle, que l'on
réunit en 1762 à la Comédie-Italienne, elle ne fit pas
partie des artistes conservés, & elle joua pendant quel-

Extrait des registres de la paroisse Saint-Nizier, à Lyon : « Aujour-
d'hui sept juin, j'ai baptisé (*) *Dorothée*, fille de Claude Luzy, musicien, &
de Justine Montal, son épouse. »

(*) Il est à remarquer que cet acte, contrairement à l'usage, ne mentionne pas le
jour de la naissance, que le bulletin de l'état civil fixe au 6 juin.

MADEMOISELLE DUZY.

que temps à Rouen. Elle revint enfuite à Paris & prit des leçons du célèbre Préville. Le 23 avril 1763, Mlle Luzy recevoit un ordre de début pour la Comédie-Françoife, où elle paroiffoit, le 26 mai fuivant, dans les rôles de Dorine de *Tartufe*, & de Lifette des *Folies amoureufes*. Elle fut reçue à l'effai, le 14 juin, à 1,200 livres d'appointements, & le 10 avril 1764, il lui fut attribué une demi-part.

Ses débuts, qui eurent lieu concurremment avec ceux de Mlle D'Oligny, furent loin de produire la même fenfation. Cette actrice, d'ailleurs, fuccédoit à une comédienne inimitable, à Mlle Dangeville, dont la perte récente entraînoit un regret univerfel. Cependant, la nouvelle foubrette ne laiffa pas d'être bien accueillie, moins encore pour les grâces de fa perfonne, qui prévenoient en fa faveur, qu'à caufe des difpofitions qu'elle laiffa entrevoir & qui motivèrent fon admiffion, le 29 juin fuivant, aux grands appointements de 2,000 livres.

Il s'en faut que Mlle Clairon fe montrât auffi indulgente fur le compte de cette actrice fi l'on en juge par ce paffage d'une de fes lettres inédites, écrite en 1763, & dans laquelle nous lifons : « Pour l'élégance « de la taille & de la figure, je ne connois rien au « théâtre auffi bien que Luzy. Sa démarche eft noble, « fes geftes fupportables, fa prononciation excellente, « & dans le *medium* fa voix eft bien. Hors une dou- « zaine de vers dans tout le courant du rôle, dits à « peu près dans le fens, & la lettre qu'elle a bien lue

« dans le cinquième acte, je ne crois pas qu'on ait
« jamais rien vu d'auſſi plat, d'auſſi découſu, d'auſſi
« chantant, d'auſſi bête, d'auſſi comique. » Le portrait n'eſt pas flatté, mais il n'eſt pas impartial.

Mlle Luzy, appréciant la diſtinction dont elle venoit
d'être l'objet, chercha de plus en plus à s'en montrer
digne, & elle parut ſucceſſivement dans les *Bourgeoi-
ſes à la mode*, dans *Démocrite* (rôle de Cléanthis);
dans Colette des *Trois Couſines ;* dans Roſine du *Cocher ſuppoſé ;* Liſette du *Légataire univerſel*, & elle termina ſes débuts par le rôle de Colette des *Trois Couſines*, qu'elle avoit déjà joué.

C'eſt dans cette dernière pièce que, quelques années
plus tard, elle fit preuve de diſcernement & de goût,
en revêtant un coſtume, à peu près vrai, de *payſanne*.
Elle eut ainſi, une des premières, le mérite de faire un
pas, hardi pour l'époque, vers la vérité. Le 23 avril
1767, on la recevoit ſociétaire à trois quarts de part,
à charge de chanter & de danſer dans les *divertiſſe-
ments* & de ſe prêter à toutes les *utilités*.

Plus cette actrice ſe montra ſous les yeux du public,
& plus les connoiſſeurs éclairés eurent lieu de reconnoître ſon envie de bien faire & furent à même de
conſtater ſes progrès. Sa phyſionomie, remplie d'expreſſion & de vivacité, ſçavoit toujours ſe mettre en
harmonie avec le dialogue. Son jeu ne manquoit ni de
mordant ni de gaieté, mais il avoit plus de fineſſe que
de naturel. Elle poſſédoit aſſez bien l'uſage de la ſcène
& ſon inſtinct dramatique ſuppléoit habilement à l'in-

telligence du perfonnage, qui lui échappoit quelquefois. Malgré fes qualités reconnues, elle n'obtint part
entière que le 28 avril 1769.

A la clôture de 1771 (16 mars), tout le perfonnel
féminin tragique fe trouvant empêché par diverfes caufes, Mlle Luzy, qui étoit toujours reftée étrangère à la
tragédie, ne recula pas devant le rôle de la tendre &
malheureufe Aménaïde, afin de ne pas priver le public
d'une repréfentation de *Tancrède*, où Le Kain étoit an-
noncé (1). « Lorfque ce deffein fut connu, dit Grimm,
« tout le monde s'apprêta à rire & l'on étoit perfuadé
« que la pièce ne feroit pas achevée. » L'actrice elle-
même fe fentoit fi peu raffurée qu'elle fit, dans un
compliment préliminaire, réclamer l'indulgence, en
faifant connoître à l'affemblée qu'il ne s'agiffoit pas
d'un début, mais d'une tentative, rifquée dans le but
de ne pas priver le public du plaifir de voir Le Kain.

(1) La mention du nom des acteurs fur les affiches de fpectacle,
eft d'inftitution moderne. Jufqu'a-
lors, il n'y avoit eu d'exception
qu'en faveur de Le Kain, dont les
repréfentations étoient toujours an-
noncées, parce que l'indication
feule de fon nom faifoit accourir
la foule.

Ce n'eft qu'en 1791 que l'ordre
fut intimé aux comédiens par le
maire de Paris, d'indiquer les
noms des acteurs jouant dans le
fpectacle du jour. Ils réfiftèrent

d'abord à cette injonction & on lit
dans la *Revue rétrofpective* (t. IX. 2^e
férie), une délibération en ce fens,
faite en affemblée.

Il n'en eft pas de même, quant
aux noms des auteurs. Déjà en
1617, Théophile Viaud, auteur de
Pyrame & Thisbé, pièce repréfentée avec un fuccès prodigieux, avoit
fait mettre fon nom fur l'affiche ;
Racan, fuivit cet exemple, en 1618 ;
puis enfuite Mairet, l'auteur de
Sophonisbe, & Gombaud, en firent
autant en 1621 & 1625.

Contre l'attente générale, Mlle Luzy se tira de cette épreuve avec beaucoup de bonheur. Son maintien fut plein de grâce, de noblesse & de dignité. Elle mit beaucoup de chaleur & de sensibilité dans plusieurs passages de son rôle & eut souvent les accents vrais de la douleur, sans négliger la vigueur & l'énergie que réclamoient les autres parties. Aussi, quelque bonne disposition que la majorité des spectateurs eût apportée à *rire*, l'actrice força les applaudissements. Elle joua ensuite la *Suivante* dans la petite pièce, chanta dans les divertissements, &, comme le dit Grimm : « Il ne lui manqua que de danser une allemande pour « remporter, ce soir-là, une quadruple couronne. »

Malgré ce succès, Mlle Luzy ne renouvela pas cette tentative, & elle expliqua publiquement ses motifs d'abstention dans une lettre insérée au *Mercure*, peu de temps après cette représentation. Elle se renferma désormais exclusivement dans l'emploi des *soubrettes*.

L'état précaire de sa santé l'enleva prématurément à la scène (avril 1781), & bien avant l'âge où on songe ordinairement à la quitter. On répandit le bruit, à cette occasion, qu'à l'instar de Mlle Gauthier (1), elle renonçoit au théâtre pour entrer en religion. S'il falloit ajouter foi aux anecdotes contemporaines, sa retraite auroit été la conséquence d'un dépit amoureux; nous aimons mieux croire que cette résolution lui fut inspi-

---

(1) Cette comédienne avoit débuté en 1716. En 1725 elle prit le voile au couvent des Carmélites de Lyon. Elle mourut le 28 avril 1757.

réc par la perte d'une fille de dix à douze ans qu'elle chériffoit tendrement & dont la mort fut édifiante.

Quel qu'ait été le principe qui la fit agir, fi Mlle Luzy n'emporta pas avec elle la renommée d'une actrice éminente, du moins fon nom peut-il, avec juftice, figu-rer honorablement parmi ceux des femmes de talent qu'a poffédées la Comédie-Françoife.

Mlle Luzy avoit toujours profeffé un goût très-vif pour le mariage. Déjà, en 1779, elle avoit dû époufer un ancien avocat nommé Landry, & plus tard, elle voulut avoir pour époux fon camarade Fleury. Ces deux projets de mariage manquèrent fucceffivement. Auffi, dès qu'elle fut entrée dans la vie privée, fon premier foin fut-il de prendre un mari. Malheureufe-ment, fans doute, elle avoit apporté trop de précipita-tion dans fon choix ; car l'union qu'elle contracta alors fut loin d'être paifible. « Jamais (dit Berryer dans fes « Mémoires), je n'ai vu de métamorphofe plus com-« plète que celle qui s'étoit opérée chez cette actrice « fi folâtre… Ce mariage l'avoit rendue férieufe, mo-« notone & même bizarre… » Auffitôt que la loi le lui permit, elle fe hâta de divorcer ; mais, toujours poffédée de la *matrimoniomanie*, & nullement décou-ragée par un premier effai malheureux, elle contracta une feconde union (1) qui lui réuffit mieux.

<hr>

(1) Le 19 octobre 1795, avec un fieur Jean-Gérard Maris, avoué au tribunal de première inftance de la Seine. Elle avoit divorcé le 25 novembre 1794 avec Pierre-François Guillon, qu'elle avoit époufé le 4 frimaire, an 11.

Enfin, devenue veuve au bout de quelques années, elle paſſa le long intervalle qui s'écoula entre ſon veuvage & ſa mort, arrivée à Paris, le 23 novembre 1830, à l'âge de 83 ans, dans l'obſcurité la plus abſolue & livrée uniquement à des pratiques de piété & de bonnes œuvres que lui permettoit l'état honnête de ſa fortune.

ROLES CRÉÉS PAR Mlle LUZY

1763 Une Comteſſe. . . . *La Manie des Arts*, de R. de Chabannes.
1764 Nérine . . . . *L'Epreuve indiſcrète*, de Bret.
— Iſmène . . . . *Le Cercle*, de Poinſinet.
— Liſette . . . . *L'Homme ſingulier*, de Deſtouches.
1765 Finette. . . . . . . *L'Orpheline léguée*, de Saurin.
1767 La Suivante . . . . . *Les Deux Sœurs*, de Bret.
1768 Finette . . . . *Les Valets maîtres*, de R. de Chabannes.
— Laurette. . . . . . . *Laurette*, de Dudoyer.
— Doris. . . . . *Hylus & Silvie*, de R. de Chabannes.
1769 L'Amour . . . . . . *Les Etrennes de l'Amour*, de Cailhava.
— Marton . . . . *Le Mariage interrompu*, du même.
— Une Nymphe. . . . *Hylas & Silvie*, de Rochon de Chabannes.
— Finette . . . . *Julie*, de Deſnon.
1770 Agathe . . . . *La Veuve*, de Collé.
— Fatmé. . . . . *Le Marchand de Smyrne*, de Chamfort.
1771 Betzy. . . . . *Le Fabricant de Londres*, de F. de Quingey.
1773 L'Amour . . . . . . *L'Amour à Tempé*, de Mme Chaumont.
1776 Nelly . . . . *L'Ecole des Mœurs*, de F. de Falbaire.
— Julie . . . . *La Rupture*, de Legrand.
1777 Marton . . . . *L'Inconſéquent*, de Laujon.
1778 Lady Steele. . . . . *Le Chevalier françois à Londres*, de Dorat.

1779 Uranie . . . . *Les Muses rivales*, de La Harpe.

— La Suivante. . . . . *Laurette*, de d'Oisemont.

— Fanny. . . . . *Roséïde*, de Dorat.

1780 Lisette. . . . . *Le Bon Ami*, de*** (Legrand).

1781 Lisette. . . . . *Le Jaloux sans amour*, d'Imbert.

PIERRE-PHILIBERT

GRANGER (*)

1763 — 1765

RANGER, né à Paris le 23 décembre 1746, n'étoit pas deſtiné au théâtre. Des revers de fortune, ſurvenus dans ſa famille, lui firent embraſſer fort jeune la profeſſion de comédien. Il débuta à la Comédie-Françoiſe, le 12 décembre

---

Extrait des regiſtres de la Paroiſſe des Saints-Innocents : « Mardy, vingt-ſept décembre mil sept cent quarante-ſix, a été baptiſé *Pierre-Philibert*, né le vingt-trois, fils de Guillaume Granger, bourgeois de Paris, & de Françoiſe Fillon, ſon épouſe, demeurant rue de la Féronnerie. »

(*) Quoique rigoureuſement, Granger n'ait pas appartenu à la Comédie-Françoiſe, nous avons cru devoir maintenir ici la notice ſur cet acteur, parce qu'ayant figuré à tort ou à raiſon, dans notre première édition, nous n'avons voulu, ſous aucun prétexte, encourir le reproche d'avoir amoindri ce nouveau volume.

GRANGER
1743-1763

1763, par les rôles d'Égyſthe dans *Mérope* & d'O-
linde dans *Zénéïde;* & continua ſes débuts, le 17 &
le **23** du même mois, en jouant Séïde, & Darviane
dans *Mélanide;* Britannicus, & Charmant dans l'O-
racle.

Sa voix ne parut pas encore ſuffiſamment dévelop-
pée, mais il avoit de l'intelligence dans le débit, de
la juſteſſe dans le geſte ; enfin il fit preuve, malgré
ſon inexpérience, d'un talent que ſon extrême jeuneſſe
ne permettoit pas de ſoupçonner & qui, le 1ᵉʳ janvier 1764, le fit recevoir à l'eſſai. Belle Cour, Molé
& même Grandval, qui étoit rentré quelques mois
plus tard, ayant pris de l'ombrage à ſon ſujet, Granger ſe vit peu à peu relégué dans les rôles les plus in-
fimes de l'emploi qu'ils tenoient en maîtres. Rebuté
des obſtacles qu'il rencontroit, Granger réſolut de
quitter la Comédie-Françoiſe où il étoit depuis deux
ans à peine, & il partit pour la province où il paſſa
vingt années. De retour à Paris au commencement
de 1782, il entra le 5 mars à la Comédie-Italienne,
& ſa première apparition eut lieu dans les rôles de
Dorimon de l'*Apparence trompeuſe* & de Dorante de la
Coquette fixée. Sa grande habitude du théâtre, la nobleſſe de ſon maintien, ſa ſenſibilité profonde l'y firent accueillir avec une grande faveur.

Pendant les huit premières années que cet acteur
paſſa à la Comédie-Italienne, il y établit avec ſuccès
pluſieurs rôles importants & il ſe montra véritablement ſupérieur dans *Tom Jones* & Dorſan de la *Femme*

jaloufe (1). Perfonne n'a joué mieux que lui ce dernier rôle.

Lorfqu'en 1790, ce théâtre fe confacra prefque exclufivement aux pièces à ariettes & que la comédie ne s'y montra plus que comme acceffoire, Granger ne parut fur la fcène qu'à de rares intervalles & dans des rôles indignes de fon talent. Vers 1795, il retourna en province & prit la direction du théâtre de Rouen, qu'il conferva jufqu'en 1808, & qui bientôt devint, grâce à fes foins, le premier théâtre des départements. Il put s'y faire applaudir dans le *Mifanthrope*, le *Menteur*, la *Métromanie*, l'*Homme à bonnes fortunes*, &c.

Granger n'étoit pas d'une taille élevée; mais elle étoit bien prife, & il poffédoit une diftinction & une grâce naturelles qui fçavoient la faire reffortir. Sa phyfionomie étoit animée & expreffive, quoiqu'il eût le nez un peu prononcé & defcendant fur la bouche, & que fon œil gauche fût légèrement contracté & en défaccord avec l'œil droit. Cet œil n'étoit pas de verre, comme on le croyoit de fon temps & ainfi qu'on l'a toujours dit depuis. Granger fe l'étoit crevé, étant écolier, d'un coup de canif, involontaire bien entendu; l'œil s'étoit confervé en la forme apparente, mais il en avoit perdu complètement l'ufage.

Sa diction étoit fçavante & chaleureufe, & aucun

(1) Comédies en cinq actes & en vers, de Desforges, repréfentées, la première, le 22 octobre 1782; la feconde, le 15 février 1785.

détail n'échappoit à fon intelligence. Telle eft la juftice que lui rendent les témoignages contemporains
qui, tous, s'accordent à regretter que ce comédien
d'élite n'eût pas pris rang parmi les membres éminents
de l'ancienne Comédie-Françoife.

Sa vieille réputation, fon mérite reconnu, le firent
nommer, en octobre 1819, membre du jury d'examen
du fecond Théâtre-François & profeffeur de déclamation au Confervatoire. Il conferva ces fonctions jufqu'en 1824, époque à laquelle il fe remaria & alla
habiter une belle propriété qu'il avoit acquife aux environs de Vernon. C'eft là qu'il eft mort, le 15 octobre
1824, dans un âge avancé.

Granger, lors de la révolution thermidorienne, fut
accufé en plein théâtre d'avoir fiégé à Bordeaux comme
membre du Tribunal révolutionnaire. Indigné d'une
telle inculpation, il quitta brufquement la fcène, & n'y
remonta que quelques jours plus tard, après avoir, par
tous les moyens poffibles de publicité, fait conftater
que loin d'avoir jamais été partifan de la Terreur, il
s'étoit toujours comporté comme *un ami de l'humanité
fouffrante*. Ce font les propres termes du mémoire
juftificatif.

ROLES CRÉÉS PAR GRANGER

1764 Damis . . . . *L'Epreuve indiscrète*, de Bret.
1782 Tom Jones . . . . . *Tom Jones à Londres*, de Desforges.
— Solange . . . . *Céphise*, de Marsollier.
— Valcour . . . . *Le Mariage in extremis*, de Piis & Barré.
— De Lys . . . . *L'Indigent*, de Mercier.
— Anaximandre . . . . *Anaximandre*, d'Andrieux.
1783 Dorville . . . . *Sophie de Francourt*, de***.
— Saint-Cher . . . . . . *Le Vaporeux*, de***
— Durimel . . . . *Le Déserteur*, de Mercier.
— Monrose . . . . *Monrose & Amélie*, de Faur.
— Clairfond . . . . . . *Les Deux Portraits*, de Desforges.
1784 Dorlis . . . . *L'Amour à l'épreuve*, de***.
— Jullefort . . . . *La Brouette du Vinaigrier*, de Mercier.
1785 Deperny . . . . *Les Deux Frères*, de Milcent.
— Dorsan . . . . *La Femme jalouse*, de Desforges.
1786 Vanglenne . . . . . . *L'Habitant de la Guadeloupe*, de Mercier.
— Dupont . . . . *Les Amis du jour*, de Beaunoir.
— Dumon . . . . *Les Dangers de la prévention*, de Marsollier.
1787 Tom Jones . . . . . *Tom Jones & Fellamar*, de Desforges.
— De Clumar . . . . . *Natalie*, de Mercier.
— Folleville . . . . *Les Etourdis*, d'Andrieux.
1788 Armand . . . . *Les Arts & l'Amitié*, de Bouchard.
1790 Frédéric . . . . *Ferdinand*, de Dezède.
1791 Le M** d'Apremine . . *Le Convalescent de qualité*, de F. d'Eglantine.

MADEMOISELLE FANIER

1764-1788

ALEXANDRINE-LOUISE

MADEMOISELLE FANIEZ

1764 — 1786

ADEMOISELLE FANIEZ, née à Cambray, le 26 octobre 1745, appartenoit à
une honnête famille de la bourgeoisie ;
elle eut pour marraine Mlle de Boufflers. On ignore
les circonstances qui la mirent au théâtre. Elle débuta
à la Comédie-Françoise, le mercredi, 11 janvier 1764,
dans les rôles de Finette & de Lisette du *Dissipateur*
& du *Préjugé vaincu*. Elle les termina le 25 juin, par
le rôle de Colette, dans les *Trois Cousines*. Elle n'avoit
jusqu'alors paru sur aucune scène, & malgré son inex-

Extrait des registres de la paroisse Saint-Martin, de Cambray : « L'an
mille sept cent quarante-cinq, le vingt-six d'octobre, est née & a été
baptisée *Alexandrine-Louise Faniez*, fille légitime de Charles-Joseph & de
Marie-Elenne Cristallin, ses père & mère. »

périence, elle ne laiffa pas d'être bien accueillie. Reçue le 30 janvier (1), aux appointements de deux mille livres, admife à la demi-part, le 19 mars 1766, elle n'obtint la part entière que le 18 avril 1780. Mmes Belle Cour & Luzy fe partageoient l'emploi des *foubrettes* où le public les voyoit, l'une & l'autre, avec plaifir : cet obftacle rendoit plus difficile la tâche de Mlle Faniez ; cependant, fon zèle & fes efforts l'en firent triompher. Rivale en beauté de Mlle Luzy, elle n'eut bientôt plus rien à envier au talent de cette actrice & la priorité de réception devint la feule ligne de dé-marcation qui exiftât entre elles. La vivacité, la gaieté, la fineffe caractérifoient le jeu de Mlle Faniez dont tous les foins tendoient, d'ailleurs, à n'imiter perfonne : ce qui dénote qu'elle avoit de la juftefle dans le goût. Elle s'attacha à donner, en effet, à tous les rôles de fon emploi, furtout dans le répertoire moderne, une allure gaie & fpirituelle, en obfervant une jufte me-fure entre la froideur, fi contraire à l'illufion & à l'exagération qui la détruit. On rapporte une anecdote

---

(1) « Du 1er avril 1765, nous.., avons accordé à la demoifelle Faniez, comédienne françoife, la fomme de quatre mille livres, dont elle jouira à commencer de l'ouver-ture de la préfente année 1765 ; savoir : celle de deux mille, à titre d'appointements, qui feront répar-tis par le caiffier de la Comédie, de mois en mois, & deux mille livres par forme de gratification, qui feront également répartis de mois en mois ; avec l'affurance que ladite demoifelle Faniez continuera de mériter, par fon application & fes talents, d'être admife au nom-bre des comédiens du Roi. »

Signé : le Maréchal Duc de Richelieu, duc de Duras.

qui prouve auſſi que cette actrice poſſédoit une préſence d'eſprit ſingulière. La mémoire lui ayant fait
défaut dans la *Métromanie*, où elle jouoit le rôle de
Liſette, après ce vers :

« Et je prétends ſi bien repréſenter l'idole (1) »

& le ſouffleur ne venant pas aſſez promptement à ſon
aide, elle improviſa le vers ſuivant :

« Mais j'aurai plutôt fait de regarder mon rôle »

ce qui étoit d'autant plus en ſituation, qu'elle repréſentoit une ſoubrette étudiant un rôle pour le jouer
en ſociété ; puis, tirant naturellement de ſa poche le
rouleau que déjà, dans un acte précédent, elle avoit
montré en diſant :

« Témoin ce rôle encor qu'il faut que j'étudie »

elle eut le temps de ſe remettre & de rafraîchir ſes
ſouvenirs, ſans que l'illuſion de la ſcène en ſouffrît.

A ces dons de l'intelligence, cette actrice joignoit
une phyſionomie des plus piquantes ; ſa voix laiſſoit
pourtant à déſirer plus de netteté & d'euphonie.

Malgré une ſanté fort délicate, Mlle Faniez fournit
une aſſez longue carrière ; il eſt vrai qu'elle joua fort

(1) Acte II, ſcène II.

peu pendant les deux dernières années qu'elle paſſa
au théâtre. Elle prit ſa retraite le 1ᵉʳ avril 1786. La
repréſentation où elle parut pour la dernière fois, eut
cela de remarquable qu'elle terminoit également la
carrière théâtrale de Brizard, de Préville & de ſa
femme. Deux penſions, l'une de 1,500 livres ſur la
Comédie, l'autre de 1,000 livres, accordées en deux
fois par le Roy (en 1783 & en 1786), furent le prix
de ſes ſervices.

Mˡˡᵉ Faniez avoit tourné la tête à bien des gens &
particulièrement à ce pauvre Dorat, qu'elle ne quitta
qu'à ſon lit de mort, mangeant tous les ſoirs les confi-
tures ſèches que Mᵐᵉ de Beauharnois apportoit tous
les matins au malade. On a prétendu qu'un mariage
ſecret l'uniſſoit à ce poète.

Après ſa retraite, elle épouſa, le 11 frimaire an II
(1ᵉʳ novembre 1793), M. Gaſſe, qui a été huiſſier de
la Chambre du Roy ſous la Reſtauration, & auprès de
qui elle vécut heureuſe, réſiſtant à toutes les propoſi-
tions qui lui furent faites, depuis ſon mariage, par
Mˡˡᵉ Raucourt, par Sageret & d'autres directeurs de
grands théâtres, pour la décider à remonter ſur la
ſcène. Elle eut la ſageſſe de s'abſtenir.

Atteinte depuis longtemps d'une maladie chronique,
Mˡˡᵉ Faniez paſſa les deux dernières années de ſon exiſtence dans une maiſon de ſanté à Montmartre, où elle
eſt décédée le 3 juin 1821, à l'âge de ſoixante-ſeize
ans.

ROLES CRÉÉS PAR Mlle FANIEZ

1767 Betzy . . . . *Eugénie*, de Beaumarchais.
1768 Finette . . . . *Les Valets maîtres*, de R. de Chabannes.
— Aglaé. . . . . *Hylas & Silvie*, du même.
1769 Zirphé . . . . *Les Etrennes de l'Amour*, de Cailhava.
— Agathe . . . . *Julie*, de Defnon.
1770 Fatmé. . . . . *Le Marchand de Smyrne*, de Chamfort.
1771 Betzy . . . . *Le Fabricant de Londres*, de F. de Falbaire.
— Julie. . . . . *Le Persiffleur*, de B. de Sauvigny.
— Life. . . . . *Les Amants fans le fçavoir*, de Mme de
   Saint-Chamont.
1772 Finette . . . . *L'Anglomane*, de Saurin.
1773 Georgette. . . . . . *La Centenaire*, d'Artaud.
— Dorine . . . . *La Feinte par amour*, de Dorat.
1774 Fanchette. . . . . . *Les Amants généreux*, de R. de Chabannes.
— Agathe . . . . *La Partie de chaffe*, de Collé.
1775 Nérine . . . . . . *Le Célibataire*, de Dorat.
1776 Mme de Follange. . . *Le Malheureux imaginaire*, du même.
1777 Fanchette. . . . . . *L'Inconféquent*, de Laujon.
1778 Lady Halifax. . . . . *Le Chevalier françois à Londres*, du même.
— Rofe . . . . *Le Chevalier françois à Turin*, de Dorat.
1779 Finette . . . . *Rofcïde*, du même.
1782 Rofette . . . . *Le Flatteur*, de Lantier.
1784 Marton . . . . *Le Jaloux*, de R. de Chabannes.

LOUIS-HENRY

FEULIE

1764 -- 1774

EULIE, né à Paris, le 25 février 1736, eſt mort dans la même ville, le 17 octobre 1774. Il n'avoit jamais joué ſur un théâtre public, lorſque, entraîné par un goût décidé, il quitta l'établi de ſon père, modeſte tailleur en la Cité, pour débuter à la Comédie-Françoiſe, le mardi 8 mai 1764. Il y parut d'abord dans les rôles de Frontin du *Muet*, & de Labranche de *Criſpin rival de ſon maître*, ſucceſſivement dans le *Légataire universel*, l'*Impromptu de campagne*, le *Feſtin de Pierre*, la *Gouver-*

Extrait des regiſtres de la paroiſſe Saint-Barthelemy ; « Le 26 février 1736, a été baptiſé par nous, *Louis-Henry*, né le jour précédent, fils de Philibert-Henry Feulie, maître tailleur, & d'Eliſabeth-Jeanne Grevin, ſa femme, demeurant rue Saint-Louis, de cette paroiſſe. »

FhULIE
1764 1774

nante, les *Folies amoureuſes*, & enfin dans le rôle de Lolive du *Grondeur*. On lui reconnut des diſpoſitions innées, un jeu franc, gai, naturel, également éloigné de la charge & de la froideur ; en un mot, il montra qu'il y avoit chez lui l'étoffe d'un véritable comédien. Ce jugement favorable porté par le public ſur ſes premiers eſſais, lui valut un ordre de réception en 1766.

Ce comédien, doué d'un maſque convenable à ſon emploi, d'une taille agréable & dégagée, d'agilité & de preſteſſe dans ſes mouvements, vit ſon ſuccès s'accroître chaque jour & ne tarda pas à conquérir une réputation qui le plaça au rang des acteurs les plus goûtés de la Comédie-Françoiſe. La Harpe a dit dans le *Mercure de France*, auquel il travailloit alors, que « Feulie étoit un excellent comédien, ſaiſiſſant à mer- « veille la caricature & le ridicule de ſon perſonnage « & le rendant avec une vérité ſingulière. » Cet éloge, ſous la plume de La Harpe, critique peu indulgent, acquiert de la valeur.

Un rôle dans lequel Feulie excella, fut celui de Tartufe. En s'y montrant tout auſſi profond qu'Auger, qui jouoit ce rôle en partage, il n'achetoit pas comme celui-ci, les ſuffrages du parterre par d'ignobles bouffonneries, & il ſçavoit y obtenir une réuſſite auſſi grande, mais plus déſirable, puiſqu'il n'en étoit redevable qu'à des moyens avoués par la bienſéance & le bon goût.

Feulie n'eut pas l'occaſion de prouver toute ſa capacité ; car il eſt reſté trop peu de temps au théâtre pour avoir pu y établir beaucoup de rôles nouveaux. Le célèbre Préville, d'ailleurs, auroit pu, ainſi qu'Auger, revendiquer au beſoin des droits antérieurs à ceux de cet acteur. Il ne joua donc d'original qu'un petit nombre de rôles, & ceux dont il fut chargé dans le répertoire moderne, n'offrirent que peu d'importance. On ne peut guère citer que Picard dans le *Bourru bienfaiſant*, M. Jourdain dans la *Centenaire* (1), Liſimon, dans la *Feinte par amour*, & Lucas, dans la *Partie de chaſſe de Henry IV* ; encore ne joua-t-il ce dernier rôle que dans la repréſentation que les Comédiens françois allèrent donner de cette comédie à la campagne de leur ancienne camarade, Mlle Dangeville ; car, à cette époque, Louis XV avoit défendu qu'elle fût jouée ſur un théâtre public. Cette interdiction ne fut levée qu'après la mort du Roy ; mais alors Feulie lui-même n'exiſtoit plus. Il y fut remplacé par Auger ; la petite-vérole l'ayant enlevé au théâtre, pour lequel ſa mort prématurée fut une perte réelle & vivement ſentie.

_____

(1) Comédie en un acte & en vers, d'Artaud, compoſée en l'honneur de Molière & repréſentée le 18 février 1773.

ROLES CRÉÉS PAR FEULIE

1764 La Garouffière. . . . *L'Homme singulier*, de Deſtouches,
1765 Un domeſtique . . . *Le Philoſophe ſans le ſçavoir*, de Sedaine.
1767 Robert . . . . *Eugénie*, de Beaumarchais.
1768 L'Abbé . . . . *Les Valets maîtres de la maiſon*, de R. de Chabannes.
— Tomi. . . . . *Béverley*, de Saurin.
1769 Mondor . . . . *Les Etrennes de l'Amour*, de Caillhava.
— Dumont. . . . . . . *Julie*, de Defnon.
1770 André. . . . . *Les Deux Amis*, de Beaumarchais.
— Nébi . . . . *Le Marchand de Smyrne*, de Chamfort.
1771 Uſtache. . . . . *L'Heureuſe Rencontre*, de Mᵐᵉˢ Roſet & Chaumont.
— Germon. . . . . . . *Les Amants ſans le ſçavoir*, de la Marquiſe de Saint-Chamont.
— Picard. . . . . *Le Bourru bienfaiſant*, de Goldoni.
1772 Lolive. . . . . *L'Anglomane*, de Saurin.
1773 M. Jourdain. . . . . *La Centenaire*, d'Artaud.
— Liſimon . . . . *La Feinte par amour*, de Dorat.

MARIE-HÉLÈNE BROQUAIN

dite MLLE DE LA CHASSAIGNE

dite MLLE DE LA CHASSAIGNE

1766 — 1803

NIÈCE de Mlle Lamotte, ancienne actrice de la Comédie-Françoise, Mlle de La Chaffaigne débuta, le 6 janvier 1766, dans *Phèdre*, fous le nom de *Sainval*, qu'elle quitta peu après, à l'arrivée de fon homonyme, Mlle *de Saint-Val* l'aînée.

Elle parut une feconde fois dans le même rôle le 19 janvier. Le 23 & le 26, elle joua Alzire, & le 30,

---

Extrait des regiſtres de la paroiſſe de Saint-Valery, de Saint-Valery :
« *Marie-Hélène,* fille légitime de Michel Broquain, écuyer, S^r de La Chaffaigne, & de dame Marie-Catherine des Mottes, fon époufe, eſt née le feize janvier mil fept cent quarante-fept & a été baptifée le lendemain. Son parrain, Jean-Baptifte Broquain de La Chaffaigne, fon frère; fa marraine, Mlle Marie-Hélène des Mottes, fa tante, repréfentée par Geneviève Lendeud, fille de Louis Lendeud, capitaine de navire, &c., & ont figné avec nous, De Cailly, curé doyen. »

MADEMOISELLE DE LA CHASSAIGNE

Camille dans *Horace*. Ses débuts fe prolongèrent jufqu'au 16 mars.

Après une interruption de quelques mois, elle les
reprit en feptembre, & reparut dans le rôle de
Mme Lélu, des *Bourgeoifes de qualité*. Admife d'abord
à l'effai, on lui attribua, le 1er avril 1768, les appointements de deux mille livres ; puis, le 15 mars, elle
fut enfin reçue fociétaire à demi-part (1).

Cette actrice joua fimultanément les *confidentes tragiques*, les *amoureufes* & les *utilités* en tout genre.
Lors de la retraite de Mme Drouin, en 1780, elle lui
fuccéda dans l'emploi dit des *caractères*.

C'eft à cette catégorie de rôles que Mlle de La Chaffaigne, jufqu'alors comédienne fort ordinaire, dut de
fortir de fon obfcurité. Elle fut difcerner avec tact la
nuance fi difficile à faifir, qui fépare le ridicule de la
bouffonnerie ; & jamais, dans fon nouvel emploi, elle
ne fe permit une charge de mauvais goût. Elle jouoit,
finon avec entraînement, du moins avec affez de gaîté
pour n'être pas vue fans plaifir. Son extérieur la fecondoit d'ailleurs utilement, & elle ajoutoit encore
à ce qu'il offroit de plaifant par l'art avec lequel elle

(1) « Le mercredi 15 mars 1769,
« Nous, Maréchal de Richelieu...
« Nous, duc de Duras..., avons
« reçu, fous le bon plaifir du Roi,
« la demoifelle de La Chaffaigne,
« dans la troupe des Comédiens
« françois du Roi, à demi-part,
« pour jouer les *premières & fe-*
« condes *amoureufes en double,*
« ainfi que les *premières & fe-*
« condes *confidentes*, & enfin tous
« les rôles néceffaires pour l'utilité
« du fervice. A Verfailles, 15 mars
« 1769. Signé : Le maréchal de
« Richelieu, le duc de Duras. »
(*Journ. mf.* du Théâtre-Franç.)

favoit fe grimer, & habiller fes perfonnages. Elle re-
produifoit furtout avec une certaine vérité l'importance de ces vieilles bourgeoifes qui fe mêloient de
finger les airs de la Cour.

Entièrement dévouée aux intérêts de fa Société,
Mlle de La Chaffaigne ne refufa jamais un rôle, quelque infignifiant, quelque mauvais qu'il fût; & elle
mettoit à le jouer le même foin que s'il eût été propre à la faire briller. Elle joignoit à une grande habitude de la fcène une bonne tradition de la plupart de
fes rôles : fon débit étoit fage : elle poffédoit une
connoiffance parfaite de la langue & de la profodie ;
avantages qui rendoient fa diction d'une netteté remarquable.

Comme femme, elle s'étoit fait aimer pour fes
qualités fociales, fon efprit conciliant & la bonté de
fon cœur.

La nature pacifique de fes goûts & fa modération
auroient dû la mettre à l'abri des orages de la Révolution ; & cependant elle fut incarcérée en 1793 avec
la plupart de fes camarades. Après fa fortie de prifon,
cette actrice fit partie de la réunion du théâtre Feydeau, &, plus tard, de la Comédie-Françoife reconftituée.

Elle joua pour la dernière fois le 22 octobre 1803.
Sa repréfentation de retraite, donnée fur la fcène de
l'Opéra, le 19 juin 1805, fe compofoit de la tragédie
d'*Olympie*, de Voltaire ; des *Mœurs du temps*, de Saurin, & du *Retour de Zéphir*, ballet danfé par Duport

& Mme Gardel. Cette repréfentation ne produifit qu'un profond ennui & un réfultat pécuniaire négatif.

Mlle de La Chaffaigne avoit fixé fa réfidence à Saint-Mandé, aux portes de Paris. Elle y vécut très-folitaire, & très-modeftement, à l'aide de la penfion de retraite & d'une penfion de fix cents livres, qu'elle avoit, avant la Révolution, reçue du roi Louis XVI, & qui, fur fa demande motivée, lui fut rendue le 8 novembre 1814, par le gouvernement de la Reftauration. Malgré la modicité de fes reffources, elle confacroit la majeure partie de fon avoir à de bonnes œuvres, & prefque tout fon temps à des pratiques de dévotion.

Rappelons en paffant que, lorfque Voltaire fut couronné folennellement à la Comédie-Françoife, après la première repréfentation d'*Irène*, c'eft Mlle de La Chaffaigne qui fuggéra l'idée de cette ovation littéraire.

Les événements politiques de 1814 & l'irruption des Etrangers en 1815, frappèrent fon imagination, & pendant les cinq années que fon exiftence fe prolongea encore, fes facultés intellectuelles éprouvèrent un grand affoibliffement. Elle mourut le 23 juin 1820.

Cette actrice avoit été aimée, dans fa jeuneffe, par le prince de Lamballe. De ce commerce étoit née une fille qui débuta, en 1788, à la Comédie-Françoife, où elle ne fut pas reçue.

ROLES CRÉÉS PAR Mlle DE LA CHASSAIGNE

1768 Une Modiste..... *Les Valets maîtres*, de Rochon de Chabannes.
— Une Nymphe. . . . *Hylas & Sylvie*, du même.
1772 Flavie......... *Roméo & Juliette*, de Ducis.
1777 Félime........ *Muſtapha & Zéangir*, de Champfort.
1783 Marceline...... *Le Mariage de Figaro*, de Beaumarchais.
1784 Mme Robert..... *Le Bienfait anonyme*, de Pilhes.
1785 La Préſidente.... *L'Oncle & les Tantes*, de De Laſalle.
1786 Mme Syphon..... *La Phyſicienne*, de La Montagne.
— La Breſſanne .... *Les Amours de Bayard*, de Monvel.
1787 L'Hôteſſe...... *Les Etourdis*, d'Andrieux.
1788 Mme de Plinville .. *L'Optimiſte*, de C. d'Harleville.
— Floriſe......... *Lanval & Vivianne*, d'André Murville.
1789 Mme Franval..... *Le Préſomptueux*, de F. d'Eglantine.
1791 Gertrude...... *Alceſte à la campagne*, de Demouſtier.
— Urſule........ *L'Intrigue épiſtolaire*, de F. d'Eglantine.
— Mme Mondor..... *Le Conciliateur*, de Demouſtier.
— Mme Gercourt.... *Minuit*, de Défaudras.
1793 Mme Bertrand .... *Le Conteur*, de Picard.
— Mme Dorville..... *Les Femmes*, de Demouſtier.
1795 Catherine...... *Le Bon Fermier*, de Ségur.
1798 Flora........ *Michel Montaigne*, de Guy.
1799 Anna........ *Les Deux Frères*, de Kotzebuë.
— Jaquette........ *Les Précepteurs*, de F. d'Eglantine.
— Marinette...... *L'Abbé de l'Epée*, de Bouilly.
1800 Mme Cornebois . . . *L'Intrigant dupé*, de Martelli.
— La Fermière..... *Camille*, de *** (Mme de Salm.)
— Marianne...... *L'Abbé de l'Epée*, de Bouilly.
— Françoiſe...... *Caroline*, de Roger.
1803 Clotilde........ *Hermann & Verner*, de Favières.

Mlle DE SAINT-VAL, L'AINÉE

MARIE-PAULINE-CHRISTINE

ALZIARY DE ROQUEFORT

dite MADEMOISELLE DE Sᵀ-VAL l'aînée

1766 — 1779

HRISTINE Alziary, née à Courſegoules, bourg ſitué en Baſſe-Provence, dans la ſénéchauſſée de Graſſe, le 15 décembre 1743, appartenoit à une famille honorable du pays. Sa mère avoit été attachée à la perſonne de la Reine Marie Lecſinska ; ſon père étoit chevalier de Saint-Louis, & un de ſes frères (qui plus tard devoit acquérir une triſte renommée) étoit au ſervice. Elle reçut au couvent d'Antibes, ainſi que ſa ſœur, une excellente édu-

---

Extrait des regiſtres de l'état civil de Courſegoules : « L'an mille ſept cent quarante & trois, le quinze du mois de décembre, eſt née damoiſelle *Marie-Pauline-Chriſtine*, fille de Monſieur Honoré-Alziary de Roquefort & de dame Marie-Geneviève de Gazagnaire, & le ſeize à midi a été baptiſée. »

cation. Eſt-ce dans les repréſentations tragiques (tradition de Saint-Cyr) données par les penſionnaires à la
fin de l'année d'études, & dans leſquelles la jeune
Alziary ſe faiſoit remarquer par ſon intelligence pré-
coce, qu'il faut chercher l'occaſion qui fit une comédienne de cette demoiſelle de condition, que ſon origine appeloit à une poſition autre que celle où elle
s'eſt rendue célèbre? Eſt-ce, ainſi que des témoignages
contemporains porteroient à le faire croire, dans le
goût du théâtre, qui ſembloit être inné chez tous les
membres de cette famille (1)? A tel point que le père,
loin de comprimer les tendances de ſes filles, les favo-
riſa en exerçant leurs diſpoſitions ſur un petit théâtre
de ſociété qu'il avoit dans le village de Saint-Paul.

Toutefois, ce ne fut pas ſans déplaiſir que, ſubiſſant
à ſon inſçu l'empire des préjugés de ſon époque & de
la caſte à laquelle il ſe targuoit d'appartenir, ce père
vit ſes filles embraſſer décidément la carrière du théâtre, & il ne fallut rien moins que la réputation qu'elles
ne tardèrent pas à y acquérir l'une & l'autre, pour faire
taire ſes répugnances.

Après avoir d'abord joué la tragédie à Lyon, où
elle étoit fort goûtée, Mlle de Saint-Val aînée fut
mandée à Paris, afin de combler le vide qu'alloit
laiſſer le prochain éloignement de Mlle Clairon. Elle

(1) Un frère de cette actrice débuta, ſous le même nom, à la
Comédie-Italienne, le 30 juillet
1780. Il ne fut pas reçu. C'eſt vrai-
ſemblablement ce frère dont nous
diſons ci-après un mot en note,
dans l'article relatif à Mlle de Saint-
Val la cadette.

débuta à la Comédie-Françoife, le 5 mai 1766, par le rôle d'Ariane; le 12, le 14 & le 17, elle joua Alzire, & le 21 du même mois, Aménaïde. Un accident malencontreux, quoique fort naturel, dut interrompre fes débuts, qu'elle reprit au bout de quelques mois, le 8 novembre, par le rôle d'Hypermneftre, &, le 15, par celui d'Iphigénie, dans *Iphigénie en Tauride*. Elle fut reçue l'année fuivante à demi-part, avec promeffe d'un troifième quart à la fin de la feconde année, & de la part entière après deux ans révolus (1).

Bien que cette tragédienne ne poffédât pas, au même degré, les qualités qui diftinguoient l'actrice fupérieure à qui elle fuccédoit, & qu'elle fût à une diftance plus grande encore de Mlle Du Mefnil, tout âgée qu'étoit déjà cette dernière, on reconnut dans la débutante de la nobleffe & de l'intelligence. Elle rachetoit de grandes incorrections par l'expreffion la plus heureufe de la fenfibilité, & malgré la monotonie, parfois lamentable, de fa voix, malgré fes traits prefque repouffants, elle avoit des moments fi beaux, qu'on lui pardonnoit fes fautes, qui, d'ailleurs, échappoient à la multitude. Voltaire écrivoit au marquis de Thibouville :

(1) « Ce qui doit faire le plus « d'honneur à la débutante, dit le « *Mercure*, c'eft que l'affluence a « été plus remarquable dans *Tancrède* (*), tragédie dont le fort « avait paru dépendre du rôle « d'Aménaïde, établi avec tant d'é- « clat par la célèbre Mlle Clairon, « qu'il paroiffoit douteux qu'on « pût voir la pièce fans elle. »

(*) La recette fut, en effet, ce jour-là, de 2,633 livres; le furlendemain, elle fut, pour cette même pièce, de 2,852.

« Voilà donc Mlle Saint-Val, une actrice sublime, su-
« périeure à Mlle Du Mesnil (1) ! » La Harpe, de son
côté, proclamoit dans le *Mercure* « que cette actrice
« étoit faite pour le grand pathétique & qu'elle l'at-
« teignoit quelquefois jusqu'à faire oublier les dis-
« grâces de sa figure & de son organe. »

Mlle de Saint-Val étoit, en effet, fort laide, & elle
le sçavoit si bien que son geste le plus habituel ten-
doit à dérober au public l'aspect de sa figure, en ra-
menant le bras à la hauteur du visage.

A l'instar de Mlle Du Mesnil, cette actrice avoit des
transitions inattendues qui n'appartenoient qu'à elle &
qui entraînoient les suffrages. L'on n'auroit jamais pu
croire que tel mot dût produire l'enthousiasme; mais
ce mot étoit préparé par un coup d'œil, un jeu de
physionomie. Dans *Mérope* particulièrement, elle
excitoit les transports du public avec quelques paroles,
lorsqu'au moment de la reconnoissance, cette reine
s'écrie, en voyant Poliphonte prêt à frapper Egysthe :

« Barbare ! il est mon fils »

& qu'Egysthe, se jetant à ses pieds :

— Moi ! votre fils ?

— Tu l'es ! »

répond Mérope en l'embrassant.

---

(1) Nouvelle preuve de la versatilité des appréciations chez Voltaire.

Ces deux mots étoient jetés par Mlle Saint-Val avec un accent impoſſible à décrire. Elle ſembloit, en les prononçant, couvrir Egyſthe de tout ce qu'il y a de puiſſance & d'amour dans la maternité.

Dans la ſcène d'Emilie avec Cinna, lorſqu'on lui nomme ceux des conjurés qui ſont mandés par Auguſte, elle écoutoit, le bras gauche appuyé ſur ſon coude, dans l'attitude de la réflexion, & répondoit lentement, ſans les regarder & comme ſe parlant à elle-même :

« Mandés, les chefs de l'entrepriſe...
« Tous deux en même temps...

& tournant tout à coup la tête du côté de Cinna, elle lui diſoit vivement :

« Vous êtes découverts ! »

Cette gradation produiſoit un effet prodigieux, diſent les feuilles contemporaines.

Il en étoit de même dans *Sémiramis*, lorſqu'elle voyoit le billet aux mains d'Arſace & qu'elle lui diſoit :

« D'où le tiens-tu !
— Des dieux.
— Qui l'écrivit?
— Mon père.
— Que dis-tu ? »

Ces mots étoient un des plus grands effets de Mlle Saint-Val.

Cependant, malgré le zèle dont elle étoit animée & le talent qu'elle montroit, il s'écoula dix années avant qu'on lui accordât la part entière à laquelle lui donnoient droit & son mérite incontestable & les promesses qui lui avoient été faites lors de son admission dans la Société. Loin de là ! il n'est sorte de déboires dont elle ne fut abreuvée. Elle avoit rencontré sur sa route, en Mme Vestris, reçue depuis elle, une rivale jalouse de ses succès & ardente à lui disputer le terrain. Cette actrice, étayée par la protection du duc de Duras, qui avoit la haute main sur la Comédie-Françoise, confisqua à son profit la majeure partie des rôles qu'elle n'auroit dû jouer qu'en partage avec Mlle Saint-Val. Vingt-trois rôles seulement furent laissés à celle-ci, tandis que cent douze devenoient la part léonine de Mme Vestris.

Le public, cependant, sembloit pencher en faveur de la première de ces actrices, s'il faut en juger par ce qui se passa un soir que Mme Vestris, qui devoit jouer Hypermnestre, fut remplacée à l'improviste par Mlle Saint-Val, à la sollicitation des comédiens. Les spectateurs, qui ne s'attendoient pas à cette substitution (1), l'accueillirent par de bruyantes démonstrations, qui témoignoient de leur plaisir, ce dont l'actrice fut si touchée, qu'elle fut tout bonnement *sublime* dans son rôle. Le lendemain de cette représentation, le puissant protecteur de Mme Vestris fit menacer

---

(1) Nous avons déjà eu occasion de dire que les noms des acteurs ne figuroient pas alors sur les affiches.

Mlle Saint-Val de la prifon, fi elle s'avifoit de jouer déformais, même pour rendre fervice à la Société, d'autres rôles que ceux qu'un acte arbitraire lui avoit dévolus. On vouloit, à tout prix, l'anéantir & la contraindre, à force de dégoûts, à quitter la Comédie-Françoife, où fa defpotique rivale pourroit alors régner en fouveraine.

Révoltée de tant d'injuftice, Mlle de Saint-Val effaya de fe défendre & de juftifier fa conduite dans un Mémoire rendu public & qui réfumoit toutes les pièces du procès (1). Cette tentative lui porta malheur, car elle fut rayée des cadres de la Comédie par un ordre exprès du Roy, & exilée en Beauvoifis (fait unique dans les faftes du théâtre), comme coupable d'avoir publié un *libelle* où elle infultoit, en effayant d'avoir raifon, fes camarades & M. le duc de Duras, fon fupérieur.

Cependant, le public, toujours difpofé en général à époufer la querelle de la victime, prit fait & caufe pour l'actrice opprimée & fit cruellement expier à Mme Veftris fon injufte triomphe. Pendant longtemps celle-ci ne pouvoit plus paroître en fcène fans être honnie, confpuée ; &, plus d'une fois, il devint néceffaire de doubler, de tripler même la garde aux repréfentations.

(1) *Lettres de Madame la comteffe de Mal... à Madame la marquife d'A...*
Ces lettres étoient l'œuvre de la marquife de Saint-Chamond, ci-devant Mlle Mazzarelli, amie de Mlle Saint-Val.

La divifion s'introduifit parmi les comédiens eux-
mêmes. Les uns fe mirent du parti de Mlle Saint-Val ;
les autres fe rangèrent du côté de fon adverfaire. C'eft
à cette occafion qu'il circula une facétie, très-répandue déjà dans les couliffes & que le monde accueillit
avec empreffement ; elle avoit du moins, à défaut
d'autre mérite, celui de deffiner les deux camps (1).

Sur ces entrefaites, une affaire déplorable vint encore ajouter aux chagrins de Mlle Saint-Val & aggra-
ver ce que fa pofition avoit de pénible. Son frère,
fergent au régiment Lyonnois, fut accufé d'avoir tué
un de fes camarades à l'occafion d'un paffe-droit. Il
lui avoit, rapportoit-on, plongé fon épée dans le cœur
avant qu'il ne fe fût pofé en garde. Ayant été mis en
accufation, il ne voulut rien confeffer. On lui appliqua la queftion qu'il fubit avec courage, ne voulant
pas infliger le déshonneur à fa famille par l'aveu de
fon crime (2).

___

(1) Elle étoit intitulée : *Efcadre
blanche, Efcadre rouge.*
Efcadre blanche, portant le pavil-
 lon de la reine *Vénus :*
 Amiral, Veftris. — Servant fous
 fes ordres : Brizard, Préville,
 Des Effards, Larive, Ponteuil,
 Vanhove, Courville, Dugazon;
 Mmes Préville, Belle Cour, Luzy,
 Dugazon, Suin.
Efcadre rouge, portant pavillon de
 de la reine *Melpomène :*
 Saint-Val aînée, amiral. — Ser-

vant fous fes ordres : Molé, Auger, Monvel, Dazincourt, Fleury;
Mmes Saint-Val jeune, D'Oligny,
Faniez, Lachaffaigne, Contat.
 (Supp. à la *Gazette de France,*
 du 27 feptembre 1779.)
(2) Le 18 avril 1769, Mlle de
Saint-Val s'étoit préfentée à l'affemblée tenue pour le répertoire.
Son trouble annonçoit une âme
vivement agitée & c'eft avec une
émotion toujours croiffante, qu'elle
s'exprima en ces termes : « Il m'eft

On ufa alors d'un autre moyen, & dans l'efpoir que le coupable fe trahiroit, on fit tout à coup paroître à fes yeux le cadavre de fon ami ; mais le malheureux jeune homme, au lieu de fuccomber devant cette nouvelle épreuve, conferva affez d'empire fur lui-même pour fe précipiter fur ce corps enfanglanté, en s'écriant : « Que ne peux-tu, ô mon ami, renaître à la vie pour

« revenu, Meffieurs, que plufieurs « de mes camarades avoient réfo-« lu de ne plus jouer avec moi « depuis la malheureufe affaire de « mon frère. Soyez perfuadés pour-« tant, Meffieurs, que dans cette « cataftrophe affreufe, il n'y a « rien qui caractérife l'infamie ni « la baffeffe. C'eft un jeune homme « de dix-huit ans qui s'eft livré à « tout ce que la fougue de fon « âge a pu lui fuggérer ; mais, je « vous protefte... » M¹¹ᵉ de Saint-Val n'en put dire davantage ; les fanglots lui coupèrent la parole & elle tomba fur fon fiége avec les fymptômes du défefpoir. Les comédiens affectés de fa douleur, mais n'ofant fe mettre au-deffus des préjugés que leurs cœurs, leurs confciences réprouvent, réfolurent de s'en remettre directement à la décifion de leurs fupérieurs. Le lendemain 19, ils reçurent la réponfe des quatre premiers gentils-hommes, ainfi conçue : « Nous, « duc d'Aumont, pair de France ; « nous, maréchal, duc de Riche-

« lieu ; nous, duc de Duras ; nous, « duc de Fleury, tous premiers « gentilshommes de la Chambre « du Roi, approuvons la délicateffe « des comédiens françois ; mais « l'affaire dont il eft queftion, eft « d'une nature que nous trouvons « ne pouvoir ni devoir être impu-« tée à blâme par qui que ce foit « pour la famille de la demoifelle « de Saint-Val. Non-feulement, « nous trouvons très-bon la fenfi-« bilité de la Comédie pour la « trifte fituation de la demoifelle « de Saint - Val, mais eftimons « qu'en les déterminant à la con-« ferver parmi eux & fous nos « ordres, nous leur fournirons les « moyens de faire un acte d'huma-« nité qui ne peut que leur faire « honneur & augmenter l'eftime « dont nous avons toujours donné « des preuves à leur Société. »

Fait à Paris, &c. Suivent les fignatures.

(Manufcrit de la Bibliothèque nationale, déjà cité.)

264

« confondre mes ennemis, en leur difant que je fuis
« un homme d'honneur. »

Les partifans de l'actrice exilée, auxquels fe joignit
fa fœur, ne négligeoient cependant aucune démarche
pour obtenir fon rappel. Mais tous leurs efforts échouèrent contre une influence fupérieure, & ce n'eft qu'en
novembre 1779 qu'il fut donné à la pauvre Saint-Val
de voir fon ordre d'exil révoqué; toutefois elle ne fut
pas rétablie au nombre des comédiens du Roy. On lui
laiffa feulement la faculté de jouer fur les théâtres de
la province, dont elle parcourut les principales villes
en triomphatrice (1).

Vers la fin de 1789, un foir & dans l'intervalle de
la grande à la petite pièce, un fpectateur fait la motion que Mlle de Saint-Val aînée foit invitée à rentrer
au théâtre. Cette propofition eft appuyée avec feu par
la falle entière, au grand déplaifir de Mme Veftris, &
l'acteur Dunant vient annoncer que la Société porteroit
à Mlle Saint-Val l'expreffion des vœux du public. Le

(1) Après une repréfentation de *Médée*, fur le théâtre d'Avignon, une
colombe vint lui apporter une couronne à laquelle étoient attachés ces
vers :

« Illuftre ornement de la fcène,
« Toi, dont l'âme excite en nos fens
« Tous les fublimes mouvemens
« Dont s'enorgueillit Melpomène !
« Saint-Val, reçois le jufte encens
« Que nous devons à ton génie ;
« Et revois ici ta patrie,
« Puifqu'on y chérit les talents. »

Partout où cette tragédienne s'arrêtoit, elle étoit l'objet de fembla-
bles ovations.

27 feptembre, le journal de Prudhomme (*Révolutions de Paris*, n° XII) ayant fait appel aux comédiens françois, « pour qu'ils euffent à réintégrer cette actrice « dans fon ancienne pofition de fociétaire, dont un « acte tyrannique l'avoit dépoffédée, » Mlle Saint-Val, dans une lettre adreffée à la *Chronique de Paris*, le 16 octobre fuivant, déclare : « que fi elle remonte « fur la fcène, à la demande du public, ce fera fur « tout autre théâtre que le Théâtre-François, qui l'a « repouffée comme un fujet *dangereux* & *fautif*, &c. »

Elle fit en effet partie, de 1791 à 1794, de la troupe de la Montanfier. C'eft là que fe paffa une fcène affez fingulière & furtout inattendue, pendant la repréfentation de *Sémiramis*. Les deux fœurs jouoient dans cette tragédie, l'aînée, *la Reine ;* la jeune, *Azéma*. Brouillées enfemble (parce que la première n'avoit pas pardonné à fa fœur d'être reftée après elle à la Comédie-Françoife), depuis douze ans elles étoient devenues étrangères l'une à l'autre. Au moment où, dans la pièce, Azéma eft embraffée par la Reine, le public cria *bis !* & avec tant de chaleur, que les deux fœurs attendries, cédant à leur vive émotion, fe jetèrent dans les bras l'une de l'autre & fe réconcilièrent fous les yeux des fpectateurs.

A partir de ce jour, Mlle Saint-Val l'aînée paroît avoir renoncé à l'exercice de fa profeffion, car on ne voit plus fon nom figurer publiquement. Elle rentra dans la vie privée, quoique tenant, pour ainfi dire, maifon ouverte & recevant dans fon falon de la cour des Fontaines, avec ce ton folennel qui ne l'avoit jamais abandonnée, tous ceux qui défiroient lui être préfentés. Mais, toujours bizarre, elle avoit foin de fe reléguer dans le coin le plus obfcur de fon appartement, le vifage à demi-mafqué par un voile épais qui defcendoit jufqu'à la bouche. Dans le monde même, où elle étoit recherchée à caufe de fon mérite, elle ne quittoit jamais ce voile.

Mlle de Saint-Val eft morte à Paris le 13 juin 1830, à l'âge de quatre-vingt-fix ans huit mois & quelques jours, laiffant une fortune immobilière de plus de 300 mille francs.

Joanny (1) de la Comédie-Françoife, un des acteurs les plus diftingués de notre temps, avoit été fon élève.

(1) Jean-Bernard Briffebarre, né à Dijon, le 2 juillet 1775; mort à Paris, le 5 janvier 1849. (Voir fa notice dans notre *Troupe de Talma*.)

ROLES CRÉÉS PAR Mlle SAINT-VAL, L'AINÉE

1768	Amélife.	*Amélife*, de Ducis.
1770	Lanaffa	*La Veuve du Malabar*, de Lemierre.
1772	Emirène.	*Les Druides*, de Le Blanc.
1773	Progné	*Térée & Philomèle*, de Renou.
1774	Argénice	*Adélaïde de Hongrie*, de Dorat.
1775	Barfénice	*Les Arfacides*, de Beauffol.
1776	Véturie.	*Coriolan*, de Gudin.
1777	Zuma.	*Zuma*, de Le Fèvre.
—	Antigone	*OEdipe chez Admète*, de Ducis.
1779	Médée.	*Médée*, de Clément.

MADAME NECKER

(.... ....)

FRANÇOISE–ROSE GOURGAUD

MADAME VESTRIS

1768 — 1803

SSUE d'une famille qui avoit autrefois
compté parmi fes membres des confeil-
lers du Roy & des chevaliers de Saint-Louis,
Mlle Gourgaud, née à Marfeille le 7 avril 1743, étoit
la feconde fille de Pierre-Antoine Gourgaud (1),
exerçant, en 1747, l'emploi de directeur des hôpitaux
militaires de Marfeille. Des revers de fortune changè-
rent fans doute la pofition de cette famille, puifque,

Extrait des regiftres de la paroiffe Saint-Ferréol, à Marfeille :
« *Françoife-Rofe Gourgaud*, fille de Pierre-Antoine, bourgeois, & de
Marie-Catherine Dumay, née hier, a été baptifée dans cette paroiffe,
aujourd'hui huitième avril **1743**. «

(1) Ce Gourgaud avoit époufé à Lille, le 18 novembre **1734**, la fille
d'un receveur des finançes.

quelques années plus tard, nous retrouvons prefque
tous ceux qui la compofoient enrôlés *fous les ban-*
nières de Melpomène & de Thalie, comme on difoit
alors. L'actrice qui nous occupe commença par jouer
la comédie fur le théâtre de Stuttgard, dans le duché
de Wurtemberg.

C'eft pendant fon féjour en cette ville qu'elle époufa
un des frères du fameux Veftris, le *Diou de la danfe,*
très-médiocre acteur (1) attaché au même théâtre
qu'elle, affez pauvre d'efprit, mais fort joli garçon.
Le Duc régnant, dont cette actrice étoit la favorite, la
pria un jour d'embellir une fête qu'il donnoit à la
campagne, en y jouant la comédie. Le lendemain
matin, il la furprit avec Angiolo Veftris dans un tête-
à-tête équivoque, & le piftolet fur la gorge, il les
força de fe marier : ce qui eut lieu le jour même. Du
même coup, le fpectacle de Stuttgard fut fupprimé, &
les deux époux revinrent en France avec les débris de
la troupe. Mais Mme Veftris qui ne fe piquoit pas autrement de fidélité conjugale, ne tint bientôt nul
compte d'un mari qui n'avoit plus de charme pour
elle depuis qu'il lui avoit été impofé, &, accueillant
les nombreux hommages que lui valoit fa beauté, elle
ne tarda pas à fe féparer de lui tout à fait. Elle follicita un ordre de début pour la Comédie-Françoife, où
elle afpiroit à remplacer Mlle Clairon. Ses antécédents

(1) Angiolo-Marie-Gafpard Veftris, avoit débuté à la Comédie-Italienne, le 3 mai 1769, dans les rôles d'*amoureux.* Il y refta jufqu'en 1781..

comme tragédienne n'offrant pas une garantie suffi-
sante, on résolut de la faire jouer, à titre d'essai, sur
le théâtre des Menus, dans une représentation orga-
nisée tout exprès, qui eut lieu le 26 avril 1768. *Andromaque* fut la pièce choisie ; Le Kain jouoit Oreste,
& Molé, Pyrrhus. On lui trouva de l'intelligence,
mais peu d'âme ; &, en effet, la sensibilité a toujours
été une qualité étrangère au talent de cette actrice.
Cependant, Mme Vestris sortit, à son honneur, de
cette épreuve, & fut jugée capable de se présenter
sur la scène françoise.

Plusieurs mois s'écoulèrent pourtant encore, avant
son apparition en public, parce que Le Kain étant
forcé d'aller aux eaux à cause de sa santé, les Gentilshommes de la Chambre décidèrent que les débuts
de la nouvelle actrice ne commenceroient qu'après le
retour de l'illustre tragédien, dont elle devoit recevoir
les leçons avant de se produire sous ses auspices.

Enfin, le 19 décembre 1768, Mme Vestris débuta
par Aménaïde. Ce rôle lui valut des applaudissements
universels ; & le public, assez ingrat de sa nature,
alla même jusqu'à la mettre un moment au-dessus
de Mlle Clairon. Le rôle d'Ariane, qu'elle joua quelques jours après (28 décembre), & qui lui fut moins
favorable ; celui d'Idamé (7 janvier 1769), où elle
essuya presque un échec, firent reconnoître à ce même
public tout ce qu'il y avoit eu d'exagéré dans son enthousiasme irréfléchi.

Le 21 janvier suivant, Mme Vestris reprit ses avantages dans Alzire, ainfi que dans Hypermneftre, le 8 février.

Un fait qui prouve jufqu'à quel point les débuts de cette actrice firent événement, c'eft que le dernier fut retardé par l'impoffibilité momentanée où fe trouvoit d'y affifter, le duc de Choifeul, empêché par des affaires importantes. Enfin, elle put jouer Zaïre avec le magnifique coftume dont le Miniftre lui fit préfent à cette occafion.

Elle aborda également les premiers rôles de la haute comédie; elle parut fucceffivement, le 25 février, dans les rôles de Célimène, du *Mifanthrope*; le 6 mars, dans Mélanide & Ifabelle de l'*Ecole des Maris*; le 9, dans la Marquife de la *Surprife de l'Amour* & dans *Nanine*; mais tout en y réuffiffant, fon fuccès fut beaucoup moins prononcé que dans la tragédie.

Mme Veftris avoit des traits éveillés, qui, au premier afpect, fembloient plus propres à l'emploi des *foubrettes* qu'à celui des *reines*. Sa figure, cependant, étoit fi jolie, que le public oublioit bien vite le défaccord de fa phyfionomie avec le caractère de fes rôles, & fe laiffoit entraîner par la féduction de l'interprète. Sa taille n'étoit peut-être pas plus en harmonie avec le caractère de fon emploi; mais, ainfi que Mlle Clairon, elle rachetoit fon exiguité par une belle repréfentation. Sa diction étoit jufte.

Une actrice qui, nous fommes porté à le penfer, lui étoit véritablement fupérieure, régnoit alors fur la fcène françoife, où elle avoit débuté deux ans auparavant, avec éclat, dans le même emploi : Mlle de Saint-Val l'aînée (c'eſt d'elle que nous voulons parler), étoit depuis lors en poſſeſſion des grands rôles. Mme Veſtris, reçue en 1769, (1) fut admiſe au partage ; mais elle avoit ſur ſa rivale, l'avantage de la beauté, qui lui avoit valu l'intérêt de M. de Choiſeul & la protection, plus intéreſſée encore, du duc de Duras, tout-puiſſant à la Comédie-Françoiſe. Bientôt l'antagoniſme des deux tragédiennes prit des proportions giganteſques & diviſa & la Cour & la Ville. Si la Cour, par eſprit de corps, ſoutenoit la protégée du premier Gentilhomme de la Chambre, Mlle Saint-Val avoit dans ſon parti le public, qui, s'abandonnant autant à ſa ſympathie pour l'actrice qu'à ſon penchant inné pour l'oppoſi- tion, épouſa ſa cauſe avec chaleur. Sans vouloir reve- nir ſur des détails que nous avons précédemment don- nés, nous rappellerons ſeulement que la queſtion fut arbitrairement tranchée en faveur des prétentions de Mme Veſtris.

A partir de ce moment, la bienveillance du parterre échappa à cette tragédienne ; il lui fit durement payer, chaque fois qu'elle montoit ſur la ſcène, l'ordre injuſte qui avoit fait de Mlle Saint-Val aînée une victime du bon plaiſir. Les choſes en vinrent au point que, lorſ- que Mme Veſtris jouoit, il falloit doubler, tripler même

(1) Le mardi 31 janvier 1769, elle fut reçue, à l'eſſai, aux appoin- tements de 1,800 livres. Peu de jours après, le 7 février, on la mit à 2,000 livres, avec droit de pré- ſence, jetons & feux, à Verſailles ; & le 11 février, un ordre ſupérieur lui attribuoit une demi-part.

la garde, afin de maintenir la tranquillité parmi les
fpectateurs. En vain le célèbre Gerbier, qui étoit au
mieux avec elle, publia-t-il un factum tendant à prouver la validité de fon droit ; il fut réfuté victorieufe-
ment par Target, dans un mémoire figné de Tronfon
du Coudray, où un perfifflage fpirituel le difputoit
à la force des arguments.

Cette actrice, conftamment jaloufe de tout ce qui
lui faifoit craindre une rivalité, eut auffi, en 1784, des
démêlés affez vifs avec Mlle Saint-Val cadette (1). Il
ne fallut rien moins que la préoccupation produite par
les événements, bien autrement graves, qui fe paf-
foient dans l'ordre politique, pour que le fouvenir de
cette guerre inteftine s'effaçât & que la tragédienne
recouvrât cette faveur que le public lui avoit accordée
au début de fa carrière théâtrale.

A l'aurore de la Révolution, Mme Veftris, entraînée
par l'exemple de fon frère Dugazon, & oublieufe de
l'intérêt que la Cour, particulièrement la Reine, avoit
daigné lui porter, quitta la vieille Comédie-Françoife

(1) Dans une lettre du 14 janvier 1784, Mlle de Saint-Val déclare
que : « ne voulant pas être à la
« Comédie-Françoife la très-hum-
« ble efclave de Mme Veftris, elle
« offre fa démiffion de *Sociétaire*,
« voulant (ajoute-t-elle) donner à
« Mme Veftris le plaifir de dire :
« *Je me fuis défaite des deux*
« *fœurs.* »
  Cette lettre, qui n'étoit pas def-

tinée à la publicité, fut cependant
imprimée fans l'aveu de fon auteur
& répandue par les foins de Mme
Veftris, qui l'accompagna d'une
réponfe amère, & plutôt fpécieufe
que forte d'arguments ; Mlle de
Saint-Val, de fon côté, n'eut garde
de refter fans réplique & réfuta vic-
torieufement fon adverfaire dans
une nouvelle épître, en date du
4 février fuivant.

& fuivit au Théâtre de la rue de Richelieu la minorité républicaine qui s'étoit féparée de la Société-mère. Elle fut comprife dans la fufion générale de 1799 ; mais elle auroit agi plus fagement en fe retirant à cette époque ; car, dans le peu d'années qui s'écoula entre cette réorganifation & le jour de fa mort, fes moyens avoient fubi une telle décadence, que le public, alors prefque entièrement renouvelé, pour qui les fouvenirs de l'ancien Théâtre-François étoient lettre clofe, l'accueilloit avec une froideur glaciale : elle comprit, quoique un peu tard, que l'heure de la retraite avait fonné pour elle.

Le 2 juin 1803, une repréfentation à fon bénéfice eut lieu fur le théâtre de l'Opéra, &, malgré l'augmentation confidérable du prix des places, attira une énorme affluence de fpectateurs (1).

Dix-huit mois après, le 5 octobre 1804, Mme Veftris mouroit à la fuite d'une maladie de langueur.

Cette actrice peut, avec raifon, être placée au nombre de celles dont le nom mérite d'échapper à l'oubli. Elle obtint dans fa carrière de grands fuccès qui l'ont fait comparer à Mlle Clairon, à qui, cependant, elle étoit très-inférieure. Elève favorite de Le Kain, elle avoit affurément du talent ; mais n'étant pas affez richement dotée par la nature pour tirer des infpirations de fon propre fonds, fes fuccès furent pref-

(1) Cette repréfentation fe compofoit d'*Efther*, & de la première repréfentation de *Lucas & Laurette*, ballet-pantomime.

que toujours des réminifcences. Elle avoit de l'apprêt, de l'emphafe, des geftes trop étudiés ; toutefois, douée d'un phyfique féduifant & de moyens remarquables, elle produifoit une grande fenfation dans certains rôles à effet. Les amateurs de théâtres fçavent quelles émotions elle excitoit, dans *Gabrielle de Vergy*, chez beaucoup de femmes qui fanglotoient, tomboient en pamoifon & qu'il falloit emporter.

Mme Veftris paffoit pour avoir de l'efprit ; c'eft ce qu'il ne faudroit pas cependant conclure de la réponfe fi connue qu'elle fit à Voltaire, à propos de fa tragédie d'*Irène*, & qui n'eft qu'un bon mot déplacé (1).

(1) Une fœur de cette tragédienne, connue fous le nom de Mlle Dugazon (Marie-Anne Gourgaud), avoit débuté, le 12 novembre 1767 ; elle fut reçue en 1768, pour doubler Mlles Belle-Cour, Faniez & Luzy, & fe retira en 1788, fans avoir jeté d'éclat.

Elle avoit époufé un fieur Jean-Louis Galinié. Elle eft morte le 30 pluviôfe an VII. (18 février 1799.)

ROLES CRÉÉS PAR Mme VESTRIS

1770 Lanaffa . . . . *La Veuve de Malabar*, de Lemierre.
— Florinde. . . . . . . *Florinde*, de Le Fèvre.
1771 Euphémie . . . . . . *Gaston & Bayard*, de De Belloy.
1772 Thuffnelde. . . . . . *Les Chérufques*, de Bauvin.
1773 Marcie . . . . *Régulus*, de Dorat.
1774 Sophonisbe . . . . . *Sophonisbe*, de Mairet, arr. par Voltaire.
— Alife. . . . . *Adélaïde de Hongrie*, de Dorat.
1775 Arfénie . . . . *Menzikoff*, de La Harpe.

1776 Léonor Priuli. . . . *Lorédan*, de Fontanelle.
1777 Gabrielle . . . . . . *Gabrielle de Vergy*, de De Belloy.
— Roxelane . . . . . . *Muſtapha & Zéangir*, de Chamfort.
1778 Irène . . . . *Irène*, de Voltaire.
— Sémire . . . . *Les Barmécides*, de La Harpe.
— Alceſte . . . . *OEdipe cheʒ Admète*, de Ducis.
1779 Melpomène . . . . . *Les Muſes rivales*, de La Harpe.
— La Prêtreſſe. . . . . *Agathocle*, de Voltaire.
1781 Jeanne . . . . *Jeanne de Naples*, de La Harpe.
1782 Otellide. . . . . . . *Tibère*, de Follet.
1783 Heimonde. . . . . . *Le Roi Lear*, de Ducis.
1784 Véturie . . . . *Coriolan*, de La Harpe.
1786 Atalide . . . . *Scanderberg*, de Du Buiſſon.
1787 Auguſta. . . . . . . *Auguſta*, de F. d'Eglantine.
1789 Ericie. . . . . *Ericie*, de Fontanelle.
— Mᵐᵉ Calas. . . . . . *Calas*, de Chénier.
— La Béguine . . . . . *Marie de Brabant*, d'Imbert.
— Catherine de Médic. *Charles IX*, de Chénier.
1790 Frédégonde . . . . . *Macbeth*, de Ducis.
— Marie d'Utrecht. . . *Barneveldt*, de Lemierre.
1791 Anne de Boleyn. . . *Henri VIII*, de Chénier.
— Mᵐᵉ de Faublas. . . *Mélanie*, de La Harpe.
1792 Cornélia. . . . . . . *Caïus Gracchus*, de Chénier.
1793 Héloïſe . . . . *Fénelon*, du même.
— Epicharis . . . . . . *Epicharis & Néron*, de Legouvé.
— Junie . . . . *Mutius Scevola*, de Luce de Lancival.
1797 Clytemneſtre. . . . *Agamemnon*, de Lemercier.
1800 Jocaſte . . . . *Etéocle & Polynice*, de Legouvé.

JACQUES-MARIE BOUTET

dit MONVEL

1770 — 1806

OUTET, né à Lunéville, le 25 mars 1745, mort à Paris, le 13 février 1812, étoit fils d'un muſicien de l'*ordinaire* du Roy de Pologne, & non d'un comédien de province, ainſi qu'on l'a dit par erreur. Grâce à la protection dont ce bon prince entouroit toutes les perſonnes attachées à ſon ſervice, le jeune Boutet, élevé à ſes frais, reçut une éducation fort au-deſſus de celle qui étoit donnée, à cette époque, aux enfants de ſa condition. Lorſqu'il eut atteint

---

Extrait des regiſtres de l'Etat civil de Lunéville : « *Jacques-Marie*, fils légitime de François Boutet (*) & de Magdeleine d'Hôtel, ſon épouſe, de cette paroiſſe, eſt né & a été baptiſé le 25 mars 1745. »

(*) Une note additionnelle indique que le père exerçoit, comme ordinaire, dans la muſique de S. M. le Roy de Pologne, Staniſlas, Duc de Lorraine.

MONVEL
1770-1308

l'âge où l'on doit fe donner un état, fon goût très-
prononcé pour la déclamation théâtrale lui fit folliciter un ordre de début pour la Comédie-Françoife. Il
y parut pour la première fois, le 28 avril 1770, dans
les rôles d'Egyfthe de *Mérope* & d'Olinde de *Zénéïde*,
& fut reçu, en 1772, pour remplir les *feconds rôles*
tragiques & de haut comique. Il annonçoit de l'intelligence & de la chaleur. Malheureufement la nature
lui avoit refufé les avantages phyfiques (1); petit,
grêle, mefquin, maigre à faire pitié, il reffembloit,
felon l'expreffion pittorefque d'une tragédienne célèbre : « à un amant à qui l'on a toujours envie de
« faire donner à manger. » Ce n'eft certes pas à lui
que Mlle Clairon auroit pu adreffer l'encouragement
qu'elle donna un jour à fon brillant élève Larive.
Comme compenfation de fon trifte extérieur, Monvel
poffédoit une âme de feu & à peine venoit-il de parler qu'on étoit forcé de reconnoître, fous fa chétive
enveloppe, un homme fupérieur & un efprit des plus
déliés. Auffi finit-il par être fort aimé du public, à
caufe de fes rares qualités & de fon zèle pour les devoirs de fon état.

(1) Plus de quinze mois après fes débuts, on ne le voyoit entrer en fcène qu'avec peine & prefque toujours fon apparition étoit accueillie par des murmures; le public ne pouvoit fe faire à fa figure ingrate, à fon extérieur chétif. Il faut dire qu'à cette époque, Monvel jouoit les *jeunes amoureux*, où il n'apportoit aucune des qualités qu'on exige dans les acteurs jouant cet emploi. Ce n'eft que lorfqu'il fut mieux placé, qu'il fut mieux jugé. Molé ayant prefque abandonné la tragédie, Monvel prit un grand nombre de fes rôles.

278

Ce jeune acteur ne tarda pas à prendre une des premières places parmi les gens de talent qui illuf-troient alors la fcène françoife. Molé lui-même, trouva en Monvel un rival redoutable; plus d'une fois, ce dernier joua quelques-uns des rôles qui avoient con-tribué à la réputation de cet éminent comédien & il s'y fit applaudir autant que lui, quoiqu'il ne lui ref-femblât fous aucun rapport. La tradition nous a tranf-mis avec quelle perfection Molé établit le rôle de Charles Morinzer dans l'*Amant bourru* (1), où fon ta-lent prodigieux excitoit l'admiration. Hé bien, Mon-vel, dans ce même rôle, fe montroit moins brillant fans doute, mais plus pénétrant; il y étoit moins éclatant, mais d'une fenfibilité plus exquife. En fomme, fon fuccès ne le cédoit point à celui de fon chef d'emploi. Rappelons incidemment que ce fut à l'if-fue de la première repréfentation de cette pièce, que Monvel & Molé, alors divifés, fe réconcilièrent fous les yeux du public. Ramené fur la fcène par Molé, afin d'y recevoir cette efpèce d'ovation, tant prodi-guée depuis, mais dont les comédiens pouvoient, à cette époque, fe glorifier avec raifon, Monvel, après avoir falué l'affemblée, fe jeta tout à coup dans les bras de fon camarade. Sincère ou non, cette récon-

(1) Comédie en trois actes & en vers libres, jouée le 13 août 1777. Ainfi qu'on avoit fait avec La Noue pour fa *Coquette corrigée*, on re-fufa à Monvel la paternité de l'A-mant bourru. Ce fut encore une dame qui revendiqua la propriété de cette pièce, dont elle préten-doit avoir confié fept ans aupara-vaut le manufcrit.

ciliation bien jouée eut un grand fuccès auprès du public.

Monvel n'étoit pas moins remarquable dans la tragédie que dans la comédie. Les feuilles du temps mentionnent une repréfentation de *Mahomet* de Voltaire, où cet acteur rempliffoit le rôle de Séïde entre Brizard & Le Kain, celui-ci jouant Mahomet & l'autre Zopire. Avec de pareils interprètes, cette tragédie offroit le plus parfait enfemble & produifit l'effet le plus extraordinaire. On rapporte à cette occafion que Le Kain, qui, dans le cours de la soirée, avoit attentivement obfervé Monvel, dit : « Voilà un petit homme « qui perdra la tragédie. » Il eft vrai que cet acteur avoit fréquemment facrifié les convenances théâtrales, & particulièrement la dignité tragique, au défir de produire de l'effet par toutes fortes de petits moyens. Ce que Le Kain lui reprochoit furtout, c'étoit de détailler trop fes rôles, de dépecer & de dé-colorer les plus belles périodes poétiques, pour en faire de la profe de converfation; de multiplier fes geftes à l'infini &, enfin, de pofer la main avec une exceffive familiarité fur fes interlocuteurs. Le Kain, qui ne voyoit pas de tragédie là où il n'y avoit pas de majefté, nommoit cela du *pathétique bourgeois*, du *naturel affecté* : en un mot, il trouvoit la méthode de Monvel étroite & mefquine.

Ce dernier, cependant, poffédoit autant d'âme, autant de fenfibilité, d'intelligence que fon émule; mais, trahi par fes moyens, il voulut fe former une manière qui leur fût proportionnée. A la mort de Le Kain, il revendiqua une part de fa fucceffion tragique. Lorfqu'enfuite il tenta de difputer fur la fcène cet héritage à Larive, il lui fallut reconnoître que l'intelligence la plus parfaite ne fçauroit tenir lieu à un tragédien de force & de repréfentation. Monvel le fentit d'ailleurs fi bien, que, peu de temps après la mort de Le Kain, parlant de ce trifte événement en préfence de quelques amis, il s'écrioit : « Ah ! fi j'avois eu les moyens « de cet homme, j'ofe croire que le public regrette- « roit moins un jour l'irréparable perte qu'il vient de « faire (1). »

A partir de ce moment, Monvel fe renferma dans

---

(1) Monvel écrivit, à cette occafion, une lettre qui vaut la peine d'être mife fous les yeux du lecteur, à caufe du trait qui la termine. « Nous perdons un ancien cama- « rade, un grand homme, peut- « être un des plus grands tragé- « diens qui exiftera jamais...... Il « ne reftera d'un talent fouvent « fublime, qu'une mémoire in- « certaine. Victime de l'envie, « jouet des gens fans goût, en « proie aux journaliftes, voilà la « part d'un grand acteur pendant « fa vie; rien ne parle pour lui « après fa mort..... Les Grecs vont « partager la dépouille d'Achille. « Je n'ai rien à prétendre à la dé- « pouille pécuniaire ; mais fouve- « nez-vous, pour *fa loge*, que je « fuis à un quatrième étage..... »
(*Théâtre François*, par Ch. Maurice.)
Que la lettre écrite par Belle Cour nous femble plus touchante ! « La mort de mon camarade « Le Kain, fi prompte, fi inatten- « due, a dérangé ma pauvre tête. « Nous avons été reçus le même « jour. Demi-part, trois quarts de « part, part entière, tout nous a « été adjugé à jour pareil..... Sa « perte m'apprend qu'il faut met- « tre une diftance entre fes occu- « pations & fa mort..... Je ne fuis « point riche, je fuis pauvre même. « Je ne fuis plus comédien, mais « je fuis à tous votre ami. »
BELLE COUR.

un certain nombre de rôles, donnant la préférence à ceux où la fçavante économie des détails, l'art de faire valoir les mots, devoient racheter la force qui lui manquoit. Nous citerons, entre autres, celui d'Augufte, où la nature même fembloit l'infpirer, où le fentiment & le goût régloient fa diction & fes moindres mouvements; & celui de Fénelon (1), dans lequel portant au plus haut degré l'onction de la parole, il fe montra inimitable.

La *Veuve du Malabar* (2) qui, à l'origine n'avoit eu qu'une réuffite très-conteftée, fut remife au théâtre, le 29 avril 1780, avec un fuccès tel qu'on ne peut lui comparer que celui du *Siége de Calais*. On la repréfenta pendant trois mois confécutifs devant une affluence confidérable. L'auteur avoit, fans doute, introduit dans fa pièce d'heureufes modifications; mais Monvel, qui remplaçoit Molé dans le rôle du jeune Bramine, ne fut point étranger à la vogue de cet ouvrage.

Vers la fin de 1781, Monvel quitta clandeftinement

---

(1) Tragédie repréfentée pour la première fois, fur le théâtre de la République, le 9 février 1793.

(2) Repréfentée, pour la première fois, le 30 juillet 1770. Cette tragédie de Lemierre eut peu de de fuccès; la fixième repréfentation fut particulièrement orageufe. Un plaifant fit à cette occafion l'épigramme fuivante :

« J'ai vu cette veuve indécife ;
« Ami, que veux-tu que j'en dife !
« Son fort eft digne de nos pleurs.
« Du bûcher elle eft délivrée ;
« Mais c'eft pour être déchirée
« Par le public & les acteurs.

282

la France (1). On ne connut pas d'abord, dans le public, les véritables motifs de fa fuite ; fes amis l'attribuèrent au mauvais état de fes affaires (2) & aux tracafferies qu'il éprouvoit de la part de la Société ; mais la malignité chercha à l'expliquer par d'autres caufes, diverfement interprétées. Le fugitif fe rendit à Stockholm, où il refta pendant plufieurs années attaché à la perfonne du Roy de Suède en qualité de lecteur. Peu de mois après fa difparition, le bruit de fa mort s'étant répandu, il eut la jouiffance de lire de fon vivant, dans les gazettes, fon panégyrique & le jugement anticipé de la poftérité.

(1) Monvel n'étoit pas le plus maniable des comédiens du Roy, s'il faut s'en rapporter à la lettre qui fuit & que nous mettons fous les yeux du lecteur.

« Je fuis informé qu'on fe plaint « depuis longtemps du Sr Monvel « qui, non-feulement, refufe fous « de faux prétextes les rôles de « fon emploi, malgré les ordres « de fes fupérieurs, mais encore « de fe foumettre aux arrange- « ments prefcrits par le dernier « arrêt du Confeil pour l'adminif- « tration de la police intérieure de « la Comédie-Françoife. Je vous « prie de vouloir bien lui enjoin- « dre, fous peine de punition, de « remplir à l'avenir plus exacte- « ment fes devoirs, tant comme « membre du Comité que comme

« comédien, & de le prévenir « qu'indépendamment de la peine « qu'il fubira, on lui retirera le « fauf-conduit qui ne lui a été ac- « cordé qu'à la demande de fes « fupérieurs ; & que, fi par fuite « de fon humeur & de fa mauvaife « volonté, il demande fa retraite, « elle ne lui fera accordée qu'avec « défenfe de fortir du Royaume & « avec des précautions propres à « affurer l'exécution de cette dé- « fenfe. Verfailles, 17 juin 1781.

« Signé : AMELOT. »
(Archives nationales.)

(2) Il écrivoit au miniftre Amelot : « N'ayant pu encore parvenir « à défintéreffer tous mes créan- « ciers, je vous prie de vouloir « bien prolonger le fauf-conduit qui « m'a été accordé. »

Notre acteur revint en France à l'aurore de la Révolution, dont il embraffa les principes avec ardeur. Il fit fa profeffion de foi dans un difcours qu'il prononça dans l'églife Saint-Roch, en faveur de la déeffe *de la Raifon*. Ce difcours, qui eft un étrange monument d'impiété, fut alors imprimé & répandu dans le public; mais on prétend que, depuis, Monvel, venu à réfipifcence & témoignant un fincère regret de fes erreurs, en fit rechercher les exemplaires afin de les anéantir. En 1793, il avoit reparu fur la fcène des *Variétés amufantes* (1) & il y retrouva fes anciens fuccès. A peine s'aperçut-on qu'il eût ceffé depuis plufieurs années de faire partie de la Comédie-Françoife. Sa haute & profonde intelligence, fes connoiffances réelles, fon efprit fupérieur eurent bientôt comblé cet intervalle. Cependant, les années arrivèrent; Monvel perdit toutes fes dents, que l'art ne put remplacer, parce que la conformation de fa bouche y mettoit obftacle; mais l'empire du talent eft fi grand, que le public l'écoutait avec une attention profonde, avec un religieux refpect pour ainfi dire, &, de peur de l'interrompre, n'ofoit même fe livrer aux applaudiffements. Enfin, des infirmités prématurées & l'infidélité de fa mémoire ne lui permirent plus l'exercice de fon art qu'à des intervalles prolongés. Les jeunes acteurs y perdirent un modèle précieux; il put toutefois

_____

(1) Devenue plus tard *Théâtre de la République*. Aujourd'hui la *Comédie-Françoife*.

les fervir encore par fes confeils & par fes leçons comme profeffeur au *Confervatoire*, où il fut l'un des premiers nommés, lors de la fondation de cet établif-fement.

Monvel prit fa retraite définitive le 1ᵉʳ mars 1807 (1), léguant à la Comédie-Françoife, pour y perpétuer fa mémoire, fes deux filles, furtout celle qui prit le nom de Mars cadette (2). Ses obfèques eurent lieu à Saint-Laurent, au milieu d'un nombreux con-cours d'artiftes, de gens du monde & de littérateurs. Une députation de l'Inftitut (dont il faifoit partie de-puis le 15 décembre 1795) y affifta : M. Joachim Le Breton, fecrétaire perpétuel de la quatrième claffe, & Lafon (3), fociétaire, prononcèrent chacun un discours fur fa tombe.

Monvel a compofé plufieurs pièces de théâtre, prefque toutes jouées avec fuccès, tant à la Comédie-Françoife qu'à la Comédie-Italienne (4). Comme écri-

(1) Sa part entière fut diftribuée conformément aux us & coutumes de l'ancienne Comédie-Françoife, entre Defprez, Lacafe, Mᵐᵉˢ Mars cadette & Defrofiers.

(2) Mˡˡᵉ Mars (Anne-Françoife-Hippolyte Boutet), née à Paris, le 10 février 1779, & qui fit pendant quarante ans les délices de la fcène françoife. Morte le 20 mai 1847.

L'époufe légitime de Monvel fe nommoit *Marie-Madeleine Dautel*.

Elle avoit jadis débuté fans fuccès au Théâtre-François. Elle eft morte à Paris, dans les derniers jours de décembre 1800.

(3) Lafon (Pierre), né à Linde (Haut-Périgord), le 2 feptembre 1773, débuta en 1800 dans les premiers rôles tragiques. Il eft mort à Bordeaux, le 18 mai 1846.

(4) Une des productions de cet acteur-auteur, *Evrard de Rixleben*, drame héroïque en cinq actes & en profe, tiré d'un drame de

vain il a peu d'invention & n'a pas de ftyle ; mais fes
ouvrages renferment d'heureux détails & font adroitement faits. On voit que leur auteur a étudié le théâtre
& fentoit vivement ce qui eft propre à y faire de l'effet.
Il a arrangé les *Deux Nièces*, comédie de Boiffy.

Il a laiffé deux fils qui ont écrit pour le théâtre.
L'un d'eux fut fecrétaire particulier de l'archi-chance-
lier Cambacérès (1).

M. Boutet de Monvel, aujourd'hui favant profeffeur
de phyfique, attaché au Lycée Charlemagne, eft fon
petit-fils.

Goëthe (*Götz de Berlichingen à la Main de fer*), devoit être jouée le 12 germinal an 11, au théâtre de la République. Déjà le théâtre avoit fait une ou deux fois *relâche* pour la répétition générale : mais la pièce, annoncée dans les journaux la veille pour le lendemain, ne fut pas jouée : le fpectacle fut changé, & l'on prétend même que l'Autorité exigea de Monvel la deftruction du manufcrit.

(1) Ce fils, Noël-Barthélemy, eft mort à Orléans, où il réfidait, en mai 1849, à l'âge de 81 ans.

ROLES CRÉÉS PAR MONVEL

1770 Un Bramine. . . . . *La Veuve du Malabar*, de Lemierre.
1771 Sinclar . . . . *Le Perfiffleur*, de B. de Sauvigny.
— Tranftamarre . . . . *Pierre-le-Grand*, de De Belloy.
— Candeufe. . . . . . *Les Amants fans le fçavoir*, de R. de Cha-
bannes.
— Valère. . . . . *Le Bourru bienfaifant*, de Goldoni.

1772	Ferdinand.	*Roméo & Juliette*, de Ducis.
	Flavius.	*Les Chérusques*, de Bauvin.
1773	Clitandre	*Le Centenaire*, d'Artaud.
—	Manlius.	*Régulus*, de Dorat.
—	Floricourt.	*La Feinte par amour*, du même.
1774	Lord Delhi	*Le Vindicatif*, de Dudoyer.
—	Cléonime	*Adélaïde de Hongrie*, de Dorat.
1775	Walter	*Albert I*, de Le Blanc.
1776	Un Sénateur	*C. M. Coriolan*, de Gudin.
—	Florville.	*Le Malheureux imaginaire*, de Dorat.
1777	Le Chevalier.	*L'Egoïsme*, de Cailhava.
—	Coucy.	*Gabrielle de Vergy*, de De Belloy.
—	Montalais	*L'Amant bourru*, de Monvel.
1778	Valère.	*L'Aveugle par crédulité*, de Fournelle.
—	Mata	*Le Chevalier françois à Turin*, de Dorat.
—	Limeuil	*L'Homme personnel*, de Barthe.
—	Rochester	*Le Chevalier françois à Londres*, de Dorat.
—	Polynice.	*OEdipe chez Admète*, de Ducis.
1779	Mercure.	*Les Muses rivales*, de La Harpe.
—	Volsimon	*Roséïde*, de Dorat.
—	Amilka	*Pierre le Grand*, du même.
1780	Mirza.	*Nadir*, de Du Buisson.
—	Valville.	*Clémentine & Désormes*, de Monvel.
1789	Limeuil.	*La Joueuse*, de Pigault Lebrun.
—	Monmouth	*Le Duc de Monmouth*, de Bodard de Tezay.
—	Melcour.	*Le Danger des liaisons*, de Beaunoir.
—	Le Pessimiste.	*Le Pessimiste*, de Pigault Lebrun.
—	Fernando	*Ellinore*, de***.
—	Valbourg	*L'Orpheline*, de Pigault Lebrun.
—	L'Inconnu.	*L'Inconnu*, de Collot-d'Herbois.
1790	Dorlis.	*L'Heureuse Indiscrétion*, de Monvel.
—	Calas.	*Calas*, de Laya.
—	Mondor	*Amour & Raison*, de Pigault Lebrun.
—	Louis XII.	*Une Journée de Louis XII*, de Ronsin.
1791	Narzès.	*Abdélazis & Zuléma*, de Murville.
—	Almanzor.	*Abdélazis & Zuléma*, du même.
—	Le Curé.	*Mélanie*, de La Harpe.
—	Crammer	*Henri VIII*, de Chénier.
—	Hubert	*Jean Sans-Terre*, de Ducis.

1791 Fabrice . . . . *La Jeune Hôteſſe*, de Flins.

1792 Virginius . . . . . . *Virginie*, de La Harpe.

— Caïus . . . . *Caïus Gracchus*, de Chénier.

1793 Fénelon . . . . *Fénelon*, du même.

— Un Vieillard franç. . *Le Jugement dernier des Rois*, de Sylvain Maréchal.

1794 Pifon . . . . *Epicharis & Néron*, de Legouvé.

— Fabius . . . . *Quintus Fabius*, du même.

1795 Abufar . . . . *Abufar*, de Ducis.

— Ortagoras . . . . . *Timoléon*, de Chénier.

1796 Caton . . . . *Caton d'Utique*, de S. Marcel.

— Defcartes . . . . . . *René Defcartes*, de Bouilly.

1797 Armand . . . . *La Jeuneſſe de Richelieu*, de Duval & N. Lemercier (*).

— OEdipe . . . . *OEdipe à Colonne*, de Ducis.

1798 Andrews . . . . . . *Falkland*, de Laya.

1799 Le comte d'Orlheim. *Mathilde*, de Monvel.

— OEdipe . . . . *Ethéocle & Polynice*, de Legouvé.

— Blum . . . . *Les Deux Frères*, de Kotzebue.

— De l'Epée . . . . . . *L'Abbé de l'Epée*, de Bouilly.

1800 Bragance . . . . . . *Pinto*, de N. Lemercier.

— Edmond . . . . *Fedor & Wladimir*, de Ducis.

— Egée . . . . *Théſée*, de Mazoïer.

— D'Epernon . . . . . . *Montmorency*, de Carion-Nifas.

1803 Clovis . . . . *Iſule & Orovèſe*, de N. Lemercier.

1804 D'Epernon . . . . . . *Richelieu*, du même.

— Globorff . . . . . . *Pierre le Grand*, de Carion-Nifas.

(*) Quoique le nom de Monvel fe life fur la brochure imprimée, il n'avoit pris à cette œuvre d'autre part que quelques correĉions indiquées en marge du manuſcrit original. La préface, placée en tête de cette comédie, révèle à ce sujet des détails piquants.

JEAN-HENRY GOURGAUD

dit DUGAZON

1771 — 1807

GOURGAUD, dit Dugazon, eft né à Marfeille, le 15 novembre 1746. Après avoir
joué la comédie en province, pendant plufieurs années, il regardoit, comme tant d'autres, la
Comédie-Françoife comme le point de mire & le but
unique de fon ambition. L'immenfe réputation de
Préville, le mérite relatif d'Auger & de Feulie qui tenoient avec fuccès, à côté de ce grand comédien,
l'emploi des *valets*, n'effraya pas Dugazon, qui, grâce
au crédit de fa fœur, Mme Veftris, reçut l'ordre de dé-

Extrait des regiftres de la paroiffe de Saint-Ferréol : « Jean-Henry
Gourgaud, fils légitime du fieur Pierre-Antoine Gourgaud & de Marie-
Catherine Dumay, eft né & a été baptifé aujourd'hui quinze novembre
mil fept cent quarante-fix, dans l'églife de cette paroiffe. »

DUGAZON
1771 1809

but qu'il convoitoit fi ardemment. Le 29 avril 1771, il fe préfentoit devant ce parterre, redouté des comédiens dont il étoit le juge févère mais éclairé, dans les rôles de Crifpin du *Légataire univerfel* & du lord Houzey dans le *François à Londres*. Il joua fucceffivement Frontin du *Muet*, Crifpin des *Folies amoureufes*, un des frères dans les *Ménechmes*, Sofie, Frontin de l'*Epreuve réciproque* & Pafquin de l'*Homme à bonnes fortunes*. Son mafque comique & fpirituel, fa répartie prompte & incifive, fon agilité en fcène lui concilièrent tout d'abord la bienveillance du public. On lui reprochoit déjà, il eft vrai, une propenfion à la charge qui ne fit qu'augmenter avec l'âge, parce que Dugazon manquoit effentiellement de cette qualité, fi rare d'ailleurs, le goût : qualité que poffédoit à un degré éminent Préville, à qui elle affura fur fes rivaux une fupériorité inconteftable & inconteftée.

Dugazon fut reçu en 1772, & il prouva par la fuite que la Société avoit recruté en lui un membre auffi actif que zélé. Les circonftances le fecondèrent favorablement. La mort enleva, en 1774, Feulie, jeune acteur qui donnoit les plus belles efpérances & qui vraifemblablement auroit pris, s'il eût vécu, par l'autorité du talent, la première place après Préville. En 1782, Augé fe retira. Dugazon n'eut plus pour concurrent dans fon emploi que Dazincourt, nouveau venu comme lui ; mais leurs deux natures différoient fi complètement, que rien n'étoit plus facile à établir entre eux que le partage des rôles. A Dazincourt, les valets pincés & mufqués du répertoire de Marivaux : à Dugazon, les Crifpin, les Frontin, les Mafcarille, avec leur effronterie, leur *lazzi* & leur verve bouffonne. Un quatrain compofé fur Dugazon, en 1779, & mis au bas de fon portrait, caractérife bien le jeu de cet acteur :

  « En fait de comédie,
 « Le talent de Monfieur eft la bouffonnerie ;
 « Et le ftyle comique eft fi fort de fon goût
 « Qu'il ne peut s'empêcher de bouffonner partout. »

Il n'effaya pas moins d'aborder les rôles du genre où brilloit fon camarade ; mais le Figaro du *Barbier* & du *Mariage* trouvèrent en lui un très-foible interprète. Il fut bien plus mal infpiré encore, lorfque, après la retraite de Préville, il voulut s'approprier quelques-uns des rôles empreints du génie de ce grand comédien, entre autres celui du *Bourru bienfaifant*, où il échoua complètement.

Ce qu'il falloit à Dugazon, ç'étoient des rôles comme celui du *Roy de Cocagne*, franche caricature dont il renouvela le fuccès : celui de Fougères, dans l'*Intrigue épiftolaire*, & ceux enfin du Maître de danfe & du Maître d'italien, dans les *Originaux*, qui lui permettoient de donner impunément l'effor à fon entrain naturel, que ne régloient pas toujours les convenances théâtrales. N'oublions pas furtout le Bernardille de la *Femme juge & partie*, où il déployoit toutes les reffources de fon talent & qui fut, en définitive, un de fes triomphes.

Le parterre, qui paffoit fur les défauts de ce comédien en faveur de fes qualités, aimoit fort à le voir. Auffi regrettoit-on dans le public, lorfqu'on annonça, en 1776, la repréfentation de retraite de la célèbre Du Mefnil, qu'il n'eût pas trouvé fa place dans cette folennité. Mais grande fut la furprife, lorfque, dans les *Fauffes infidélités*, au coup de fonnette d'Araminthe pour appeler un valet, on vit arriver Dugazon revêtu de fa plus riche livrée. Il reçut des mains d'Araminthe la lettre qu'elle venoit d'écrire, la falua &, fans avoir proféré une parole, comme l'exigeoit fon rôle, perfonnage muet, fortit plus applaudi que ne l'ont jamais été fes fucceffeurs après avoir rempli les rôles les plus longs & les plus brillants de l'emploi (1).

C'eft vers la même époque que Mlle Lefèvre (2), actrice de la Comédie-Italienne, où elle avoit débuté en 1774, devint la femme de Dugazon qui s'étoit profondément épris d'elle. Cette union ne fut pourtant pas heureufe &, après avoir pendant longtemps vécu féparés l'un de l'autre, ils firent prononcer leur divorce auffitôt que la loi le leur permit.

Le caractère de ce comédien étoit fi facétieux, qu'il faifoit profeffion de myftificateur. On fçait qu'à ce titre il étoit fort recherché dans les fociétés, où il dif-

(1) *Indifcrétions & Confidences*, par Audibert.
(2) Louife-Rofalie Lefèvre, née à Berlin, en 1755; morte à Paris, le 22 feptembre 1821. Cette actrice a joui d'une réputation méritée.

putait à Muſſon (1) le triſte privilége de faire rire aux dépens d'une victime déſignée à l'avance. Le nom de ſon camarade Des Eſſarts eſt devenu, ſous ce rapport, preſque inſéparable du ſien.

Durant les guerres inteſtines qui éclatèrent en 1789, à propos de la repréſentation de *Charles IX*, & qui diviſèrent alors les Comédiens françois, Dugazon ſe deſſina comme un des adverſaires les plus hoſtiles à la Compagnie. Nous ne reproduirons pas ici des détails connus de tout le monde. Ces tendances ſubverſives n'étoient que le triſte prélude de la ligne de conduite que cet acteur devoit tenir plus tard. Lorſque la Révolution éclata, il en embraſſa les principes avec efferveſcence ; en 1793, il ſe fit aide de camp volontaire de Santerre & prit en cette qualité une part très-active aux déplorables événements de l'époque. Déjà, en 1791, ſes opinions exaltées lui rendant inſupportables ſes rapports forcés avec la plus grande majorité des membres de la Comédie-Françoiſe, il avoit provoqué la défection de quelques-uns d'entre eux avec leſquels il alla fonder le *Théâtre de la République*. En ſorte, qu'on peut regarder Dugazon comme le premier auteur de la diſſolution des Comédiens françois (2).

(1) Pierre Muſſon, peintre, beaucoup moins connu comme tel, que comme *myſtificateur*, fort en vogue au commencement de ce ſiècle. Il étoit né à Orléans & eſt mort à Paris, à l'âge de 32 ans.

(2) Dugazon n'avoit pas toujours penſé de même : du moins, l'anecdote ſuivante donneroit lieu de le croire. « A la repréſentation don« née le 23 octobre 1781, en « l'honneur de la naiſſance du

Cependant, la réaction devoit avoir son tour, &
quand, après le 9 thermidor, Dugazon parut en scène,
il fut accueilli par des huées & se trouva en butte à
toutes les avanies de la part du public, que sa contenance, loin d'être celle de l'humilité, ne faisoit encore
qu'irriter. De guerre lasse, un moment de calme sur-
vint, & Dugazon s'avançant vers la rampe, s'adressa à
la foule en ces termes : « Je ne suis plus que citoyen
« & j'attends chez moi, de pied ferme, tous ceux
« qui ont quelque reproche à me faire : ils trouve-
« ront à qui parler. » A tort ou à raison, cette sortie
audacieuse, pour ne pas dire plus, imposa, & la pièce
put être jouée.

Lorsque, après plusieurs mois d'agonie, le Théâtre
de la République fut contraint de cesser ses représentations, les anciens camarades de Dugazon, réunis
au Théâtre Feydeau, oubliant leurs griefs bien légiti-
mes, consentirent à le recevoir parmi eux. Le 7 avril
1797, eut lieu sa rentrée, pour laquelle il avoit choisi
malencontreusement le rôle de Dubois dans les *fausses
Confidences*, rôle qu'il n'avoit jamais joué & qui étoit
un des meilleurs de Dazincourt. Au moment où Lubin
dit à Dubois : « Nous nous soucions bien de toi & de
« ta race de canaille », les spectateurs saisirent l'allu-

« Dauphin, la Comédie-Françoise
« joua *Adélaïde Du Guesclin* & la
« *Partie de Chasse d'Henri IV*.
« Dans cette dernière pièce, Du-
« gazon avoit introduit une scène
« de sa composition, destinée à cé-
« lébrer cet heureux événement &
« qui obtint un succès d'enthou-
« siasme. »

fion & en firent une application cruelle à Dugazon, en faluant cette apoftrophe par des applaudiffements prolongés que celui-ci fupporta, du refte, avec fon audace habituelle & fans fourciller.

Dugazon avoit été, en 1786, un des profeffeurs de l'école de déclamation, où fa première leçon eut lieu le 4 juin de cette année ; lors de l'organifation du Confervatoire, il fut attaché, au même titre, à cet établiffement. Beaucoup d'élèves font fortis d'entre fes mains, & deux principalement, Talma & Lafon, ont atteint une grande renommée. Contrafte étrange ! Ce comédien bas & trivial, aux allures grotefques, n'a prefque formé que des tragédiens, & nul mieux que lui n'a donné l'enfeignement & les habitudes d'une tenue à laquelle il étoit lui-même fi complètement étranger, que, chargé dans la pièce de *Pinto* (1) du perfonnage de l'ambaffadeur d'Efpagne, il s'y montra affez ridicule pour qu'on crût devoir fupprimer le rôle.

Dugazon ne fe borna pas à jouer la comédie, il voulut écrire. Voici les titres de fes ouvrages : 1° *L'Avènement de Muftafa, ou le Bonnet de vérité*, comédie en trois actes & en vers, en fociété avec Rioufse, 1792 ; non imprimée. — 2° *L'Emigrant, ou le Père Jacobin*, comédie en trois actes & en vers, 1792 ; non imprimée. — 3° *Le Modéré*, comédie en trois actes & en vers, 1794.

(1) Comédie en cinq actes & en profe, de Nép. Lemercier, repréfentée le 22 mars 1890.

Il a de plus, ainſi que nous l'avons déjà dit, ajouté à la comédie des *Originaux* deux ſcènes épiſodiques, qui ne ſe diſtinguent peut-être pas par un goût très-épuré, mais qui ſont reſtées au théàtre, parce qu'elles prêtent à rire.

La ſanté de Dugazon, affoiblie depuis aſſez long-temps, le força à prendre ſa retraite en 1807. Il alla habiter le village de Sandillon, dans le Loiret (1), où il paſſa les deux années qu'il vécut encore, dans un état preſque complet d'aliénation mentale. Il y eſt mort, le 11 octobre 1809, à l'âge de 63 ans.

Une repréſentation extraordinaire eut lieu au bénéfice de ſa veuve (2), le 15 avril 1812. Elle offrit cela de remarquable, que la plupart des acteurs qui jouèrent dans la tragédie d'*OEdipe che*ȝ *Admète*, avoient été ſes élèves.

(1) On rapporte, mais le fait nous paroit apocryphe, qu'il avoit fait inſcrire au-deſſus de la porte d'entrée de la petite maiſon qu'il poſſédoit dans cette localité, ce diſtique, tiré de ſon rôle dans la pièce de *Démocrite :*

« Que maudit ſoit le jour où j'eus la fantaiſie
« De me faire valet de la philoſophie ! »

(2) Ainſi que nous l'avons dit plus haut, la première femme de Dugazon, Roſalie Lefèvre, qu'il avoit épouſée le 20 août 1776, divorça d'avec lui le 13 novembre 1794. Un mois après, le 12 décembre, il ſe remarioit à Céline-Geneviève Aubert, âgée de 28 ans, fille d'un architecte & ſœur de l'acteur Frogères; c'eſt elle dont il eſt queſtion ici.

ROLES CRÉÉS PAR DUGAZON

1773	L'Auteur	*L'Affemblée*, de Schofne.
—	Momus	*La Centenaire de Molière*, d'Artaud.
1774	Juftin.	*Les Amants généreux*, de R. de Chabannes.
1775	La Jeuneffe	*Le Barbier de Séville*, de Beaumarchais.
—	La Fleur.	*Le Célibataire*, de Dorat.
1776	Un Valet.	*Le Malheureux imaginaire*, du même.
1777	Durand.	*L'Egoïfme*, de Cailhava.
1778	Frontin	*L'Aveugle par crédulité*, de Fournelle.
—	Le Notaire	*L'Impatient*, de Lantier.
1779	Un Valet	*Laurette*, de D'Oifemont.
1780	Charles.	*Clémentine & Deformes*, de Monvel.
1782	Germain	*Le Flatteur*, de Lantier.
—	Crifpin	*Les Journalistes anglois*, de Cailhava.
1783	Zénarès.	*Le Séducteur*, de Bièvre.
—	Fatras.	*Le Réveil d'Epiménide*, d'O. de Flins.
1784	Frontin	*La fauffe Coquette*, de Vigée.
1787	Marcelin	*L'École des Pères*, de Pieyre.
1788	Picard.	*L'Optimifte*, de Collin de Harleville.
1789	Victor	*Les Châteaux en Efpagne*, du même.
1791	De Crac	*M. de Crac*, du même.
—	Fougères	*L'Intrigue épiftolaire*, de Fabre d'Eglantine.
—	Le Marquis	*L'Hôtellerie de Worms*, de*** (Defaudras.)
—	Edouard	*La Jeune Hôteffe*, de Carbon Flins.
1792	Jacques.	*Les Trois-Coufins*, de Champ-Rion.
—	Vilfac.	*L'Obligeant maladroit*, de Famin.
1793	Le Pape.	*Le Jugement dernier des Rois*, de Sylvain Maréchal.
—	Figeac	*La Moitié du chemin*, de Picard.
—	Modérantin	*Le Modéré*, de Dugazon.
1794	Le Limonadier. . . .	*Les Contre-Révolutionnaires*, de Dorvo.
1795	Boucliac.	*Les Amis de collège*, de Picard.
—	Boneliac.	*L'Agioteur*, d'Armand Charlemagne.

1796 Sans-Quartier . . . . *Le Chanoine de Milan*, de A. Duval.

1797 Kerlebon . . . . . . *Les Héritiers*, du même

— Picard. . . . . *Rose & Picard*, de Collin Harleville.

— Palmier. . . . . . . *La Paix*, d'Aude.

1800 Frontin . . . . *Caroline*, de Roger.

— L'Archevêque (*) . . *Pinto*, de N. Lemercier.

1801 Deschamps . . . . . *Caroline*, de Roger.

1803 Beaulieu. . . . . . . *Mme de Sévigné*, de Bouilly.

1804 Véronne . . . . . . *Richelieu*, de N. Lemercier.

(*) Rôle supprimé à la troisième représentation.

dite MLLE DE SAINT-VAL la cadette

1772 — 1792

MADEMOISELLE DE SAINT-VAL la cadette naquit, ainſi que ſa ſœur, à Courſegoules, le 2 ſeptembre 1752. Entraînée
ſans doute par ſon exemple & ſéduite par le bruit de
ſa renommée tragique, elle embraſſa comme elle la
carrière du théâtre. « Ses premiers eſſais, ſelon Grimm,
« auroient eu lieu à Copenhague. » Elle jouoit avec
une troupe d'aĉteurs à Grenoble, lorſqu'elle vint à
Paris ſolliciter la faveur d'un début à la Comédie-
Françoiſe : « Non pas, écrivoit-elle, avec le déſir ni

Extrait des regiſtres de l'état civil de Courſegoules : « L'an mil ſept
cent cinquante-deux, & le ſecond du mois de ſeptembre, damoiſelle *Marie-
Blanche,* fille légitime de Honoré Alziary de Roquefort, eſt née & a été
baptiſée. »

Mᵐᵉ DE SAINT-VAL, LA CADETTE.

1772-1792

« dans l'efpoir d'une réception, mais à caufe de l'in-
« fluence qu'exerceroit néceffairement fur un engage-
« ment en province l'avantage d'avoir paru fur une
« fcène illuftrée par tant de talents de premier or-
« dre. » Le 27 mai 1772, cette actrice débuta dans le
rôle d'Alzire. On raconte que Le Kain étoit tellement
prévenu contre elle (par quelle raifon? on ne le dit
pas), qu'il refufa même de la voir & que Molé dut le
remplacer dans le rôle de Zamore. Son fuccès, cependant, eut affez d'éclat pour qu'il fe décidât à aller entendre la débutante à fa feconde apparition dans cette
tragédie ; car l'ufage exigeoit alors que les débutants
fe montraffent trois fois de fuite dans le même rôle.
Mlle Saint-Val fatisfit Le Kain au point qu'à l'iffue de
la repréfentation, il s'empreffa de la féliciter, & qu'à
partir de cette foirée il joua avec elle pendant tout le
cours de fes débuts. Elle parut fucceffivement dans
Inès de Caftro, dans *Zaïre* (6 juin), rôle qui lui fut
moins favorable que les précédents ; dans *Iphigénie en
Tauride* (le 10 & le 20), *Iphigénie en Aulide* (le 24).
Dans ces deux derniers rôles, furtout, elle obtint un
fuccès décidé (1). Auffi, Mme Veftris & Mlle Dubois (2), effrayées de cette nouvelle concurrence,

(1) Mlle Clairon écrivoit à un de
fes amis : « J'ai été voir hier la
« petite Saint-Val ; fon fuccès eft
« prodigieux, mais elle le mérite.
« Elle a un talent réel & char-
« mant. »

(2) Actrice fort médiocre, qui

avoit débuté en 1759 & fe retira à
la clôture de 1773. Elle étoit fille
de ce Dubois, fameux par le fcandale auquel il donna lieu, au temps
des repréfentations du *Siége de
Calais*. Elle eft morte en 1779.

réunirent-elles tous leurs efforts afin de s'oppofer à la réception de la débutante.

Mᶫᶫᵉ de Saint-Val cadette étoit loin d'être jolie, mais elle étoit bien moins laide que fa fœur. Sa phyfionomie avoit de l'expreffion, & quoiqu'elle fût de petite taille, maigre & affez chétive, fon maintien ne manquoit pas de dignité, & elle mettoit dans fon jeu beaucoup de fenfibilité & d'âme.

Une maladie qui, toutefois, n'offroit aucune analogie avec l'incident qui, quelques années auparavant, avoit interrompu les débuts de fa fœur, vint également fe jeter à la traverfe des fiens. Elle ne fe trouva en état de les reprendre que le 10 février 1773, par le rôle d'Ariane; elle les continua le 13, par Chimène, & le 18, par Alzire.

Mais fi les vents & les flots font changeants, le public ne fe pique pas plus qu'eux de conftance. Dans l'intervalle qui s'étoit écoulé entre fa maladie & fon retour fur la fcène, une nouvelle actrice, Mᶫᶫᵉ de Raucourt, avoit furgi, qui, fi elle ne lui étoit pas fupérieure fous le rapport du talent, l'emportoit de beaucoup par l'éclat de fa beauté. Le parterre n'eut plus d'yeux & d'hommages que pour le nouveau météore, & de Mᶫᶫᵉ Saint-Val il ne fut plus queftion : bien mieux, il ne voulut plus voir que les défauts de celle que, huit mois auparavant, il avoit tant applaudie, & il s'en exagéra la portée au point d'en venir à ne plus fupporter que difficilement la préfence de cette actrice fur la fcène. Mᶫᶫᵉ Saint-Val jugea à propos de retourner en province, & le théâtre de Lyon, qui la reçut, retentit bientôt du bruit de fes fuccès. Lorfque Mlle Raucourt, dont l'aftre avoit pâli à fon tour, partit furtivement pour la Ruffie (1), Mlle Saint-Val cadette fut rappelée à Paris, &, le 6 juillet, elle rentroit triomphalement à la Comédie-Françoife, par le rôle de Zaïre. Le 13 du même mois, elle jouoit Aménaïde, perfonnage dans lequel le public l'accueillit avec des applaudiffements prodigieux, qui prenoient en partie leur fource dans l'intérêt qu'infpiroient les perfécutions dont fa fœur aînée étoit l'objet. Il lui donna une preuve évidente de fes fympathies, lorfqu'Aménaïde s'écria :

« On dépouille Tancrède, on l'exile, on l'outrage ! »

les fpectateurs, faififfant l'allufion, mille voix s'élevèrent avec tranfport pour demander Mlle de Saint-Val l'aînée ; & les cris devinrent fi vifs, fi perfévérants, que l'amante de Tancrède, ne pouvant réfifter à fon émotion, tomba évanouie dans les bras de fa confidente.

Nous avons rapporté précédemment pourquoi, malgré les preuves de dévouement données à fa fœur, celle-ci perfifta à ne pas la revoir, & comment, au bout de tant d'années de féparation, une circonftance fortuite les rapprocha ; nous n'y reviendrons pas.

_____

(1) En juin 1776. Voir la notice fur Mlle Raucourt.

Quoique Mlle Saint-Val la cadette, depuis fon admiffion à la Comédie-Françoife, n'eût pas eu l'occafion d'aborder les rôles de la comédie, genre qui
d'abord avoit été exclufivement le fien fur les fcènes
de province, Beaumarchais lui confia celui de la comteffe Almaviva dans le *Mariage de Figaro* (1), &
n'eut pas à s'en repentir, car elle y montra un talent
qu'on ne foupçonnoit pas. Elle s'effaya également
avec fuccès dans *Nanine*, Agathe des *Folies amoureufes*, & dans Ifabelle de l'*Ecole des Maris;* mais elle
ne donna pas fuite à ces effais & en revint exclufivement à la tragédie.

Mlle Saint-Val accomplit fes vingt ans de fervice &
ne fe fépara de fes camarades que lors de la diffolution provoquée par les événements. Elle joua depuis
fur le théâtre de la Montanfier pendant deux ans. En
1802, elle fe rendit à Saint-Pétersbourg : c'étoit vingt
ans trop tard qu'elle entreprenoit ce voyage. On l'ap-
plaudit par égard pour fon ancienne réputation, mais
on la trouva un peu marquée pour repréfenter les
Iphigénie & autres *jeunes princeffes*. Elle revint pourtant en France chargée d'or & de préfents.

On n'avoit plus, depuis longtemps, entendu parler
de cette actrice, retirée au fond de quelque province,
lorfque les journaux & les affiches révélèrent fon exiftence en annonçant une repréfentation à fon bénéfice,

---

(1) Rôle qui étoit, dans le principe, deftiné à Mlle D'Oligny & que
cette actrice auroit joué, fi fa retraite n'avoit pas eu lieu un an avant la
repréfentation de la pièce.

pour le 11 octobre 1817. Elle eut lieu au Théâtre-Italien (falle Favart). Mlle Saint-Val avoit choisi pour cette folemnité le rôle d'*Iphigénie en Tauride*, où, dès la première fcène, à travers les injures irréparables du temps & le défavantage d'un organe trop évidemment déshabitué de la déclamation tragique, il fut facile de reconnoître les traces de cette fenfibilité touchante qui avoit formé le caractère diftinctif de fon talent, aux belles époques de fa carrière théâtrale. Le récit du *Songe*, au premier acte, fut rendu avec âme & intelligence. Enfin, elle y produifit beaucoup d'impreffion. « Cependant, ajoute le journal auquel nous « empruntons tous ces détails, avant la fin de la tra- « gédie, la fatigue fe faifoit évidemment fentir, & « l'effet des dernières fcènes s'en eft reffenti. »

Mlle de Saint-Val avoit alors foixante-cinq ans !

Sa fortune, dont elle s'étoit moins préoccupée que ne l'avoit fait fa fœur de la fienne, fe réduifoit à une penfion de 800 livres fur la caffette du Roy. Elle étoit, en outre, devenue propriétaire de l'Ifle Saint-Honorat (1). Elle s'y retira d'abord & y vécut, philofophant en reine détrônée, fous les voûtes filencieufes de la plus ancienne abbaye des Gaules, qui produifit de grands faints & des prélats illuftres. Cependant, cédant aux vives inftances de fa famille, elle vint fixer fa réfidence à Draguignan, chez un de fes

(1) Ce domaine, enfemencé de blé & planté de quelques orangers & caffis, produifoit à peine 1,200 fr. de revenu à fa propriétaire.

neveux, Confeiller de préfecture, qui étoit l'objet de fon affection toute maternelle, & elle paffa encore plus de trente ans au milieu des fiens, pour lefquels elle étoit une providence. C'eft là qu'elle s'eft éteinte, le 9 février 1836, à l'âge de 83 ans & quelques mois, laiffant après elle le fouvenir de fa piété fervente & des excellentes qualités de fon cœur aimant & généreux.

Mlle Saint-Val, depuis fon retour dans fon pays, y fut peu connue fous ce nom. Elle s'étoit donné celui de *Saint-Ereyx*, qui avoit été probablement le nom d'un de fes amants ou celui de fon mari, car on a prétendu qu'elle fut mariée.

Son efprit étoit très-orné & dénotoit un fonds d'inftruction auffi folide que variée. Elle prêta fouvent le fecours de fa plume à l'un de fes frères qui rempliffoit de hautes fonctions publiques. Elle ne manquoit pas de facilité pour la poéfie, & l'on cite d'elle, entre autres compofitions, une élégie empreinte d'âme & de fenfibilité, écrite à l'occafion de la mort d'un autre frère (1).

---

(1) Le premier des deux frères dont il eft ici queftion étoit invefti, fous le Directoire, près la Cour du département du Var, des fonctions d'accufateur public, qu'il exerça avec beaucoup de diftinction. On a confervé à Draguignan le fouvenir de fes brillantes qualités & de fon remarquable talent de déclamation. La connoiffance qu'il poffédoit de cet art avoit même donné lieu de fuppofer qu'il n'étoit pas entièrement étranger à la fcène. Vers 1796, il fe rendit avec fa famille en Ruffie, chargé d'une miffion diplomatique. — L'autre frère périt fous les murs de Gillette ; le myftère qui entoura fa fin n'a

La converfation de Mlle de Saint-Val cadette étoit pleine d'agrément. Elle aimoit à rappeler quelquefois le fouvenir de fon brillant paffé, fa liaifon avec les beaux efprits de l'époque, & notamment avec le chevalier de Boufflers, qui eft peut-être l'auteur du quatrain fuivant, qu'on lui a entendu citer plus d'une fois :

« Je fuis fans bien & fans fortune :
« Auffi, fandis, belle Saint-Val,
« Pour te voir jouer Rodogune,
« J'ai mis en gage mon cheval. »

jamais été éclairci. On dit qu'après la bataille, tandis qu'appuyé contre un mur, il étanchoit la fueur dont il étoit inondé, il tomba atteint d'un coup de feu tiré à bout portant. Avant d'avoir été enrôlé dans la garde nationale, où il avoit le titre de commandant, M. Alziary étoit avocat.

ROLES CRÉÉS PAR Mlle DE SAINT-VAL, LA CADETTE

1772 Juliette . . . . *Roméo & Juliette*, de Ducis.
1777 Azélie. . . . . *Zuma*, de Le Fèvre.
  — Azémire. . . . . . . *Muftapha & Zéangir*, de Chamfort.
1778 Antigone . . . . . . *OEdipe chez Admète*, de Ducis.
1779 Erato . . . . *Les Mufes rivales*, de La Harpe.
  — Idace. . . . . *Agathocle*, de Voltaire.
  — Amétis . . . . *Pierre le Grand*, de Dorat.
1780 Axiane . . . . *Nadir*, de Du Buiffon.
1782 Chélonis . . . . . . *Agis*, de Laignelot.
1784 La Comteffe. . . . . *Le Mariage de Figaro*, de Beaumarchais,

1786 Azémire. . . . . . . *Azémire*, de Chénier.

1787 Yole. . . . . *Hercule au mont OEta*, de Le Fèvre.

1788 Zulna . . . . *Odmar & Zulna*, de Maifonneuve.

1789 Andromaque. . . . . *Aſtyanax*, de Richefolles.

— Marie. . . . ¿ . . . . *Marie de Brabant*, d'Imbert.

1791 Louife. . . . . *La Liberté conquiſe*, de Harny.

— Euphémie . . . . . . *Rienʒi*, de Laignelot.

MADEMOISELLE DE RAUCOURT

1756 — 1815

FRANÇOISE CLAIRIEN
dite FRANÇOISE-MARIE-ANTOINETTE SAUCEROTTE

MADEMOISELLE DE RAUCOURT

1772 — 1815

RANÇOISE CLAIRIEN eſt née à Dombaſles, le 29 novembre 1753.
Vers le milieu du ſiècle dernier, un pau-
vre chirurgien-barbier de village avoit quatre filles dont
l'avant-dernière, encore enfant, fut emmenée par un
nommé Saucerotte, homme de moralité douteuſe,
qui, après avoir été maître de poſte à Dombaſle,
avoit quitté cette localité, par ſuite de mauvaiſes affaires, & s'étoit retiré à Varengeville, village ſitué à

Extrait des regiſtres de la paroiſſe Saint-Nicolas, de Dombaſles : « Le
vingt-neufviefme de novembre mil ſept cent cinquante-trois, a été baptiſée dans l'égliſe de cette paroiſſe, *Françoiſe Clairien*, née le même jour,
fille légitime de Joſeph Clairien, chirurgien-barbier, & de Barbe Manſuy,
ſa femme. »

trois quarts de lieue de Dombafles. Bientôt, abandonnant fa femme & fon fils, il difparut emmenant avec lui la petite Clairien, & l'on apprit qu'il s'étoit fait comédien de campagne. Les 4 & 6 octobre 1762, il débutoit à Paris fous le nom de Raucourt, qu'il avoit adopté, dans le rôle de Mithridate & dans celui de Chriftiern de la tragédie de *Guftave Wafa*. Il ne réuffit pas & dut retourner en province. La jeune Clairien, qui paffoit pour fa fille, l'accompagnoit dans toutes fes excurfions dramatiques & l'on rapporte qu'à l'âge de feize ans, elle joua à Rouen, avec un fuccès qui eut du retentiffement, le rôle d'Euphémie dans la tragédie de *Gafton & Bayard*. Le bruit de fa jeune renommée valut à la tragédienne en herbe un ordre de début pour la Comédie-Françoife ; mais, au préalable, on jugea utile de lui faire prendre les leçons de Brizard. C'eft donc comme élève de ce célèbre acteur, qu'elle parut pour la première fois fur la fcène françoife, le 23 feptembre 1772, dans le rôle de Didon. On lui reconnut, dès le premier foir, une qualité rare, furtout chez une débutante, celle de favoir écouter. Le Roy affiftoit à cette repréfentation, & bien qu'il ne fût que médiocrement partifan de la tragédie, il refta jufqu'à la fin du fpectacle & ordonna qu'une gratification de cinquante louis fût comptée à la débutante (1).

(1) Les renfeignements nouveaux que nous donnons ici & qui contredifent de tout point, fous le triple rapport des nom & prénoms, de la date & du lieu de naiffance, les détails reproduits par tous les bio-

L'enthousiasme qu'elle excita & qui prenoit sa source, plus peut-être dans sa beauté que dans son talent, alla jusqu'au délire. Jamais Clairon, dans les beaux jours de sa gloire, n'avoit reçu la moitié des applaudissements, des acclamations & des couronnes qui furent prodiguées à la débutante, novice alors, comme on l'est à seize ans. Le parterre, oublieux des grands talents qu'il avoit applaudis jusqu'alors,

graphes qui se sont occupés de cette célèbre actrice, ne reposent, il est vrai, que sur des présomptions, mais qui paroissent au moins très-fondées. D'abord, il n'existe sur les registres des sept paroisses de Nancy, au 3 mai 1756, non plus qu'aux années adjacentes, aucune mention quelconque d'une naissance sous les noms de *Françoise-Marie-Antoinette Saucerotte*. Il n'est pas plus exact de dire qu'elle soit née à Paris, malgré la mention inscrite sur son acte de décès.

A Dombasles, au contraire, malgré la distance qui nous sépare aujourd'hui de ce fait, il est resté comme tradition dans la localité, &, mieux encore, dans la famille de Joseph Clairien, qu'une des leurs fut emmenée très-jeune par le nommé Saucerotte ; que, plus tard, elle étoit devenue comédienne à Paris, & fort riche, & que la tragédienne *Raucourt* n'auroit été autre que cette demoiselle *Françoise Clai-*

rien qui, par la suite, soit dans l'intention de se dépayser, soit par un sentiment d'affection pour la Reine, avoit ajouté à son nom ceux de *Marie-Antoinette*. Cette opinion est encore populaire, de nos jours, à Dombasles.

Or, quelle raison auroit-on d'argüer de fausseté ces documents, sans pouvoir démontrer, par aucune raison, qu'ils sont dénués de vérité ? Car, pour détruire, au bout de tant d'années, une tradition de famille qui, certes, ne s'est pas établie sans cause, il faut des preuves & ici, on n'en a pas à fournir contre ce que nous avançons.

Il reste donc avéré pour nous, qui sommes forts de cette tradition & des renseignements recueillis dans la localité même, que la célèbre Raucourt, jusqu'à ce qu'on nous ait positivement démontré le contraire, a été une des filles du pauvre chirurgien de village.

n'eut déformais des yeux que pour la nouvelle venue
dont les débuts, prolongés pendant une année, ne
cessèrent d'attirer la foule, au grand déplaifir des actrices en poffeffion du premier emploi, & notamment de Mme Veftris (1). Ce qui fembloit encore
ajouter à l'intérêt qu'infpiroit Mlle Raucourt, c'eft
l'auréole de vertu dont l'opinion publique entouroit
fon front ; ce qui lui valoit des préfents confidérables
des grandes dames de la Cour & de la Ville que char-
moit, fans doute, la rareté du fait. Il eft certain qu'à
cette époque, la réputation de fageffe de Mlle Raucourt égaloit fa renommée comme actrice. Voltaire
lui adreffa à cette occafion, en 1773, une lettre en
vers (2) où il la félicitoit ; il eft vrai que cette épître
apologétique avoit pour but de détruire l'effet d'une
autre lettre précédemment écrite & qui avoit été im-

(1) « Le public eft fi fatisfait du « chaque fois il demande cet acteur
» fieur Brizard (dit Bachaumont en « pour annoncer & le comble de
« parlant de ces débuts), qu'à « fes applaudiffements. »

(2) Raucourt tes talents enchanteurs
Chaque jour te font des conquêtes ;
Tu fais foupirer tous les cœurs,
Tu fais tourner toutes les têtes.
. . . .
L'art d'attendrir & de charmer
A paré ta brillante aurore ;
Mais ton cœur eft fait pour aimer
Et ce cœur n'a rien dit encore, &c.

Toute la pièce eft fur ce ton. « refte à peine des yeux pour vous
Voltaire la termine ainfi : « Je fuis « voir, une âme pour vous admirer,
« le vieil Efon & vous êtes l'en- « une main pour vous l'écrire. »
« chantereffe Médée ;..... il me

prudemment lue en préfence de Mlle Raucourt. Voltaire y difoit que la jeune actrice, dont la vertu faifoit alors rage, étant en Efpagne où elle jouoit avec fon père, avoit été la maîtreffe d'un Genevois & qu'elle appartiendroit bientôt à quelque grand feigneur de la Cour (1). Le maréchal de Richelieu, à qui cette épître étoit adreffée, la reçut à table, dans une maifon où il dînoit avec Mlle Raucourt & le marquis de Ximénès. Il pria ce dernier d'en donner lecture à la compagnie. Quand arriva le paffage qui la concernoit, la jeune fille, indignée, tomba évanouie. Grimm, qui nous rapporte cette anecdote, nous révèle que l'humeur de Voltaire provenoit de ce que les débuts de la belle Raucourt avoient fait reporter après Pâques la première repréfentation des *Lois de Minos*, qu'on étoit fur le point de jouer : *Indè iræ !*

Mlle de Raucourt, à l'époque où fe paffa ce fait, fe piquoit encore de fageffe, & fon père putatif, vrai matamore de comédie, menaçoit de tuer quiconque oferoit attenter à l'honneur de fa fille. La chronique raconte qu'à Verfailles, où, felon l'ufage du temps, celle-ci avoit fait fes premiers effais (2), lorfqu'elle fe

(1) Cette lettre n'a pas été imprimée dans la correfpondance de Voltaire.

(2) C'étoit un ufage alors confacré que les débutants à la Comédie-Françoife s'effayaffent d'abord fur le théâtre de Verfailles. En 1801, Chaptal crut devoir abolir cette coutume. Il y eut lutte de la part des comédiens ; mais le miniftre tint bon & déclara : « qu'il « ne fçauroit revenir fur fa déci- « fion & qu'à l'avenir nul ne feroit « tenu de commencer fes débuts à « Verfailles. »

rendoit au théâtre, on la faifoit entrer dans une chaife
à porteurs, que le père précédoit, le piftolet au
poing (1).

Le bruit de cette anecdote s'étant répandu dans le
public, ne fit qu'ajouter à l'engouement dont Mlle Raucourt étoit l'objet. Mais le jour de la réaction s'approchoit; & cette actrice, vantée outre mefure, que l'on
plaçoit, dès fon début, au-deffus des Du Mefnil & des
Clairon, étoit deftinée à devenir, fous peu, l'exemple
le plus frappant de l'inconftance de la foule. Bientôt
les détracteurs furgirent : ils proclamèrent que fi la
nouvelle venue poffédoit de la beauté & de l'intelligence, en revanche, elle n'avoit pas d'âme; que fa déclamation étoit apprife & forcée; qu'on pouvoit, à
bon droit, lui reprocher fa profufion de geftes, une
voix fourde & l'abfence de retenue dans fon jeu.
Après avoir d'abord ainfi décrié fon talent, on s'en prit
à fes mœurs & l'on attaqua fa vie privée. Enfin, fi jamais idole n'avoit été encenfée avec plus d'ivreffe, ja·
mais idole ne fut brifée avec plus de mépris. Il eft vrai
que Mlle Raucourt, fe départant de la ligne de conduite
qu'elle avoit jufqu'alors fuivie, avoit fini elle-même
par attacher trop peu de prix à la confervation de fa
bonne renommée, & que, de foibleffe en foibleffe,
elle en étoit arrivée à des éclats fcandaleux & à

(1) Le 5 juillet 1796, Saucerotte s'eft précipité du cinquième
étage d'une maifon de la rue Corneille, après avoir attaché à fa
vefte un billet par lequel il recom-
mandoit qu'on n'inquiétât perfonne
au fujet de fa mort.

contracter des dettes énormes (1). On fe doute bien qu'avec une conduite auffi diffolue que celle qu'elle ne rougit plus d'afficher, loin de faire des progrès dans fon art, elle fe négligea même au point d'en oublier, pour ainfi dire, les premiers éléments. Après avoir, pendant deux années, excité l'admiration de tout Paris, Mlle Raucourt s'entendit huer fur la fcène par ces mêmes fpectateurs qui l'avoient naguères acclamée. Abreuvée d'humiliations, contre lefquelles ne la protégèrent plus, ni fon titre de femme ni le fuccès de beauté qu'elle retrouva dans le rôle de la ftatue de *Pygmalion* de J.-J. Rouffeau, que Larive, qui avoit joué avec fuccès ce rôle à Lyon, eut la fantaifie de reprendre à Paris ; en butte aux perfécutions de fes innombrables créanciers, cette actrice prit, en juin 1776, le parti de quitter brufquement la fcène, au moment où elle étoit attendue pour jouer dans *Zuma*, tragédie de Le Fèvre, dont elle tenoit un des principaux rôles. Son nom fut immédiatement rayé, par ordre fupérieur, du tableau de la Comédie-Françoife.

On raconte qu'elle fe tint cachée pendant quelques jours dans les environs de Paris, chez un fermier à qui elle s'étoit préfentée traveftie en dragon, lui di-

---

(1) Le mercredi-saint, 26 mars 1777, Mlle de Raucourt fut arrêtée au moment où elle alloit monter en voiture pour fe rendre à la promenade de Longchamps. On la renferma au For-L'Evêque, où elle ne refta que quelques heures, grâce à la protection de perfonnages puiffants qui lui portoient de l'intérêt.

fant qu'une affaire d'honneur l'obligeoit à s'enfuir &
que fon intention étoit de fe rendre à Saint-Pétersbourg. Elle parcourut fucceffivement plufieurs villes
du Nord. Au bout de trois années de cet exil volontaire, Mlle Raucourt revint en France. Dans l'intervalle
avoit eu lieu la fameufe querelle entre Mlle Saint-Val
& Mme Veftris, querelle dans laquelle la première fuccomba ; la néceffité de combler le vide caufé par fon
éloignement, fit fermer les yeux fur les incartades
paffées de la fugitive, qui fut rappelée pour remplacer l'actrice exilée. Mlle Raucourt reparut à la Comédie-Françoife, le 28 juin 1779, dans ce même rôle
de Didon, naguère fon triomphe. Mais que les temps
étoient changés ! Elle y fut horriblement maltraitée.
Quelques jours après, elle joua Phèdre, & les applications qui lui furent faites de certains vers devinrent
pour élle de fanglantes injures. Le public eut le tort
de ne pas fe refpecter lui-même, lorfqu'il interrompit
l'actrice à ce vers :

« Et moi, trifte rebut de la nature entière ! »

par des applaudiffements ironiques & des cris de *bis*
qui fe prolongèrent affez pour troubler le cours de la
repréfentation. La Harpe, qui blâme avec énergie ces
indignes procédés, dit qu'on attribua ces violences au
parti de Mlle Saint-Val, qui ne voyoit dans Mlle Raucourt qu'une rivale qu'on lui vouloit oppofer ; cette
dernière dut recourir à la publicité pour déclarer dans

une lettre, pleine de mefure & de bon fens, que jamais
elle n'avoit eu pareille intention (1).

A partir de ce jour, l'hoftilité dont elle étoit l'objet
fembla s'appaifer & la tragédienne put alors chercher,
par un travail férieux, à réparer le temps perdu.

Sans s'être élevée au rang des Du Mefnil & des Clairon, Mlle de Raucourt poffeda des qualités précieufes
à côté de grandes imperfections. Sa voix, naturellement
dure, avec l'âge, étoit devenue plus fèche & plus âpre
encore ; mais fa diction étoit toujours jufte, quoique
fans charme, parce qu'elle ignoroit l'art de varier fes
intonations, ce que Mlle Clairon nomme l'*éloquence
des fons*. Son âme manquoit d'expanfion, auffi parve-
venoit-elle rarement à toucher ; ainfi, elle ne put ja-

(1) La décifion fuivante intervint à ce fujet :

« Sur le compte qui nous a été
« rendu de la difficulté élevée
« entre Mlles Raucourt & Saint-Val,
« relativement aux droits d'an-
« cienneté & d'emploi, ordonnons
« que Mlle Raucourt, que le Roy a
« rappelée parmi fes comédiens,
« joue l'emploi des *Reines* en chef.
« Ordonnons, en outre, qu'elle
« jouera dans l'emploi des *premiers
« rôles* (fans avoir de rang,
« Mlle Saint-Val cadette étant dou-
« ble immédiate de Mme Veftris),
« ceux qui pourront lui revenir,
« lorfque Mlles Veftris & Saint-Val
« ne pourront les remplir foit par
« maladie, congé ou fervice à la

« Cour & qu'elle en fera follicitée
« par fes camarades.

« Quant à l'ordre du tableau, le
« nom de Mlle Raucourt y fera
« placé immédiatement après celui
« de Mlle Saint-Val cadette fans
« que cela puiffe jamais à l'avenir
« tirer à conféquence, ni fervir
« d'exemple pour aucune réclama-
« tion fur ce qui eft arrangé juf-
« qu'à préfent.

« Réfervant, au furplus, à
« Mlle Raucourt tous les droits à la
« penfion, à compter du jour de
« fon début à la Comédie-Fran-
« çoife.

» 12 octobre 1779.

« Maréchal DE DURAS. »
(*Archives nationales.*)

mais rendre d'une manière satisfaisante le rôle de Phèdre, où Mlle Du Mesnil atteignoit à la sublimité, &
dans lequel nous avons tous admiré de nos jours
Mlle Rachel. Mais si elle faisoit peu répandre les larmes, elle excelloit dans les rôles de force & de profondeur; toutefois, ses défauts paroissoient encore
plus saillants dans les dernières années de sa carrière
théâtrale, & plus d'une fois son débit, mal dirigé &
plus mal secondé par sa voix, devenue de plus en
plus rauque, excita chez le public le rire & le dégoût.

Cette actrice auroit dû quitter la scène à temps,
dans l'intérêt de sa gloire; & la mort qui la frappa
dans la 62e année de son âge, auroit épargné à ses
contemporains, si elle l'eût trouvée dans la retraite, le
déplorable scandale dont ses obsèques donnèrent le
spectacle affligeant.

Mlle de Raucourt, qui fut toujours très-dévouée à
la monarchie, eut, comme la plupart des Comédiens
françois, beaucoup à souffrir des orages de la Révolution. Incarcérée pendant plusieurs mois, elle ne dut
son salut qu'au dévouement de La Bussière. Lorsqu'elle
fut sortie de prison, elle entra au Théâtre Feydeau,
où elle retrouva en grande partie les membres de
l'ancienne Société. Mais elle ne fit parmi eux qu'un
séjour passager; le refus d'un congé qu'elle avoit demandé, provoqua sa démission &, dans le but de se
venger, elle résolut d'opérer une scission & sut profiter du mécontentement de plusieurs de ses camarades
pour les attirer à elle. La Rive, Saint-Phal, Saint-Prix,

Naudet, Dupont; MM^{mes} Fleury, Thénard, Jolly &
Mézeray la fuivirent à la falle Louvois, dont l'inauguration eut lieu, le dimanche 25 décembre 1796, par
les *Deux Sœurs*, pièce de Laya (1). Ce fecond Théâtre-
François, dont Mlle Raucourt s'étoit réfervé la direction, n'eut qu'une durée éphémère (2).

En 1799, elle entra dans la nouvelle Société de la
Comédie-Françoife, reconftituée telle que nous la
voyons aujourd'hui. L'Empereur la chargea d'organi-
fer, en 1807 (3), une troupe de comédiens pour l'Ita-
lie ; elle y refta plufieurs années, ne faifant plus au
Théâtre-François que de rares & courtes apparitions.

Elle paffoit pour avoir de l'efprit & fa converfation
étoit, d'après des témoignages contemporains, celle
des gens du monde & du meilleur monde (4). Aimant
les arts, elle s'étoit formé un cabinet curieux d'objets
rares & choifis. Elle voulut auffi s'effayer dans les lettres : le vendredi 1er mars 1782, on joua à la Comé-

---

(1) Le 8 août 1798, à fix heures
du foir, au moment où on alloit
lever le rideau pour jouer le *Barbier de Séville* & le *Médecin malgré
lui*, l'ordre arriva de fermer incon-
tinent le théâtre Louvois.

(2) Malgré cette fermeture forcée,
on exerça contre elle des pourfuites
afin de la contraindre à payer le
dixième du droit des pauvres, dont
elle étoit reftée débitrice Ce fut en
vain qu'elle réclama.

(3) « Le 15 novembre 1807, on

« accorda un fecours de 23,000 fr.
« à Mlle Raucourt pour couvrir les
« dépenfes d'une troupe d'acteurs
« au-delà des Alpes. »

(4) « Mlle Raucourt n'avoit pas
« reçu d'éducation première.....
« Elle laiffoit bien échapper de
« légères fautes d'orthographe dans
« fes lettres ; mais jamais dans la
« converfation elle ne faifoit de
« fautes de langage. »

(*Lettre de M. de Failly
à Mlle Poinfot.*)

die-Françoife une pièce en trois actes & en profe, dont
la réuffite fut plus qu'équivoque. Ce drame, qui portoit pour titre *Henriette*, fut donné fous le nom de cette
actrice, bien que La Harpe, dans fa correfpondance,
l'attribue à Monvel ou à Du Rofoy. Le fujet, que
Grimm qualifie de *monftrueux*, eft tiré du théâtre alle-
mand, ou bien d'une pantomime que Mlle Raucourt
avoit vu jouer à Varfovie, durant fes voyages dans le
Nord (1). Certains paffages, de nature à bleffer le
Roy de Pruffe, eurent à fubir de nombreux retranche-
ments, à la demande de fon miniftre, malgré les démarches en fens contraire du prince d'Hénin, qui
s'intéreffoit fort à la pièce, à caufe de l'intérêt qu'il
portoit à fon auteur.

(1) C'eft l'idée première de cette pièce que Scribe a reproduite dans
fon *Etoile du Nord*.

ROLES CRÉÉS PAR Mlle DE RAUCOURT

1773 Melpomène . . . . . *L'Affemblée*, de Schofne.
— Orphanis . . . . . . *Orphanis*, de Blin de Sainmore.
1774 Adélaïde. . . . . . . *Adélaïde de Hongrie*, de Dorat.
1775 Barfénice . . . . . . *Les Arfacides*, de P. de Beauffol.
— Galathée . . . . . . *Pygmalion*, de J.-J. Rouffeau.
1782 Henriette. . . . . . *Henriette*, de Mlle de Raucourt.
1784 La Comteffe. . . . . *Le Jaloux*, de R. de Chabannes.
1786 Plautie . . . . *Virginie*, de La Harpe.
1787 Déjanire. . . . . . . *Hercule au mont OEta*, de Le Fèvre.

1789 La Mère d'Auguste.   *Les Deux Pages*, de Dezède.
1790 La M** de St-Ser. . .   *Le Couvent*, de Laujon.
1791 Mme Nelſon . . . . .   *Washington*, de Sauvigny.
— Julie . . . .   *Géta*, de Petitot.
— Virginie. . . . . . .   *Virginie*, de Doigny.
1792 Eve. . . . .   *La Mort d'Abel*, de Legouvé.
— Lucrèce. . . . . . .   *Lucrèce*, d'Arnault.
1795 Iſménie . . . .   *Pauſanias*, de Trouvé.
1797 Laurence . . . . . .   *Laurence*, de Legouvé.
— Aſpaſie . . . .   *Sophocle & Ariſtophane*, de Favrel & Joly.
1800 Mlle de Condé. . . .   *Montmorency*, de Carrion-Niſas.
1807 Ameſtris. . . . . . .   *Pyrrhus*, de Le Hoc.
— Médée. . . . .   *Théſée*, de Mazoïer.
1810 Brunehaut. . . . . .   *Brunehaut*, d'Aignan.
1814 Catherine de Médic.   *Les Etats de Blois*, de Raynouard.

DENIS DECHANET

dit DES ESSARTS

1772 — 1793

ES ESSARTS, né à Langres, le 23 novembre 1737, étoit loin d'être destiné au théâtre. Il entra d'abord dans la pratique & exerça pendant plusieurs années, dans sa ville natale, la charge de procureur. Quelle raison le détermina, à un âge où les actions ne s'expliquent plus par l'entraînement de la jeunesse, à abandonner tout-à-coup une profession qui lui rapportoit d'autant plus d'avantages, qu'appartenant à une honnête famille de la bourgeoisie, il y jouissoit lui-même d'une certaine

---

Extrait des registres de la paroisse de Saint-Pierre, à Langres : « Le vingt-trois novembre, mille sept cent trente-sept, a été baptisé *Denis*, né du même jour, fils en légitime mariage de Nicolas Déchanet, musicien à la cathédrale, & de Marguerite Sauvageot, ses père & mère. »

DES ESSARTS
1742-1797

confidération ? Ce font, la plupart du temps, de ces caufes intimes qui échappent aux inveftigations, & qui ne peuvent que donner lieu à des conjectures plus ou moins fondées. En ce qui concerne Déchanet, la tradition locale rapporte, cependant, qu'étant venu pour affaires à Paris, il fortit un foir enthoufiafmé de la Comédie-Françoife, où l'avoit mené un de fes amis, & qu'il fentit s'éveiller auffitôt en lui un penchant irréfiftible pour la fcène. De retour à Langres, fon premier foin fut de fe démettre de fon étude en faveur de fon maître clerc, & malgré l'oppofition des fiens, malgré les confeils de fes amis, il s'engagea dans une troupe de province, felon l'ufage du temps, après avoir échangé fon nom patronymique contre celui de *Des Effarts*, feule conceffion qu'obtint de lui fa famille. Il étoit attaché au théâtre de Marfeille, lorfque Belle Cour, chargé de chercher un acteur propre à remplacer Bonneval (1), que la Comédie venoit de perdre récemment, fignala Des Effarts aux Gentilshommes de la Chambre, qui lui envoyèrent un ordre de début.

C'eft le 14 octobre 1772, que cet acteur parut pour la première fois fur la fcène françoife, dans les rôles de Lifimon du *Glorieux* & de Lucas du *Tuteur* (2), où il n'obtint pas, d'abord, tout le fuccès qu'on avoit ef-

(1) Jean-Jacques Gimot, dit *Bonneval*, débuta en 1741, & fe retira en 1773. Mort en 1783.
(2) Comédie en un acte & en

profe de Dancourt, repréfentée le 13 juillet 1697, pour la première fois.

péré. Il fut toutefois reçu l'année fuivante : mais deux ou trois ans s'écoulèrent avant que le parterre lui tînt compte des foins qu'il apportoit à réformer ce qui avoit déplu dans fon jeu & l'adoptât complètement. Des Effarts avoit de la bonhomie, de la gaîté ; au befoin du mordant. Il étoit porteur d'une bonne mine & poffédoit une voix excellente : auffi le trouvoit-on mieux placé dans les pièces de Molière que dans le répertoire quinteffencié de Marivaux. Le rôle du comte de Bruxhall dans les *Amants généreux* (1), qui fut un des premiers qu'il eut à établir, bien approprié à fes moyens, acheva de le pofer favorablement auprès des habitués de la Comédie. Celui du Commandeur, dans le *Père de famille* (2), le mit tout à fait dans les bonnes grâces du parterre. Il étoit déjà affez avant dans celles de l'auteur, ainfi que le prouve le paffage fuivant d'une lettre que Diderot lui écrivoit en 1777 : « Monfieur Des Effarts, vous faites « merveille dans ce rôle du Commandeur. Comme « mon ouvrage ne m'a jamais rien rendu, fi l'on « veut m'accorder une marque de reconnoiffance à « laquelle je ferai très-fenfible, on le reprendra pour « vous (3). »

Des Effarts étoit d'une corpulence monftrueufe. On fçait que, pour qu'il lui fût poffible, en jouant Orgon

(1) Comédie en cinq actes & en profe, de Rochon de Chabannes, repréfentée en 1774.

(2) Rôle créé d'origine par Augé, dans le drame de Diderot, le 19 janvier 1761.

(3) Collection de M. Charles Maurice.

dans le *Tartufe*, de fe cacher fous la table, on avoit été
obligé d'en conftruire une tout exprès, & faite de façon à lui permettre de s'y gliffer & de s'y blottir fur
les genoux. Cet énorme embonpoint prêtoit toujours
à rire dans certains ouvrages, où il formoit avec la
fituation un contrafte grotefque. Ainfi dans la *Ré-*
duction de Paris (1), où il rempliffoit le rôle du Pré-
vôt des marchands & préfentoit au roy Henry IV
« fon peuple exténué par la famine », on juge que
cette phrafe, débité par un affamé « gros comme
un muids », felon l'expreffion de La Harpe, excitoit
l'hilarité parmi les fpectateurs. Il en étoit de même
dans les *Plaideurs* où, jouant le rôle de Petit-Jean, il
s'écrioit :

« Pour moi, je ne dors plus; auffi je deviens maigre...
« C'eft pitié ! »

Nous ne raconterons pas les myftifications que
cette infirmité lui attira de la part de fon facétieux
camarade Dugazon. L'anecdote du duel furvenu entre ces deux comédiens, à propos de la furvivance de
l'éléphant du Jardin du Roy, eft trop connue pour
que nous la rapportions ici. On connoît moins celle
qui eft relative à certain déjeûner d'huîtres, auquel
Des Effarts avoit été invité, & qui faillit devenir pour

_____

(1) Comédie en trois actes & en profe, de Desfontaines, repréfentée
en 1780.

lui une contrefaçon du fupplice de Tantale, grâce à une porte d'entrée de dimenfion tellement étroite, qu'elle rendoit illufoire pour ce coloffe l'accès de la falle où l'on déjeûnoit, fous fes yeux, ce qui augmentoit encore fon irritation. Dans cette dernière aventure, un duel ne s'enfuivit pas, parce que Dugazon, après s'être bien amufé du défappointement & du dépit de fon camarade affamé, fit tranfporter le repas dans une falle plus acceffible. Comme Des Effarts étoit très-fort mangeur, &, de plus, exceffivement gourmand, fon eftomac fatisfait ne mit pas d'entêtement à venger fon amour-propre offenfé.

Il ne fe montroit pourtant pas toujours auffi accommodant fur le chapitre de fon embonpoint, & fe formalifoit parfois affez vivement des critiques qui y faifoient allufion. Fréron fils, qui avoit fuccédé à fon père, dans la rédaction de l'*Année littéraire*, ayant dit, en rendant compte du *Jaloux fans amour*, d'Imbert, pièce tombée, que fi le rôle du marquis de Rinville, dans cette comédie, n'avoit pas réuffi, « c'étoit la faute du gros *ventriloque* qui l'avoit défiguré, » Des Effarts, fort de l'appui qu'il trouvoit dans la protection du duc de Duras, porta plainte contre le folliculaire. Fréron fut mandé chez le lieutenant de police, qui le réprimanda de la façon la plus outrageante; on alla jufqu'à lui arracher fon épée, en lui interdifant de la porter à l'avenir.

Cette circonftance n'a peut-être pas été étrangère à la fin prématurée de Des Effarts. Non moins oppofé aux idées de la Révolution que Mlles Raucourt & Contat, il donna, ainſi que ſes deux camarades, ſa démiſſion de ſociétaire, & partit pour Baréges, autant dans un intérêt politique que pour y aller prendre les eaux, en vue de ſa ſanté qui avoit, il eſt vrai, ſubi d'aſ-ſez fortes altérations. C'eſt là qu'il apprit le triomphe des doctrines à l'ordre du jour & l'incarcération de la majeure partie de ſes collègues ; il apprit également que Fréron, contre qui il avoit provoqué, quelques années auparavant, un ſi indigne traitement, figuroit au nombre des légiſlateurs, maîtres de la ſituation, & qu'il lui ſeroit facile, pour peu qu'il le voulût, de pren-dre une revanche cruelle. Toutes ces émotions cauſè-rent à Des Eſſarts une révolution ſi forte, qu'il mourut ſuffoqué, le 8 octobre 1793, à l'âge de 56 ans.

ROLES CRÉÉS PAR DES ESSARTS

1773	Harpagon, ...	*La Centenaire,* d'Artaud.
1774	Bruxhall.	*Les Amants généreux,* de R. de Chabannes.
1775	Bartholo.	*Le Barbier de Séville,* de Beaumarchais.
1777	De Florimond. . . .	*L'Egoïſme,* de Cailhava.
1778	Orgon.	*L'aveugle par crédulité,* de Fournelle.
—	De Borchamp. . . .	*L'Impatient,* de Lantier.
—	Un Médecin.	*L'Homme perſonnel,* de Barthe.
1779	B. de Neufgermain.	*L'Amour françois,* de R. de Chabannes.
1780	Mondor	*Le Bon Ami,* de*** (Le Grand.)
1781	Rinville.	*Le Jaloux ſans amour,* d'Imbert.
—	Le Prévoſt des March.	*La Réduction de Paris,* de Desfontaines.

1782 Richard . . . . *Le Flatteur*, de Lantier.

— La Cabale . . . . . . *L'Inauguration du Th. françois*, d'Imbert.

— Mondor . . . . *Les Courtisanes*, de Paliſſot.

— Sterling . . . . *Les Journaliſtes anglois*, de Cailhava.

1783 Orgon . . . . *Le Séducteur*, de Bièvre.

1784 Le Baron . . . . . . *Le Jaloux*, de R. de Chabannes.

— Bartholo . . . . *Le Mariage de Figaro*, de Beaumarchais.

1785 Le Baron . . . . . . *L'Oncle & les Tantes*, de Lafalle.

1786 Beſſoncourt . . . . . *Le Mariage ſecret*, de Desfaucherets.

— Kerbanton . . . . . . *L'Inconſtant*, de Collin Harleville.

1787 Dermont père . . . *L'Ecole des Pères*, de Pieyre.

1788 Fernand . . . . *La Reſſemblance*, de Forgeot.

1790 L'abbé de St-Pierre. *Le Journaliſte des Ombres*, d'Aude.

1791 Mondor . . . . *Le Conciliateur*, de Demouſtier.

1793 Duſlos . . . . *Le Conteur*, de Picard.

DELARIVE

1770-1750

JEAN MAUDUIT

dit DELARIVE

1775 — 1790

L ARIVE, dont le nom de famille étoit Mauduit, né le 6 août 1747, à La Rochelle, où
son père tenoit un commerce d'épiceries,
est mort à Montlignon, dans la vallée de Montmorency,
le 30 avril 1827. Une réprimande qu'il essuya le porta
un beau jour à s'enfuir, à l'âge de neuf ans, de la
maison paternelle & à se réfugier chez les religieux de
Sept-Fonts, dans le Bourbonnois. On le plaça peu de
temps après à Paris, chez un négociant ; mais l'enfant

Extrait des registres de la paroisse Saint-Sauveur, à la Rochelle : « Le
septiesme août mille sept cent quarante-sept, par moy, curé soussigné, a
été baptisé *Jean*, né le jour précédent, fils légitime de M. Isaac Mauduit,
marchand, & de Marie Butel, sa femme. »

ne répondant pas à ce qu'on exigeoit de lui, il fut em-
barqué pour les colonies, où fon père avoit quelques
relations commerciales. Après un féjour de cinq ou
fix ans à Saint-Domingue, il s'échappa pour revenir en
France. C'eft alors qu'ayant pris du goût pour le théâtre,
il fe préfenta chez Le Kain fous le nom d'un Américain. Il lui récita, tant bien que mal, le rôle de Zamore & le quitta enchanté parce que le grand tragédien, par complaifance plus que par conviction, lui
dit qu'il n'étoit pas impoffible qu'un jour il arrivât à
être fon *double* à la Comédie-Françoife. Sous l'impreffion d'une pareille perfpective, Mauduit courut auffitôt
chez la demoifelle Montanfier, qui voulut auffi l'entendre, & ne le jugea pas indigne de gagner 600 livres
par an. Il alla donc rejoindre à Tours la troupe de cette
directrice ; c'eft alors qu'il quitta fon nom de famille
pour adopter celui fous lequel il s'eft fait connaître. Il
le tira, en l'abrégeant, du nom même du lieu où étoit
fituée la maifon de commerce de fon père, &

« De monfieur *De La Rive* il prit le nom pompeux. »

Au bout de deux ans de féjour en province, & notamment à Lyon, il revint à Paris, recevoir les leçons
de la fameufe Clairon, alors retirée, & débutoit, le 3
décembre 1770, par ce même rôle de Zamore, à la
Comédie-Françoife, fous les aufpices de cette tragédienne qui, en le faifant répéter devant une grande
dame, difoit à fon élève : « Allons, Monfieur Dela-

« rive, votre extérieur eſt fort beau ; montrez à Ma-
« dame la ducheſſe que votre intérieur ne le cède en
« rien à votre extérieur (1). » Par malheur, les applaudiſſements qui accueillirent d'abord le débutant allèrent
toujours en déclinant juſqu'à la fin de la pièce. Larive,
indigné, partit pour Bruxelles, & ce n'eſt qu'après
quatre années de cet exil volontaire, qu'il fut rappelé
à Paris ſur la demande de Le Kain, qui ne s'attendoit
certes pas à retrouver en lui cet Américain ſuppoſé
auquel il avoit jadis accordé une audition. Jamais ſur-
priſe n'égala la ſienne, lorſque Larive, qui rapporte
cette anecdote, lui révéla ſa petite ſupercherie.

Cet acteur reprit donc le cours de ſes débuts, le 29
avril 1775, & fut enfin admis (2). Cependant ſa tâche
devenait d'autant plus laborieuſe, qu'il reparoiſſoit au
moment où Le Kain, ayant triomphé de ſes ennemis,

(1) Dans l'intérêt que la Clairon témoignoit à La Rive, qu'elle appe-loit *son fils*, il y avoit plus que de l'amour maternel. On en retrou-veroit la preuve dans le dépit qu'elle reſſentit lorſqu'il lui écrivit pour lui apprendre qu'il alloit ſe marier. Sa jalouſie éclata en repro-ches amers : « Puiſſe ce qui m'ar-« rive vous ſervir de leçon ſur « l'inſtabilité des événements de la « vie. Je diſois hier que je comp-« tois ſur vous comme ſur moi-« même ; que vous feriez le charme « de ma vie & je ſuis forcée « aujourd'hui de dire que nous ſommes perdus l'un pour l'au-« tre, &c. »

(Collection d'autographes.)

(2) D'après le paſſage ſuivant d'une lettre que nous avons ſous les yeux & que nous reproduiſons : « Quoi, c'eſt pour vous offrir au « bout de ſix ſemaines, que votre « indignation contre les comédiens « ſe change ſi vite en déſir de vous « retrouver avec eux? » Ce tra-gédien n'auroit pas tardé à regret-ter ſa première réſolution. Les conſeils de ſon amie le détermine-rent, cependant, à y perſévérer.

jouiſſoit ſans trouble de toute ſa renommée. Larive ne pouvoit certes prétendre à le remplacer; mais il pouvoit le doubler ſans trop de déſavantage & c'étoit déjà beaucoup. Le premier rôle qu'il eut à établir fut dans les *Arſacides*, tragédie en ſix actes, par Peyraud de Beauſſol (1), qui tomba à la première repréſentation.

En 1780, Larive, qui n'avoit pas revu ſon pays natal depuis ſon enfance, alla à La Rochelle & y donna pluſieurs repréſentations, dont *Tancrède* ouvrit la ſérie. La mort de Le Kain l'avoit mis, à la Comédie-Françoiſe, en poſſeſſion des premiers rôles; mais il ne parvint pas à faire oublier la perte de ce célèbre tragédien. La nature, ſi prodigue envers lui ſous le rapport des dons extérieurs, lui avoit refuſé la ſenſibilité &, diſons-le, cette intelligence que poſſédoit, à un degré ſi éminent, ſon prédéceſſeur. Il ne s'échauffoit que lorſqu'il étoit porté par la ſituation & il étoit loin de ſaiſir l'eſprit général d'un rôle. On ſe rappeloit, en l'entendant, ce mot de Garrick qui, voyant une actrice s'échauffer beaucoup dans un moment donné & ſe refroidir tout

(1) Cet auteur, dit la Harpe, étoit un pauvre diable, ancien profeſſeur de géographie au collége d'Harcourt, qui, après avoir été rebuté nombre de fois dans les tentatives qu'il fit pour la réception de ſa tragédie, étoit parvenu, on ne ſçait comment, à ce but, pourſuivi pendant tant d'années. Après deux repréſentations données au milieu des rires, les Comédiens, voyant que l'auteur perſiſtoit à vouloir être joué une troiſième fois, l'amenèrent, quoiqu'avec beaucoup de peine, & moyennant 1,200 livres, à ſe déſiſter de ſa prétention. Beauſſol eſt mort à Paris, le 4 août 1799, à l'âge de 83 ans.

à coup, dès qu'elle avoit fini le morceau où elle devoit peindre l'emportement, difoit affez plaifamment :
« Voilà une femme qui a de la colère, mais qui n'a
« pas de rancune. »

Auffi, Larive eut-il à fouffrir de l'inconftance du
public. Ayant été cruellement fifflé dans le rôle
d'Orofmane, l'un de ceux qu'il préféroit jouer, bien
que la comparaifon ne pût que lui être défavorable, il
déclara qu'il renonçoit au théâtre. Ses camarades, à
l'exception de Molé, tentèrent en vain de le faire
changer de réfolution : « Les infâmes ne me reverront
plus ! » s'écrioit-il. Mais il en eft à peu près des comédiens, comme des marins qui durant la tempête, foupirent après l'inftant du repos, que bientôt le calme
importune & qui fe prennent à regretter les orages.
Auffi, deux ans n'étoient pas écoulés que Larive rentroit par le rôle d'Œdipe (4 mai 1790). Cette réapparition n'eut pourtant qu'une courte durée. Le fecret
chagrin qu'il conçut de voir la faveur publique fe
tourner vers Talma influoit d'une manière évidente fur
fon jeu, devenu chaque jour plus inégal.

Cependant, les événements politiques qui affombriffoient le préfent & mettoient l'avenir en queftion,
pefoient d'une manière défaftreufe fur les recettes de la
Comédie. Les camarades du tragédien, fentant la
néceffité de réunir toutes leurs forces, firent auprès de
lui des démarches tendant à obtenir fa réintégration
dans la Société. Ils détachèrent une députation qui vint
le trouver dans l'élégante demeure qu'il habitoit au

Gros-Caillou (1), pour le preffer de venir au fecours de leur détreffe. Il finit par céder aux inftances des Comédiens françois, mais en ftipulant : qu'il joueroit fans appointements fixes, fans aucune part dans les revenus du théâtre ; qu'une rétribution, déterminée à l'avance, lui feroit attribuée pour chacune de fes repréfentations ; qu'il ne prendroit point de participation dans les pièces nouvelles, & enfin qu'il auroit la faculté de fe retirer auffitôt que fes forces le lui confeilleroient.

Peu de temps après, il joua le *Mifanthrope*, fans trop de fuccès (2).

Incarcéré en 1793, avec la plupart de fes camarades, quoiqu'il eût adopté, avec modération, il eft vrai, les idées nouvelles, Larive ne recouvra fa liberté qu'à la chute de Robefpierre. Avant de fe réunir à la

---

(1) Cette maifon appartenoit à fa femme. Arnault raconte, dans fes *Souvenirs d'un Sexagénaire*, que, voulant offrir le rôle de Marius à notre acteur, il fut l'y trouver, muni d'une lettre d'introduction que lui avoit remife Paliffot. Larive « le « reçut (dit-il), avec beaucoup de « dignité, dans une vafte pièce où « fon lit étoit dreffé fous une tente « que décoroient les portraits de « Gengiskan, de Bayard, de Tan- « crède, de Spartacus & de beau- « coup d'autres, *qui lui reffembloient* « *tous*. Lui excepté, M. Delarive « n'étoit content de perfonne... »

(2) Il fut mieux placé dans le rôle de Don Juan, du *Feftin de Pierre*, où il apportoit de belles manières, un jeu à la fois noble & enjoué. Il avoit, au refte, déjà joué ce rôle longtemps auparavant & y avoit fi franchement réuffi que Belle Cour, dont ce rôle étoit un des plus brillants, mais qui n'avoit pas la foibleffe de porter envie aux nouveaux venus, le lui avoit cédé, en lui difant : » Vous y êtes trop « bien & le public vous y voit avec « trop de plaifir pour que je ne « vous laiffe pas les moyens de « faire votre réputation. »

fraction des Comédiens françois qui jouèrent à la
falle Louvois, il retourna au commencement de 1796,
à Lyon, dont le féjour devoit lui rappeler les fuccès
de fa jeuneffe (1). En effet, il y fut accueilli par le
public avec une grande fympathie, & l'empreffement
pour aller l'entendre fut fi vif qu'on paya le billet de
parterre jufqu'à mille francs... en *affignats*; ce qui, à
cette époque, repréfentoit en numéraire trois à quatre
francs : fomme proportionnellement confidérable en
ce temps calamiteux (2).

(1) « Larive alla également don-
« ner des repréfentations à Bor-
« deaux. Son fuccès fut fi grand,
« il y excita tellement les tranf-
« ports de la multitude, qu'à la for-
« tie du fpectacle, cet acteur trou-
« voit les avenues de fa demeure
« toutes parfemées de lauriers. »
(*Hiftoire des théâtres de Bordeaux*, par Detchévery.)

(2) Voici des vers inédits, dont
nous devons la communication à
l'obligeance de M. Péricaud aîné,
ancien bibliothécaire de cette ville,
qui furent adreffés en plein théâtre,
à Larive, le 1er juin 1773, jour de
la repréfentation d'*OEdipe*, & qui
prouvent de quel engouement cet
acteur étoit l'objet.

« Interprète touchant de Melpomène en pleurs,
« Toi qui fçais à ta voix intéreffer les cœurs,
« Dis-nous quel Dieu puiffant te pénètre & t'enflamme,
« Et porte dans nos fens le trouble de ton âme !
« OEdipe, de ton être agitant les refforts,
« De la nuit du tombeau t'infpire fes remords.
« Tremblant, faifi d'horreur, je vois tes pas timides
« Reculer à l'afpect des fières Euménides.
« Tu vas peindre Orofmane & paffer tour à tour
« Des cris de la fureur aux foupirs de l'amour ;
« Je m'attendris alors, & mon âme attentive,
« Au terrible Le Kain préfère Delarive.
« Tu fuis, ô ciel ! où fuis-je ! Adieu larmes, plaifir.....
« Cher Larive, reviens !..... »

Le refte eft dans le même goût.

Larive qui, pendant fon féjour à Bruxelles, avoit époufé la feconde fille de d'Hannetaire, divorça en 1795 & contraéta un fecond mariage. Le bruit courut alors qu'il époufoit Mlle de Sombreuil, d'héroïque mémoire &, quelque invraifemblable que fût le fait qui y donnoit lieu, il fe propagea avec une telle perfiftance, qu'il crut devoir le démentir par une déclaration publique (1).

(1) Voici cette déclaration, inférée dans le *Moniteur univerfel*, à la date du 1er mars 1795 :

« Je lis dans le journal intitulé : « *Courrier univerfel* d'hier : « On « publie que la citoyenne Som- « breuil, fille de l'ancien gouver- « neur des Invalides, qu'elle avoit « arraché par fon courage & fes « larmes des mains des feptembri- « feurs, & depuis maffacré par le « Tribunal révolutionnaire comme « complice de Ladmiral & de la « fille Renaud, vient d'époufer le « comédien Larive. Nous ne pou- « vons le croire. Comment, en effet, « imaginer qu'une femme puiffe fe « réfoudre à changer ainfi un nom « connu de toutes les âmes fenfi- « bles, & qu'elle a illuftré elle- « même par un trait de piété filiale « digne de la fille d'OEdipe ! »

« Je réponds que je penfe « comme le journalifte. Il n'eft pas « de nom plus précieux à confer- « ver que celui qu'on a illuftré par « fes vertus, & perfonne, plus que

« moi, n'a été à même de juger « de celles de la citoyenne Som- « breuil, dans l'inftant fatal qui lui « arracha le plus aimé des pères. « J'ai pour elle le refpeét, l'amitié « & l'admiration que l'on doit à la « vertu : je n'ai jamais eu d'autres « prétentions ; je n'ai pas même « celle de repouffer le mépris « que le journalifte veut jeter fur « mon nom. Trop heureux celui « qui n'a que fon nom à défendre !

« MAUDUIT-LARIVE. »

Larive époufa après fon divorce, Mlle Van den Hove, fille d'un pharmacien de Bruxelles, qui venoit elle-même de faire rompre par le divorce le mariage qu'elle avoit précédemment contraété avec Van der Heen, horloger belge, établi à Paris, rue de l'Echiquier.

Trois enfants étoient nés du mariage de Van der Heen & de Mlle Van den Hove. Larive adopta le plus jeune, qui a dirigé le manége du Luxembourg.

Nommé membre correfpondant de l'Inftitut, au moment où la claffe des Beaux-Arts fut créée, il conferva plus tard ce titre. Il faifoit également partie de l'Académie royale de Naples, dont il fut réélu membre en 1817 (1).

Larive profeffoit publiquement, en 1804, un cours de déclamation (2). Après avoir été nommé lecteur ordinaire du roy Jofeph, il revint en France lorfque ce prince échangea fa couronne italienne contre le fceptre efpagnol.

On ne parloit plus de cet acteur depuis longtemps, lorfqu'une penfée regrettable le fit concourir, âgé de 69 ans, à une repréfentation extraordinaire donnée au théâtre Favart (le 25 avril 1816), au bénéfice des indigents. Il y parut dans le rôle de Tancrède, rôle mal approprié à fon âge & dans lequel il ne fut applaudi qu'en fouvenir de fon paffé.

Ayant toujours veillé au foin de fa fortune, Larive avoit acquis à Montlignon une jolie propriété, dont il aimoit à faire les honneurs ; il s'y étoit formé des rela-

(1) Larive étoit jaloux d'honneurs académiques. Dans une lettre que nous avons fous les yeux (lettre datée du 4 juin 1815), il follicite fon admiffion à l'Inftitut ; « Quarante ans de travaux (écrit-il) & un zèle infatigable pour les progrès du plus beau des arts, me mériteront peut-être la feule récompenfe digne d'un artifte qui

« a confacré fa vie à chercher les « moyens de la perfectionner. »

(2) On pourroit s'étonner que Larive n'eût pas été compris au nombre des profeffeurs du Confervatoire, lors de fon inftitution par Napoléon 1er, s'il n'étoit avéré que l'Empereur profeffoit une profonde antipathie pour le talent de cet acteur.

tions agréables dans fon voifinage, où il étoit bien vu & accueilli avec plaifir (1). C'eft dans cette charmante retraite que s'écoula doucement & patriarcalement la fin de fa vie. Il étoit maire de la commune depuis plufieurs années.

Larive employa utilement fes loifirs à écrire fur fon art. Voici les ouvrages qui font fortis de fa plume : I. *Pyrame & Thisbé*, fcène lyrique. Paris, 1784, in-8°, & 1791, in-18. Cette fcène, repréfentée le 2 juin 1783, étoit fidèlement imitée de la fable d'Ovide & formoit un tableau affez dramatique. II. *Réflexions fur l'Art théâtral*. Paris, Rondonneau, an IX, br. in-8° de 59 pages (2). III. *Cours de déclamation, divifé en*

(1) Charles Brifaut, de l'Académie françoife, raconte dans fes *Souvenirs* une anecdote affez gaie fur l'origine des relations de voifinage de La Rive avec la marquife de Grollier qui habitoit Epinay : « ... Ayant été avec fa fociété vifi- « ter Montlignon qui étoit un but « de promenade, Mme de Grollier « ramena avec elle La Rive dans fa « voiture, bien qu'il s'en défendît. « On l'enivra de champagne & de « louanges, & on lui témoigna le « defir de l'entendre dans quelques- « unes de fes fcènes de tragédies « & il ne réfifta pas à des inftances « fi flatteufes. La foirée fut pour « lui une foirée de triomphes & il « quitta Epinay dans l'enchante- « ment de fon public improvifé.

« Il fut particulièrement ravi de « l'Evêque de Tulle Ce prélat, qui « n'avoit jamais été de fa vie au fpec- « tacle, fut du nombre de ceux qui « adreffèrent les éloges les plus « enthoufiaftes au tragédien. Deux « jours après, La Rive reparut armé « de deux gros volumes. C'étoit « fon *Cours de littérature*, dont il « fit hommage au prélat qui l'ac- « cepta de très-bonne grâce & « oublia de l'emporter avec lui, « lorfqu'il quitta le château de la « marquife. » (2) Parmi les anecdotes qu'il rapporte dans cet opufcule, il s'en trouve une qui pourroit être racon- tée avec plus d'exactitude. Avant d'être attaché à la Comédie fran- çoife, Larive, comme nous l'avons

douze féances. Paris, Delaunay, 1804, 1 vol. in-8°. Ce travail, affez informe dans le principe, fut confié par fon auteur à Ginguené, qui le mit en état de paroître fous les yeux du public, avec ce titre : *Cours de déclamation, prononcé à l'Athénée de Paris*. Delaunay, 1810, 2 vol. in-8°.

On a attribué à Larive, mais à tort, croyons-nous, un roman intitulé : *Thama, ou le Sauvage civilifé, hiftoire d'un Taïtien* (roman entièrement refondu & publié par J.-L. Melchior Porthmann). Paris, Lenormant, 1807 & 1812, 2 vol. in-12.

dit plus haut, avoit appartenu au théâtre de Lyon, où il jouiffoit de la faveur publique. Il vit donc avec un déplaifir extrême, Le Kain y venir donner quelques repréfentations. Un jour que ce dernier jouoit *Vendôme*, Larive, fans avoir prévenu perfonne, parut fous l'habit de *Nemours*. Son apparition inattendue provoqua des applaudiffements affez vifs pour rendre fenfible l'impreffion qu'ils produifirent fur Le Kain. Les premiers mots que prononce Nemours font : « Où me conduifez-vous? » — « Devant votre vainqueur » lui répond Vendôme. Cette réponfe, d'une application facile, paffant par la bouche de Le Kain, fut la foudre tombant dans la falle, tant elle produifit d'effet. Mais ce que n'ajoute pas Larive, pour compléter fa narration, c'eft combien il fe trouva déconcerté, au point que toute l'exécution de fon rôle s'en reffentit.

ROLES CRÉÉS PAR DELARIVE.

1775 Tigrane . . . . *Les Arſacides*, de P. de Beauſſol.
— Verſeuil . . . . *Le Célibataire*, de Dorat.
— Pygmalion . . . . . . *Pygmalion*, de J.-J. Rouſſeau.
1776 Alexandre . . . . . . *Abdolonyme*, de Collet.
1777 Pizarre . . . . *Zuma*, de Le Fèvre.
— De Pienne . . . . . *L'Amant bourru*, de Monvel.
— Muſtapha . . . . . . *Muſtapha & Zéangir*, de Chamſort.
1778 Saint-Géran . . . . . *L'Homme perſonnel*, de Barthe.
— Admète . . . . *OEdipe chez Admète*, de Ducis.
— Aaroun Raſchid . . . *Les Barmécides*, de La Harpe.
— Jaſon . . . . *Médée*, de Clément.
— Agis . . . . *Agis*, de Laignelot.
1780 Nadir . . . . *Thomas Koulikan*, de Du Buiſſon.
1781 Louis de Hongrie . . *Jeanne de Naples*, de La Harpe.
1783 Pyrame . . . . *Pyrame & Thisbé*, de De La Rive.
— Philoctète . . . . . . *Philoctète*, de La Harpe.
1784 Coriolan . . . . *Coriolan*, du même.
1786 D'Amboiſe . . . . . *Azémire*, de Chénier.
1787 Alcide . . . . *Hercule au mont OEta*, de Le Fèvre
1795 Pharax . . . . *Pauſanias*, de Trouvé.

MADEMOISELLE CONTAT
1776 1815

MADEMOISELLE CONTAT

1776 — 1809

OUISE CONTAT, cette célèbre actrice, du petit nombre de celles qui ont laiffé un nom illuftre dans les faftes de la fcène, naquit à Paris le 17 juin 1760. Elle entra fort jeune au théâtre. Il étoit d'ufage autrefois que les jeunes gens qui fe deftinoient à cette carrière allaffent en province commencer leurs premiers effais ; Mlle Contat, protégée par Mme Préville, dont elle étoit l'élève, fit d'emblée les fiens à Paris. Elle ne caufa d'abord de

---

Extrait des regiftres de la paroiffe Saint-Germain-l'Auxerrois : « Le mercredi dix-huit juin mille fept cent foixante, fut baptifée *Louife-Françoife*, fille de Jean-François Contat, bourgeois de Paris, privilégié du Roy & cavalier de robe courte, & de Françoife-Madeleine Le Roy, fa femme, rue Saint-Denis. L'enfant eft né d'hier. »

senfation que par fa raviſſante figure : ce dont le parterre, beaucoup plus exigeant alors qu'on ne l'a vu
depuis, ne fe contenta pas. La Harpe a dit à ce fujet : « Mlle Contat a débuté avec une charmante fi-
« gure, mais pas de voix & peu de talent. » On lui
reprochait auſſi de ne pas favoir s'habiller & de manquer de décence dans le maintien : en un mot, de fe
donner les allures d'une grifette, plutôt que d'obferver
la tenue d'une jeune fille bien élevée. Cette actrice,
qui devoit dans la fuite devenir l'idole de ce même
public, fut d'abord traitée avec une rigueur qui ne
laiſſa pas que de lui être falutaire ; car, loin d'être découragée par l'échec qu'elle avoit éprouvé dans le
rôle d'Atalide de *Bajazet* (3 février 1776), joué par
elle de la façon la plus médiocre, Mlle Contat,
dévorée du déſir de parvenir, ne vit dans fa méfaventure qu'un motif de plus pour redoubler d'efforts. Le
10 du même mois, elle joua Zaïre, & le 19, Junie
dans *Britannicus*.

Nous avons dit qu'elle recevoit les leçons de Mme Préville, comédienne au jeu fage, mais froid ; dont la
diction étoit franche, mais monotone ; le maintien
noble, mais contraint (1). Mlle Contat, tout en appréciant & en s'appropriant les qualités de fon pro-

(1) Une penſion de 500 livres eſt accordée à la demoifelle Préville, pour avoir mis au théâtre Mlle Con-tat : conformément à un arrêté qui concède cette penſion à ceux des comédiens qui auront fourni quel-que bon élève.

8 may 1783.

(Archives nationales.)

feffeur, comprit qu'étant douée d'une phyfionomie piquante, d'un regard refpirant la malice & la gaieté, il y avoit pour elle une autre voie à fuivre.

Elle fut reçue fociétaire en 1777.

Le premier rôle dans lequel elle fe fit remarquer fut celui de Cécile du *Père de famille*; mais c'eft dans le *Vieux Garçon*, de Dubuiffon (16 décembre 1782), & dans les *Courtifanes* de Paliffot, que Mlle Contat obtint, pour la première fois, des applaudiffements, dont on n'avoit guère été jufqu'alors prodigue envers elle. Dans la première de ces deux pièces, elle fit preuve de fenfibilité, & dans la feconde, elle eut de la grâce & de la fineffe. Enfin, chaque jour elle réuffiffoit davantage dans l'emploi des *ingénues*, que la retraite de Mlle D'Oligny lui laiffa bientôt tout entier. Elle aborda la *Coquette corrigée*, rôle auquel fon efprit & fa figure convenoient parfaitement, & où fon jeu faifoit oublier les défauts de l'ouvrage : puis, arriva peu après Suzanne dans le *Mariage de Figaro*.

Lorfque le bruit fe répandit dans les couliffes que Beaumarchais devoit donner ce rôle à Mlle Contat, quoique appartenant à l'emploi des *foubrettes*, Mlle Faniez écrivit à l'auteur (11 octobre 1781), pour le réclamer, alléguant qu'il n'étoit point du tout le fait de fa camarade ; mais la perfpicacité de Beaumarchais le portoit à penfer que le caractère de Suzanne, tel qu'il l'avoit conçu, feroit au contraire parfaitement rendu par l'actrice à laquelle il le deftinoit : auffi ne tint-il aucun compte de la réclamation & perfifta-t-il dans

fon choix. On fçait combien il eut à s'en applaudir &
jufqu'à quel point cette circonftance fut heureufe pour
Mlle Contat, dont la brillante réputation date furtout
du *Mariage de Figaro* (1).

A l'iffue de la première repréfentation, Préville enchanté vint embraffer l'élève de fa femme, en difant :
« Voilà la première infidélité que je fais à Mlle Dan-
« geville. »

La renommée de cette actrice s'accrut rapidement
& c'étoit, parmi les auteurs, à qui lui offriroit des rôles. Pendant vingt-quatre ans, fa carrière ne fut qu'une
férie de triomphes : pour fe faire une idée de la fupériorité de fon jeu, il falloit (felon les critiques du
temps) l'avoir vue dans Julie, du *Diffipateur ;* dans
Mme de Volmar, du *Mariage fecret,* & dans Mme Evrard,
du *Vieux Célibataire.* Ce dernier rôle appartient à la
catégorie de ceux que l'âge lui fit adopter; car
Mlle Contat a rempli fucceffivement les trois emplois
de femmes : *amoureufes, grandes coquettes & jeunes
mères.*

Mlle Contat ne ceffa pas d'être dévouée à l'ancien
régime. En 1789, la Reine ayant témoigné le défir de
voir à la Comédie-Françoife la *Gouvernante* (2), fit

(1) Comme fi le *Mariage de
Figaro* devoit ouvrir une ère de
régénération, c'eft à la première
repréfentation de cet ouvrage que
fut inauguré le nouveau mode d'é-
clairage, exécuté par *Quinquet,*
d'après un procédé que lui avoit

fourni Lavoifier, & auquel, ainfi
que cela fe voit trop fouvent, le
nom feul du premier eft refté.

(2) Comédie en cinq actes &
vers, de La Chauffée, repréfentée
le 18 janvier 1747 pour la première
fois.

fçavoir qu'elle feroit bien aife que cette aĉtrice y rem-
plît le rôle principal, qui n'étoit ni de fon âge ni de
fon emploi. Afin de fatisfaire à cette augufte volonté,
il falloit que Mlle Contat apprît près de cinq cents
vers. Elle promit de faire l'impoffible & tint parole :
« J'ignorois (écrivoit-elle à la perfonne qui lui avoit
« tranfmis les ordres de la Reine), où étoit le fiége
« de la mémoire : je fçais à préfent qu'il eft dans le
« cœur. » Penfée délicate & d'autant plus méritoire
que déjà, à cette époque, il n'étoit pas fans quelque
danger d'exprimer des fentiments de dévouement à la
famille royale. Auffi cette lettre, publiée par ordre de
la Reine, faillit-elle devenir plus tard fatale à fon auteur. La Révolution ne put faire varier Mlle Contat dans
les principes qui avoient été ceux de toute fa vie (1).
Échappée, comme par miracle, à la profcription, elle
fe réunit d'abord à quelques-uns de fes anciens camarades, placés fous la direĉtion de Sageret. Lors de la
reconftitution de la Comédie-Françoife, en 1799, elle

(1) Louife Contat, avoit été em-
prifonnée à Sainte-Pélagie avec la
plupart de fes camarades. Quelques jours avant la mort de Robefpierre, elle compofa les vers fuivants & difoit avec conviĉtion
qu'elle auroit la force de les chanter fur l'échafaud.

> « Je vais monter fur l'échafaud,
> « Ce n'eft que changer de théâtre.
> « Vous pouvez, citoyen bourreau,
> « M'affaffiner, mais non m'abattre.
> « Ainfi finit la Royauté,
> « La valeur, la grâce enfantine...
> « Le niveau de l'égalité
> « C'eft le fer de la guillotine. »

vint prendre rang dans la nouvelle troupe. Elle retrouva fur cette fcène fes fuccès d'autrefois, &, bien
qu'on lui ait reproché une préférence marquée pour
le théâtre de Marivaux, elle prouva que Molière avoit
en elle une interprète à la hauteur de fes immortelles
conceptions.

Depuis longtemps, après une carrière de trente-
trois années, dont vingt-fix avoient été pour elle une
fuite de triomphes, cette grande actrice afpiroit au
moment du repos. De l'emploi des *coquettes* elle étoit
paffée, en tenant compte du progrès de l'âge, à l'interprétation des rôles d'un caractère plus grave, dans
lefquels elle conferva toujours cette aimable aifance,
cette urbanité qui étoit le propre des falons du fiècle
dernier; car, bien que Mlle Contat n'eût pas reçu les
bienfaits d'une éducation première, comme elle avoit
conftamment vécu au milieu des perfonnes du rang le
plus élevé, elle en avoit retenu, avec un art admirable,
le ton, le langage, les manières. Sa repréfentation de
retraite eut lieu, le 6 mars 1809, & fe compofa d'O-
thello & des *Deux Pages,* comédie médiocre, qui tend
à la glorification des aubergiftes défintéreffés & des
pages modèles de vertus; mais qui, en fomme, amufe
parfois. Mlle Contat y remplit le rôle de l'Hôteffe
avec la grâce, la fineffe & le talent qui l'avoient rendue
chère au public. Tous les acteurs, fes camarades, fe
firent un point d'honneur de figurer dans le cortége
du roy, afin de rendre hommage à la femme célèbre
qui alloit s'éloigner : tant il eft vrai, qu'au moment de

la féparation définitive, toutes les mefquines rivalités de couliffes s'évanouiffent pour ne faire place qu'à un feul fentiment, celui du regret.

Mlle Contat étoit à peine âgée de cinquante ans lorfqu'elle quitta la fcène, où elle s'étoit fait un nom parmi les plus éminents du théâtre, & laiffoit, ainfi que l'a dit Geoffroy : « la réputation d'une actrice « pleine de fineffe & d'agrément, qui avoit porté au « plus haut point l'art du débit & la magie du jeu « théâtral. »

Le 26 janvier de cette même année 1809, elle avoit époufé le chevalier de Forges de Parny, neveu du poëte élégiaque (1).

Le falon de Mlle Contat devint bientôt le centre de la meilleure compagnie ; elle en étoit l'âme. Ayant été mêlée, ainfi que nous l'avons dit, à l'élite de la fociété du xviiie fiècle, elle avoit acquis dans fon commerce des connoiffances que fa cauferie fpirituelle mettoit en relief. Un penchant naturel à l'ironie lui donnoit, cependant, une certaine forme épigrammatique qui, d'ailleurs, ne bleffoit pas, parce qu'elle étoit bonne & que fa raillerie ne dépaffoit jamais l'épiderme (2).

(1) Paul-Maurice-Claude de Forges de Parny, ancien officier de cavalerie, né à l'Ile-Bourbon, le 7 janvier 1767.

(2) Elle avoit la repartie vive. Entre plufieurs exemples que nous pourrions citer, nous choifirons ces deux-ci : M. le duc de C*** qui étoit boffu, difoit un jour en fa préfence : « On avouera que la « nature nous donne une heureufe « compenfation de fes rigueurs,

Peu d'années après fa retraite, elle fut atteinte de l'horrible maladie qui, après plufieurs mois de cruelles fouffrances, la conduifit au tombeau, le 9 mars 1813.

Mⁱˡᵉ Contat avoit une fœur, nommée Emilie, qui n'a laiffé qu'un fouvenir infignifiant à la Comédie-Françoife, à laquelle elle refta attachée pendant l'efpace de trente & un ans, de 1784 à 1815, grâce à l'appui naturel, fans doute, mais quelquefois injufte (1), qu'elle trouva chez fa fœur, que fa brillante réputation rendoit toute-puiffante. Emilie Contat, en quittant le théâtre, époufa un M. Amelot, de la famille de l'ancien miniftre, & fe retira dans le château de fon mari, auprès de Montargis, où elle eft morte il y a quelques années, très-regrettée à caufe de fa bienfaifance.

« puifqu'en général tous les boffus « font gens d'efprit. » — « Ah ! « Monfieur le duc, vous n'êtes que « contrefait, s'écria vivement « Louife Contat. »

Lafon, le tragédien, confervoit dans le monde un peu de cette emphafe qu'il avoit de trop à la fcène. Une fois, chez Mⁱˡᵉ Contat, on parloit d'ameublements & Lafon « dit d'une voix enflée : Enfin, je « vais faire placer un tapis dans « mon falon ; celui-ci durera plus « que moi. » Là-deffus Mⁱˡᵉ Contat répartit fur le même ton en fouriant : « Cet oracle eft plus fûr « que celui de Calchas ! » Et tout le monde de rire ; Lafon tout le premier.

(*Lettre de M. de Failly à Mⁱˡᵉ Poinfot.*)

(1) C'eft notamment en 1785, à l'époque du début de la jeune Caroline Vanhove (*), que Mⁱˡᵉ Contat, qui redoutoit pour fa fœur les fuccès de cette dangereufe rivale, fe donna toutes les peines poffibles pour empêcher qu'elle jouât à la Cour.

(*) Depuis Mᵐᵉ Talma, morte en 1860.

ROLES CRÉÉS PAR Mlle CONTAT.

1778	Julie	*L'Aveugle par crédulité*, de Fournelle.
—	Julie	*L'Impatient*, de Lantier.
1779	Aglaë	*Les Muses rivales*, de La Harpe.
1780	Lucile.	*Le Bon Ami*, de Legrand.
1781	Comtesse d'Orson. .	*Le Jaloux sans amour*, d'Imbert.
—	La Comtesse.	*Le Rendez-vous*, de Murville.
1782	Sophie	*Le Flatteur*, de Lantier.
—	Rosalie	*Les Courtisanes*, de Palissot.
—	Julie.	*Le Satyrique*, du même.
—	Emilie.	*Les Journalistes anglois*, de Cailhava.
—	La Comtesse.	*Les Rivaux amis*, de Forgeot.
—	Sophie	*Le Vieux Garçon*, de Du Buisson.
1783	Orphise	*Le Séducteur*, de Bièvre.
1784	La Marquise.	*Le Jaloux*, de R. de Chabannes.
—	Suzanne.	*Le Mariage de Figaro*, de Beaumarchais.
—	Sophie	*Le Bienfait anonyme*, de Pilhes.
—	Céphise.	*La fausse Coquette*, de Vigée.
1785	Angélique.	*Melcour & Verseuil*, de Murville.
—	La Comtesse.	*Les Epreuves*, de Forgeot.
1786	Mélise.	*Les Coquettes rivales*, de Lantier.
—	Mme de Volmar . . .	*Le Mariage secret*, de Desfaucherets.
—	Mme de Randan . . .	*Les Amours de Bayard*, de Monvel.
1787	Rosaline.	*Rosaline & Floricourt*, de Ségur.
1788	Béatrix & Léonore. .	*La Ressemblance*, de Forgeot.
—	Mme de Valmont . . .	*L'Entrevue*, de Vigée.
1789	Mme Phlips.	*Les Deux Pages*, de Dezède.
—	Rosalie	*La Fausse Apparence*, d'Imbert.
—	C^{sse} de Boulogne. . .	*Raymond de Toulouse*, de Sedaine.
1790	Cécile.	*L'Honnête Criminel*, de F. de Falhaire.
—	Sœur Saint-Ange. . .	*Le Couvent*, de Laujon.
1791	Mme Dorval.	*Le Mari directeur*, de Flins.
—	Eugénie.	*Les Victimes cloîtrées*, de Monvel.
—	Julie.	*L'Amour & L'Intérêt*, de Fabre d'Eglantine.

1792	La Baronne	*Le Retour du Mari,* de Ségur.
—	Mme Evrard	*Le Vieux Célibataire,* de C. Harleville.
—	Mme Florimond . . .	*Le Faux Insouciant,* de Maisonneuve.
1793	Mme Saint-Clair . . .	*Les Femmes,* de Demoustier.
—	Mme de Sénanges . .	*La Matinée d'une jolie femme,* de Vigée.
—	***	*La Soirée d'une vieille femme,* du même (*).
1794	Lucinde.	*Le Bienfait de la Loi,* de Forgeot.
—	Henriette	*Le Commissionnaire,* de Gamas.
1797	Célimène	*L'Original,* d'Hoffmann.
—	Angéline.	*La Prude,* de Lemercier.
—	Clémence	*Les Trois fils,* de*** (Demoustier.)
—	Mme de Sainte-Claire.	*La Rupture inutile,* de Forgeot.
—	La Comtesse.	*La Mère coupable,* de Beaumarchais.
1798	Adélaïde	*Trop de délicatesse,* de Marsollier.
—	Mlle De Montaigne. .	*Michel Montaigne,* de Huy.
—	Mme de Melsage . . .	*Les Dangers de la présomption,* de Desfaucherets.
1799	Mme Euler.	*Les Mœurs du jour,* de C. Harleville.
1800	La D^me de Bragance.	*Pinto,* de Lemercier.
1802	Milady d'Athol . . .	*Edouard en Ecosse,* d'Al. Duval.
—	Mme de Merval. . . .	*La Maison donnée,* de***.
1803	Lucile.	*Le Roman d'une heure,* d'Hoffmann.
1804	Marie de Médicis. . .	*Richelieu,* de Lemercier.
1805	Mme de Sévigni . . .	*Mme de Sévigné,* de Bouilly.
1806	Mme de Saint-Yves. .	*Le Politique en défaut,* de Chazet & Sewrin.
—	Comt^sse d'Arminsthes	*Les François dans le Tyrol,* de Bouilly.

(1) Cet auteur désavoua la paternité de cette pièce, probablement à cause de sa chute bruyante.

DAZINCOURT

1777   1809

JOSEPH-JEAN-BAPTISTE ALBOUY

dit DAZINCOURT

1777 — 1809

DANS une des plus anciennes maiſons du quartier Saint-Ferréol, à Marſeille, naiſſoit, le 11 décembre 1747, un enfant qui reçut à ſon baptême les prénoms de Joſeph-Jean-Baptiſte : c'étoit le ſecond fils d'un honorable négociant de l'antique cité Phocéenne, dont les ancêtres s'étoient enrichis dans le commerce des denrées coloniales. Son père ne voulut rien négliger pour ſon éducation, & le mit de bonne heure chez les Oratoriens. Les progrès

---

Extrait de la paroiſſe Saint-Ferréol, à Marſeille : « Joſeph-Jean-Baptiſte Albouy, fils naturel & légitime de ſieur Jean-Baptiſte Albouy & de dame Anne Fabre, eſt né & a été baptiſé dans l'égliſe de cette paroiſſe, aujourd'huy onze décembre mil ſept cent quarante-ſept ; ſon parrain a été ſieur Jean-Baptiſte La Salle ; ſa marraine, dame Eliſabeth Furvin-Audibert. Le père préſent. Ont ſigné, &c. »

du jeune Albouy furent fi rapides, qu'à l'âge de feize ans il avoit terminé fes humanités. On lui fit alors étudier le commerce, & c'eft au milieu des balles de coton & des barriques de fucre qu'il paffa les deux ou trois années qui s'écoulèrent depuis fa fortie de la maifon des Pères. M. La Salle, ancien conful dans le Levant, qui étoit l'ami de la famille & le parrain de Jofeph, fe chargea de l'initier aux éléments du droit des nations & des gens. Malgré le zèle & l'activité déployés par le jeune apprenti négociant dans le travail qu'on exigeoit de lui, rien ne lui plaifoit moins que ce genre d'occupations, fi fort oppofé à fes inclinations naturelles, lorfqu'une circonftance favorable vint tout-à-coup l'y fouftraire pour toujours. Mme Elifabeth Furvin-Audibert, fa tante & fa marraine, que des affaires d'intérêt appeloient, en 1766, à Bordeaux, s'y fit accompagner par fon neveu. Cette dame étoit fort connue du maréchal de Richelieu, gouverneur de la Province ; elle ne manqua pas de faifir cette occafion de préfenter fon jeune parent à ce feigneur, auquel il plut, & qui propofa de l'attacher à fa perfonne en qualité de fecrétaire ; il réfulte même de certains renfeignements que l'intention du duc aurait été de pouffer fon protégé dans la carrière diplomatique. Enchanté de pouvoir, par cette voie honorable, décliner les projets de fon père, & fort de l'affentiment de fa tante, qui fe chargea de plaider fa caufe auprès de celui-ci, Jofeph Albouy s'empreffa d'accepter cette haute protection qui flattoit fes penchants.

Jeune, vif, alerte, intelligent, le nouveau fecrétaire ne tarda pas à fe concilier tout-à-fait les bonnes grâces du Maréchal, à qui il fut fe rendre à la fois utile & agréable. Les fonctions dont il étoit invefti n'é-toient pas, d'ailleurs, tellement affujétiffantes, qu'elles ne lui laiffaffent d'affez nombreux loifirs dont il con-facroit la plus grande partie à un délaffement fort en vogue à cette époque dans les hautes claffes : nous voulons parler de la comédie de fociété. Au nombre de ces affociations de comédiens-amateurs, il en étoit une qui avoit fon fiége rue Popincourt, & qui comp-toit dans fon fein des jeunes gens tenant aux pre-mières familles. Albouy, que fa pofition près du duc de Richelieu rapprochoit fréquemment des Sabran, des Gouffier, obtint, grâce à fon intimité avec ces jeunes feigneurs, la faveur d'être admis dans cette fociété, où il ne fe montra pas l'un des moins exercés parmi fes nouveaux compagnons de plaifir. Les applaudiffe-ments qu'il s'attiroit dans chacun des rôles dont il étoit chargé, déterminèrent, fans doute, fa vocation, & fes amis, jugeant cette fcène déformais trop étroite pour lui, le preffèrent vivement de folliciter fes débuts à la Comédie-Françoife. Toutefois, en appréciateur modefte & plus judicieux de fes forces, Albouy jugea que l'apprentiffage préliminaire de la province étoit indifpenfable au développement de fon talent. Réfolu à fe faire comédien, mais voulant fe fouftraire aux remontrances, peut-être même à l'autorité du Maré-chal, le jeune fecrétaire, oublieux des égards & de la reconnoiſſance qu'il lui devoit pour ſes bontés, s'éloigna clandeſtinement de Paris & ſe rendit à Bruxelles.

Cette ville poſſédoit, à cette époque, un comédien d'élite & plein d'expérience, d'Hannetaire (1), directeur du Théâtre, & dont les jeunes acteurs s'empreſſoient de rechercher les conſeils. Le premier ſoin d'Albouy fut d'aller frapper à ſa porte & de lui confier le deſſein qui l'amenoit. D'Hannetaire le combattit d'abord par les arguments qu'il crut les plus propres à l'en détourner ; mais il dut enfin céder devant un parti irrévocablement pris, & il finit par accorder à l'aſpirant comédien ce que celui-ci ſollicitoit avec inſtance, ſes débuts ſur le théâtre public de la ville.

(1) Hannetaire (Jean-Nicolas Servandoni d'), né à Grenoble, le 4 novembre 1718, mort à Bruxelles en 1780. Il étoit fils naturel du fameux Servandoni, qui le faiſoit paſſer pour ſon neveu. Doué de beaucoup d'eſprit & d'un jugement ſain, il joignoit à ces dons naturels une inſtruction aſſez étendue. Il a compoſé deux ouvrages d'une certaine importance ; l'un intitulé : *Obſervations ſur l'art du comédien*, a été ſouvent réimprimé ; l'autre : *Expoſition d'un divertiſſement nouveau de chant & de danſes, préparé par les comediens pour la fête de S. A. & exécuté ſur le théâtre de la ville, au mois de novembre 1744.* Liége, E. Kintz, pet. in-4° de 11 pp.

Il faiſoit facilement les vers ; mais une ſeule pièce de lui, en ce genre, a vu le jour. Elle avoit été inférée ſans nom d'auteur, dans l'*Evangile du jour* (T. VIII, p. 65), où preſque tous les morceaux formant le recueil ſont de Voltaire. En 1772, d'Hannetaire en réclama la paternité. Voltaire reconnut la juſtice de cette réclamation dans une lettre adreſſée à La Harpe, en janvier 1773, & qui ſe diſtingue par un ton ſarcaſtique qui atténue un peu le mérite de ſon aveu.

D'Hannetaire, qui avoit acquis une fortune conſidérable, étoit propriétaire d'un fief & ſeigneur de paroiſſe.

Dazincourt (c'eſt le nom que prit alors Albouy) parut pour la première fois ſur la ſcène de Bruxelles, en 1772, dans le rôle de Criſpin, des *Folies amoureuſes*. Puis, il aborda ſucceſſivement tous les rôles de l'emploi des *comiques*. Au bout de quatre ans qu'il employa à ſe perfectionner dans ſon art, guidé ſurtout par les excellentes leçons de d'Hannetaire, le jeune acteur jugea que le moment étoit venu de tourner ſes vues vers la Comédie-Françoiſe. Mais comment ſonger à recourir à la protection du maréchal de Richelieu, de qui dépendoit l'autoriſation néceſſaire pour débuter ſur cette ſcène, objet de ſon ambition, après le trait d'ingratitude dont il ſe ſentoit coupable à ſon égard ? Dazincourt ne l'eût certes pas oſé & n'auroit jamais franchi ce pas difficile ſans l'appui du prince de Ligne (1), qui ſe chargea d'aplanir les obſtacles & d'apaiſer le juſte reſſentiment du Maréchal. Celui-ci, de ſon côté, fit preuve d'une véritable généroſité en accordant la demande que Charles de Lorraine lui avoit adreſſée, & en accompagnant ſon conſentement de quelques lignes de ſa main propres à le raſſurer. « Ce qu'on m'a dit du talent de Dazincourt, écrivoit- « il au prince, m'a fait oublier l'ingratitude d'Al-

---

(1) Le prince de Ligne faiſoit un cas tout particulier d'Hannetaire, chez qui il venoit ſouvent ſe délaſ- ſer du cérémonial de la Cour. On a prétendu, & non ſans quelque fondement, qu'il y étoit ſurtout at- tiré par les charmes d'une de ſes trois filles, ſurnommées alors les *Trois grâces*. La chronique rapporte que Dazincourt, de ſon côté, étoit un peu plus que le ſigisbée d'An- gélique, la plus belle des trois ſœurs.

« bouy. » A cette réponſe, datée du 21 octobre 1776, ſe trouvoit joint l'ordre de début.

Le 21 novembre ſuivant, Dazincourt parut donc à la Comédie-Françoiſe, dans ce même rôle de Criſpin qui avoit naguère inauguré ſi brillamment, à Bruxelles, ſa carrière théâtrale. Il joua enſuite les rôles de Jaſmin dans l'*Enfant prodigue*; de Charlot dans le *Mari retrouvé*; de Sofie dans *Amphytrion*; de Lubin dans la *Surpriſe de l'Amour*; de Criſpin dans *Criſpin rival de ſon maitre*; de Paſquin dans l'*Homme à bonnes fortunes* (1), & il termina ſes débuts par Ménechme le bourru, dans les *Deux Ménechmes* & par Ruſtaut dans le *Galant coureur*. Serviteur leſte & pimpant, d'une figure agréable & diſtinguée; donnant en général le ton juſte à ce qu'il diſoit; au jeu plein d'eſprit, de goût & de fineſſe : de cette dernière qualité, trop peut-être ! En un mot, valet de bonne compagnie, tel fut jugé le débutant.

---

(1) A une repréſentation de cette pièce, le 19 janvier 1803, Dazincourt, qui n'en étoit plus à ſes débuts, parodiant la toilette que venoit de faire ſon maître, vidoit un flacon d'eau de fleur d'oranger ſur ſon mouchoir, lorſqu'un violent coup de ſifflet retentit à l'adreſſe de Paſquin. L'acteur, peu accoutumé à ce bruit, ne perdit pourtant pas contenance : « Meſſieurs, dit-il en s'a- « dreſſant aux ſpectateurs, je vous « prie de remarquer que je me conforme à la tradition de Pré- « ville. » Puis, tordant ſon mouchoir, comme pour en exprimer l'eau ſur la tête du ſouffleur, il ajouta : « Je me ſouviens encore « que Préville faiſoit comme ceci, « & qu'il étoit applaudi par tout ce « qu'il y avoit de mieux en France. »

L'indulgence du public, à l'égard d'un artiſte généralement aimé & eſtimé, décida du ſuccès de cette allocution, qui fut ſuivie de vifs applaudiſſements.

A l'iſſue de cette première épreuve, Dazincourt retourna à Bruxelles, afin d'y terminer ſon engagement qui n'expiroit qu'à la clôture de 1777. Le 26 mars de cette même année il reparoiſſoit à la Comédie-Françoiſe, où, par une faveur toute ſpéciale, il étoit admis comme penſionnaire aux appointements de trois mille livres. L'année ſuivante, on le reçut ſociétaire, & le 24 mars 1778, on lui attribua la part entière. Une circonſtance exceptionnelle, & qui ne lui fut pas moins favorable qu'à Mlle Contat, ne contribua pas médiocrement à affermir ſa poſition, & à le mettre au rang des membres les plus diſtingués de ſa compagnie. Beaumarchais, d'après le conſeil de Préville, lui confia, dans le *Mariage de Figaro*, le rôle deſtiné d'abord, dans ſa penſée, au célèbre comique, mais que l'âge & la ſanté ne permirent pas à celui-ci d'accepter. On ſait que Préville ſe contenta du petit rôle de Brid'oiſon, auquel il donna un cachet inimitable. Quant à Dazincourt, charmé d'une bonne fortune auſſi ineſpérée, bien qu'il ſe montrât effrayé de la reſponſabilité qu'il aſſumoit ſur ſa tête, il ne recula pas devant elle, & l'auteur n'eut pas lieu, après l'événement, de regretter ſa confiance. Le grand jour venu, le jeune comédien ſortit avec bonheur de cette épreuve redoutable, & le plus bel éloge qu'il pût recevoir lui vint de Préville lui-même, qui lui dit : « Mon cher en-« fant, vous avez joué le rôle comme je l'avais conçu. »

Dès ce moment, la réputation de Dazincourt ſe trouva bien établie, & le ſuccès le claſſa au nombre

des comiques de premier ordre, bien qu'il n'ait jamais
atteint à la perfection de son inimitable modèle ; mais,
à défaut de génie & de profondeur, il s'en appropria,
du moins, quelques traits, & fut se faire un jeu sage
& de bon goût.

C'est, sans contredit, à ces qualités qu'il dut l'honneur d'être choisi par la reine Marie-Antoinette pour
son maître de déclamation. On n'ignore pas que cette
auguste princesse mettoit au nombre de ses plaisirs les
plus vifs celui de jouer la comédie. Le soin de diriger
les royales représentations étoit, en outre, dévolu à
Dazincourt & l'on peut apprécier facilement les avantages particuliers résultant pour lui d'une charge qui
le mettoit en continuels rapports avec ce que la Cour
comptoit de personnages éminents.

Malheureusement survinrent les événements de la
Révolution, & les circonstances qui promettoient d'ê-
tre pour Dazincourt l'origine d'une grande fortune,
menacèrent, au contraire, de devenir une cause de
proscription. Aussi, lors de son incarcération, en 1793,
ne se dissimula-t-il pas qu'il étoit un de ceux qui
avoient le plus à redouter des hommes placés alors au
pouvoir. Ce qui augmentoit le danger qui le menaçoit, c'est qu'on savoit qu'indépendamment de ses
opinions royalistes, il avoit constamment conseillé à
ses camarades, prisonniers comme lui, de refuser la
liberté qu'on leur offroit moyennant engagement de
se réunir aux comédiens dissidents du *Théâtre de la
République*.

Cependant Dazincourt échappa à la mort; il fut, un des derniers, rendu à la liberté après onze mois de détention fubie tant aux Madelonnettes qu'à Picpus. Il va fans dire qu'il avoit perdu les penfions qu'il tenoit de la Cour; il s'étoit même vu dépouiller des reffources que lui avoient procurées fes économies.

L'ancienne Comédie-Françoife étant difperfée, Dazincourt fe réunit à ceux de fes anciens camarades enrôlés par Sageret au Théâtre-Feydeau, où la Comédie alternoit fes repréfentations avec l'Opéra-Comique. Cet état de chofe fe prolongea jufqu'au 25 janvier 1799, jour où le Théâtre-François, reconftitué, vint enfin prendre poffeffion de la falle du Palais-Royal, qui fut inaugurée le 30 mai de la même année.

Le rang occupé par Dazincourt dans la nouvelle Société dont il étoit l'un des doyens, & au rétabliffement de laquelle fon zèle & fon activité n'avoient point été étrangers, ne pouvoit qu'être des plus honorables. L'on voit, en effet, que les auteurs lui confièrent, à l'envi, des rôles dans leurs ouvrages; il eft vrai qu'il faifoit profeffion de les refpecter, & qu'il eut, fuivant un critique qui certes s'y connoiffoit (1), « le mérite de ne « rien mettre du fien dans fes rôles. » Il en a créé un grand nombre, qui tous lui réuffirent; nous mentionnerons particulièrement ceux : de Georges, dans le *Vieux Célibataire;* de l'Hôte, dans les *Deux Pages;* de Crifpin, dans l'*Inconftant;* de Plaude, dans l'*Ami des*

(1) Geoffroy.

loix ; de Longman, dans *Paméla ;* de Williams, dans le
Mariage secret ; de Valentin, dans le *Séducteur amou-*
reux; de Joseph, dans le *Politique en défaut ;* de Pedro,
dans les *Projets de Mariage;* de Dominique, dans
l'*Abbé de l'Epée,* & de Fabrice, dans l'*Assemblée de fa-*
mille. Le dernier qu'il a établi est celui de Dubois dans
l'*Homme aux convenances* (1). Sur la fin de sa carrière,
l'embonpoint l'avoit contraint de renoncer aux rôles
de *valets jeunes* pour se retrancher dans ceux des *vieux*
serviteurs honnêtes & respectables.

Au nombre des comédiens formés à son école, on
cite en première ligne Carline (2), actrice de l'ancien
Opéra-Comique, MM^lles Volnais & Rose Dupuis, qui
appartiennent à la première période de ce siècle (3).

Lorsque Napoléon Ier réorganisa le Conservatoire,
en 1807, Dazincourt fut un des quatre professeurs
nommés ; il eut aussi la direction des spectacles particuliers. C'est en qualité de Directeur des théâtres de
la Cour impériale qu'il fit le voyage d'Erfurt (4).
Mais, déjà malade lorsqu'il s'éloigna de Paris, sa santé
ressentit une rude atteinte de ce déplacement & de la

(1) Comédie en un acte & en
vers, d'Etienne Jouy, représentée
le 23 juin 1808 & jugée trop sévè-
rement.

(2) Marie-Gabrielle Malagrida,
dite Carline, née à Paris, en 1763,
avoit épousé Louis-Marie Nivelon,
célèbre danseur de l'Opéra. Ils
s'étoient retirés à Saint - Martin

d'Estrépagny, arrondissement des
Andelys, où elle est décédée, le
19 octobre 1818.

(3) On a néanmoins prétendu
dans le temps que Mlle Volnais,
présentée comme son élève, l'étoit
de Blin de Sainmore.

(1) Les dépenses pour le voyage,
le séjour de la Comédie à Erfurt &

fatigue qui en réfulta, fans qu'il fit rien, d'ailleurs, pour combattre le mal : la fièvre ne le quitta pas, pendant les fix mois que dura ce fervice forcé. De retour en France, il fongea férieufement à recourir aux foins de la médecine, mais il étoit trop tard ; les ravages intérieurs avaient fait des progrès fi graves que tous les efforts tentés furent infructueux & Dazincourt fuccomba, le 28 mars 1809, âgé feulement de foixantedeux ans un mois & neuf jours. Il laiffa des regrets fincères parmi fes camarades & chez les perfonnes qui l'avoient connu en dehors des relations du théâtre. Auffi, fes obfèques célébrées à Saint-Roch avec une certaine pompe attirèrent-elles un concours prodigieux de monde (1).

fon retour à Paris, d'après le bordereau dreffé par le Grand-Maréchal du Palais, & mis fous les yeux de l'Empereur, le 27 octobre 1808, fe font élevées à la fomme de 71,284 liv. 12ᵉ, fur laquelle les comédiens ont reçu, à titre de gratification, favoir :

MMᵐᵉˢ De Raucourt . .	3,000 fr.		M M. Saint-Prix. . . .	3,000	
Talma.	3,000		Talma	3,000	
Duchefnois . .	3,000		Lafon.	3,000	
Bourgoin. . . .	2,500		Damas	3,000	
Rofe Dupuis . .	2,500		Defprez.	2,500	
Gros	2,500		Lacave.	2,500	
Patrat.	2,500		Varennes. . . .	2,300	
	19,000 fr.			19,300 fr.	

Total. . . . 38,300 fr.

(*Ms. de la Bibl. nat.*)

(1) Au commencement de 1791, le bruit s'étant répandu que Dazin-

Pendant les trente & une années que Dazincourt
paſſa à la Comédie-Françoiſe, il ſe montra, dans tous
les temps, jaloux d'y maintenir les bons principes, les
ſages coutumes qui avoient, dans le dernier ſiècle,
élevé & ſoutenu à un auſſi haut degré la renommée de
cette inſtitution. Ayant toujours pris à tâche de ſe diſ-
tinguer par l'honnêteté de ſon caractère, il s'étoit vu recherché dans les meilleures ſociétés, où il apportoit le
ton & les manières d'un homme de bonne compagnie.
Sur la fin de ſa vie, cependant, une transformation
bizarre s'étoit opérée dans ſon caractère, devenu mé-
fiant, méticuleux, ſarcaſtique par ſuite de la ſouf-
france. « Qu'eſt-ce que la vie ? s'écrioit-il dans ſes
« moments de moroſité... Le fouet... l'indigeſtion
« & l'apoplexie. »

On ne ſe douteroit guère que Criſpin, Maſcarille &
Figaro avoient paſſé par-là !

court étoit mort ſubitement d'apoplexie, l'épitaphe ſuivante avoit couru
ſous le manteau :

Cy git ce Dazincourt qu'un inſolent bonheur
Sans ceſſe accompagna tout le temps de ſa vie ;
　　Sans talent pour la comédie,
　　Il paſſa pour un bon acteur.
　Il gagna de l'argent même à la loterie (a).
　　Quoique vieux, jaloux & grondeur,
　Il eut pourtant maitreſſe & fidèle & jolie (b) ;
　　Le ſort, pour dernière faveur,
　Lui fit finir ſes jours par une apoplexie.

(a) 150,000 fr. lui échurent un beau jour de cette manière.
(b) Mlle Eulalie Desbroſſes, à qui il rendoit la vie très-dure.

ROLES CRÉÉS PAR DAZINCOURT.

1778	Brinon	*Le Chevalier françois à Londres*, de Dorat.
—	Un Peintre	*L'Impatient*, de Lantier.
1779	Un Exempt	*Le Chevalier françois à Turin*, de Dorat.
1780	Louis	*Clémentine & Déformes*, de Monvel.
1781	Frontin	*Le Jaloux fans amour*, d'Imbert.
1782	Franck.	*Les Journalistes anglois*, de Cailhava.
—	L'Abbé Fichet. . . .	*Les Courtifanes*, de Paliffot.
1784	Pafquin	*Le Jaloux*, de Rochon de Chabannes.
—	Figaro.	*Le Mariage de Figaro*, de Beaumarchais.
1785	Pafquin.	*L'Oncle & les Tantes*, de De La Salle.
1786	Saint-Fremyn	*La Phyficienne*, de La Montagne.
—	Williams	*Le Mariage fecret*, de Desfaucherets.
—	Crifpin	*L'Inconfiant*, de Collin-Harleville.
1788	Lazarille.	*La Reffemblance*, de Forgeot.
—	Dumont.	*La Belle-Mère*, de Vigée.
—	Germon.	*La Jeune Epoufe*, de Cubières.
—	Frontin	*L'Entrevue*, de Vigée.
1789	Philippe.	*Les Deux Pages*, de Dezéde.
1790	Gorgi.	*Le Réveil d'Epiménide*, de Flins des Oliviers.
—	Picard.	*Les Dangers de l'Opinion*, de Laya,
—	Dubois	*Le Philinte de Molière*, de F. d'Eglantine.
—	Germon.	*Le Préfomptueux*, de F. d'Eglantine.
1791	Dumont.	*Le Fou par amour*, de Ségur.
1792	Georges	*Le Vieux Célibataire*, de Collin-Harleville.
1793	Plaude	*L'Ami des Loix*, de Laya.
—	Dupré.	*Le Conteur*, de Picard.
—	Belmont.	*Le Bienfait de la Loi*, de Forgeot.
1795	Dubois	*Les Femmes*, de Demouftier.
—	Lubin.	*Le Bon Fermier*, de Ségur.
—	Ifmaël.	*Le Tolérant*, de Demouftier.
—	Dubois	*La Rupture inutile*, de Forgeot.
1797	André.	*L'Heureufe Erreur*, de Patrat.
—	Sélico.	*Les Trois Fils de la veuve*, de Demouftier.

362

1797 Forbanti. . . . . *La Prude*, de*** (N. Lemercier.)
1798 Picard. . . . . *L'Epreuve délicate*, de Roger.
— Philippe. . . . . . . *Mathilde*, de Monvel.
— Reynolf . . . . *Trop de délicateſſe*, de Marfollier.
— Dumont. . . . . . . *L'Amour & la Raiſon*, de Pigault-Lebrun.
— Pédro. . . . . *Les Projets de mariage*, d'A. Duval.
1799 Dubois . . . . *La Dupe de ſoi-même*, de Roger.
— Méac. . . . . *Michel Montaigne*, de Guy.
— Dubois . . . . *Les Tuteurs vengés*, d'A. Duval.
1800 Dominique . . . . . *L'Abbé de l'Epée*, de Bouilly.
— Jacquinet . . . . . . *Les Deux Poètes*, de Rigaud.
— François. . . . . . . *Les Mœurs du jour*, de Collin-Harleville.
1801 Un Comédien. . . . *Le Buſte de Préville*, de Chazet & Dupaty.
— Gérard . . . . *L'Aimable Vieillard*, de*** (Favières.)
— Hubert . . . . *Le Mariage ſuppoſé*, de Lourdet de San-
terre.
— Firmin. . . . . *Le Confident par hazard*, de Faur.
1802 Momus . . . . *Le Double Hommage*, de Chazet & Dubois.
— Tom . . . . *Edouard en Ecoſſe*, d'A. Duval.
— Comtois. . . . . . . *Juliette & Belcour*, de Lombard.
1803 Valentin. . . . . . . *Le Séducteur amoureux*, de De Longchamps.
1804 Vautier. . . . . . . *Richelieu*, de N. Lemercier.
— Un Pêcheur. . . . . *Guillaume-le-Conquérant*, d'A. Duval.
— Trenck . . . . *La Leçon conjugale*, de Chazet & Sewrin.
1805 Picard. . . . . *Le Tyran domeſtique*, d'A. Duval.
1806 Frontin . . . . *Le Parleur contrarié*, de Delaunay.
— Joſeph . . . . *Le Politique en défaut*, de Chazet & Sewrin.
1807 Lafleur . . . . *Les Projets d'enlèvement*, de*** (Pein.)
1808 Fabrice . . . . *L'Aſſemblée de famille*, de Riboutté.
— Dubois . . . . *L'Homme aux convenances*, de Jouy.

VAN HOVE
1771 1803

CHARLES-JOSEPH

VANHOVE

1777 — 1803

VANHOVE naquit à Lille le 8 novembre
1739. Il embraffa, très-jeune encore, la
carrière théâtrale, & ne joua que peu de
temps les rôles de *jeunes-premiers*. Il adopta, prefque
dès l'origine, l'emploi des *rois* dans la tragédie & celui des *pères-nobles* dans la comédie. Après un féjour
affez long en Hollande, où il fe maria & où il figura
comme acteur attaché au théâtre françois de La Haye,
il vint à Bruxelles qu'il quitta au bout de deux ans
pour débuter à la Comédie-Françoife ; il devoit y

Extrait des regiſtres de la paroiſſe Saint-Etienne, à Lille : « Le huit
de novembre mil fept cent trente-neuf, a été baptifé *Charles-Jofeph*, né
même jour, fils légitime de Jean-Baptifte Vanhove, maître perruquier, &
d'Elifabeth Pinte, &c. »

doubler Brizard. Le 2 juillet 1777, il y parut pour la première fois dans le rôle d'Augufte, de *Cinna ;* le lendemain, il remplit dans la *Métromanie* le rôle de Baliveau ; le 4, celui d'Euphémon père dans l'*Enfant prodigue ;* le 5, celui d'Orbeffon dans le *Père de Famille.* Puis, fucceffivement ceux de Zopire, de Lycandre dans le *Glorieux* & de Danaüs dans *Hypermneftre* (1).

« Un bel organe, de l'intelligence, de la fenfibilité
« & de la vérité, telles font les qualités que nous
« avons cru apercevoir dans le fieur Vanhove ; mais
« il ne fuffit pas d'avoir un bel organe & une pro-
« nonciation facile, il faut encore connoître la pro-
« fodie & cet acteur pèche fouvent contre elle. Il ne
« fuffit pas non plus d'avoir l'intelligence de la fcène;
« l'habitude du théâtre fuffit prefque toujours pour
« la donner : c'eft dans le caractère de fes rôles qu'un
« comédien déploie fon intelligence, &, fur cet ar-
« ticle, le fieur Vanhove n'eft pas exempt de repro-
« che. Augufte & Danaüs ont perdu dans fes mains

(1) Vanhove avoit défiré que fa femme débutât à Paris; mal accueillie dans le rôle de Phèdre, Mme Vanhove voulut du moins, en fuccombant, fe venger des rigueurs du parterre à fon égard. Lorfqu'elle fut arrivée à la fcène du 4e acte, où Phèdre, s'adreffant à Minos, s'écrie :

Pardonne ! un Dieu cruel a perdu ta famille...
Reconnois fa vengeance aux fureurs de ta fille !

elle rifque le tout pour le tout, & modifia ainfi le dernier vers :

Reconnois fa vengeance aux fureurs *du parterre* !

Cette fubftitution ne fe trouva pas du goût de tout le monde, & hâta la chute de la débutante.

« le caractère que Corneille & Lemierre leur ont
« donné. Pourquoi pleurer lorsque Auguste accorde à
« Cinna le pardon de son crime? Pourquoi pleurer
« encore dans *Hypermnestre*, en faisant à Erox confi-
« dence de l'affreux sacrifice qu'on prépare?... Nous
« ne dirons que deux mots de quelques autres dé-
« fauts qu'on a généralement remarqués. Ses gestes
« sont assez vrais, mais ils sont lourds & sans grâce ;
« sa démarche est pesante & son maintien n'est point
« assez imposant, &c... »

Tel est le jugement qui fut exprimé sur le compte
de ce débutant, par un critique compétent de l'époque (1).

Après une courte absence motivée par quelques
affaires domestiques qui demandoient sa présence à
Bruxelles, Vanhove qui, à la suite de ses débuts, avoit
été reçu à l'essai, reparut sur la scène françoise, le 26
août 1777, par le rôle d'Euphémon père, où il s'étoit
déjà montré.

On le reçut sociétaire en 1779.

Cet acteur a été en butte à beaucoup de critiques,
dont la plupart étoient fondées & quelques autres
fort injustes. Ainsi, aux défauts énoncés dans la cita-
tion qui précède, il falloit ajouter celui d'une déclamation monotone, dont il ne rompoit de temps à
autre l'uniformité qu'en forçant sa voix & en faisant
retentir la salle de sons assourdissants.

(1) *Le Vacher de Charnois*, journal des théâtres pour 1777.

Vanhove avoit alors la tournure élancée, bien que commune ; l'expreſſion de ſon viſage ne manquoit pas d'un certain caractère vénérable, mais vulgaire, qui, s'il convenoit à quelques rôles tels que Pruſias, dom Diègue ou Venceſlas, étoit peu propre à reproduire ce qu'on eſt convenu d'appeler la dignité antique. En général, l'enſemble de ſa perſonne donnoit plutôt l'idée d'un bon bourgeois du Marais que celle d'un héros tragique.

Voilà la part de la critique, telle que nous l'ont tranſmiſe les témoignages contemporains.

Comme compenſation à ces torts de la nature, on s'accorde à reconnoître que ce comédien fut doué de ſenſibilité & d'une chaleur communicative qui, dans pluſieurs rôles de *pères*, lui faiſoient ſouvent trouver le chemin du cœur. Mais, dans les dernières années de ſa carrière, cette ſenſibilité avoit dégénéré en affectation.

Des intentions aſſez fines dénotèrent parfois en lui une intelligence au-deſſus de ſon emploi. Par exemple, lorſque, dans le *Menteur*, Géronte, trop ſûr des fourberies de ſon fils, les lui reproche avec indignation, Vanhove, éloignait Dorante de Cliton & le tiroit à part pour lui dire à mi-voix :

« . . . . . Tu ne meurs pas de honte
Qu'il faille que de lui je faſſe plus de compte,
Et que ton père même, en doute de ta foi,
Donne plus de croyance à ton valet qu'à toi ? »

voulant ainſi éviter à Dorante l'humiliation d'une apoſ-
trophe auſſi ſanglante en préſence de ſon valet.

Vanhove créa avec bonheur le rôle principal dans
Marius à Minturnes, d'Arnault (1791). Tout en le
reconnaiſſant, l'auteur ne s'eſt pas montré charitable
pour ſon interprète : « Les défauts de ce bonhomme
« (dit-il dans les *Souvenirs d'un Sexagénaire*), me ſer-
« virent tout autant que ſes qualités. Son début, ſou-
« vent brutal, ſa taille épaiſſe ne faiſoient pas diſpa-
« rate avec le portrait, ſoit phyſique, ſoit moral, que
« Plutarque a tracé de Marius. Il n'avoit pas d'abord
« compris tous les détails de ſon rôle. Par exem-
« ple, aux premières répétitions, quand il diſoit
« ce vers :

« Hors ma gloire & ma force, ici tout m'abandonne,

« il déployoit, en les brandiſſant, deux bras muſcu-
« leux qui le faiſoient reſſembler à Samſon défiant
« les Philiſtins. Mais, ſur l'obſervation que ce mot
« *force* avoit deux acceptions différentes, qu'il ſe tra-
« duiſoit en latin tantôt par *virtus*, tantôt par *robur*,
« ſelon qu'il ſe rapportoit aux qualités de l'âme ou
« à celles du corps ; qu'il étoit évident qu'ici *force*
« ſignifioit *courage* & non *vigueur* : comprenant cette
« diſtinction quoiqu'il ne fût pas le latin plus que le
« françois, Vanhove rectifia ſon jeu &, portant ſur
« ſon cœur cette main dont il avoit menacé le ciel, il
« redit le paſſage avec autant de juſteſſe que d'éner-

« gie; c'eſt même un de ceux où il fut applaudi (1). »

Le drame étoit le genre où cet acteur réuſſiſoit le mieux. Il s'acquittoit très-convenablement du rôle du baron Hartley, dans *Eugénie*, & celui de Courval dans l'*Ecole des pères* eſt, ſans contredit, un de ceux où il mérita ſincèrement les ſuccès qu'il y obtint.

Avec l'âge, Vanhove avoit contracté un embonpoint exceſſif qui ne fit que rendre plus ſaillants ſes défauts, que la génération nouvelle ne ſupporta pas avec aſſez d'indulgence, par égard pour ſon paſſé. En mainte occaſion, cet acteur émérite eut cruellement à ſouffrir de la mauvaiſe humeur des jeunes gens (cet âge eſt ſans pitié) dont il étoit devenu, pour ainſi dire, la bête noire, & qui, ne l'ayant pas vu meilleur comédien, ne pouvoient s'imaginer qu'il l'eût jamais été.

On a pu juger, par ce qui précède, que Vanhove étoit dénué de toute inſtruction : auſſi fut-il bien loin d'approuver, parce qu'il ne les comprenoit pas, les ré-formes que Talma, ſon gendre, apportoit dans le coſ-tume, & qu'il qualifioit d'*inſenſées*. « Il n'y a plus de tragédie en France, s'écria-t-il avec amertume la pre-mière fois qu'on lui remit, pour le rôle de Burrhus, un habillement fait ſuivant les deſſins pris à la Bibliothè-que alors Nationale. Puis, n'y trouvant pas de poche pour ſon mouchoir : « Savez-vous dit-il avec humeur

(1) Mme Talma, ſa fille, a ré-pondu à cette critique, qu'elle qualifie d'*injuſtice & d'ingratitude*, dans ſes *Etudes ſur l'art théâtral*, où elle ſe livre d'ailleurs à une apo-logie exagérée de ſon père, que le ſentiment filial explique mieux qu'il ne la juſtifie.

« au coſtumier, ſavez-vous, monſieur, que depuis
« trente ans que je joue la tragédie, j'ai porté des
« poches, & que j'en porterai toujours? Eſt-ce que
« les Romains ne ſe mouchoient pas! Ou bien, préten-
« drez-vous qu'ils ſe mouchoient avec les doigts (1)? »

Que pouvoit le coſtumier contre une ſemblable
ſortie? faire une poche, & c'eſt ce qu'il fit.

Il ſe paſſa quelque choſe d'analogue à propos de
ſa tabatière, le jour où il devoit jouer pour la première fois le roi Louis XIII dans la tragédie de *Montmorency*, de Carrion-Niſas. Il ne voulut jamais s'en
départir : échauffé par le vin, ce qui lui arrivoit chaque
fois qu'il vouloit *ſe donner du courage*, il répondoit à
toutes les obſervations qu'il falloit qu'on lui prouvât
que Louis XIII ne priſoit pas, tout comme un autre (2).
Ici, du moins, le bonhomme Vanhove pouvoit, à la
rigueur, être dans le vraiſemblable ; car rien ne démontre que le tabac, qui joue un rôle dans le *Don Juan*
de Molière, repréſenté en 1665, ne fut déjà à la mode
quelque vingt années auparavant.

On alloit reprendre la tragédie de *Polyeucte*, où cet
acteur devoit repréſenter Félix, lorſqu'il tomba malade

(1) Et on l'auroit prétendu avec
raiſon. En effet, c'eſt bien *avec les
doigts* & non avec des mouchoirs
que le peuple-roi procédoit en pareil cas. Qui croiroit que cet uſage
au moins ſingulier exiſtoit encore
de nos jours, en Ruſſie? M. Védel,
ancien directeur de la Comédie-
Françoiſe, qui réſidoit à Saint-Pétersbourg, en 1808, nous a affirmé
avoir vu l'empereur Alexandre Ier
uſer oſtenſiblement de ce mode
primitif de dégagement naſal ,
lorſque le beſoin s'en faiſoit ſentir.

(2) Mém. de Mme d'Abrantès.

inopinément, à Brunoy, chez Talma, où il étoit arrivé la veille. On crut d'abord à une indifpofition paffagère ; mais il fouffroit, depuis dix ans, d'une affection hépathique ; le mal s'aggrava rapidement, & le 27 juin 1803, Vanhove fuccomba, après quelques jours de maladie (1).

C'eft feulement lorfqu'on l'eût perdu qu'on s'aperçut combien fon utile concours faifait défaut. On regretta le parfait honnête homme, d'un commerce fûr, d'un caractère toujours égal & d'une grande obligeance. En tant qu'acteur, il paffe pour avoir été exempt de morgue & de prétention, & ne refufa jamais d'accepter un rôle, fi chétif qu'il fût, ayant pour principe invariable que le comédien fe doit avant tout aux devoirs de fon état. Tout en reconnaiffant que c'eft là une belle ligne de conduite, digne d'être citée comme exemple à tous ceux qui fuivent la carrière du théâtre, n'héfitons pas pourtant à dire avec Horace : *Eft modus in rebus :* ajoutons même que c'eft à cette abnégation trop abfolue d'amour-propre, qui dénote l'abfence de ce feu facré qui fait, non les acteurs de métier, mais les comé-

(1) Du 9 meffidor an XI (28 juin 1803) de la République françoife. Acte de décès de Charles-Jofeph Vanhove, décédé audit Brunoy, le huit dudit mois, à trois heures du matin. Profeffion d'artifte ; âgé de 63 ans, célibataire (*) domicilié à Paris, &c. — Pour extrait conforme.

(*) Vanhove avoit divorcé ; c'eft ce qui explique la qualification de *célibataire* qui lui eft attribuée dans l'acte mortuaire.

diens hors ligne, que Vanhove a dû peut-être de voir le public faire trop bon marché de fa perfonne & de fon talent.

ROLES CRÉÉS PAR VANHOVE.

1777 Ali . . . . *Muſtapha & Zéangir*, de Champfort.
1778 Saïd. . . . . *Les Barmécides*, de La Harpe.
1780 Sirven. . . . . *Clémentine & Deformes*, de Monvel.
— Melcourt. . . . . . . *L'Antipathie pour l'amour*, de Dudoyer.
1782 Léonidas . . . . . . *Agis*, de Laignelot.
— Tibère . . . . *Tibère* de Follet.
— Lufimon . . . . . . *Les Courtifanes*, de Paliſſot.
1783 Le comte de Kent. . *Le Roi Lear*, de Ducis.
— Hercule. . . . . . . *Philoctète*, de La Harpe.
— Robert père. . . . . *Le Bienfait anonyme*, de Pilhes.
1784 Duncan. . . . . . . *Macbeth*, de Ducis.
— Volumnius. . . . . . *Coriolan*, de La Harpe.
— Baſile. . . . . *Le Mariage de Figaro*, de Beaumarchais.
1785 Soliman II. . . . . . *Roxelane & Muſtapha*, de Maifonneuve.
1786 M. Dolban . . . . . *L'Inconſtant*, de Collin-Harleville.
— Bonivet . . . . *Les Amours de Bayard*, de Monvel.
1787 Melcour. . . . . . . *La fauſſe Inconſtance*, de Mᵐᵉ F. de Beaumarchais.
— Courval. . . . . . . *L'Ecole des Pères*, de Pieyre.
— Ferville . . . . *Les Amis à l'épreuve*, du même.
— Germond . . . . . . *Rofaline & Floricour*, de Nᶦ** (Ségur.)
— Créon. . . . . *Antigone*, de Doigny du Ponceau.
— Domitius . . . . . . *Auguſta*, de Fabre d'Eglantine.
1788 Don Pèdre. . . . . . *La Reſſemblance*, de Forgeot.
— Morinval. . . . . . . *L'Optimiſte*, de Collin-Harleville.
— M. de Belfont . . . . *La Belle-Mère*, de Vigée.
1789 Franval . . . . *Le Préfomptueux*, de Fabre d'Eglantine.

1789 Dorfeuil	*Les Châteaux en Espagne,* de Collin-Harleville.	
— Aurèle	*Ericie,* de Fontanelle.	
1790 Rature	*Le Reveil d'Epiménide,* de Flins des Oliviers.	
— Milord	*Les Dangers de l'Opinion,* de Laya.	
— Un avocat	*Le Philinte de Molière,* de F. d'Eglantine.	
— Calas	*Jean Calas,* de Laya.	
1791 Francheville	*Les Victimes cloîtrées,* de Monvel.	
— Colonna	*Rienʒi,* de Laignelot.	
— Marius	*Marius à Minturnes,* d'Arnault.	
1792 Adam	*La Mort d'Abel,* de Legouvé.	
— Tarquin	*Lucrèce,* d'Arnault.	
1793 Verfac	*L'Amis des Lois,* de Laya.	
1794 Un Turc	*Le Tolérant,* de Demouftier.	
— Menenius Agrippa	*Quintus Cincinnatus,* d'Arnault.	
1795 Papinius	*Quintus Fabius,* de Legouvé.	
— Le Grand-Prêtre	*OEdipe cheʒ Admète,* de Ducis.	
1797 Gradonique	*Laurence & Orʒano,* de Legouvé.	
— Pompinius	*Geta,* de Petitot.	
— Arifte	*Médiocre & Rampant,* de Picard.	
1798 Thémiftocle	*Thémiftocle,* de Larnac.	
— Le Centurion	*Les Vénitiens,* d'Arnault.	
1799 Alexis	*Les Précepteurs,* de Fabre d'Eglantine.	
1800 Louis XIII	*Montmorency,* de Carrion-Nifas.	
— L'Archevêque	*Pinto,* de N. Lemercier.	
— Daubuffon	*Les Calviniftes,* de Dumaniant & Pigault Lebrun.	
1801 Miller	*L'Amour & l'Intrigue,* de La Martellière.	
— Don Diègue	*Alhamar,* de Ducis.	
1802 Don Pèdre	*Le Roi & le Laboureur,* d'Arnault.	

FLEURY.

1778-1816

ABRAHAM-JOSEPH LAUTE DE FLEURY

dit BENARD FLEURY

1778 — 1818

FLEURY vint au monde à Chartres, au milieu du fiècle dernier. Jufqu'ici, la date précife de fa naiffance avoit échappé à tous les biographes, dont quelques-uns, même, le font naître foit à Nancy, foit à Lunéville : erreur qui peut,

---

Extrait des regiftres de la paroiffe Sainte-Foi, à Chartres : « L'an mil fept cent cinquante, le vingt-fept octobre, ont été par moi, vicaire fouffigné, fuppléées les cérémonies de l'Eglife à un fils né d'hier, du légitime mariage de Pierre Laute de Fleury, officier en la monnoie d'Orléans & de Léonarde-Marie de Guipy, fes père & mère, &c. Le parrain a donné à l'enfant les noms de *Abraham-Jofeph*.

« *Signé :* D. PHILIPPE, vicaire (*). »

(*) Ces renfeignements nous ont été confirmés dans une correfpondance échangée à ce fujet, entre nous & le petit-fils de Fleury, fils de l'amiral de ce nom & lui-même commiffaire de marine à Toulon.

à la rigueur, s'expliquer par l'emploi que fon père occupa plus tard auprès du Roy Staniflas, au fervice de qui les circonftances l'attachèrent en qualité de directeur de fes fpectacles. Sa famille, ainfi que le conftate l'acte relaté d'autre part, avoit d'abord tenu dans fa province une pofition affez diftinguée, que des revers de fortune renverfèrent, & à la fuite defquels la néceffité porta fon père à fe mettre à la tête d'une troupe de comédiens (1). Confié aux foins mercenaires d'une nourrice qui l'abandonna bientôt, le petit Jofeph fut recueilli par la femme d'un tifferand, auprès de qui il paffa fa première enfance ; & ce n'eft qu'après un intervalle de plufieurs années que fon père revint à Chartres pour y reprendre ce fils appelé à devenir dans la fuite une des illuftrations de la fcène françoife. Il l'emmena avec lui à la cour de Staniflas, où fa bonne grâce & fa gentilleffe lui valurent un immenfe fuccès de careffes & de bonbons. Le jeune garçon préluda à fes fuccès futurs fous les yeux mêmes du Roy & de la marquife de Boufflers, & c'eft, pour ainfi dire, élevé fur les genoux des grandes dames qu'il commença fon apprentiffage de comédien.

Cependant, malgré les bontés dont il étoit l'objet de la part du Roy de Pologne & de fon entourage,

(1) C'eft alors que, par des motifs faciles à comprendre, il ajouta à fon nom (ce qui étoit ufité à une époque où l'état civil ne préfentoit pas la régularité qu'il a de nos jours) celui de *Bénard*, qui s'eft depuis lors perpétué dans la famille.

Fleury qui, en grandiſſant, ne recevoit dans la maiſon paternelle d'autre éducation que l'éducation théâtrale, eut le bon eſprit de comprendre que le théâtre étoit dans l'avenir ſon unique reſſource. Auſſi, preſque adoleſcent encore, réſolut-il d'aller chercher au loin la fortune, &, léger de bagage & d'argent, ſe rendit-il à Lyon, où il alla immédiatement propoſer ſes ſervices au directeur du ſpectacle de cette ville. Doué d'une excellente mémoire & animé d'un zèle à toute épreuve, il ſçut ſe rendre utile, & bientôt on l'apprécia pour cette double qualité. Pluſieurs années ne s'écoulèrent pas moins pour lui dans une complète obſcurité ; mais, luttant avec perſiſtance contre ce que ſes premiers eſſais avoient de pénible, Fleury ne ceſſoit de ſe livrer à un travail opiniâtre. Il avoit quitté le théâtre de Lyon pour celui de Lille, dont il faiſoit en quelque ſorte les beaux jours, lorſque, ſans ſollicitation de ſa part & grâce ſeulement à la protection de quelques perſonnages influents, le jeune acteur fut mandé à la Comédie-Françoiſe. C'eſt ſur cette ſcène, où brilloient alors de tout leur éclat tant de célébrités, que Fleury haſarda ſes premiers pas, le 7 mars 1774, dans le rôle d'Egiſthe. Il continua ſes débuts par ceux de D'Arviane dans *Mélanide*, de Léandre dans l'*Impromptu de campagne*, de Damon dans le *Philoſophe marié*, du Marquis dans l'*Epoux par ſupercherie*, de Xipharès dans *Mithridate*, du Galant coureur dans la pièce de ce nom, & d'Acaſte dans le *Miſanthrope*. Cette tentative échoua. Fleury n'obtint aucun ſuccès dans la tragédie, & fut jugé très-médiocre dans la comédie (1). Il avoit, d'ailleurs, à lutter contre la réputation de Belle Cour & de Molé, & contre les souvenirs de Grandval; & bien qu'on lui accordât de l'intelligence, sa voix légèrement rauque & une certaine absence de tenue excitèrent de fréquents murmures. Emportant donc avec lui la promesse des supérieurs d'être rappelé en temps utile & d'être admis sans essai au rang des Sociétaires, il retourna en province & reparut sur le théâtre de Lyon, où il avait laissé de bons souvenirs; &, après quatre années employées avec persévérance à assouplir son organe & à acquérir ce ton de bonne compagnie sans lequel il n'y avoit point alors de succès possible, il revint, dès qu'il se crut assez sûr de lui-même, se soumettre à l'appréciation du public parisien. Cette deuxième épreuve eut lieu, le 20 mars 1778, dans les rôles de Sainville fils, de la *Gouvernante*, & de Dormilly, des *fausses Infidélités*. Le 22, il joua Saint-Albin dans le *Père de Famille* & Linder dans *Heureusement*; &, le 27, le comte de Clarendon dans *Eugénie*.

Cette fois, l'issue lui fut favorable; mais l'on peut dire que pas un comédien peut-être, plus que celui-ci, n'éprouva les rigueurs du parterre, & ce n'est vérita-

(1) « Il faut s'occuper sérieusement de trouver un jeune homme qui puisse jouer les rôles de Molé dans le tragique & dans le comique, le sieur Fleury qui a débuté ne valant rien. « 1ᵉʳ avril 1774.

« Maréchal DE RICHELIEU. »
(*Archives nationales.*)

blement que dix ans plus tard que Fleury fe plaça fur la ligne des premiers fujets. Comme ce comédien aimoit fon état, il fçut, ainfi que Mlle Contat, braver tous les déboires qui y étoient attachés, & attendre avec patience que la faveur publique vînt le chercher. Dans l'intervalle, il avoit confidérablement gagné, & lorfque Molé, déjà vieux, dut renoncer aux rôles de *petits-maitres*, Fleury fe les appropria avec une habileté & une grâce qu'on étoit loin de foupçonner chez lui. Il s'y montra original. Plus tard, il voulut aborder les *premiers rôles*, tels que le *Mifanthrope*. Charles-Maurice, dans fon *Hiftoire anecdotique du Théâtre*, rapporte une jolie anecdote : « Fleury, dit-il, venait de jouer le *Mifanthrope* ; au nombre des perfonnes accourues à fa loge pour le complimenter, fe trouvait un de fes amis, dont l'opinion pour lui étoit d'un grand poids. Comme il infiftoit fur les qualités de Fleury dans ce rôle : « Oh ! mon ami, lui dit celui-ci, fi vous « y aviez vu Molé ! » L'autre répondit qu'il n'avoit pas dû être poffible à cet ancien comédien de mieux jouer la fcène entre Alcefte & Célimène. « Tenez, « répliqua Fleury, voilà comme il la difoit. » Et il la rendit avec un fentiment fi parfait, avec un accent fi paffionné que les affiftants fe mirent à applaudir. Mais l'interprète, tombant tout-à-coup fur fon canapé, « Vous voyez, dit-il, que fi je jouais le rôle comme « le faifoit Molé, je n'irois jamais jufqu'au bout. Je ne « puis donc m'en tirer qu'en l'appropriant à mes « moyens d'exécution. » Le *Tartufe*, le *Philofophe marié*, l'*Homme du jour*, il les joua avec une grande diftinction, fans y avoir, cependant, jamais égalé Molé. Sa diction, quelque peu faccadée, & plus fpirituelle que correcte, ne fatisfaifoit pas complètement dans l'expreffion de ces rôles.

Il avoit pendant longtemps paru dans la tragédie, ainfi que l'exigeoient les règlements ; en l'année 1782, il y renonça tout à fait, afin de fe confacrer d'une manière exclufive à la comédie (1). Molé étoit encore, à cette époque, en poffeffion de tous les grands rôles. Fleury, moins favorifé de la nature & moins heureufement fervi par les circonftances, étoit, certes, moins profond que fon chef d'emploi ; mais il poffédoit plus de naturel, plus de fenfibilité que celui-ci, & il fçut approprier prefque toutes les reffources de l'art à fon propre génie. Il eft douteux que Molé, malgré fon immenfe mérite, eût réuffi à reproduire la figure de *Frédéric-le-Grand* avec autant de bonheur que l'a fait Fleury, dans les *Deux Pages*.

Tout en s'efforçant d'approcher de ce grand modèle, il fe garda bien de le copier fervilement. Auffi, chercha-t-il dans quelque bon ouvrage du répertoire, qui fût peu ou point connu, une occafion de fe montrer fous le jour le plus avantageux, fans avoir à craindre

---

(1) Il écrivoit au Comité, « de ne plus compter fur lui pour la tragédie, tant dans l'ancien que dans le nouveau répertoire. Il a joué pendant longtemps les deux genres ; aujourd'hui, la comédie qu'il préfère, réclame tout fon temps »

(*Archives nationales.*)

de porter ombrage à fon chef d'emploi (1). Il entreprit de remettre à la fcène l'*École des Bourgeois* : fon fuccès dans le marquis de Moncade fut prodigieux & a été le moment le plus brillant de la réputation de Fleury.

Le 6 mars 1789, eut lieu la première repréfentation des *Deux Pages*, & l'on n'ignore pas combien fut complète l'illufion produite par cet éminent comédien dans le rôle de Frédéric II. Il eft curieux de lire dans les mémoires qui portent fon nom, la manière dont il procéda pour faire revivre avec tant de fidélité la figure du Roy de Pruffe. L'imitation fut fi parfaite, qu'elle arracha des larmes au prince Henri, frère de ce monarque, qui, le lendemain, lui fit remettre en fon propre nom une tabatière fort riche, ornée du portrait du fouverain qu'il avoit fi bien repréfenté, & qui étoit accompagnée d'une lettre autographe que Fleury aimoit à montrer à fes intimes (2). Il fut moins

(1) Difons même que Molé, à l'apogée de fa renommée, fe plaifoit à donner à fon *double* le moyen de produire fes talents en public. On lit dans un mémoire du temps l'anecdote fuivante qui le confirme : « Le fieur Molé joua dernièrement « la *Pupille*, un jour où le fpecta- « cle étoit peu nombreux & où on « ne l'attendoit pas dans cette « pièce : il y fut couvert d'applau- « diffements. On redonna la même « pièce un des jours fuivants, où

« l'on prévoyoit un concours confi- « dérable. Le fieur Molé, au lieu de « reparoître, voulut faire jouer le « fieur Fleury, & préféra le plaifir « de le voir applaudi à celui de « l'être lui-même. »

(2) Cette circonftance nous remet en mémoire un fait qui préfente avec celui-là un contrafte frappant. Un acteur nommé Tautin, connu dans les premières années de ce fiècle aux théâtres des boulevards, avoit créé, avec affez

heureux dans la reproduction de la phyfionomie de Henri IV, dans la *Partie de chaffe*.

Fleury n'étoit point lettré, ce qui s'explique par l'abandon dans lequel s'étoient écoulées fes premières années ; on a prétendu même qu'il ignoroit les plus fimples lois de la grammaire. On raconte, à ce propos, que fe trouvant à peu de diftance de Bordeaux, au commencement de ce fiècle, les jeunes gens de cette ville lui firent demander d'y venir donner quelques repréfentations. Fleury répondit à leurs follicitations, mais avec une orthographe & un choix d'expreffions tels, qu'on ne put fe figurer que la lettre émanoit de lui. Toutefois, pour avoir le cœur net fur cette première épître, une feconde demande lui fut adreffée à fon arrivée à Bordeaux. Il y répondit de nouveau, & l'on put, cette fois, fe convaincre que le comédien fupérieur qui fçavoit fi bien interpréter nos auteurs dramatiques, étoit peu familiarifé avec les notions de l'art d'écrire. Une autre anecdote rapporte auffi qu'il écrivoit à un journalifte un billet dans le-

de bonheur, le rôle principal, dans un mélodrame de Boirie & Lemaire, intitulé la *Jeuneffe du Grand Frédéric*. Le Roy Guillaume de Pruffe, ayant affifté, en 1814, à une repréfentation de cette pièce, voulut témoigner fa fatisfaction à l'acteur & lui envoya, le lendemain, par un aide-de-camp, une épée de peu d'apparence, mais fort pré-cieufe parce qu'elle avoit appartenu à ce grand homme. Tautin ne parut pas fort enthoufiafmé du cadeau. « Vous auriez préféré autre « chofe? lui demanda l'officier. — « Ma foi, oui ! j'en conviens..... « J'aurois mieux aimé de l'argent.» L'aide-de-camp, fans mot dire, reprit l'épée, mit un écu de fix livres fur la cheminée & fe retira.

quel on lifoit ces mots : « Vous en *n'aveʒ* menti. »

Quoi qu'il en foit de ces allégations, plus ou moins fondées, mais auxquelles il ne faut, peut-être, accorder qu'une foi médiocre, il refte avéré, d'après les témoignages contemporains, que Fleury, qui poffédoit autant de tact que d'efprit naturel, fçut toujours habilement diffimuler dans le monde les torts de fa première éducation fous les dehors brillants que la fréquentation des grands feigneurs & des femmes de haut parage, au milieu defquels il avoit paffé fa vie, lui avoient inoculés dès fa jeuneffe.

A l'époque de la Révolution, Fleury avoit été fignalé à la vindicte du parti qui dominoit alors, à propos de l'*Ami des Loix*, repréfenté le 3 janvier 1793 (1). On fçait, qu'ainfi que la plupart de fes camarades, il dut fon falut à la fouftraction des pièces accufatrices, opérée par les foins de Ch. La Buffière, employé au Comité de fûreté générale.

---

(1) Puifque nous citons l'*Ami des Loix*, nous devons relever une erreur qui a eu cours à propos de l'hémiftiche célèbre :

    ... Des loix & non du fang!

& qui, pour le dire en paffant, ne fe trouve pas dans cette comédie, mais dans la tragédie de C. Gracchus, de M.-J. Chénier. Une note autographe, fignée de Fabien Pillet, tracée fur les marges d'un exemplaire de l'*Hiftoire du Théâtre françois*, d'Etienne & Martainville,

porte qu'Albitte, membre de la Convention, qui affiftoit à la repréfentation, ne s'eft pas écrié, comme on l'a dit :

    ... Du fang & non des loix!

mais bien : « le fang des coupables ! » — L'annotateur ajoute ceci de fa main : *J'y étois & je fuis fûr de mon fait.*

Nous avons cru devoir profiter de l'occafion de rectifier ce point hiftorique, fans autre intérêt que celui de la vérité. *Suum cuique.*

Il comptoit quarante-cinq ans de fervices, lorfque,
moins par fuite d'un acte volontaire, que forcé par
des tracafferies intérieures, pourfuivi même par des
critiques injuftes, il demanda fa retraite, qu'il prit, en
effet, le 1er avril 1818, avec une penfion de 9,500
francs (1). Sa repréfentation de retraite avoit eu lieu
l'avant-veille, 30 mars. Rien ne peut donner l'idée de
l'affluence qui s'y étoit portée ; non-feulement, toutes
les places dans la falle étoient occupées, mais les cor-
ridors, la fcène elle-même, regorgeoient de fpectateurs
& l'on auroit pu fe croire revenu aux jours de la re-

(1) Le 15 janvier 1818, Fleury
demanda le règlement de fa penfion de retraite & le rembourfe-
ment de la part à lui appartenant
dans le fonds focial : « Expofant
« qu'il avoit débuté le 7 mars 1774
« & qu'il comptoit quarante-cinq
« ans de fervice, ce qui lui donnoit
« droit à deux penfions viagères de
« 4,500 fr. chacune. » Ce à quoi
le Comité répondit :
« Il appert, vérification faite, que
« le début de M. Fleury n'a pas été
« fuivi de fon admiffion immédiate
« & qu'un intervalle de quatre an-
« nées exifte entre fon premier
« début & celui du 20 mars 1778 ;
« que, par conféquent, il ne
« compte que quarante & un ans
« de fervices & n'a droit qu'à deux
« penfions de 4,100 fr. chacune. »
A cette objection Fleury répliqua

ainfi : « Il eft vrai que je n'ai pas
« été immédiatement attaché au
« théâtre après mon premier dé-
« but ; mais je l'ai été condition-
« nellement, puifque, en me laif-
« fant partir, il me fut impofé la
« condition de ne prendre d'enga-
« gement fur aucun théâtre, fans
« en prévenir les fupérieurs de la
« Comédie-Françoife, & qu'il me
« fut promis, au contraire, de m'y
« rappeler en temps opportun, &
« de m'y admettre *fans effai*, au
« rang de fociétaire : ce qui eut
« lieu, en effet, en 1778. »
(*Arch. nation.*)
Cette retraite lui fut des plus
pénibles. Il en imputa la précipita-
tion, dépourvue de tout procédé,
aux menées de Dumas, dévoré du
défir de devenir chef d'emploi.

traite de Préville & de Brizard. Fleury reparut, le 20 mai fuivant, fur le Théâtre de Verfailles, dans une repréfentation donnée au bénéfice d'un malheureux. Il y joua dans le *Legs* & les *Femmes favantes* ; la falle étoit comble de fpectateurs & toute la foirée ne fut pour l'illuftre acteur qu'un long triomphe. Il alla établir fa réfidence dans une maifon de campagne fituée à Ménars-le-Château, & venoit habiter l'hiver Orléans. C'eft ainfi qu'il paffa les quatre dernières années de fa vie, regrettant les loifirs qu'on lui avoit faits & qu'il n'avoit point ambitionnés. Il fut enlevé par un accès de goutte remontée, le 3 mars 1822, à l'âge préfumé de 72 ans.

Fleury laiffa deux enfants : une fille, qui avoit époufé, en 1816, le docteur Boirot Deffaliers, médecin des eaux de Néris ; & un fils, qui atteignit dans la marine royale un grade des plus élevés.

Il a paru, de 1835 à 1837, un ouvrage intitulé : *Mémoires de Fleury, rédigés fur des notes authentiques.* Ces mémoires apocryphes, fort fpirituellement compofés, d'ailleurs, font dus à la plume de M. J.-B.-P. Lafitte, qui a mis à contribution, dans fon travail, les mémoires du temps ; car, malgré l'infinuation contraire, il réfulte de témoignages authentiques que Fleury n'a pas laiffé de matériaux écrits.

ROLES CRÉÉS PAR FLEURY.

1779	Polycrate	*Agathocle*, de Voltaire.
—	Soligny	*Laurette*, de D'Oifemont.
—	Dolfé	*Roféide*, de Dorat.
1780	Franval	*Clémentine & Déformes*, de Monvel.
—	Erafte.	*Le Bon Ami*, de*** (Legrand.)
—	Florval	*L'Antipathie pour l'amour*, de Dudoyer.
1781	D'Elcourt	*Le Jaloux fans amour*, d'Imbert.
1782	Saint-Firmin.	*Le Flatteur*, de Lantier.
—	Germance.	*Les Courtifanes*, de Paliffot.
—	Sodley	*Les Journaliftes anglois*, de Caillava.
—	Damis.	*Les Rivaux amis*, de Forgeot.
1783	Le Duc d'Albanie. .	*Le Roi Léar*, de Ducis.
—	Merval	*Les Aveux difficiles*, de Vigée.
—	Robert	*Le Bienfait anonyme*, de Pilhes.
—	Delval.	*L'Heureufe Erreur*, de Patrat.
—	Darmance.	*Le Séducteur*, de Bièvre.
1784	Valfain	*Le Jaloux*, de R. de Chabannes.
—	Don Alonfe	*La Reffemblance*, de Forgeot.
—	Damis.	*Les Epreuves*, du même.
—	Verfeuil.	*Melcour & Verfeuil*, de Murville.
1786	Diftelle	*Le Mariage fecret*, de Desfaucherets.
—	La Palice	*Les Amours de Bayard*, de Monvel.
1787	Saint-Fons.	*L'Ecole des Pères*, de Pieyre.
—	Dorival	*Les Amis à l'épreuve*, du même.
—	Molière	*La Maifon de Molière*, de Mercier.
1788	Fierval.	*La Belle-Mère*, de Vigée.
1789	Florville.	*Les Châteaux en Efpagne*, de C. Harleville.
—	Frédéric.	*Les Deux Pages*, de Dezède.
1790	De la Salle.	*Jean Calas*, de Laya.
1791	Dorval	*Les Victimes cloîtrées*, de Monvel.
—	Dorval	*Le Conciliateur*, de Demouftier.
1792	Melcour.	*La Matinée d'une jolie femme*, de Vigée.

1793	Forlis.	*L'Ami des Loix,* de Laya.
—	Lifidor	*Les Femmes,* de Demouftier.
—	Milord Bonfil	*Paméla,* de F. de Neufchâteau.
1795	Floville	*Le Tolérant,* de Demouftier.
1797	Mirbelle.	*L'Epreuve délicate,* de Roger.
—	Floricourt.	*La Prude,* de Lemercier.
—	Damis.	*L'Original,* d'Hoffmann.
—	Valfain	*L'Epreuve délicate,* de Roger.
1798	Fierville.	*Les Dangers de la préfomption,* de Desfau- cherets.
—	Richberg	*Trop de délicateffe,* de Marfollier.
1800	Molière.	*La Maifon de Molière,* de*** (Mercier).
—	Formont.	*Les Mœurs du jour,* de C. Harleville.
—	Luville.	*Heureufement,* de Patrat, rem. des Italiens.
—	Diocharis	*Périandre,* de Luce de Lancival.
1802	Le Baron	*Les Originaux,* de Fagan, retouché par Dugazon.
1803	Cézanne.	*Le Séducteur amoureux,* de Longchamps.
—	Pomenars	*Mᵐᵉ de Sévigné,* de Bouilly.
—	Valcour.	*Le Roman d'une heure,* d'Hoffmann.
1804	Baffompierre	*Une Journée de Richelieu,* de Lemercier.
—	Molière	*Molière avec fes amis,* d'Andrieux.
1805	Valmont.	*Le Tyran domeftique,* d'A. Duval.
1806	Rochefter	*La Jeuneffe d'Henri V,* du même.
—	Palaprat.	*Brueis & Palaprat,* d'Etienne.
1808	Blainville	*L'Affemblée de Famille,* de Riboutté.
—	Dorval	*Les Projets d'enlèvement,* de*** (Théodore Pein.)
—	Valcour.	*La Capricieufe,* de*** (Hoffmann.)
—	Dorante.	*La Suite du Menteur,* d'Andrieux.
1809	Probincour	*Les Capitulations de confcience,* de Picard.
—	Dumont.	*Le Chevalier d'induftrie,* d'A. Duval.
—	Le Duc.	*La Revanche,* de Roger & Creuzé.
1810	Rollin.	*Le Vieux Fat,* d'Andrieux.
1811	Mortimer.	*Le Miniftre anglois,* de Riboutté.
—	Valcour.	*L'Auteur & le Critique,* de*** (Planard).
1813	Méricour	*Avis aux Mères,* de Dupaty.
—	Dorvilé.	*L'Intrigante,* d'Etienne.

1813 Dermont père. . . . *La Nièce fuppofée*, de Planard.
1815 Le Marquis. . . . . *Le Retour de Jeuneffe*, d'Audibert.
— Cavois.. . . . . . . *Racine & Cavois*, d'Etienne.
1817 D'Harvillé. . . . . *Le Faux Bonhomme*, d'A. Duval.
1818 De Nervan . . . . . *L'Ami Clermont*, de Marfollier.

MADEMOISELLE OLIVIER
1780-1787

MADEMOISELLE OLIVIER

1780 — 1787

E 26 feptembre 1780, après quelques mois paffés fur les théâtres de province, & deux ou trois effais tentés fur la fcène de Verfailles, une jeune actrice, âgée de feize ans, débutoit à la Comédie-Françoife par les rôles d'Agnès dans l'*Ecole des Femmes* & d'Angélique dans l'*Efprit de contradiction.* Le lendemain, 27, elle paroiffoit dans celui de Junie, de *Britannicus ;* mais cette épreuve, dans le tragique, fut la feule qu'elle tenta ; car rien, dans fa nature, ne l'appeloit à jouer convenablement ce genre

---

Extrait des regiftres de l'églife paroiffiale de Saint-Martin-des-Champs, à Londres : « Le vingt-deux mars de l'année mil fept cent foixante-quatre, a été baptifé un enfant du fexe féminin, *Jeanne-Adélaïde,* née, la veille, du légitime mariage de Charles-Simon Olivier, & de Marie-Louife Romegaffe. »

de pièces. Mlle Olivier continua fes débuts, le 29, par les rôles de Lucile dans la *Métromanie*, & de Colette dans *le Mari retrouvé* ; enfin, elle les termina le lendemain par Betty de la *Jeune Indienne* & Victorine du *Philofophe fans le favoir*.

Elle ne révéla pas, de prime abord, les efpérances que les amis de la bonne comédie devoient plus tard fonder fur elle. Soit que la timidité eût alors paralyfé fes moyens, foit que fon extrême jeuneffe n'eût point encore permis le développement de fes talents, cette débutante ne produifit qu'un médiocre effet ; & l'on rendit feulement juftice à fa beauté, qui étoit éclatante. Blonde, avec les plus beaux cheveux du monde, elle avoit des yeux noirs pétillants de vivacité ; fa taille, des plus élégantes, étoit fouple & déliée ; en un mot, fous le rapport des charmes de fa perfonne, Mlle Olivier ne laiffoit rien à défirer.

Comme à ces dons extérieurs, elle joignoit la qualité plus effentielle d'une voix touchante & fympathique & que fon jeu étoit empreint d'une grande décence, ce dont elle avoit fourni la preuve dans le rôle d'Alcmène, qu'elle avoit rendu prefque chafte, on l'admit à l'effai. Elle fut mettre à profit le temps de fon noviciat, & fes progrès très-fenfibles hâtèrent l'époque de fa réception au nombre des acteurs fociétaires.

C'eft furtout dans la comédie du *Séducteur*, repréfentée le 8 novembre 1783, que cette actrice conquit tous les fuffrages par l'abandon & la grâce charmante qu'elle apporta dans le rôle de Rofalie. Son talent s'y montra frais & naïf comme fon vifage, & il influa puiffamment fur le fuccès qu'obtint le cinquième acte, « dont l'intérêt, dit La Harpe, fut augmenté par la figure virginale & la voix touchante d'une jeune actrice, Mlle Olivier, qui eft beaucoup plus jolie que Mlle Doligny, & qui a quelque chofe du charme de fon organe. » En effet, le public voyoit en elle la feule femme en état d'adoucir les regrets que devoit laiffer la retraite imminente de cette dernière & le fouvenir de la tendre Gauffin.

Vint le fameux *Mariage de Figaro*, & c'eft Mlle Olivier que choifit Beaumarchais pour remplir le rôle du jeune page, *Cherubino di amore*. Il paroît que rien n'égala jamais fa grâce, pleine d'un aimable enjouement, & qu'elle fit tourner la tête, non-feulement aux hommes, mais encore aux femmes, ce qui paroîtra plus extraordinaire.

Dans l'ancien répertoire, les rôles de Léonore dans l'*Ecole des Mères*, de Lindane dans l'*Ecoffoife*, & de Sophie dans le *Préjugé à la mode*, ne lui furent pas moins favorables. Le 1er juin 1787, eut lieu la première repréfentation de l'*Ecole des Pères*, pièce dans laquelle cette aimable comédienne parut dans le perfonnage de Rofalie, qui ne lui valut pas moins de félicitations que ceux qu'elle avoit précédemment créés.

Mais là devoit s'arrêter fa trop courte carrière. Déjà, depuis trois ou quatre ans, Mlle Olivier éprou-

voit des douleurs de poitrine qui, pour être combat-
tues avec quelques chances de fuccès, auroient exigé
un repos abfolu : condition bien difficile à obferver à
fon âge & dans fa profeffion. Malheureufement, cette
charmante actrice cédoit trop facilement aux entraî-
nements de la jeuneffe & d'une paffion qui fe concilie
peu avec les prefcriptions de la déeffe Hygie.

« La demoifelle Olivier, une des plus jolies, mais
des plus médiocres actrices de la Comédie-Françoife,
(dit Grimm, toujours porté à dénigrer) (1), partage
fes bontés entre M. de Laffonne, médecin, & le fieur
Dazincourt, qui double Préville dans les rôles de
Crifpins. Elle vient d'accoucher ; ces deux meffieurs fe
font difputé fort vivement l'honneur d'être père de
l'enfant. Des arbitres, choifis pour examiner leurs
droits & leurs titres refpectifs, ont jugé que le meilleur moyen de les concilier, étoit d'appeler l'enfant
Crifpin-Médecin. Cette décifion a paru d'une équité
rare. »

Mlle Olivier fuccomba, le 21 feptembre 1787 (2),
à l'âge de vingt-trois ans & demi, emportant dans la
tombe les regrets de tous les amateurs éclairés du
théâtre, & des nombreux amis que lui avoient faits
la facilité de fon commerce & la douceur de fon caractère.

(1) Correfpondance de Grimm.
Juin 1783.

(2) Le 22 feptembre 1787, a été
fait au cimetière le convoy & enterrement de Jeanne-Adélaïde Olivier,
penfionnaire du Roi, décédée hier,
rue de Condée, âgée de 23 ans &
demi, &c., &c.

A l'occafion de fa mort, l'écrivain que nous venons de citer, plus équitable cette fois qu'en 1783, s'exprime ainfi : « Cette jeune actrice vient d'être enlevée au théâtre à la fleur de fon âge &, pour ainfi dire, de fon talent. Depuis le rôle qu'elle joua dans le *Séducteur*, elle n'avoit pas ceffé de faire des progrès fenfibles. Sa figure, fans rien perdre de fon éclat & de fa fraîcheur, étoit devenue plus animée par une expreffion plus vive & mieux fentie. Quoique très-blonde avec des yeux fort noirs, elle avoit naturellement je ne fais quoi de fade dans tout fon air. Mais, grâce aux recherches d'une toilette variée avec beaucoup de goût, elle étoit parvenue à diffimuler fort adroitement ce défaut, & fon jeu avoit acquis un caractère d'ingénuité, de décence & de nobleffe qui la rendoit tout-à-fait intéreffante. »

Les obfèques de Mlle Olivier, qui étoit morte fans recourir aux confolations de la religion, foulevèrent quelque difficulté de la part du curé de Saint-Sulpice, qui ne céda qu'à la confidération, qu'on fit valoir, qu'elle avoit légué tout fon bien, affez confidérable, aux pauvres de la paroiffe. Mais cette affertion n'étoit pas exacte, la promptitude du mal qui l'emporta ne lui ayant pas plus permis de faire fes difpofitions teftamentaires que de réclamer les fecours fpirituels qui lui avoient fait défaut.

ROLES CRÉÉS PAR Mlle OLIVIER.

1781 Mlle Dorfon . . . . . *Le Jaloux fans amour*, de R. de Chabannes.
1782 Sophie. . . . . *Le Flatteur*, de Lantier.
1783 Henriette . . . . . . *Le Déjeûner interrompu*, de Mme de Monten-
clos.
— Rofalie. . . . . *Le Séducteur*, de Longchamps.
1784 Chérubin . . . . . . *Le Mariage de Figaro*, de Beaumarchais.
— Hortenfe . . . . . . *L'Avare cru bienfaifant*, de Dubuiffon.
1785 Emilie. . . . . *Les épreuves*, de Forgeot.
— Mirzane . . . . *Abdir*, de Sauvigny.
— Lucile. . . . . *Les Deux Frères*, de Rochefort.
— Nanine. . . . . *La Comteffe de Chazelles*, de Mme de Mon-
teffon.
— Henriette. . . . . . . *L'Oncle & les Deux Tantes*, de Lafalle.
1786 Emilie. . . . . *Le Mariage fecret*, de Desfauchercts.
— Eliante. . . . . *L'Inconftant*, de Collin Harleville.
— Une Demoifelle . . . *Les Amours de Bayard*, de Monvel.
1787 Rofalie. . . . . *L'Ecole des Pères*, de Pieyre.
— Elifa. . . . . *Les Amis à l'Epreuve*, du même.
— Agathe. . . . . *Le Prix académique*, de Parifau.

MADEMOISELLE JOLLY
1781 1948

MADEMOISELLE JOLLY

1781 — 1798

ELISABETH JOLLY naquit à Verſailles le 8 avril 1761 ; ſes parents faiſoient le commerce à Paris. Elle ſemble avoir été deſtinée dès ſon enfance à l'état de comédienne ; car, encore dans l'âge le plus tendre, elle figuroit déjà dans les ballets de la Comédie-Françoiſe, & on lui donnoit parfois des rôles d'enfant à remplir. Elle entra enſuite comme figurante à l'Opéra. C'eſt là que Préville la vit &, *à la grâce de ſes pieds, il jugea qu'elle devoit avoir de l'eſprit.* Il lui fit apprendre le rôle de Nicole dans le *Bourgeois Gentilhomme,* & il fut émer-

---

Extrait des regiſtres de la paroiſſe Saint-Louis, à Verſailles : « Marie-Eliſabeth, fille légitime de Thomas Jolly, marchand quincailler à Paris, & d'Eliſabeth Vivien, ſon épouſe, eſt née le 8 avril 1761. »

394

veillé de fa voix fonore, de fa prononciation nette, de
fes yeux & de fes geftes, auffi vifs les uns que les
autres, & du mordant de fa diction ; elle avoit alors
dix-fept ans. Il la fit engager dans la troupe de la
Montanfier, à Verfailles, d'où elle paffa enfuite dans
celle de Caen. Le 1er mai 1781, elle débutoit à Paris
par les rôles de Dorine dans le *Tartufe*, & de Lifette
dans le *Tuteur* (1), pour remplacer Mme Belle Cour,
dont l'âge rendoit la retraite imminente. Ses débuts
furent fi éclatants, que fa réception comme fociétaire
eut lieu en 1783. On apprécioit en elle une diction
franche & correcte, une voix bien timbrée, beaucoup
d'intelligence & un naturel qui n'excluoit ni la grâce
ni la fineffe. Sans être régulièrement jolie, fa figure
étoit pleine de vivacité & d'expreffion. Son talent fe
plioit, dans fon emploi, aux genres les plus oppofés ;
elle jouoit les fervantes de Molière avec verve & franchife & n'excelloit pas moins dans les foubrettes d'un
genre plus élevé (2).

Comme, à cette époque, il étoit d'obligation pour

(1) Comédie en un acte & en
profe, de Dancourt, repréfentée
le 13 juillet 1695, pour la première
fois.

(2) Malgré fon fuccès, cette jeune
actrice ne fut pas immédiatement
admife, parce que, fauf de rares
exceptions, les règlements exigeoient : « qu'un comédien du
« Roy, ne fût admis à réception
« qu'après deux années d'effai. »

« Mais à caufe du talent que la
« demoifelle Jolly a montré, dit
« l'arrêté du premier Gentilhomme
« de la Chambre, en date du mois
« d'avril 1782, des fervices qu'elle
« a rendus, de ceux qu'elle peut
« rendre & de la fatisfaction que
« le public lui a témoignée, fon
« ordre de réception lui eft promis
« pour l'année prochaine. »
(Archives nationales.)

tout acteur de se produire dans la tragédie & dans la comédie, Mlle Jolly se soumit à la règle en jouant, en 1784, le rôle de Constance dans *Inès de Castro* ; elle sçut s'y faire applaudir par la sensibilité noble & touchante qu'elle y mit. En 1790, désireuse de ramener au théâtre le public que les événements en avoient éloigné, elle parut dans le rôle gigantesque d'Athalie & elle ne s'y montra pas trop inférieure à ses célèbres devancières, Mlles Du Mesnil & Clairon. Le dernier rôle qu'elle joua fut celui de la Fée dans l'*Oracle*, de Sainte-Foix, où ses deux filles débutoient ensemble dans les personnages d'Alcindor & de Lucinde.

Cette actrice avoit été, à l'époque de la Révolution, détenue aux Madelonnettes, comme la plupart de ses camarades. Elle n'obtint sa liberté qu'en prenant l'engagement de se réunir à la minorité républicaine des Comédiens françois qui s'étoient séparés de la Société-mère pour aller fonder le *Théâtre de la République*. Quand elle parut pour la première fois sur cette nouvelle scène, dans Dorine du *Tartufe*, elle ne put retrouver sa verve ni son entrain. Mlle Jolly étoit douée d'une sensibilité très-vive ; ces vicissitudes, en l'éloignant d'un époux & d'enfants qu'elle chérissoit, altérèrent sa santé & développèrent en elle le germe d'une maladie de poitrine. A l'issue d'une convalescence assez longue, elle se hâta d'aller rejoindre ses anciens camarades du *Théâtre de la Nation*. Mais le mal qui la consumoit fit bientôt de si rapides progrès que, peu de mois après sa rentrée, cette regrettable actrice succomboit & étoit enlevée à l'art dramatique dont elle étoit une des plus remarquables adeptes. Sa perte fut univerfellement fentie, parce qu'elle uniffoit à un talent réel une modeftie très-grande & très-fincère, & qu'elle s'étoit concilié l'eftime générale par la régularité de fa conduite.

Mlle Jolly avoit époufé, en 1781, un ancien capitaine de cavalerie, M. Du Lomboy (1), dont jamais elle ne porta le nom au théâtre. Cette union fut heureufe.

Elle a été inhumée, felon fon dernier vœu, fur une montagne appelée la Roche Saint-Quentin, à deux lieues de Falaife, au pied de laquelle fon mari poffédoit une habitation, & qui, depuis, a pris le nom de *Mont-Jolly*.

(1) Du Lomboy étoit né à Falaife, où fon père s'étoit enrichi dans le commerce des fers. Il fut d'abord partifan de la Révolution & plus tard devint royalifte.

« C'étoit, dit-on, un homme « fort brutal, duellifte, malmenant « fort fa femme & fes enfants, « dont, par avarice, il avoit fait fes « domeftiques; ce qui ne l'empê- « cha pas à la mort d'Elifabeth « Jolly, de publier un recueil d'é- « légies où il fe donne comme le « plus tendre & le plus éploré des « époux. »

ROLES CRÉÉS PAR Mlle JOLLY.

1781 Erminie . . . . *Les Courtifanes*, de Paliffot.
— Lifette . . . . *Le Jaloux fans amour*, d'Imbert.
1785 Nerine . . . . *Melcour & Verfeuil*, d'A. Murville.
1786 Lifette . . . . *L'Inconftant*, de C. Harleville.
1788 Rofe . . . . *L'Optimifte*, du même.
— Conftance . . . . . . *La Reffemblance*, de Forgeot.
1789 Juftine . . . . *Les Châteaux en Efpagne*, du même.
1790 Jeannette . . . . . . *Jean Calas*, de Laya.
— Mme Brochure . . . . *Le Réveil d'Epiménide*, d'O. de Flins.
1791 Nérine . . . . *Le Conciliateur*, de Demouftier.
— Lifette . . . . *Le Fou par amour*, de Ségur.
1792 Paulin . . . . *Paulin & Clairette*, de Dezède.
— Lifette . . . . *Le Retour du Mari*, de Ségur.
1793 Lady Spleen . . . . . *Le Conteur*, de Picard.
1795 Pétronille . . . . . . *Le Sourd*, de Desforges.
1799 Magdelon . . . . . . *Le Collatéral*, de Picard.

MAGDELEINE-CLAUDINE PERRIN

dite MADAME THÉNARD

1781 — 1819

UNE jeune femme qui n'avoit joué, jufqu'alors, que l'opéra-comique au théâtre de Marfeille, débutoit, le mercredi, 1ᵉʳ octobre 1776, à la Comédie-Françoife dans l'*Orphelin de la Chine*, par le rôle d'Idamé, qu'elle joua une feconde fois, le lundi fuivant. Dans cet intervalle, le famedi 5, elle avoit paru dans celui de Zaïre. Elle fit preuve de tant d'inexpérience, de foibleffe, de gaucherie même, que, malgré la jufte confidération qui s'attachoit au nom de Préville, dont elle paffoit pour être l'élève,

---

Extrait des regiftres de la paroiffe Saint-Pierre, à Voyron, (Ifère) : « Le douze décembre mil fept cent cinquante-fept, fut baptifée *Magdeleine-Claudine Perrin*, née le jour précédent, fille de Michel & de Marie Friot mariés; fut parrain Daniel Meyer, & marraine, Magdeleine Baftier. Signé, &c. »

on jugea que le plus fage parti qu'elle eût à prendre, étoit de retourner en province, afin d'y développer, par un travail opiniâtre & inceffant, les difpofitions que fon maître prétendoit exifter en elle. Mme Thénard écouta ces confeils, & revint, trois ans après cette première tentative, débuter de rechef dans les *premiers rôles* tragiques & les *jeunes amoureufes* de la comédie. Cette nouvelle épreuve eut lieu le 23 mai 1781. Elle parut tour-à-tour, avec fuccès, dans les rôles d'Alzire, de Mérope & de Zelmire. Cette fois, fon admiffion ne fouffrit aucune difficulté, & quelque temps après, cette actrice étoit reçue fociétaire, à quart de part.

C'étoit à ce moment même que la fcène françoife préfentoit l'affligeant fpectacle des diffenfions furvenues entre Mmes de Saint-Val & Veftris. Cette circonftance devint favorable à Mme Thénard qui jouoit en *double* l'emploi de ces deux actrices. Plus fenfible, mais moins noble que Mme Veftris; moins paffionnée & moins expanfive que Mlle de Saint-Val, mais plus énergique & plus contenue, elle fut, grâce, à leur divifion, fe maintenir entre ces deux rivales qui lui étoient, toutefois, fupérieures & que le public lui préféroit. Les partifans de Mlle de Saint-Val étoient loin de fe plaindre quand Mme Veftris fe trouvoit remplacée par fa *doublure;* & les amis de cette dernière tragédienne ne fe faifoient pas faute de témoigner bruyamment leur fatisfaction, lorfque Mme Thénard étoit fubftituée à Mlle de Saint-Val. Comme on le voit, l'hostilité des deux partis servoit à merveille les intérêts de la nouvelle-venue qui, du reste, trouvoit en elle-même assez de ressources pour justifier aux yeux des spectateurs désintéressés dans la question, l'appui qu'elle rencontroit dans les camps opposés.

Lorsque Mme Suin, contrainte par l'âge (1), se démit des rôles de *grandes confidentes*, ce fut Mme Thénard qui lui succéda dans cet emploi modeste, mais plus difficile à tenir qu'on ne le croit généralement. Elle y apporta les habitudes précieuses que lui avoient données sa longue expérience & la pratique des rôles plus importants qu'elle avoit remplis pendant un si grand nombre d'années.

Toujours de plus en plus dévouée aux intérêts de sa Compagnie, à mesure qu'elle avançait en âge, Mme Thénard prit un jour résolûment congé de Melpomène, afin de se consacrer exclusivement à l'interprétation des *dames Pernelle, Abraham*, des comtesses de *Pimbêche*, des *Bélise*, & des baronnes de *Vieuxbois*. Abdiquant les honneurs & les titres de *grande princesse*, elle descendit bénévolement aux *duègnes*. Dans ce nouvel emploi, moins brillant qu'utile, cette comédienne fit preuve de finesse, d'un aplomb parfait & de mesure dans la charge; &, bien que peut-être elle s'y montrât moins amusante que Mlle de La Chas

---

(1) Mme Suin avoit débuté le 23 mars 1775. Reçue en 1776, cette actrice prit sa retraite le 29 avril 1804. Née à Mâcon, le 5 janvier 1742, Marie-Denise Vriot, femme Suin, est décédée à Paris, le 30 décembre 1817.

faigne, à qui elle fuccédoit, elle fut s'y faire de la réputation. On avoit pu, d'abord, reprocher à fa diction de n'être point affez incifive, & à fon mafque de conferver trop d'impaffibilité ; mais, à force de travail, elle parvint à acquérir ce mordant qui lui manquoit & ce jeu de phyfionomie, fi néceffaires pour donner la vie au perfonnage en fcène.

Mᵐᵉ Thénard, dans le cours de fa longue carrière, eut le mérite peu commun d'être exempte de caprices, de mauvais vouloir, & toujours on la trouva difpofée à paroître devant le public : « Ne me confultez pas pour faire votre répertoire, difoit-elle au femainier ; mettez-moi de toutes les pièces, fi bon vous femble, & que vous le jugiez utile au bien du fervice. Vous pouvez toujours, & quand même, compter fur moi. » En effet, il feroit impoffible de citer un feul exemple d'un fpectacle changé par fon fait.

Bien que cette comédienne fût encore en état de prolonger fa carrière théâtrale, elle penfa qu'après trente-huit années de fervices non interrompus, il étoit bien temps de livrer la place aux autres. Elle prit donc fa retraite le 1ᵉʳ avril 1819.

Six femaines auparavant, le 1ᵉʳ février, avoit eu lieu fa repréfentation à bénéfice, qui produifit feize mille francs de recette (1). C'étoit payer beaucoup trop

(1) Mᵐᵉ Thénard avoit été, à cette occafion, préfentée trois jours avant au roi Louis XVIII, qui, fe rappelant l'avoir vue jouer autrefois à la Cour, avoit exprimé fa volonté de lui remettre lui-même fon offrande royale.

cher l'ennui que cette foirée procura, dit-on. *Le Béverley*, de Saurin, qui n'avoit pas été joué depuis la mort de Molé, fut remis à la fcène tout exprès pour la circonftance. Mais ce drame fut bien loin de retrouver fon fuccès d'autrefois! Talma, cependant, avoit voulu y remplir le rôle principal; le filence glacial du public, interrompu une feule fois par les applaudiffements qu'il fut forcer, lui prouva qu'il avoit fait fauffe route. Cette pièce fut fuivie de l'opéra-comique de *Lulli & Quinault*, & des *Trois Coufines*, comédie de Dancourt, qui, tout agréable qu'elle foit, avoit ici le tort de prolonger un fpectacle déjà fort long, & dont les fpectateurs fe montroient plutôt las qu'amufés. Un feul motif pût foutenir encore la patience du public; c'étoit la curiofité de voir Mlle Duchefnois coiffée du bavolet & revêtue du cafaquin de la meunière, qu'elle avoit eu la fantaifie de repréfenter dans cette pièce : fantaifie qui ne lui réuffit pas mieux qu'à Talma, celle de fe produire en tricorne bourgeois. En fomme, la bénéficiaire fut la feule à fe féliciter du réfultat de la foirée.

Mme Thénard, retirée avec une penfion de 7,500 fr., a furvécu trente ans à fa retraite. Elle eft morte à Paris, le 20 décembre 1849, à l'âge de 92 ans (1). Quoique frappée de cécité dans les dernières années de fon

---

(2) L'an 1849, le 21 décembre, ont comparu devant nous. . . . . lefquels nous ont déclaré que *Magdeleine-Claudine Perrin*, dite *Thé*- *nard*, rentière, âgée de 92 ans, ... eft décédée en fa demeure . . . . . le vingt de ce mois, à neuf heures du foir. . . . .

exiftence, Mme Thénard avoit confervé toute la vivacité de fes fouvenirs & toute fon intelligence.

ROLES CRÉÉS PAR Mme THÉNARD.

1783 Imzé.	*Manco-Capac*, de Leblanc.
— Régane	*Le Roi Lear*, de Ducis.
1784 Idamène.	*Les Brames*, de La Harpe.
— Octavie	*Cléopâtre*, de Marmontel.
1785 Nouddy	*Abdir*, de Sauvigny.
1786 Atalide	*Scanderberg*, de Dubuiffon.
1787 Ifmène.	*Antigone*, de Doigny du Ponceau.
— Augufta	*Augufta*, de Fabre d'Eglantine.
1791 Mme Calas	*Jean Calas*, de Laya.
1792 Méhala	*La Mort d'Abel*, de Legouvé.
1793 Mme de Courtmonde.	*Les Femmes*, de Demouftier.
1799 Jocafte	*Ethéocle & Polynice*, de Legouvé.
— Araminte	*Les Précepteurs*, de Fabre d'Eglantine.
1800 La C^{ffe} de Valmore .	*Camille*, de*** (Mme de Salm.)
— Mme Armand.	*Les Deux Poètes*, de Rigaud.
— Cléone	*Théfée*, de Mazoïer.
1804 Iphife	*Polixène*, d'Aignan.
1806 Gervaife.	*Le Politique en défaut*, de Sewrin & Chazet.
— Eudoxe	*Anthiochus-Epiphanes*, de*** (Le Chevalier.)
— Flavie	*Octavie*, de*** (Souriguières.)
1809 Mme Saint-Géran. . .	*Les Capitulations de confcience*, de*** (Picard.)
1810 Mme Rollin.	*Le Vieux Fat*, d'Andrieux.
1811 Mme Jolly	*Les Deux Jeunes Amis*, de*** (Souques.)
1812 Conftance	*Mafcarille*, de*** (Ch. Maurice Defcombes.)
— La b^{ne} de Vieuxbois. .	*L'Officieux*, de De Laffalle.
1813 Marguerite, ...	*La Nièce fuppofée*, de Planard.
1815 Mme Dumoulin	*Les Deux Voifines*, de Défaugiers & Gentil.
1816 Dona Béatrix.	*Les Deux Seigneurs*, de*** (Planard.)

BARTHÉLEMY LAROCHELLE

1782 — 1807

ARTHÉLEMY LAROCHELLE, né à Paris, le 15 novembre 1748, eſt mort dans la même ville, le 9 avril 1807. Il avoit longtemps joué la comédie en province & faiſoit partie de la troupe de Verſailles, lorſque, à la retraite d'Augé, il vint débuter à Paris, le 12 décembre 1782. Il parut pour la première fois ſur la ſcène françoiſe dans les rôles de Dave de l'*Andrienne* & de Labranche de *Criſpin rival de ſon maitre*. Sa réuſſite fut d'autant plus méritoire, qu'à cette époque, l'emploi des *comiques* réuniſſoit les talents ſupérieurs de Préville, de Dugazon & de Dazincourt. Il ne fut reçu ſociétaire qu'en

---

Extrait des regiſtres de la paroiſſe Saint-Euſtache : « Le ſeize novembre mille ſept cent quarante-huit, baptelme de *Barthélemy*, né d'hier, fils de Nicolas Larochelle, cuiſinier, & de Claudine Lageſſe, ſa femme, demeurant rue Vivienne. »

LAROCHELLE
(1763-1817)

1787 (1), après cinq années d'épreuves. Larochelle
paffa vingt ans au théâtre, en cette qualité : il y déploya un talent remarquable, que le public apprécia,
fans doute, de plus en plus, mais auquel il ne rendit
jamais une entière juftice. Ce n'eft qu'après fa mort
qu'on reconnut qu'on avoit perdu en lui un des membres les plus précieux de la Société. Tous les rôles qu'il
avoit établis portoient l'empreinte de fon cachet. Au
nombre des plus remarquables, il faut citer Ambroife
dans le *Vieux Célibataire* (joué le 24 février 1792),
qu'il créa avec une grande fupériorité.

Cet acteur étoit de petite taille, maigre, très-vif &
très-agile ; doué d'un mafque excellent, de beaucoup
d'aplomb, nul plus que lui n'eut à la fcène l'apparence d'un fripon hardi & confommé. Les anciens
amateurs n'ont point encore oublié avec quelle origi-
nalité il rendoit le rôle de Raffle dans les *Deux Frères*.
La manière dont il fe promenoit fans prononcer une
feule parole, fes regards inquiets, le mécontentement
répandu fur fes traits, tout annonçoit, dès fon entrée
en fcène, ces mots fort fimples : « Cela va mal! cela
« va mal! » qu'il fçavoit rendre énergiques. Il en
étoit de même du Procureur dans le *Philinte* de Molière, qu'il repréfentoit avec un naturel exquis. Il s'ap-
proprioit parfaitement l'accent anglois, & grâce à ce

---

(1) « Le 3 juillet 1786, la Comé-
« die-Françoife affemblée fe réunit
« pour fupplier les feigneurs, fes fu-
« périeurs, d'accorder au fieur Laro-
« chelle l'affurance de fa réception.»
Cette délibération étoit couverte
de vingt-trois fignatures.
(*Archives nationales.*)

don d'imitation, il ne contribua pas peu au fuccès du *Conteur*, de Picard.

Les reproches qu'on a adreffés à ce comédien confiftoient à ne pas fçavoir toujours nuancer fuffifamment fa diction, à négliger fa mémoire & à ne pas fe montrer affez foucieux des acceffoires.

Sous le Directoire, gouvernement foible & foupçonneux, Larochelle fut l'occafion, fans le vouloir, de la clôture du théâtre que Mlle Raucourt avoit formé, à Louvois, des débris de l'ancienne Comédie-Françoife. Le 17 thermidor an v, on repréfentoit les *Trois Frères rivaux*, & il jouoit dans la pièce le rôle du valet de chambre Merlin. Lorfque fon maître arriva à cette parole : « Monfieur Merlin, vous êtes un coquin ! Monfieur Merlin, vous ferez pendu ! » apoftrophe que Larochelle accueillit avec un fourire approbatif & trèsdrôle, le public en fit l'application au Miniftre de la Juftice (1), & la falle retentit de rires & d'applaudiffements réitérés. Les acteurs inquiets retirèrent prudemment la pièce du répertoire; mais le coup étoit porté, &, quelques femaines plus tard, le théâtre fut fermé.

Larochelle, dès qu'il le put, s'empreffa d'aller rejoindre au Théâtre Feydeau fes anciens camarades pour ne plus les quitter (2). C'eft là qu'il créa le rôle

(1) Merlin, de Douai, ancien conventionnel.

(2) Perfonne, dit à ce propos un journal de l'époque, n'a plus voyagé que Larochelle, fans fortir de Paris.

Paffé du théâtre François au théâtre de la République; de celui-ci, à Feydeau; de Feydeau, au théâtre Louvois; de ce dernier, il eft revenu au théâtre Feydeau.

du Barbier dans les *Conjectures*, où il se montra fort original.

On lit dans une brochure du temps, intitulée *Plaintes & doléances de MM. les Comédiens françois* (1). « ... La motion ayant passé, M. Larochelle s'est levé & a demandé si on délibéroit par *tête* ou par *ordre ?* » « J'ai l'honneur d'être gentilhomme, s'est-il « écrié, & je ne dois pas me départir des prérogati-« ves attachées à ce titre. » Cette boutade, nous a offert, dans cette sortie *chevaleresque*, une anomalie d'autant plus étrange, que l'acte de naissance de ce comédien, soi-disant gentilhomme, lui donne, comme on l'a vu plus haut, pour père un cuisinier. Cette filiation justifioit, du reste, assez bien le goût prononcé de Larochelle pour la bonne chère ; penchant qui lui valut une réputation de gourmet non moins solidement établie que celle de Camerani (2). On a même prétendu qu'il étoit mort des suites d'un repas trop succulent ; ce qu'il y a de plus vraisemblable, c'est qu'il succomba, frappé par la rupture d'un anévrisme, au moment où il préparoit un mets de sa composition.

---

(1) Cette brochure est de la fin de 1789. C'est une plaisanterie qui parut à l'époque où, sous la même forme, on publioit les *Plaintes & Doléances des divers états*.

(2) Acteur de l'ancienne Comédie-Italienne, &, depuis, acteur & semainier perpétuel de l'Opéra-Comique.

ROLES CRÉÉS PAR LAROCHELLE.

1781	Dumont.	*Le Jaloux fans amour*, d'Imbert.
1784	Un huiffier-aud^r. . .	*Le Mariage de Figaro*, de Beaumarchais.
1785	Dumont.	*Melcour & Verfeuil*, d'A. Murville.
1786	Pafquin	*La Phyficienne*, de La Montagne.
1787	Pirlon	*La Maifon de Molière*, de Mercier.
1788	Mendoce.	*La Reffemblance*, de Forgeot.
—	Lépine.	*L'Optimifte*, de Collin-Harleville.
—	Un Domeftique . . .	*La Jeune Epoufe*, de Cubières.
—	Frontin	*La Belle-Mère*, de Vigée.
—	Lafleur	*L'Entrevue*, du même.
1789	François.	*Les Châteaux en Efpagne*, de C.-Harleville.
—	Un Garçon d'hôtel. .	*Les Deux Pages*, de Dezède.
—	Un Greffier	*Le Payfan magiftrat*, de Collot d'Herbois.
1790	Chryfante.	*Le Réveil d'Epiménide*, de Flins.
—	Lazarille.	*Les Coups de l'Am. & de la Fort.*, de Quinault.
—	D'Artigny.	*Les Dangers de l'Opinion*, de Laya.
—	Un Procureur	*Le Philinte de Molière*, de F. d'Eglantine.
—	L'Affeffeur.	*Jean Calas*, de Laya.
1791	Père Anaftafe	*Les Victimes cloîtrées*, de Monvel.
—	Raymond	*Pauline*, de Mme de Fleurieu.
—	Frontin	*Le Conciliateur*, de Demouftier.
1792	Valentin.	*Pauline & Clairette*, de Dezède.
—	Ambroife	*Le Vieux Célibataire*, de C.-Harleville.
—	Durantin.	*La Matinée d'une jolie femme*, de Vigée.
—	Guillaume	*L'Apothéofe de Beaurepaire*, de De La Suze.
1793	Duricrâne.	*L'Ami des Loix*, de Laya.
—	Milord Spleen	*Le Conteur*, de Picard.
1794	Durand	*Cange*, de Gamas.
1796	Rigollot.	*Les Conjectures*, de Picard.
1797	Picard.	*L'Epreuve délicate*, Je Roger.
1798	Beauregard	*Michel Montaigne*, de Guy.

1799 Raffle . . . . *Les Deux Frères*, de Kotzbüe.
— Charles . . . . *Les Tuteurs vengés*, d'A. Duval.
— Frontin. . . . . *Les Deux Poètes*, de Rigaud.
— Dubois . . . . *L'Abbé de l'Epée*, de Bouilly.
— Guillaume . . . . . . *La Mère coquette*, de Beaunoir.
1800 Piétro. . . . . *Pinto*, de N. Lemercier.
— Robert . . . . *L'Aimable Vieillard*, de*** (Favières.)
1802 X. . . . . *Les Mœurs du jour*, de Collin-Harleville.
1803 Lafleur . . . . *Le Veuf amoureux*, du même.
1806 Robertot. . . . . . . *L'Avocat*, de Roger.
— Boderman . . . . . . *Les François dans le Tyrol*, de Bouilly.

dite MADEMOISELLE DEVIENNE

1785 — 1813

RANÇOISE THÉVENIN, née à Lyon le 21 juin 1763, étoit la fille d'un maître charpentier. Les foins domeftiques de la famille & les travaux à l'aiguille fe partagèrent fon temps jufqu'à l'âge où l'efprit d'indépendance qui s'étoit manifefté chez elle de bonne heure, révéla fon goût prononcé pour le théâtre. Ses parents effayèrent-ils de le combattre, ou bien y accédèrent-ils? C'eft ce que nous ignorons. Quoi qu'il en foit, nous retrouvons la jeune Thévenin, à peine âgée de vingt ans, faifant

---

Extrait des regiftres de la Paroiffe Saint-Pierre, à Lyon : « Jeanne-Françoife, fille d'Alexis Thevenin, maître charpentier, & de Marie Françoife Demare, fa femme, née ce matin, rue Pizay, a été baptifée par moi, vicaire fouffigné, ce 21 juin 1763. »

MADEMOISELLE DEVIENNE
1763 - 1841

partie, en 1782, de la troupe des Comédiens de Bruxelles, fous le nom de *Devienne*. Son fuccès en cette ville lui valut un ordre de début pour la Comédie-Françoife, où elle parut, le 7 avril 1785, dans les rôles de Dorine du *Tartufe*, & de Claudine du *Colin-Maillard*. Elle joua fucceffivement les rôles les plus brillants de l'emploi des *foubrettes*, tels que Finette du *Diffipateur*, Lifette de la *Métromanie*, Cléanthis de *Démocrite* & Martine des *Femmes fçavantes*. « Peu d'ac-« trices, dit le *Mercure de France*, parurent avec plus « d'éclat fur le premier théâtre de France & réunirent « un plus grand nombre de fuffrages. »

Le *Journal de Paris*, tout en rendant juftice aux mérites de la débutante, eft pourtant moins élogieux.

La Harpe, de fon côté, dit dans fa correfpondance : « que fon jeu eft facile; fa prononciation nette & « qu'elle montre de l'intelligence. »

Malgré la diverfité de ces jugements, les faits font là, qui prouvent avec quel empreffement les débuts de la nouvelle actrice furent accueillis. Ils excitèrent d'autant plus de curiofité, difons mieux, d'intérêt, qu'au moment où elle parut, l'emploi des *foubrettes*, fans être précifément vacant, touchoit à une crife qui menaçoit de porter atteinte aux plaifirs du public & ne laiffoit pas de caufer aux amateurs de la bonne comédie des inquiétudes affez fondées. En effet, Mme Belle Cour comptoit de longs fervices qui rendoient fa retraite imminente; Mlle Faniez, bien que beaucoup plus jeune que celle-ci, fongeoit également à fe retirer, à caufe de fa fanté : ce qu'elle fit l'année fuivante. Mlle Devienne fut donc reçue dans le courant de 1786, &, plus heureufe que beaucoup d'autres, elle ne fit point regretter celles auxquelles elle fuccédoit; fi une comparaifon fut établie, on doit même reconnoître qu'elle eut lieu à l'avantage de la dernière venue.

Il eft vrai qu'elle alloit déformais fe trouver en préfence d'une autre émule plus redoutable peut-être, de Mlle Jolly (1), dont l'admiffion n'étoit antérieure à la fienne que de trois ou quatre ans, & dont le talent, mûri à bonne école, avoit toute fa fève & brilloit de tout l'éclat de la jeuneffe. Le jeu de Mlle Devienne avoit moins de franchife, moins de rondeur que celui de fa rivale ; mais, beaucoup plus jolie qu'elle, douée d'une phyfionomie piquante & fpirituelle, d'une taille fvelte & élégante, fes manières avoient une plus grande diftinction. Elle poffédoit déjà l'art de faire valoir un rôle, d'en détacher les nuances & d'apporter dans fon débit cette aifance, cette légèreté, cette grâce qui la rendirent une actrice très-féduifante. Moins heureufement placée que Mlle Jolly dans les fervantes de Mo-

(1) Lorfque Mlle Devienne fuccéda à cette actrice, enlevée prématurément à la fcène, Delrieux improvifa ce quatrain :

Une élève.
Jolly n'eft plus ! j'ai perdu tout efpoir.
Sur fes leçons je fondois mon efpoir.
Que faudra-t il, hélas ! que je devienne !
L'Echo.
Devienne

lière, elle interprétoit avec plus de charme les foubrettes de Marivaux. Un reproche que cette actrice femble
avoir mérité, & fans que rien prouve qu'elle fe foit
corrigée du défaut qui le lui valut, c'eft une tendance
à la *manière* & à l'excès de fineffe dans fon débit,
« généralement marqué au coin de la recherche & de
« l'affectation », difent les critiques contemporains.

A fes autres avantages, Mlle Devienne joignoit celui d'avoir une jolie voix, dont elle tira bon parti en
plus d'une occafion. La retraite de Mlle Contat, em-
pêchant la repréfentation de plufieurs ouvrages & notamment des *Deux Pages*, Mlle Devienne y reprit le
rôle de l'Hôteffe, dans lequel elle fut d'autant mieux
placée, « qu'elle chanta le duo & les airs avec la
« perfection d'une actrice lyrique. » (Nous citons ici
textuellement le témoignage d'Etienne & de Martainville, dans leur *Hifloire du Théâtre-François*.)

Cette actrice, ainfi que la plupart des membres de
l'ancienne Comédie-Françoife, avoit été incarcérée en
1793. Ayant, une des premières, recouvré fa liberté,
elle reparut, avec fon camarade Molé (1), fur le théâtre dirigé par la Montanfier, & qui, depuis, devint
celui de l'Opéra. A la fin de 1794, elle fe réunit à la

(1) Nous avons dit, dans la notice fur Molé, à quelles caufes on attribua dans le public le bonheur qu'il eut d'échapper aux profcriptions qui frappoient fes camarades. Pour Mlle Devienne, elle fut redevable de fa liberté à la haute protection de Vouland, un des membres les plus influents du Comité de fûreté générale, qui s'intéreffa à elle fur les vives inftances de Gévaudan, alors entrepreneur de charrois pour les armées.

fraction des Comédiens françois qui jouèrent au Théâtre-Feydeau, jufqu'en 1798 : époque à laquelle cette fraction, dans laquelle figuroient en première ligne Mlle Contat, Fleury, Dazincourt, fe rallia à la troupe de la rue Richelieu. Déjà, la portion des acteurs du Théâtre-François du faubourg Saint-Germain reftés jufqu'alors fidèles à leur ancienne falle, étoit venue, après l'incendie qui les en chaffa, s'inftaller dans celle de Louvois, devenue vacante (1).

Dans les dernières années de fa carrière théâtrale, cette actrice ne fe montra plus fur la fcène qu'à de rares intervalles. Les journaux de fon temps fignalent, en les lui reprochant, fes fréquentes abfences. Il faut dire auffi que le goût du public s'étoit modifié, & les *foubrettes* de l'ancien répertoire, paffées fimples *Femmes de chambre,* occupoient une place très-reftreinte dans les pièces modernes. De 1808 à la fin de 1812, Mlle Devienne trouva peu d'occafions de fe produire à la fcène, & en général, les rares ouvrages où elle eut des rôles, n'obtinrent point de réuffite. Peut-être encore, l'altération de fa fanté fut-elle une des raifons de fon éloignement, trop fouvent renouvelé, de la fcène, & s'effayoit-elle déjà à l'idée de fa retraite définitive,

(1) Ils n'y firent qu'un féjour très-paffager; car leur repréfentation d'ouverture avoit eu lieu le 20 mars 1799, &, le 11 avril fuivant, l'Autorité les expulfoit, fous prétexte que cette falle, conftruite en bois, étoit un dangereux voifinage pour la Bibliothèque nationale. Et cependant, moins de quatre mois après, on permettoit fa réouverture fous le titre de *Théâtre des Troubadours.*

qu'elle prit en 1813, fans vouloir ufer du droit que fes fervices lui donnoient à une repréfentation, dont elle ne réclama jamais le bénéfice. Loin de là, elle fit don à la Comédie, en fe retirant, du beau bufte en marbre de Mlle Dangeville qui décore le foyer des Comédiens.

Il eft vrai qu'en rentrant dans la vie privée, Mlle Devienne fe trouvoit, moins que beaucoup d'autres, dans le cas de recourir à ce moyen légitime d'accroître fes reffources, puifque le 10 mai 1809, elle avoit époufé Antoine Gévaudan, riche banquier & l'un des adminiftrateurs des Meffageries impériales. Le premier ufage qu'elle fit de fa liberté & de fa nouvelle fortune, fut d'appeler fous fon toit fes vieux parents.

Son intérieur eût été complètement heureux, fans la perte d'un fils chéri, mort en 1816. Mme Gévaudan perdit fon mari en 1826, & elle-même eft morte à Paris, le 20 novembre 1841, à l'âge de foixante-dix-huit ans & cinq mois.

ROLES CRÉÉS PAR Mlle DEVIENNE.

1785 Marton. . . . . *L'Oncle & les Tantes*, de La Salle.
1786 Lifette. . . . . *La Phyficienne*, de La Montagne.
1787 Mme Courval. . . . . *L'Ecole des Pères*, de Pieyre.
1788 Mme De Rofelle. . . . *L'Optimifte*, de C. Harleville.
— Rofette . . . . *La Jeune Epoufe*, de Cubières.
— Mme de Belfort. . . . *La Belle-Mère*, de Vigée.

1790 Juliette . . . . *Le Préfomptueux*, de Fabre d'Eglantine.
1791 Mme De Boifvieux. . . *Le Conciliateur*, de Demouftier.
1792 Clairine. . . . . *Minuit*, de Defaudras.
— Mme Didier. . . . . . *Paulin & Clairette*, de Dezède.
— Mme De Norblain . . *La Matinée d'une jolie Femme*, de Vigée.
1793 Mme Leblanc. . . . . *Le Conteur*, de Picard.
— Juftine. . . . . *Les Femmes*, de Demouftier.
1795 Mme Jeffre. . . . . . *Pamela*, de F. Neufchâteau.
1796 Marguerite . . . . . *Les Conjectures*, de Picard.
1797 Mme d'Orville . . . . *La Prude*, de Lemercier.
— Suzanne. . . . . . . *La Mère coupable*, de Beaumarchais.
1798 Marton . . . . *Amour & Raifon*, de Pigault-Lebrun.
— Rofine. . . . . *Céphife*, de Marfollier.
1799 Lucrèce . . . . *Les Précepteurs*, de F, d'Eglantine.
— Louife. . . . . *Mathilde*, de Monvel.
— Suzette . . . . *Les Tuteurs vengés*, d'Al. Duval.
1800 Mme d'Olmar . . . . *Pinto*, de Lemercier.
1801 Juliette . . . . *Le Confident par hafard*, de Faur.
— Louife . . . . *L'Intrigant dupé*, de R. Martelly.
1802 Frofine. . . . . *Les Originaux*, de Fagan, retouché par Dugazon.
— Rofe. . . . . *Juliette & Belcour*, de *** (Lombard).
1803 Floreftine. . . . . . . *Le Séducteur amoureux*, de Longchamps.
— Laforeft . . . . *Molière avec fes Amis*, d'Andrieux.
1804 Lifette. . . . . *Le Roman d'une heure*, d'Hoffmann.
— Anna . . . . *Shakefpeare amoureux*, de Duval.
— Mme du Faigis . . . . *Richelieu*, de N. Lemercier.
1805 Marton . . . . *Le Tartufe de mœurs*, de Chéron.
1806 Marie . . . . *L'avocat*, de Roger.
— Lifette. . . . . *La Capricieufe*, de *** (Hoffmann.)
— Rofette . . . . *La Réconciliation*, de Mme Candeille.
— Lisbeth . . . . *Le Faux Somnambule*, de*** (Révérony-Saint-Cyr.)
1807 Finette. . . . . *Le Parleur contrarié*, de Delaunay.
— Juftine. . . . . *Les Projets d'enlèvements*, de*** (Th. Pein.)
1808 Thérèfe. . . . . *L'Affemblée de Famille*, de Riboutté.
— Sabine. . . . . *La Suite du Menteur*, d'Andrieux.
1811 Mme Saint-Edme . . . *Le Lendemain de Fortune*, de Picard.
1812 Mme Anfelme. . . . . . *Mafcarille*, de C. Maurice.

DE GRAND-MESNIL

JEAN-BAPTISTE FAUCHARD

dit DE GRAND-MÉNIL

.

1790 — 1811

FAUCHARD de Grand-Ménil, né à Paris le 19 mars 1737 ; mort dans la même ville le 24 mai 1816. Iſſu d'une famille honorable & fils d'un chirurgien-dentiſte qui avoit acquis, par ſa ſcience & ſon habileté, la fortune & la conſidération, le jeune Fauchard, après avoir fait d'excellentes études, fut reçu avocat au Parlement de Paris, devant lequel il plaida, en 1760, la cauſe du fameux Ramponneau. Dans la même année, il fut nommé conſeiller de l'Amirauté, charge qu'il exerça juſqu'à la diſſolution du Parlement en 1770. Il faiſoit partie, en

---

Extrait des regiſtres de la paroiſſe Saint-Sulpice : « Le vingt mars mille ſept cent trente-ſept, a été baptiſé *Jean-Baptiſte*, né d'hier, fils de Pierre Fauchard, maître chirurgien-dentiſte, & de Eliſabeth Chemin, ſon épouſe, demeurant rue des Foſſés-Saint-Germain-des-Prés. »

1760, en fa qualité d'avocat, du Confeil de la Comédie-Françoife où, probablement à cette époque, il étoit loin de fe douter qu'il dût un jour être attaché à un tout autre titre.

Rentré dans la vie privée, on expliqueroit cependant difficilement, par le feul motif de fa participation au coup d'État (1), comment après s'être vu en poffeffion d'une pofition fociale tout acquife, Grand-Ménil, obligé de s'expatrier, fe fit comédien, fi l'on ne favoit que, de tout temps, il avoit manifefté du goût pour le théâtre, où l'un de fes proches parents, l'acteur Duchemin (2), avoit lui-même, au commencement du fiècle, jeté un certain éclat. A la fuite de quelques difcuffions de famille, Grand-Ménil partit pour Bruxelles (3) ; il y débuta dans les rôles de *valets* & ne tarda pas à y acquérir une grande réputation. Au bout de plufieurs années, il revint en France, fe rendit à Marfeille, puis au théâtre de Bordeaux où il réuffiffoit, en 1778, quoiqu'on lui reprochât d'être enclin à la charge. C'eft à cette époque qu'il prit les *financiers* & les *rôles à manteaux*.

Grand-Ménil qui, tout habitué qu'il étoit aux fuccès du théâtre, recherchoit le bonheur dans la vie domef-

(1) L'exil du Parlement.

(2) Jean-Pierre Chemin, dit *Duchemin*, propre frère de la mère de Grand-Ménil. Il refta attaché à la Comédie-Françoife de 1717 à 1741, & avoit, dit-on, été notaire avant que de fe mettre au théâtre.

(3) Il s'y maria avec une actrice nommée *Adélaïde Belliffen*, morte à Paris, le 20 décembre 1800. Cette union avoit été heureufe.

tique, avoit volontairement quitté la Comédie vers 1780 & pris une retraite dans laquelle il auroit probablement fini ſes jours, ſi la Révolution, qui vint l'en arracher dix ans après, ne l'eût rejeté dans une carrière orageuſe.

Un ordre de début l'ayant appelé à Paris, il y fit ſa première apparition le 31 août 1790, dans le rôle d'Arnolphe de l'*Ecole des Femmes* & joua ſucceſſivement Francaleu dans la *Métromanie*, Orgon du *Tartufe*, Sganarelle dans l'*Ecole des Maris*. Il fut reçu, peu de temps après, pour doubler Des Eſſarts, acteur qui n'étoit pas dénué de talent, que le public aimoit & qui uſa rigoureuſement de tous les avantages que lui donnoit ſon ancienneté pour reléguer le nouveau-venu dans les rôles ſecondaires. Grand-Ménil, qui n'étoit plus jeune, ne voulut pas accepter une poſition ſubalterne &, ſans faillir à d'anciens engagements, ainſi qu'avoient fait Dugazon & ſa ſœur, Mme Veſtris, il paſſa au Théâtre de la République, ouvert au Palais-Royal le 27 avril 1791, & y reſta juſqu'à la clôture, qui eut lieu en pluviôſe an VI (1).

(1) Lorſque Sylvain-Maréchal vint lire aux comédiens du théâtre de la République le *Jugement dernier des Rois*, il s'étoit fait accompagner de trois membres de la Convention. Grand-Ménil, ſeul, parmi les auditeurs, fit quelques objections : « Il avoit peur, ſi les rois revenoient, d'être pendu. — « Voulez-vous être pendu pour n'avoir point reçu la pièce? lui dit un des amis de Sylvain-Maréchal. L'argument étoit *nominal;* auſſi la pièce fut-elle reçue à l'unanimité. »

(*Hiſt. de la Cenſure théâtrale,* par Hallays-Dobs.)

Lorfque les Comédiens françois, difféminés dans divers théâtres, confentirent à fe rapprocher pour former de nouveau une feule Société, Grand-Ménil fe réunit à eux, fut compris dans la réorganifation du Théâtre-François tel qu'il exifte aujourd'hui, & y prit fa place comme chef d'emploi (1).

A dater de l'ouverture de ce théâtre, 30 mai 1799, Grand-Ménil, malgré fon âge déjà avancé, fe livra au travail avec ardeur & confirma, par de nombreux fuc-cès, tous fes droits au titre d'excellent comédien.

(1) Ce comédien ayant été ac-cufé de s'oppofer à la fufion, fi gé-néralement défirée des deux trou-pes, il publia pour fe juftifier la lettre fuivante :

« Je ne fais à qui j'ai l'obliga-« tion du paragraphe publié dans « le journal du 29 février an VII. « Nous avons été invités, en effet, « à nous rendre chez le Miniftre « de l'Intérieur, le 25 du courant. « On nous y a donné lecture d'un « acte de réunion & le Miniftre « nous a propofé de faire par écrit « nos obfervations perfonnelles « avant de le figner. Ces obferva-« tions ont été faites par chacun « de nous féparément & fans nous « les être communiquées & elles « ont été remifes au commiffaire « du pouvoir exécutif.

« Je n'ai jamais dit un mot qui « pût détourner un feul de mes « camarades de cette réunion ; j'ai « toujours défiré, au contraire, « qu'elle fe fît par des moyens pra-« ticables & qu'elle fût fondée fur « des bafes folides. Enfin, je fuis « prêt à rejoindre mes anciens col-« lègues, fi l'on confent à m'em-« ployer d'une manière utile pour « eux & honorable pour moi.

« Tels font les faits : telles font « mes intentions, & je défire qu'on « leur donne la publicité qu'on n'a « pas refufée à la malveillance. »

On lit dans le *Journal général d'Affiches*, du 2 janvier 1796 : « Le *Théâtre de la République*, rue « de la Loi, vendu par Jean-Bap-« tifte Fauchard, dit de Grand-« Ménil, rue des Foffés-L'Auxer-« rois, a été vendu, tant pour lui « que pour la Société en comman-« dite, 14,000,000 fr. (en affi-« gnats). Cette vente remonte à « l'année 1795. »

Doué d'une grande intelligence & d'une verve cha-
leureuse, il possédoit en outre un masque tout-à-fait
approprié à la nature de ses rôles ; aussi, fut-il regardé
comme un des meilleurs interprètes de Molière. C'est
principalement dans les rôles d'Arnolphe & d'Harpa-
gon qu'il s'éleva à la hauteur de ses plus célèbres
devanciers.

Il apportoit une telle vérité d'expression dans l'interprétation de ce dernier caractère, qu'une tradition
de coulisses a prétendu qu'il ne faisoit que reproduire
sur la scène les habitudes de sa vie privée. Peut-être
une anecdote que Baptiste cadet se plaisoit à colporter
n'a-t-elle pas contribué médiocrement à propager cette
imputation, que les personnes qui ont vécu dans l'intimité de Grand-Ménil regardoient comme rien moins
que fondée. Ce comédien (racontoit Baptiste) avoit
reçu en don une provision d'excellent tabac &, pour
le ménager, loin d'imiter la prodigalité de Sganarelle,
offrant, *à droite*, *à gauche*, *en avant*, *en arrière*, sa tabatière à tout venant, il en portoit une seconde en car-
ton, remplie de tabac commun. De celle-ci, il étoit
très-prodigue. Un jour qu'à l'assemblée des Comédiens il discutoit avec chaleur, Grand-Ménil, se trom-
pant de poche, ouvrit par mégarde sa boîte d'or &
venoit d'y puiser une prise, lorsque le narrateur, qui
le guettoit, plongea tout-à-coup ses énormes doigts
dans la précieuse boîte & y laissa, en les retirant, un
vuide considérable. La foudre tombant à ses pieds
n'auroit pas attéré davantage Grand-Ménil qui, lan-

çant fur fon camarade un regard indigné, fe feroit
écrié : « A-t-on jamais vu prendre du tabac d'une
manière auffi fotte ! » Puis, fe privant de la prife
qu'il fe difpofoit à humer & qu'il tenoit encore, il la
remit dans la boîte pour combler le déficit (1).

Le 21 mars 1811, Grand-Ménil prit une feconde
retraite qui, cette fois, fut définitive. Il fit fes adieux
au public dans le *Malade imaginaire*. Depuis lors, il
habita prefque conftamment fa terre de Grand-Ménil (2), où il vivoit entouré de la confidération que
fon ton, cette bienveillance qui gagne les cœurs, fa
générofité (quoi qu'on en ait dit) & la décence de fes
mœurs lui avoient juftement méritée.

Grand-Ménil avoit été nommé, fous le gouvernement impérial, membre de la 4e claffe de l'Inftitut,
diftinction qui ne femble pas précifément juftifiée &
qui lui fut confervée lors de la réorganifation de ce
corps, le 21 mars 1816. Il n'en jouit que quelques
femaines ; fa fanté, bien qu'exempte des infirmités
propres à la vieilleffe, étoit fort ébranlée lorfqu'il fut
emporté par une fièvre muqueufe à laquelle on affigne
pour caufe la frayeur que lui donna l'envahiffement
de fa maifon de campagne par les foldats étrangers,
en 1815. Sa mort fut celle du fage & du chrétien :

(1) Cette prétendue avarice attribuée à Grand-Ménil femble avoir
été, d'ailleurs, un vice originaire de
famille ; car on raconte quelque
part une anecdote relative à fon

oncle Duchemin, dans laquelle la
tabatière joua un rôle à peu près
femblable.

(2) Près de Chevreufe (Seine-&-
Oife).

ainſi s'exprimèrent Quatremère de Quincy & Raoul-Rochette, ſes collègues de l'Inſtitut, dans les diſcours qu'ils prononcèrent ſur ſa tombe.

Il eſt auteur d'un opéra-comique en un acte, intitulé *le Savetier joyeux*, qui n'a pas été repréſenté.

ROLES CRÉÉS PAR GRAND-MÉNIL.

1791 Duport . . . . *La Mère rivale*, de Pigault-Lebrun.
— Clénard . . . . *L'Intrigue épiſtolaire*, de F. d'Eglantine.
— Durmont . . . . . . *La Jeune Hôteſſe*, de C. Flins.
1793 Le Roy de Pologne. . *Le Jugement dernier des Rois*, de Sylvain-Maréchal.
— Deſprez. . . . . . . *La Moitié du chemin*, de Picard.
— Thaïr . . . . *Le Hulla de Sarmacande*, de*** (André Murville.)
1795 Bénard.. . . . . . : . *L'Agioteur*, d'Armand Charlemagne.
1797 Ronſlac . . . . *Les Modernes Enrichis*, de Pujoulx.
1798 Le Comte. . . . . . *Miſanthropie & Repentir*, de Mᵐᵉ Molé.
1799 Rapin . . . . *Les Deux Veuves*, de Rigaud.
— Courbord. . . . . . *L'Envieux*, de Dorvo.
— Labeo. . . . . *Une Journée du jeune Néron*, de Laya.
— Bonezy . . . . *La Dupe de ſoi-même*, de Roger.
— Damis. . . . . *Les Précepteurs*, de F. d'Eglantine.
— Remi . . . . *Le Buſte de Préville*, de Chazet & Dupaty.
— Dariemont. . . . . . *L'Abbé de l'Epée*, de Bouilly.
1800 Morand . . . . *Les Mœurs du jour*, de Collin Harleville.
— Armand. . . . . . . *Les Deux Poètes*, de Rigaud.
— Dormond . . . . . . *L'Amour & l'Intérêt*, de Fabre d'Eglantine.
— Du Breuil . . . . . . *Caroline*, de Roger.
— Santonello. . . . . . *Pinto*, de N. Lemercier.
1801 Dorimon.. . . . . . *Le Confident par haſard*, de Faur.

1802 Vorſac. . . . . *La Maiſon donnée*, d'Al. Duval.

— Saint-Fard. . . . . . *Juliette & Belcourt*, de *** (Lombard).

1804 Le Père Joſeph . . . *Une Journée de Richelieu*, de N. Lemercier.

1805 Sudmer . . . . *Le Tartufe de mœurs*, de Chéron.

— Darmanpierre. . . . Mme *de Sévigné*, de Bouilly.

1806 D'Hermilly . . . . . *Le Politique en défaut*, de Chazet & Sewrin.

— Eudrion . . . . *Plaute*, de N. Lemercier.

TABLE DES MATIÈRES.

	Pages		Peges
AVANT-PROPOS	V	Mlle d'Oligny.	217
Voltaire	I	Mlle Luzy.	228
Quinault-Dufrefne	8	Granger	236
Mlle Le Couvreur.	20	Mlle Faniez	241
Sarrazin	29	Feulie	246
De Grandval.	36	Mlle De La Chaffaigne	250
Mlle Dangeville.	44	Mlle de Saint-Val l'aînée.	255
Mlle Gauffin	55	Mme Veftris.	267
Mlle Du Mefnil	61	Monvel.	276
Paulin	75	Dugazon.	288
De La Noue	80	Mlle de Saint-Val la cadette.	298
Mlle Clairon	88	Mlle de Raucourt	307
Mme de Belle Cour	108	Des Effarts	320
Mlle Guéant	117	Delarive	327
Le Kain	120	Mlle Contat.	339
De Belle Cour	137	Dazincourt.	349
Mlle Hus	146	Vanhove.	363
Préville.	155	Fleury	373
Mme Préville	168	Mlle Olivier.	387
Molé.	174	Mlle Jolly.	393
Brizard	193	Larochelle	404
Mlle Durancy.	202	Mlle Devienne	410
Bouret	207	De Grand-Ménil.	417
Augé	211		

www.ingramcontent.com/pod-product-compliance
Lightning Source LLC
Chambersburg PA
CBHW050552270326
41926CB00012B/2024